提頭来見

马陈兵 著

中国首级文化史

生活·讀書·新知 三联书店

Copyright © 2019 by SDX Joint Publishing Company.
All Rights Reserved.

本作品版权由生活·读书·新知三联书店所有。
未经许可，不得翻印。

图书在版编目（CIP）数据

提头来见：中国首级文化史 / 马陈兵著. —北京：生活·读书·新知三联书店，2019.7
ISBN 978 − 7 − 108 − 06248 − 2

Ⅰ. ①提⋯　Ⅱ. ①马⋯　Ⅲ. ①死刑－研究－中国　Ⅳ. ① D924.124

中国版本图书馆 CIP 数据核字（2018）第 040983 号

责任编辑	崔　萌	
装帧设计	刘　洋	
责任校对	张　睿	
责任印制	宋　家	
出版发行	生活·讀書·新知 三联书店	
	（北京市东城区美术馆东街 22 号 100010）	
网　　址	www.sdxjpc.com	
经　　销	新华书店	
印　　刷	北京隆昌伟业印刷有限公司	
版　　次	2019 年 7 月北京第 1 版	
	2019 年 7 月北京第 1 次印刷	
开　　本	635 毫米 × 965 毫米　1/16　印张 35.5	
字　　数	426 千字　图 94 幅	
印　　数	0,001 - 5,000 册	
定　　价	79.00 元	

（印装查询：01064002715；邮购查询：01084010542）

谨以此书献给历劫弥繁的民族
与不可接续的情爱

目 录

序　章　太史公之问 1
　　大运河·风之悚 1
　　中国人头有话说 8

第一章　头在飞：崇首观念与落头传奇 12
　一　国宝火损记 12
　　　洛阳火事 12
　　　武库与油田 14
　　　国宝一号 18
　　　千岁髑髅生齿牙 21
　二　刺客迷局 24
　　　晋阳劫 24
　　　大刺客为何蹲小厕 25
　　　何为饮器：酒、血、饮食及便溺 28
　　　撒尿响亮 33
　　　血饮骷髅碗 34
　　　"头其修远"，上下求索 42
　三　饕餮盛宴 48
　　　朝歌黄钺 48

1

　　　　半坡"童画" 52
　　　　异域的饕餮 60
　　　　鼎底有言：一元大武 65
　　　　头骨中的弹丸 69
　　　　有嘉折首 72
　四　落头传奇 78
　　　　贾太守腹语 78
　　　　新老版刑天 79
　　　　上古面、首博览会 80
　　　　人头之问 82
　　　　南方有落头 87
　　　　刑天部族考 90
　结语：地火、天雷与宿墨 94

第二章　很响的酒瓮：符号、隐喻、生命观与身体权 99
　一　鬼车漂流记 99
　　　　雍州枭祸 99
　　　　神鸟·名炙·鬼车：冰火枭事 100
　　　　滴血双引擎 107
　　　　"枭字帮"食人记 109
　　　　恶鸟判 111
　　　　原枭：段玉裁之问 115
　　　　东家借米，西家换盐：枭字简史 117
　　　　三节鞭下枭食母 120
　　　　《楞严经》中破镜鸟 123
　　　　出丑的英布 124
　　　　枭獍之喻 126
　　　　长安一片月 127

二 首级支票和人头骰子 132
   九头鸟飞过流沙河 132
   百首祭 133
   吕母杀 140
   睡虎地中葫芦案 143
   "人头银行"与"首级支票" 147
   开国公领绢 151
   石勒的小红花 154
   卜头记 158
   无胡须抛物线 161

三 一笑倾人头 164
   狂怒的国王 164
   大汗杀 168
   血瀑和断头台 170
   销骨记：黑蛇之喻 174
   一笑倾人头 179

结语：金凤台记 183

第三章 问君何事栖碧山："枭悬""传首"刑名考 189
一 枭与传 189
   先秦无"枭首" 189
   绝版"传人" 194
   辗与磔，徇与传 195
   说"传" 199
   特慢死传与特快传死 205
二 荷塘牛鼻 210
   南湖摘头记 210
   滑向人头 215

浇手·枭首 217
两汉杀：四百年局部战争 219
盗非盗，贼非贼 225
程朝散对簿 228
杂种来了 231
脖颈上的刀疤 234
问君缘何住碧山 238
由枭悬到传首 243
结语：人头语 246

第四章 在路上：传首的过程和环节 250
一 白旗黄钺无敌记 250
花狗快递 250
缝裳之夜：女歧与鬼车 251
斩妲己 254
朝歌祭首 255
信史第一传 258
白旗黄钺无敌记 266
二 出十字坡记 269
寻找一枝花 269
在日本女人的手上枕边 275
帝耙与鬼脯 279
问君能腌几多盐 280
漆头记 287
箧：春秋大花篮 290
函：顾荣的幻视 293
函：从丝囊到马颈 297
函：从《考工记》到《燕丹子》 301

　　　　函：从画像石到韩侂胄 303
　　　　传首筒上楼兰王 308
　　　　曹猪头·冯猪头 313
　三　何处是归程 318
　　　　鬼车航线 318
　　　　从"枭于阙下"到"传首九边" 321
　　　　长短亭上走台记·门与阙 327
　　　　长短亭上走台记·东市与南桁 330
　　　　京观：有图有真相 335
　　　　王莽的火柴盒：从骷髅台到最冰雕 339
　　　　藏头·死驿 343
　　　　再说武库，兼及庙社 348
　　　　盔甲厂爆炸事件 351
　　　　还首·回家 354
　　　　幸福"大青蛙" 357
　结语：晃动的镜头：鸥夷热辣 359

第五章　水上一把剑：自杀、赐死——制度设计的因应与衍变 365
　一　贾谊 365
　　　　绛国晚箫 365
　　　　周勃的抑郁 366
　　　　洛阳少年双城记 369
　　　　历史的喉结 370
　　　　啼血诵·闷鸡辞 371
　　　　水上一把剑 374
　　　　沉默的审判 377
　二　枭鹏与秃鹜 382

  从薄国舅到周亚夫 ... 382
  七国之乱：自杀第一波 ... 383
  《汉书》的清单 ... 384
  辣帝与霉守 ... 385
  鼓点与毒药 ... 387
  青牛白马，浑水吃剑 ... 388
  我要他杀 ... 391
  秃鹫行 ... 395
  不淡定的李参军 ... 396
  完颜亮的创意 ... 399
  一拂鸟・转关榍 ... 401
  马虎的岑春煊 ... 405
结语：神征鬼兆故事云 ... 407

第六章　多少人头烟雨中：疼痛、应激与疗伤 ... 411
一　打瓦 ... 411
  金书铁券流传史 ... 411
  命如青瓦 ... 415
  击壤歌 ... 416
  前朝瓦事：手拿瓦片去战斗 ... 417
  打瓦：从余姚县令到两湖总督 ... 420
  新亭烤肉记 ... 421
  民办死刑与血亲复仇 ... 423
  刘备的野味 ... 426
  嘉庆维权："母"是一片瓦 ... 428
  醒酒汤与心肝宴 ... 430
  凌迟与"寸磔" ... 434
  在恐惧中迷醉：到处都是十字坡 ... 436

二 玉碎 439
美玉除疤膏 439
井喷的玉人 440
曹魏绝响 441
西晋晚钟 443
宁馨儿外传 445
苦县天祭：死刑小灶与烂柯棋枰 447
玉殇：南方的回响 450

三 疼城 453
头滚凌烟阁 453
朱元璋之梦 456
从聂隐娘到《楞严经》 460
明镜孙司空 462
押宝提头图 464
缩颈族·保首团·提头帝 466
刺客炼成记 468
煎锅简史 470
疼痛与号啕 473
半夜颈痛 477
徐州"榜样戏" 481
芜城赋·杭州辞 483

结语：请刃·订约 487

第七章 谁动了六祖的脖子：飞头后传与续颈前术 492
一 飞头后传 492
辘轳首·葫芦僧 492
青珍珠与越王头 497
与骷髅对话 500

　　　　林灵素变脸 ……………………………… 503
　二　阳陵的暮夜 ……………………………… 504
　　　　由神鬼向人事：展品与设计 …………… 504
　　　　缝颈记 …………………………………… 508
　　　　许烈妇抓去热鸡皮 ……………………… 510
　　　　人间将施换头术 ………………………… 513
　　　　妙术的想象 ……………………………… 515
　　　　寻找桑根线 ……………………………… 520
　　　　细线与巨绳 ……………………………… 522
　　　　《陆判》：阳陵的暮夜 ………………… 525
结语：谁动了六祖的脖子？ …………………… 533

结　章　千里送人头 ………………………… 535
　　　　水城垂钓 ………………………………… 535
　　　　长鲸九亩 ………………………………… 537
　　　　千里送人头 ……………………………… 539
　　　　帮主对决 ………………………………… 541
　　　　士：从赵氏孤儿到张耳旧客 …………… 546
　　　　坚硬的雕塑 ……………………………… 551

致　谢 ………………………………………… 555

序　章　太史公之问

大运河·风之悚

　　人类大毁灭的预言在2012年再次失验。我也在那年春末结束了一段情爱纠结，从杭州城西搬到城北京杭大运河边上的小河直街。小河直街有意思。我的隔壁邻居是个鳏居胖汉，五十开外，黑矮个，谢顶而肥大的头颅就肩上趴窝。夏天来了，他常套一条大花裤衩，趿拖鞋，喜欢当门或往石板巷街心打横愣站，呆盯来往行人，像在宣示原住民的主权，后背看去，恍惚山东郓城县宋押司下乡督租，不过一打照面，那落寞空洞而呆滞的神情，就活现出旧时杭州城北河埠土著的根胚。直街另一头也盘踞着一个胖汉，白净长大，颇具自学成佛的架势，正一路向高人衍化，秋冬出门，常穿中山装或准汉服，偶尔着装如袈裟，常作捻珠含笑状。他的住所布置也颇奇葩，向街照壁挂国旗，竖单筒天文望远镜，摆地球仪，匾其门曰"人类智人会所"，悬一幅用电脑字体打印放大的"悟人宣言"，街坊游人透过玻璃门，可自由阅读领悟。门柱上挂个名片龛，名片上开列与"悟人"有偿喝茶或者协助决策的价目表，从一小时到一月一季一年，一律税后，很贵。据说长白胖汉在这一带有不止一处的祖遗老房，分明是更丰裕的土著，而且翻身滋润出一派文化妖景。这两位异瓜同藤的高邻明显的共同点是肩粗头圆,横着发胖,把后脑勺下的头皮挤成面包圈,再褶进衣领,让人不得不费劲捕捉他们的脖根儿。

而我竟由此生出无端感慨,偶尔甚至担忧。

这是为什么呢?

小河直街,顾名思义,是小河傍岸直直的一段石板街。小河虽小,大有来头,乃中国京杭大运河在杭州城北分岔的支流。昔日运河交通发达,商旅繁忙,这小河汊出来个"肚兜",便成为南来北往的船舶在杭州泊靠的一处河湾埠头。小河直街形成于清朝,据说也曾"兼职"杭州的小秦淮,不过苏小小、白素贞辈从来只向西湖去,妖妓名媛那是别处的事儿。老杭州人印象中,这一带通称"城北拱宸桥那边",口气好像远郊化外,据说旧时住的穷人,却出得美女,听来仿佛一幅倚门嗑瓜子与沿河扛大包的红粉乌汗混世图。杭州号称"人间天堂",运河自"天堂"流向北方帝都,自是花团锦簇,一段人间乐事。前些年小河直街得到市政当局颇得法的保护性修复,筑古如故,

图1　杭州拱宸桥(摄于1860年)

又实实在在让一批原住民回迁,便成为今日大运河沿岸四省二市最接地气的历史文化街区:城市唇边一个素馅水饺,杭州胸口一溪柳岸桃洼。这会儿,一幅江南诗意正在河上舒展开来,微雨人独立,轻燕受风斜,大运河的风越过小河对岸人家的高树低瓦,好声好气扑进我寓所二楼中开的木窗,把桌上搁的书本的扉页轻轻拂起。一道跑来翻书的雨声乍密还疏,似有些许惊吓。

也许就是这本书让风片雨丝们惊惊奇奇,忐忑不安呢——

图2 小河直街(作者摄于2014年冬日)

黑白相间的封面上,四个法式镂花画框叠出十字分隔,上下左右都是行刑画面。上图,刽子手手中的铡刀拉绳即将松开,断头台上的囚徒刹那间将身首分家。下图,两架断头台并列,其中一架铡落头断,头颅滚落到铡刀下方的柳条筐中。

封面居中,横出一个血腥书名:《刽子手世家》。

这是一本典型的重口味奇书,叙述"一群在我们视野中消失的人"——法国职业刽子手"桑松家族",并由此视角,让法国大革命的野蛮血腥与人性的残忍嗜血暴露无遗。作者为法国人。

风乍拂还止,片刻静寂间,我着实感受到另一种惊悚:
"清风不识字,何故乱翻书?"[1]

雨丝倏然发亮,眼前闪过刀光一片——别说,风中分明有惊悚!呵呵,中华民族的清风,从淌满历史的古老大运河吹来的远风,风啊风,说起来,你和脖子还真有撇不清的干系,就翻书这个小动作,几百年前不也曾叫多少人身首分家,头颅落地么?翻起清朝文字狱老账,你与人家断头铡倒也半斤八两,就权且把淅淅风雨之声,当作你们的惺惺相惜或互相感喟吧,这实在比我在清平世界为高邻胖没了缝的脖子发生莫名感慨有由来。现世中国,山河安稳岁月静好,再说自从枪炮替下冷兵器,杀人多是子弹直崩太阳穴,没工夫再跟喉管、脊椎较劲。世人有吃香喝辣的福气,少了挨刀吃斧的顾忌,难怪长颈短脖们满世界皮松肉赘疯着长,左脖儿粗来右脑勺肥。若时光倒流千百年,流回秦并六国、五胡乱华、安史之乱等那些个乱世万人坑,流回长平一坑、广陵再杀、嘉定三屠、扬州十日那些个千古绝劫,而天下苍生都似今日这一茬茬脂多皮厚,不知要崩缺多少刀剑,叫官兵盗匪多花多少吃奶骂娘气力,也徒增吃刀被斩者几许苦痛。[2] 幸好乱世泰半饥馑遍地,哀鸿千里,活着的一个个肉瘦骨精,颈比鹭鸶,就是吃饷当兵,也不免有时饥

---

[1] 清朝雍正八年,有人揭发被罢职的翰林院庶吉士徐骏诗集中有"清风不识字,何故乱翻书"等句,徐骏以大不敬之罪斩立决。前此康熙年间的戴名世《南山集》案,是清初又一宗牵连甚广的文字狱。

[2] 公元536年,东魏丞相高欢率军进攻西魏,兵败于蒲坂,狼狈撤退,负责殿后的将军薛孤延"一日之中斫十五刀折,乃得免"(《资治通鉴》卷一五七),可谓典型。再如1221年成吉思汗的第四子拖雷攻克马鲁城,除四百名工匠外,全城市民均被杀光,"每名军士要杀三百或四百人",杀人数量如此之多,不知要砍豁多少把刀([伊朗]志费尼:《世界征服者史》,商务印书馆2010年版,第179页)。

馁。刀过头落，常如六祖破竹，高效、痛快。垒成"京观"——人头堆示众，想必比如今水果店店小二站卡车上往下扔小西瓜省力。间或一二重要人物的头颅，要盐腌水煮，上漆装匣，千里传送，传首路上当也多省草料脚力。

当然会有例外情形，如唐朝"安史之乱"初起时节。

那时开元盛世以来的富庶安定已是强弩之末，然力道尚在，杨贵妃又引领天下男女老幼努力肥美。唐人姚汝能的《安禄山事迹》说，

图3 《刽子手世家》封面

当年天下承平日久，大家都忘了什么叫战争，只知道增膘（安禄山本人就巨肥，腹重三百斤，洗澡要两个大汉扶着才能换衣，但在唐玄宗面前跳胡旋舞却快如旋风，不然也无法想象杨贵妃如何"三日洗禄儿"——在帘帷中把这个比她老且胖的干儿子当新生儿沐浴）。叛兵暴至，河南、河北各地州县手忙脚乱，开甲库搬兵器，这才发现弓甲枪矛多年不用，大多已腐锈穿朽。[3] 唐玄宗几十年太平天子做顺溜了，初不信安禄山真

---

［3］"后三日，（杨贵妃）召禄山入内，贵妃以绣绷子绷禄山，令内人以彩舆昇之，欢呼动地。玄宗使人问之，报云：'贵妃与禄山作三日洗儿，洗了又绷禄山，是以欢笑。'"又谓："兵起之后，列郡开甲仗库，器械朽坏，皆不可执，兵士皆持白棒。所谓天下虽安，忘战必危。"姚汝能：《安禄（转下页）

图4　英国亨利八世（1491—1547）下令对拒绝签署与罗马教会分裂文件的托马斯·摩尔和约翰·费世尔施以斩刑

反，后又误判大唐天下的烂铁箍还紧着，二话没说先腰斩了安禄山留质在长安的儿子安庆宗，并张榜河南各处要路，布告天下，悬赏老安首级。谁承想小安这颗人头，不日要揭李家宗室皇子皇孙几百个脑壳。安禄山攻破陈留，劈头看到城头榜文，晴天霹雳，"两手抚胸，大哭数声……便纵凶毒"，陈留一万多本已"缴枪不杀"的官军迎头遭殃，被"行列于路，禄山命其牙将杀戮皆尽，流血如川……禄山气乃稍解"（《旧唐书·张介然传》）。其后，攻陷一地，即杀大臣、斩守令，一路将首级传给唐朝守臣："庚午，陷陈留郡，传张介然、荔非守瑜等首至。

（接上页）山事迹》，中华书局 2006 年版，第 82、95 页。

寻陷荥阳，传太守崔无诐首至。……十三日，陷洛阳，传留守李憕、御史中丞卢奕首至。"（《安禄山事迹》卷中）平原太守颜真卿接到李、卢两人首级，尚血污黏湿。[4]不久潼关破，长安危，唐玄宗倒是逃得快，"凌晨自延秋门出，微雨沾湿，扈从惟宰相杨国忠、韦见素，内侍高力士及太子、亲王、妃主、皇孙已下多从之不及"（《旧唐书·玄宗本纪》）。叛军进长安，"安禄山使孙孝哲杀霍国长公主及王妃、附马等于崇仁坊，刳其心，以祭安庆宗。凡杨国忠、高力士之党及禄山素所恶者皆杀之，凡八十三人，或以铁棓揭其脑盖，流血满街。己巳，又杀皇孙及郡、县主二十余人"（《资治通鉴》卷二一八）。想当日那个刀钝脖子肥的苦呵！回头再看看今世大运河两岸城乡春天里满街摇头晃脑、高谈无忧、喝茶开悟的闲人肥颈，真个恍如穿越，不免凭空咂摸出些许和谐甜美的现世静好，还有谁会被运河上吹来的风片雨丝惊悚到？只有我这个蛊于历史的人偶发些许无端感喟，或者想起来《静静的顿河》扉页上那段古老的哥萨克民歌——

> 不是犁头开垦出这沃野千里
> 开出千里沃野的是战马铁蹄
> 千里沃野种的是哥萨克的头颅
> 装扮静静顿河的是年轻寡妇
> …………

---

[4] 颜真卿以刚直立朝，不见容于执政，先后受杨炎、卢杞排陷。后来卢杞竟借刀杀人，派他出使宣抚反叛的藩镇李怀义。《新唐书》卷一百五十三《颜真卿传》谓颜真卿曾往见卢杞，对他说："先中丞传首平原，面流血，吾不敢以衣拭，亲舌舐之，公忍不见容乎！"

序　章　太史公之问

中国人头有话说

两千多年前，太史公司马迁曾发出重重一问：
"不无善画者，莫能图，何哉？"
这是《史记·田儋列传》结句。此一问，为田儋之弟田横而发。

田氏三兄弟在秦汉鼎革之际起兵反秦，田儋自立为齐王，不久败于秦将章邯。其弟田荣更立，复为项羽所杀。田横绝地反击，收复齐地，重新王齐。

楚汉战争胶着之际，田横接受刘邦谋士郦食其游说，罢兵和汉，却为韩信、蒯通所卖，军溃国破。汉灭楚后，齐王田横"与其徒属五百余人入海，居岛中"。这个小岛，后来被命名为田横岛，位于今日山东即墨市东部海面。

刘邦当上皇帝后，听说"齐人贤者多附"田横，怕纵之生变，以不受封则剿灭为底线，逼迫田横称臣事汉。

田横带着两个门客离岛上岸，乘传车来到距当日西汉首都雒阳（即洛阳，时汉高祖尚未迁都长安）仅三十里的尸乡厩置（驿馆），沐浴更衣，横剑自刭。门客按田横遗言，把他自己割下的人头快马送到雒阳宫里新天子刘邦面前。其后五百门客得知消息，也全部自杀。这千里送人头，空前，绝后，引出一向持重客观的太史公重重一问，而这也是两千多年后我读田横传记强烈感到的遗憾。[5]

---

〔5〕 司马迁本人有可能为田横造过像。张彦远《历代名画记》卷三《述古之秘画珍图》所列，有"太史公汉书图八，又《汉记图》三，太史公画二十八人"。若此言不虚，田横理应在二十八人之内。然同书卷一《叙历代能画人名》所列"前汉六人"中，并无太史公之名，则太史公是否并擅（转下页）

两千多年过去了，自太史公之后，画者辈出，绘事叠胜：吴道子飘带当风、毛延寿深宫粉黛、阎立本凌烟功臣……自汉以下，历代均有以摹写人物著名者，如梁之张僧繇、北齐杨子华、隋朝郑法士、明末清初的陈洪绶等，从伏羲女娲、二十四孝、遐方职贡到熙载夜宴，古圣先王、高僧列女乃至石勒、安禄山等巨枭大逆多入图画，明人谢肇淛《五杂俎》所谓"自唐以前，名画未有无故事者"，然就现存史料，似未见以田横千里送人头事迹入画者[6]，正所谓"隔江山色薄于酒，一腔颈血淡如烟"。

太史公之问，几成空谷绝响。

何哉？

中国人头有话说！

写一本关于中国首级——那批曾经从我们祖先某些不幸

（接上页）绘事也当存疑。

[6] 张彦远《历代名画记》卷五至卷十记述自传说中的轩辕之世至唐历代知名画家及其作品，其中不乏善画人物的画家与人物画作，然多为帝王功臣、名士高僧、列女孝子造像，未见以田横五百士题材入画者。又明人谢肇淛《五杂俎》卷七云："宦官妇女，每见人画，辄问什么故事，谈者往往笑之。不知自唐以前，名画未有无故事者。……余观张僧繇、展子虔、阎立本辈，皆画神佛变相，星曜真形。至如石勒、窦建德、安禄山，有何足画，而皆写其故实？其他如懿宗射兔，贵妃上马，后主幸晋阳，华清宫避暑，不一而足。上之，则神农播种，尧民击壤，老子度关，宣尼十哲，下之，则商山采芝，二疏祖道，元达锁谏，葛洪移居。"所列绘者喜画之人物与相关"故事"不少，惜也未见田横事迹。又专记宋徽宗朝内府所藏诸画的《宣和画谱》（中国书店 2014 年版，钦定四库全书影印本，卷五—七）列"人物门"三卷，收录"自吴晋以来"至徽宗朝历代善画人物且"卓然可传者"三十三家，并所存画作三百三十种（同名多幅以一种计）的名字，其中唐之张萱一人存三十二种，周昉存四十八种，李公麟最多，达七十三种，均不见有以田横入画者。近人徐悲鸿曾创作油画《田横五百壮士图》，其所描绘的场面，为田横离岛时揖别五百壮士。

的脖子上折断、传送、展出乃至封藏的头颅的特殊际遇的书,这个想法大约萌生于二十年前。在对过去的阅读中,我无意触碰到这颗长在中国历史耳垂与发际阴影中的小小胎记,它与生俱来是如此的隐蔽,却不断浮现于一个个逝去王朝的敏感部位。从指尖传来的阵阵颤动激起我探究的欲望。那些年,我闲来读书,总喜欢到二十五史中打发时光,没料想字里行间隔三差五蹦出来"传首""送头""枭悬"一类字词,高频得叫人心生警觉。我努力搜索史料文献,意外发觉体制性、常规性、刑律化的"枭悬""传首"几可谓古代中国特有之制、特重之事,同时更让我诧异的是关于这方面进一步的具体资料,包括相关制度和操作层面的官方记述或野史撼谈竟近于空白,而不论是古代律学还是现当代的中国古代刑法和文史研究,对此也暂付阙如,更别说有实物保存下来以供研究或展示。[7]撕裂性的剧

---

[7] 欧洲的情况正好相反。早在16、17世纪甚至更早,就已有人热衷于被砍人头的收藏和买卖,后来更兴起以人头为对象的颅相学热潮与解剖研究,围绕被斩首人头的艺术创作也曾兴盛一时,甚至发展出所谓"欧洲的断头台文化"。如在17世纪中期建立英吉利共和国并出任护国公的克伦威尔死后两年多被复辟王朝戮尸斩首,首级在英国威斯敏特宫屋顶悬挂几十年后被风刮落,从此开始在私人和博物馆间流转,常被用于展览表演,直至1960年才被安葬在剑桥大学某个秘密的地方。19世纪如在法国大革命断头台高速运转时期,就出现了以塑造断头台受害者形象著名的"杜莎夫人蜡像馆"。以被斩人头为题材的绘画名作也不断出现。在1803年的一次公开处决中,来自美茵茨医学协会的医生等在断头台下,以检查刚被砍下的人头是否还有知觉。19世纪的一个研究颅相学的德国医生布卢门巴赫收集了245个骷髅,并被保存在哥廷根大学……19世纪晚期,作为欧洲向美洲、澳大利亚与非洲殖民的副产品,"火枪换头"的国际人头贸易曾兴盛一时,美洲阿尔舒人的干缩人头和新西兰毛利人的人头都是热门商品,牛津大学皮特河博物馆就以展示干缩人头出名。另外,不少基督教圣徒的人头也被保留在各地教堂宝石做成的圣骨匣中,时至今日还在供信徒朝拜。"二战"期间,在太平洋群岛、澳大利亚等地参战的盟军以收藏日本士兵的人头、牙齿为荣。参见弗朗西斯·拉森尔著,秦传安译:《人类砍头小史》,海南出版社2016年版。

烈反差，在我面前展开了一条前人与时贤未曾留意并专力探秘的时空秘道。

我敲燧出火，鹤嘴当锄，斫开烟遮雾锁、榛莽荒秽的洞口，"初极狭，才通人"，而后豁然开朗，惊悚之美宕荡而来，中国文化与人性另一个痛痒交加的剖面渐次展开。

看，就在田横当日千里送人头的终点洛阳，地火正烧天而起，一颗奇特的国宝级人头，沿时空隧道向我们飞来……

第一章　头在飞：崇首观念与落头传奇

一　国宝火损记

洛阳火事

洛阳喜火。

洛阳以地处古洛水之北得名，洛城背黄河，负北邙，临洛水，故河洛联称。

但是，这湿漉漉的名字，并没让洛阳远离火灾，反之，天火、地火、人火、兵火等各种莫名之火经常光顾，每每猛、怪、奇、绝，销金熔地，烧出名堂。

举例说吧，北魏永熙三年（534），号称洛阳第一寺永宁寺的佛塔大火，就是凌晨从纯木结构的九层佛塔第八层，那相当于人的脖子根的位置莫名发火开烧的。那个早晨雷雨晦冥，还夹着霰雪，"观者皆哭，声振城阙"[1]（《资治通鉴》卷一五六）。从海边来的人甚至说当时"海上人咸见之于海中"（《北齐书·补帝纪·神武帝本纪》）。大火一烧三个多月，明火熄后，

---

[1]《南史·陈本纪》叙陈亡国前诸种灾异，其中写佛塔被焚，亦近魔幻："于郭内大皇佛寺起七层塔，未毕，火从中起，飞至石头，烧死者甚众。"

焦黑的寺基在近一年中不断冒烟，因为深埋地下的木制塔基还在"煨红薯"[2]。是年年底，孝武帝元脩逃往关中，北魏亡。再往后，南宋叶梦得《平泉草木记跋》说，洛阳园林自唐历五代为天下第一，而为靖康兵火所焚，"祝融、回禄尽取以去"。自唐至宋室南渡前五六百年间，洛阳无数繁华，都付炎瘴火劫，此中情形，可谓一笔道尽。

这名字带水的洛阳，为何火事连连？

说来有趣，洛阳曾在汉朝"脱水"，改名雒阳。魏文帝曹丕即位后，急急把名字改回来，"引水回流"，还专门发布《改雒为洛诏》："汉火行也。火忌水，故洛去水而加佳。魏于行次为土，水之牡也，水得土而流，土得水而柔，故除佳加水，变雒为洛。"[3]

也许是魏祚太促，曹丕引回来的这一汪大水，没把东汉

图5　两件洛阳永宁寺遗址出土文物，图左为老人头像，图右为兽面纹瓦当　洛阳博物馆藏

---

[2]　杨衒之：《洛阳伽蓝记》，中华书局2012年版，第51页。
[3]　严可均辑：《全三国文》，商务印书馆1999年版，第44页。

在雒阳烧了一百六十五年（东汉历时一百九十六年，其中有一百六十五年定都雒阳）的三昧真火给彻底灭掉。风水轮转到晋，晋于五行主金，火克金，不免又嚣张起来。怎个嚣张法？专烧积兵储物满地油络的国家武库，而且还不止一次。其中烧得最放肆、最著名的，当推晋惠帝元康五年（295）冬天的飞头大火，其时下距永宁寺被毁，尚有二百多年。

武库与油田

武库为何物？

王勃《滕王阁序》："腾蛟起凤，孟学士之词宗；紫电清霜，王将军之武库。"夸得人家那个乐！武库可是一国一朝最重要的辎重身家，怎一个将军鞘中宝剑、麾下戈矛可比？把武库直观理解为军器库，没错，但不够。在中国古代文化政治语境中，刀、矛辎重之属，说来只是武之垢骸，"武"有其更高级、抽象近于神圣的内涵，武库也因此经常成为"人头之家"。关于这一点，将在本书第五章细论，这儿先略叙武库身世，探究其惹火原因。

其一，武库之名或者说以武库命名的建筑，据现有史料，始见于西汉，是国家武器装备库。[4]《汉书·高帝本纪》说，

---

[4] 汉代以前，一国藏兵之库设于何处，是否有专库，叫什么名字，现在不很清楚。《商君书·刑赏》说："汤武既破桀纣，海内无害，天下大定，筑五库藏五兵，偃武事行文教，倒载干戈，搢笏作为乐器，以申其德。"商周二朝大包大揽，这种表述当不得真。有可能早期兵器附藏于诸侯国祖庙（太庙），或由制作不同部件、工序的作坊分开保管，或分类储藏，发放时再行装配，后来逐渐集中储放，尤其在以兵车为主战装备的时期。《左传》多次提到诸侯国出兵前在祖庙即太庙举行仪式，发放兵器，如《庄公八年》："治兵于庙，礼也。"《隐公十一年》："郑伯将伐许，五月甲辰，授兵于大宫。"郑庄公的宠臣子都与颍考叔现场争车，"颍考叔挟辀（车辕）以走"，或可说明授兵时发放的是战车部件，再行组装。这种情况也可能与当（转下页）

萧何在长安修筑未央宫，立东阙、北阙、前殿、武库、太仓。《汉书·百官公卿表》说，汉初承秦制，设掌管京师武卫的中尉，武帝时改称执金吾，其属官中有武库令丞，疑武库令丞之名也承自秦朝。自汉至清，各朝官志均列武库职司，其归属职能则有变化调整，如唐初称武库令，后改曰武库署，置丞、监事。《宋史·职官志》说武库隶属库部，由库部郎中管理。《明史·职官志》谓明朝武库司改隶兵部，"掌戎器、符勘、尺籍、武学、薪隶之事。凡内外官军有征行，移工部给器仗，籍纪其数，制敕下各边征发"，即武库已抽象成一个行政管理机构，军器的储藏管理职能转由工部下设之军器局负责。[5]

（接上页）时工艺及职司设置有关。《考工记》所列，兵器尤其战车涉及多种工艺："凡攻木之工七，攻金之工六，攻皮之工五……"而"函人为甲""冶氏为戈戟""弓人为六弓"等等。《周礼》中与兵器有关的职司，有"玉府""内府""司甲""司兵""司戈盾""校人""司常""鼓人"等十来个。《左传·襄公九年》讲述宋国火灾后的救灾工作，谓"命校正出马，工正出车，备甲兵，庀武守"，有整顿加强武器装备管理的意思。另《襄公二十六年》记齐大夫乌余偷袭鲁国的高鱼，趁大雨从排水管道潜入城中，"介于其库，以登其城，克之"，即取出库中甲冑武装士兵。仅称"其库"，或可说明未有专名。《襄公三十年》记郑国执政大夫伯有被逐，反攻时，"因马师颉介于襄库"，即用马师颉襄库中的皮甲来装备士兵，此处襄库应该就是郑国储藏武器的仓库。以上材料共同的特点是藏兵之地都未直称"武库"。

先秦另一种功能相当于武库的建筑叫榭。《尔雅》云："无室曰榭。"指只建大殿其下不分隔房间的建筑。《国语·楚语·灵王为章台之华》："故先王之为榭也，榭不过讲军实。故榭度于大卒之居……"徐元诰引《诗经·大雅·抑》孔安国注疏说："军实者，即车马、弓矢、戎兵是也。"又谓"讲，读为构，有合集之义。构军实，谓藏集军之器用也"。因此，榭要建在接近兵营的地方。见徐元诰：《国语集解》，中华书局2002年版，第496页。

[5] 自魏至唐兵器甲仗主管机关的设置沿革，可参阅马端临《文献通考·职官考六》"库部郎中"条："魏尚书有库部郎，晋因之。宋库部主兵仗。……后魏、北齐库部属度支尚书，掌凡戎仗器用。后周有武藏中大夫。隋属兵部，初为库部侍郎，炀帝除侍字。武德中，加中字。龙朔二年，改为司库大夫，咸亨初复旧。天宝十一载，又改库部为司库，至德初复（转下页）

武库的职能,《汉书·毋将隆传》有个表述:"武库兵器,天下公用,国家武备……"《隋书·五行志》更简洁:"武库者,兵器之所聚也。"西汉至隋唐历朝国家级武器装备库均名武库,南宋以后似为甲仗库、军器库所代。西汉国家级武库,可以确定至少分设于长安与洛阳,因为洛阳(雒阳)不仅地理位置非常重要,且汉初曾定都于此。[6] 另外,西汉初、中期,也可能存在各大诸侯封国自设武库的情况。[7]

其二,武库所储,不止刀剑、弓箭、袍甲,举凡车辂法物、大型攻守器具、军需等后勤装备都存放在武库,即《文献通考》所列"掌军器、仪仗、卤簿法式及乘具等"。《旧唐书·职官志》谓祭祀朝会及巡幸之物"纳于武库,供其卤簿",甚至其他一些国计民生大宗物品,也会往里头搁。[8]

《晋书·杜预传》有一条材料,正好做个旁证。

(接上页)旧。掌军器、仪仗、卤簿法式及乘具等。"
[6]《史记·滑稽列传》:"王夫人病甚,人主自往问之曰:'子当为王,欲安所置之?'对曰:'愿居洛阳。'人主曰:'不可。洛阳有武库、敖仓,当关口,天下咽喉。自先帝以来,传不为置王。'"另《汉书·魏相传》谓丞相车千秋儿子曾为雒阳武库令。《史记·吴王濞列传》亦谓七国反叛时,吴少将桓将军建议吴王"疾西据雒阳武库,食敖仓粟……"
[7] 1993年在江苏连云港市尹湾汉墓出土的汉成帝时简牍中,发现《武库永始四年兵车器集簿》,疑汉初楚国自设武库,七国之乱后收归中央,由东海郡协助管理。循此,则汉初一些大的诸侯国也可能设有武库。参见谢绍鹢《江苏尹湾汉简所见的武库与使节辨析》,《西域研究》2009年第2期;袁延胜《尹湾汉简〈武库永始四年兵车器集簿〉所见西域史事探微》,《西域研究》2008年第1期。
[8] 关于武库何以成为综合的物资大仓库,原因可从宋代州一级所设军资库的特点中得到启发。宋代军资库不只储存军资,而成为州一级官府主要的存储日常经费、物资的仓库。宋人王明清《挥麈余话》卷一解释道:"一州税赋民财出纳之所独曰军资库者,盖税赋本以赡军,著其实于一州官吏与帑库者,使知一州以兵为本,咸知所先也。"

杜预文武全才，既是平吴战役的主要指挥者，又是大儒，撰有《春秋左传集解》等，还是优秀"工程师"，设计和动手能力都特别强，能修历，会造桥。周朝欹器，久已失传，他居然也能"创意造成"。杜预的本事，当时朝野上下无人不服，他因此获得一个荣誉外号"杜武库"："言其无所不有也。"《旧五代史·唐书·李存进传》说，李存进以大舰苇索成功造起浮桥，唐庄宗李存勖高兴地夸奖说："存进，吾之杜预也。"

无所不有的武库规模有多大？唐朝张说曾将武库与太仓并举，说它们都在京城，"红粟利器，蕴若山丘"（《旧唐书·张说传》）。一次武库失火，"烧二十八间十九架，兵器四十七万件"（《旧唐书·五行志》）。宋徽宗曾给武库开过一个账单："以武库当修军器近一亿万，其中箭镞五千余万，用平时工料，须七十年余然后可毕。"（《宋史·兵志》）昔前各朝，武库的规模虽没有唐宋大，也早已超过我们的想象。南朝梁时，长沙车府所藏油络起火致灾，推究火灾原因时，时任御史中丞的乐蔼援引了一个先例：晋朝泰始年间武库失火，张华说，那是"积油万石必燃"（《梁书·乐蔼传》）。武库储积什么油？野战攻城时火攻用到油，祭祀典礼燃烧照明也需油脂，动称万石，足见其多。

"积油万石"的武库，无疑是那个年代天下最大的"油田"。乐蔼所引张华原话，亦见于《博物志》。《晋书·刘颂传》特别提到泰始年间武库火灾时现场组织救火的积弩将军刘彪"建计断屋"，拆出一条隔离带，因此没烧精光，"得出诸宝器"。不想话音刚落，晋惠帝元康五年，武库大火又发，张华把不准是人为纵火还是"积油自燃"，第一个动作是列兵固守，贻误救火良机，烧飞累世国宝。

国宝一号

西晋元康五年洛阳武库这场大火，损失有多惨重？《资治通鉴》开出火损清单：

> 冬，十月，武库火，焚累代之宝及二百万人器械。

二百万人的单兵器械，在火神祝融那里，就是二百万扎草垛柴秧，何况上有梁柱，下有"积油"！冬月北方风高物燥，这一烧何等壮观！烧掉军械甲器是情理之中，奇怪的是器械前头，还有个"累代之宝"。别忘了，之前晋武帝年间武库大火，大家第一庆幸的也不是兵器少烧，而是"得出诸宝器"。武库中的宝器都是什么？怎么往武库搁？乍读之下，未免疑惑，可《晋书·五行志》交代得更笃定清楚：

> 惠帝元康五年闰月庚寅，武库火。张华疑有乱[9]，先命固守，然后救火。是以累代异宝，王莽头，孔子屐，汉高祖断白蛇剑及二百八万器械，一时荡尽。

---

[9]《晋书·张华传》："……（赵王）伦既还，谄事贾后，因求录尚书事，后又求尚书令。华与裴頠皆固执不可，由是致怨，伦、秀疾华如仇。武库火，华惧因此变作，列兵固守，然后救之，故累代之宝及汉高斩蛇剑、王莽头、孔子屐等尽焚焉。时华见剑穿屋而飞，莫知所向。"这是将武库大火发生的时间，置于赵王伦与孙秀专权并谋废贾后之时，似乎张华当日的戒严，是为防备赵王伦和孙秀。其实不然，盖张华欲诛孙秀不成，及赵王伦被征入洛而得擅权，都是元康六年的事，武库大火发生在元康五年，两者不可能有直接关系。《资治通鉴》只言烧尽器械，不及其他，编年史时序人事之先后不易混淆，宜免此等错置。

张华时任侍中、中书监，位属宰相，但他这个宰相很不好当。那时的西晋，"八王之乱"这套多米诺骨牌已经开倒。经过元康元年的连环血洗，杨太后、外戚杨骏、汝南王司马亮、楚王司马玮、太保卫瓘等相继被诛灭，晋惠帝皇后贾南风专权局面形成。血腥未散，贾后与太子的矛盾又急遽上升，废储与废后两派暗中较劲，危机四伏，空气中仿佛有金铁交鸣、刀枪摩荡。获悉武库起火，张华的第一个命令不是救火，而是戒严。为何如此，这与武库的性质与位置有关。

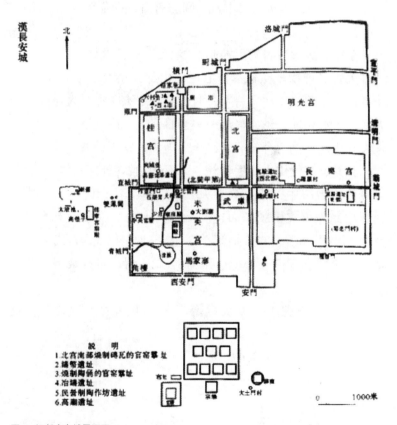

图6　汉长安皇城平面图

第一章　头在飞：崇首观念与落头传奇

西晋洛阳武库的具体位置，存世资料无确切记载，但有西汉制度可参考。

西汉立国，始都洛阳，后迁长安，萧何规划长安皇城，武库即一个主要建筑，位置紧夹在未央宫和讲武殿间，背靠北宫（图6）。吕后曾改其名为灵金藏，惠帝即位后复名灵金内府，这个"内"非常醒目。南朝宋文帝长子刘劭弑父自立，不久败亡。外兵入禁苑时，他"穿西垣入武库井中"躲藏（《南史·宋宗室及诸王传》），说明武库距皇帝听政起居之地仅一墙之隔。西晋首都洛阳的武库，也当位于皇城核心区域，而且是藏兵重地，若有人故意纵火引发混乱，调虎离山，的确容易变生肘腋，局面失控。

于是，大火变得不可控制，"油田"尽情地烧，烧……

火真是神物。在日本作家三岛由纪夫小说《金阁寺》中，作者借由主角少年沟口召唤古时的破坏之火：那时火与火亲密无间，火火相连，迅速蔓延……当日洛阳武库这场大火，亦真正火火相连，烧得奔放尽情，天赤地焦，铁水销城。

只是，若仅烧光兵甲器械、万石积油，在晋朝百官和《晋书》修纂者眼中，还不算最大损失，也无法让此场大火从历朝历次武库火灾中脱颖而出。元康大火之所以被正史屡屡提及，主要原因正是"火损清单"上开列出来的"累代异宝"，难怪《晋书·五行志》一早强调："武库者，帝王威御之器所宝藏也。"

可这都是些什么破玩意哪，大晋王朝的累世之宝，竟然是：

一个人头——王莽的；

一双草鞋——孔子的；

一把锈剑——刘邦的。

剑，据说是当初汉高祖斩白蛇之剑，而且本身就是兵器，说得过去。孔子是圣人，脚气那叫香，不提。怎么一个前朝骷髅也成了特级国宝，而且在《晋书》的火损清单中位列三宝之首？！

千岁髑髅生齿牙

> 南风起，吹白沙，
> 遥望鲁国何嵯峨，
> 千岁髑髅生齿牙。[10]

这是西晋元康年间京洛地区流传的一首童谣。

前面几句，好懂。

南风起，喻晋惠帝皇后贾南风得势。

贾南风是典型的恶女淫后，掷戟刺孕妇，箱箧载少年，废杨后，杀太子。又利用晋室诸王间的矛盾，使司马氏兄弟自相残杀而坐收渔利，直接开启导致西晋倾覆的"八王之乱"，的确叫一口妖风吹散满地白沙。晋在五行属金，金于色主白，白沙吹散，晋祚伤折。愍怀太子小名沙门，故"沙"又指太子。鲁国是西晋权臣、贾南风之父贾充的封国，遥望鲁国，乃补叙贾南风被立为后，凭借的是其父贾充的权势和影响。

童谣末句，却颇费解。

《晋书·五行志》说，"千岁髑髅生齿牙"隐喻元康九年赵王司马伦废杀贾南风，接着又"咀嚼豪贤，以成篡夺，不得其死之应"，这个解释很勉强。但若应到当日被大火烧"飞"的王莽人头这件跨朝累代"国宝"上来，却合丝入扣。

---

[10] 这首童谣载于《晋书·五行志》，翻译成现代汉语为"南风吹起来哟，吹散那白茫茫平沙，远远望去哟，鲁国楼台多嵯峨，千岁骷髅长出了恐怖的齿牙"。

王莽变法篡汉，建立新朝，旋即败亡，身死长安未央宫中渐台密室，他的首级以及绑在腰间的始于秦始皇的传国玉玺，被原为大行礼官的义军校尉公宾就取得，一起传献给当时驻扎在宛市的汉军首脑刘玄。

这是公元23年的事，下距西晋元康五年（295）尚有整整二百七十二年。

王莽的人头当日在长安渐台密室中与主人身体一刀两断之后，就同传国玉玺一起开始漂泊，辗转刘玄、刘盆子、赤眉绿林之手，至赤眉投降时献予东汉开国皇帝刘秀，已数易其主（参阅《后汉书·徐璆传》赣宏注）。东汉末年董卓之乱，洛阳几成废都，曹操迁天子于许昌，其后曹丕称帝，复都洛阳。这期间又不知颠沛几地，历劫几多，竟能一路平安走来，复经魏入晋，成为西晋首都洛阳武库传世国宝、头号藏品，无疑是一大奇迹！中国古代，再没第二颗首级能像王莽人头这样屡易其主历经数朝而得完好保藏。

当初王莽的人头传首宛城，照例要悬示数日，《汉书·王莽传》说，悬头之日"百姓共提击之，或切食其舌"。但不管如何，这颗头还是受到足够重视和保护，并应经过惯常"传首"前后对首级特殊的防腐保容处理，如煮洗腌腊等，想也免不了漆首题名，函封匣镉，才有可能辗转多地而不毁，浸历数世而未朽坏，直待三百年后火舌上头，仍然各种出油带劲，恍如青牙又獠，赤发复生，正应了"千岁髑髅生齿牙"的地狱变相和神魔妆样。张华后来说他在大火中看见斩蛇剑"穿屋而飞，莫知所向"（《晋书·张华传》）。张华是一个集渊通博物与装神弄鬼于一身的学者型政治家，既目击斩蛇剑乘焰而飞，如何不见王莽首级青焰红牙火轮腾空？王莽这颗人头，历经中原数回土崩鼎沸、改朝换代，从身首异处的长安渐台，一路颠簸到洛水之滨，定居洛阳，寄头武库，如今欣逢烧天大火，应了佛家说偈:"如入火聚,得清凉门。"终于解脱形骸,回归尘土,王莽有灵,实堪欣幸。不然,今天这颗人头恐怕要供在长安街中国国家历史博物馆展柜中,和唐昭宗赐给钱镠的免死金牌一样,被无量众生参观呢。

王莽人头三百年沧桑且押后补叙。借着这西晋"国宝",洛阳,成为"中国首级史——千里送人头"之旅的首发站。

这儿曾是夏都、周京,是中华文化最中心的区域和最古老的发源地,一个绝好的时空坐标。

沿时间上溯,青铜时代的幢幢"头"影,弥散在夏彝周鼎、白旗黄钺中。

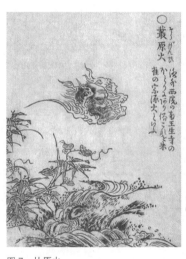 

图7 丛原火　　　　　　　　　图8 山西故城寺壁画:自作横死等众

图7说明:人头——骷髅驾火而飞,显神作怪,可谓神鬼妖怪画中一个传统意象,其来有自,影响甚广。丛原火是日本江户时代著名浮世绘大师石山鸟燕妖怪图集《百鬼夜行》众多"涉火"妖怪中的一种。在《百鬼夜行》中,火为一大妖薮,有"狐火""姥姥火""凤凰火""古战场火""青鹭火""提灯火""墓之火""火消婆""蓑火""青行火""不知火"等数十种妖火。据考证,日本妖怪究其渊源与分类,有很大一部分来自中国,石山鸟燕创作《百鬼夜行》也主要参考了中国明代图籍《三才图会》。不知石山鸟燕是否知道中国晋朝武库大火的故事,读过元康童谣"千万髑髅生齿牙"?

从空间四出，古驿道处处都曾扬起传首送头的滚滚烟尘，而它亦是田横"千里送人头"的抵达之地。

"人头－传首"这个话题，能在天下最中之地，"中州""中国"名字的缘起之所洛阳始发终收，正好从一个侧面，透射出它绝非偶然的特殊存在与不容忽视的漂流黑史。

二 刺客迷局

晋阳劫

洛阳往北约四百公里，太原盆地北端，悬瓮山东侧，自春秋末年迄至宋初，矗立着另一座以阳为名的大城：晋阳。晋阳亦因位于晋水之北而得名，晋水汇入汾水，贯穿三晋的汾水，从晋阳旧城与新城间流过，至河津入黄。

从现在的地图上看，收编了汾水的黄河，慢慢打完摆子，伸直脚，一路流经洛阳城外，继续奔腾向东，不舍昼夜。

晋阳为春秋末年晋国大卿赵简子的家臣董安于始筑，至北宋初年为宋太宗所毁，前后存世一千五百多年，其间不为国都，即是郡治，岿然乎巨邦通邑。但今天若要探寻关于晋阳仍然鲜活的历史记忆，摆得上台面的怕只有两件："半件"与"件半"。

有趣的是这"半件"与"件半"，说来也与伊洛旧京洛阳一样，水深火热。

晋阳被毁，我只算它"半件"。

北宋太平兴国四年（979），宋太宗攻克晋阳，五代十国最后一个割据政权北汉亡。在此之前，宋朝开国之君宋太祖及其弟赵光义，都曾御驾亲征，但屡却于晋阳城下。宋太宗赵光义第二次兵临晋阳，火攻水淹，费尽九牛二虎之力，才咽下这根老骨刺。鉴于五代十国大都发迹于晋，晋阳为晋地首府，所谓地有王气，为斩草除根并一泄闷气，赵光义下令彻底摧毁晋阳城！如何摧毁？先火烧，再引汾水灌泡。据说烧城之火三年始熄！这不奇怪，一座永宁寺佛塔都烧了几个月，何况偌大名城。这攻守争夺，对城池来说本属常事，历劫复振无世无之，如南方之广陵——扬州一次次兵火屠城，残破殆尽，又复繁华如初，但时逾千纪的通邑巨都晋阳，却真个就此被彻底摧毁，这在中国历史上罕有其俦，所以算半件大事。晋阳如此火聚水浸，相比之下，洛阳水火只算个跟帮。

另一件大事，发生在晋阳建城不久，里头又牵出来一宗人头公案，而且资格比洛阳武库的"累代国宝"更老，更扑朔迷离，内里还纠结着一个"刺客迷局"。这件大事与"刺客迷局"合起来，我算它一件半。

大刺客为何蹲小厕

春秋末期的晋阳之战，不仅是中国战争史上非常著名的战役，更是政治史头等大事。当时晋国势力最大的世卿智伯挟韩、魏两卿合攻赵襄子，赵襄子苦守晋阳数年，在最后关头成功策反韩康子和魏桓子，绝地反击，攻灭智伯，其后三家分晋，开启战国帷幕。

智伯被灭族，他的功业也彻底圮毁。

偏有一个不计成败不要命的人，铁心要替他报仇。

一个人的战斗与高手间的对决每每比千军万马的厮杀还好看，豫让从《史记·刺客列传》中走了出来。

豫让，晋人，原在晋国贵族范氏和中行氏门下为客，俱默默无闻。后智伯灭中行氏，他转投智伯，智伯待以国士之礼。士为知己死，智伯既灭，豫让发誓替旧主复仇，开始实施纠结、复杂的行刺计划。

行动第一步，是打进赵襄子府中。为此，豫让"变名姓为刑人"，即把自己阉了，以获得进入赵府大院当内勤人员的"执业资格"，那时不叫"太监"，称"寺人"。

此后，怪异悖理的事接连发生。

根据《史记·刺客列传》所述，豫让付出这么大的代价混进赵府，竟然去"涂厕"。换成现代汉语，该叫厕所清洁工或服务生。

豫让准备在厕所实施行刺，但没开工就失败了。原因很蹊跷，不是被侍卫发现，或他自己弄出异样响动，而是目标一近伏击圈，自家就无端警觉起来，按《史记》的说法，叫"襄子如厕，心动"，叫卫士搜查，结果从"涂厕者"豫让身上搜出匕首。

刺客被押到赵襄子面前，却意外获释。赵襄子说，智伯已被族灭无后，咸鱼是不可能翻身的了，这个刺客还不惜把自己阉了替旧主报仇，是义人，且放他一马。

这一来大刺客再也蹲不得人家小厕，只好漆身吞炭，将自己变成一个又黑又丑的麻风病人，连老婆都认不出他来。他藏到桥下搞伏击，但又失败了。原因更玄乎：赵襄子人未上桥就"马惊"。

赵襄子决定不再陪这位固执的刺客玩命，不过双方在故事落幕之前演足了对手戏：襄子给豫让机会，让他发表一通演说，并脱下衣袍，特许豫让对之连刺三剑，象征完成使命，可以下报智伯，而后伏剑成仁。

读着《刺客列传》，我却在太史公的感喟中窃疑不已。

豫让干吗把行刺地点锁定在洗手间？换言之：大刺客为何蹲小厕？在整个故事中，这一关键情节过悖常理。"心动""马惊"等不靠谱的说法，更增几分疑窦。

想想看，古今中外那么多行刺元首的案例，有杀手守在洗手间开工的吗？一定要找，疑似的倒有一个。《史记·张耳陈余列传》说，汉高祖因为箕踞辱骂赵王张敖，引起张耳旧臣贯高等人强烈不满，密谋策划行刺，"汉八年，上从东垣还，过赵，贯高等乃壁人柏人，要之置厕"。"置厕"何谓，《史记》注家众说纷纭。《史记集解》引韦昭说法，说是办供置；司马贞《史记索隐》，文颖云："置人厕壁中，以伺高祖也。"张晏云："凿壁空之，令人中止也。"他本人则认同张说，并认为此处厕非指厕所，而同于侧，是隐蔽侧角之意。再说，即使贯高们派出的刺客真的是藏到厕所复壁中，前提也得有条件有时间造夹墙。显然，豫让办不到。

豫让付出受阉割的代价打进赵家大院，目的当然是接近行刺目标。我们既无从获得春秋战国诸侯宫室厕所的制式或如厕的规矩，也难以想象一名地位非常低的厕所清洁工可以在主人如厕时单身一人近身服侍。那时诸侯国国君、世卿都可以畜养被阉之人即"寺人"，寺人得宠并在政治斗争中发挥重要作用的，数见记述，如春秋时的齐国寺人貂、晋国寺人披、宋国寺人柳等。齐国寺人夙沙卫被齐灵公重用，曾任大子牙的少傅；宋国的寺人惠墙伊戾任宋平公大子痤的内师，以致有能力设计害死不买他账的大子。豫让理应争取近侍之职，伺机下手，这样成功概率明显大得多，干吗要一头扎进厕所？《刺客列传》也注意到这个矛盾，安排豫让与友人展开一段对话，说他之所以不选择先做赵襄子门客再行刺，是因为那样做就成了士杀其主，不义。问题是低级仆从也同样与主人形成主仆关系。退一步说，既作此想，他何不一开始就选择路边桥下伏击的"外三路"呢？

那么，换个角度，开开脑洞，会不会是赵襄子的私厕中，还有其他特别吸引主人或者杀手的东西呢？太史公之前有个交

代,非常惹目:

> 赵襄子最怨智伯,漆其头以为饮器。

一个人头,破空而来!

何为饮器:酒、血、饮食及便溺

现在大家要问,饮器和厕所有关系吗?

厘清这个问题,先要弄明白"饮器"到底是什么,或者可能是什么。

照字面直解,饮器似乎就是饮酒的器具。

将仇敌的头颅加工制作成盛酒容器或酒杯,用来招待宾客或陈列供祭,的确是古代世界各地一些蛮族无师自通的习惯做法。据《太平御览》卷七八六所引《南州异物志》的记述,壮族先民乌浒人劫掠行旅,"利得人食之……又取其髑髅,破之以饮酒也",就是一例。问题是先秦典籍关于智伯人头用途的记述,出现饮器(酒器)、溲器两类说法。《战国策·赵策》:"将其头以为饮器。"《淮南子·道应训》谓赵襄子"大败知伯,破其首以为饮器。"《吕氏春秋·义赏》:"断其头为觞。"《说苑·建本》:"破其头为酒器。"觞,直接就是喝酒的杯子,酒器却不一定,盛酒器具也算在内。《韩非子·难三》虽说"智伯头为饮杯",但《喻老》篇却说"漆其首以为溲器",溲器即亵器、夜壶、秽器。

中国古史上,以人头为饮器(酒器),为溺器,均非孤例。《史记·大宛列传》《汉书·张骞传》记西汉初年匈奴老上单于(前174—前160在位)发兵击破大月氏,杀月氏王,"以其头为饮器"。此事距智伯被杀(前453)约二百八十年,相去较近。后世以人头为饮器之事,仍偶见记载。《魏书·高车传》

说，弥俄突战败被擒，蠕蠕国主丑奴将其虐杀后，"漆其头为饮器"。南宋亡后，元以西藏僧人嘉木扬喇勒智（即杨琏真珈）为江南释教总统，他来到杭州，一口气把南宋宁宗、理宗、度宗三帝与杨皇后的陵墓全部掘开，除掠尽金宝外，并"截理宗顶为饮器"（《续资治通鉴》卷一八四）。

以人头为溺器的也不少。

《晋书·徐嵩传》：姚方成擒执徐嵩后，怒其不服，遂"三斩嵩，漆其头为便器"。

《魏书·司马睿传》：孙恩剖骠骑长史王平之棺，焚其尸，"以其头为秽器"。

《资治通鉴》卷二三〇：黔州都督谢祐顺承武则天旨意，逼令唐太宗第十四子零陵王李明自杀。其后某夕，谢祐与婢妾十余人同寝平阁，半夜失头。垂拱年间，武则天进一步清洗李唐王室子孙，李明的几个儿子都被杀，"有司籍其家，得祐首，漆为秽器，题云谢祐，乃知明子使刺客取之也"。

《资治通鉴》卷一六二：南朝梁岳阳王萧察以非常残酷的方式处死杜岸，"拔其舌，鞭其面，支解而烹之。又发其祖父墓，焚其骸而扬之，以其头为漆碗"。"碗"就是碗，但用来干什么，存疑。

除饮器（酒器）与夜壶之外，人头——骷髅还可以有更多的用途。《新唐书·天竺国列传》说，李世民派右卫率府长史王玄策击破天竺，得方士那逻迩娑婆寐，自言能炼不死仙丹，于是"使者驰天下，采怪药异石"，其中取于婆罗门诸国的畔茶法水，"能销草木金铁，人手入辄烂，以橐它髑髅转注瓠中"。"橐他"即橐骆，骆驼产于匈奴西域。汉文帝时匈奴单于遗汉书，有"献橐他一匹，骑马二匹"之语（《史记·匈奴传》），即是。但髑髅一般来说特指人的头盖骨，似不应因前有橐他二字就变成兽头骨。在这里，髑髅成了可以抗腐蚀的水瓢。

图 9　错金银鸟纹虎子　战国后期　故宫博物院藏　　图 10　青瓷虎子　三国　武汉博物馆藏

周去非《岭外代答》"东南海上诸杂国"条说："又东南有近佛国……以人头为食器。"近佛国何在？有注家以为在苏门答腊岛上，有谓在加里曼丹岛北部，属马来西亚之沙捞越，也有以为二处方位均不合者。总之，人头为食器，为水瓢，则已接近日常器物。

回到智伯人头上来。

月氏王、宋理宗的人头做定了饮器，徐嵩、王平、谢祐们的骷髅被尿亦没有悬念，他们好歹落个香臭分明，用途清楚，智伯则不然。尽管司马迁径直采信《战国策》的说法，历来《史记》的注家，却不能无视《史记》之前早已存在的歧说，也许还兼采杂史，分出两派三说。

夜壶（溲器）派的代表晋灼说，智伯的人头"饮器"乃虎子之属，虎子者，兽形溲器也。《西京杂记·玉虎子》说得明白："汉朝以玉为虎子，以为便器，使侍中执之，行幸以从。"晋灼的表述，直接把饮器当作虎子的别称，这让人联想到《韩非子》两处自相矛盾的异文究竟是错漏，还是那时人们真幽默到用饮器来称呼夜壶。

饮器（酒器）派中，韦昭以为"饮器"即椑榼，一种椭圆形盛酒或盛水器具。颜师古则根据《汉书·匈奴传》关于汉元帝初年匈奴与汉使订盟，有"以老上单于所破月氏王头为饮器者，共饮血盟"一语，认为饮器乃是直接用来饮酒的杯具，相当于《吕氏春秋·义赏》所说的"断其头为觞"，不是盛酒的椑榼。

又一个有趣的问题接着来。"虎子"听起来好生威猛，这么酷的名字，怎么可能贴到撒尿的夜壶上，堕落为威猛、叱咤的反面呢？我们请飞将军李广来回答。

赵令畤《侯鲭录》说，李广射虎，"断其头为枕，示服猛也；铸铜象其形为溲器，示厌辱之也。至今溲器谓之虎子，或为虎枕"。在猛兽或仇人头颅上做文章，源于原始巫术，属禳除厌胜的常用办法。虎为百兽之王，自古就是厌胜辟邪首选的材料。枕头当属香洁之物，而溲器无疑承臭受溺，飞将军一虎二用，正说明出于厌胜辟邪的目的，同一对象可以用完全不同乃至相反的办法来处理。"汉代人年终画虎于门和用石虎、虎头像镇伏罔象"，唐代时兴用"豹头枕"辟邪，以"白泽枕"去魅[11]，此类做法的主要动机同样是厌胜。不仅虎豹一类猛兽，牛、羊、鸡、狗之首也是厌胜佳物，《明史·李锡传》说，万历元年征蛮将军李锡率军进剿广西清州叛瑶，瑶人据守山寨，"妇人裸体扬箕，掷牛羊犬首为厌胜"。同理，把人头加工成饮器（酒器）或溺器，尽管用途迥异贵贱悬殊，出发点或者说风俗与宗教的机理，却大致相同。厌胜者，压胜也，以压服而胜之之原理处置仇敌头颅，虎子作为溺器的可能性，或者说比例，恐怕不比酒器、酒杯小。据《续资治通鉴》所言，宋理宗的头颅在蒙古帝师眼中，就是"厌胜"神器。至元二十一年（1284），元世祖下令"籍嘉木扬喇勒智发宋陵所

---

[11] 胡新生：《中国古代巫术》，人民出版社、山东人民出版社2012年版，第270、272页。

收金银、宝器"，而"其饮器则赐帝师，盖西僧欲得帝王骷髅以厌胜致富也"。"西僧"指西藏僧人，接受元世祖赐予的这份特殊礼物的帝师，当是西藏萨迦派萨迦五祖八思巴[12]，他被元朝封为"国师""帝师""大宝法王"，掘陵截头盖的江南释教总统嘉木扬喇勒智（杨琏真珈）就是他的弟子。据说元亡后，朱元璋还专门派人到北京索要这件汉人帝王的人头饮器，送回重修的绍兴宋陵。而根据由元入明并曾任明朝中都国子监的著名诗人贝琼的说法，宋理宗人头器在杨琏真珈败后并未赐给帝师，而是收归内府。元亡，此器归明，朱元璋手脚也不干净，没归头于绍兴宋陵，而将其葬于金陵聚金山[13]，继续为新朝发挥镇压厌胜的特殊功效。

回到问题原点，智伯人头究竟是被加工成饮（酒）器还是夜壶呢？——这是继"大刺客为何蹲小厕？"之后浮出来的又一个大悬疑。单从相关史料、各家注解或原理动机分析，实难铁板钉钉。

但如果我们把这两个悬疑摆到一块，一个在逻辑上能打通两者关系的"参考答案"就浮水而出：大刺客为何蹲小厕，原因是智伯的头被"漆"成"溲杅"——虎子，直接"厌胜"到赵襄子的私厕中！

---

[12] 萨迦派创始于1073年，是藏传佛教重要宗派之一。1247年，元朝统治者召见萨迦四祖萨班贡噶坚赞于凉州，商洽西藏的归属。之后，萨班联络西藏各个封建势力归顺蒙古，萨迦派由此受到元朝中央的册封，在西藏第一次建立"政教合一"的政权，成为元朝在西藏统治的代表，萨迦五祖八思巴更被元朝皇帝册封为"国师""帝师""大宝法王"。

[13] 贝琼《穆陵行》诗序云："至元中，西僧杨琏真珈利宋诸陵宝，因倡妖言惑主，尽发攒宫之在会稽者，断理宗顶骨为饮器。珈败，归内府，九十年矣。洪武二年正月，诏宣国公求之，得于僧汝讷所。乃命葬金陵聚金山，石以表之。"沈德潜编：《明诗别裁集》，中华书局1975年版，第19页。

撒尿响亮

《刺客列传》说，赵襄子之所以特意将智伯人头漆成饮器，是因为"最恨"。

就此个案而言，仇恨当然是个充分的理由。这对冤家死敌，不仅是势不两立的两个政治集团的掌门人，更有诸多个人宿怨。赵毋恤即赵襄子，乃狄婢所生，原是地位最低的庶孽之子，智伯曾当众羞辱他，"知伯醉，以酒灌击毋恤"（《史记·赵世家》），并向其父赵简子建议废储。晋阳之战爆发后，赵襄子困守孤城一年多，智伯联军强攻不下，引汾水灌城。水浸得老高，城中居民易子相食，几近绝望。现在咸鱼翻身族灭智伯，赵襄子郁积的仇恨立马井喷，将智伯人头做成溺器夜壶，并非不可能，且想必成为当日头条新闻，为整个晋国民众乃至列国所周知。保不定赵襄子还会将智伯满门老小的头颅全数割下，成批制作人头夜壶，排成长龙，在庆祝晋阳大捷的豪门夜宴酒酣耳热之际，请全体功臣、来宾集体起立，响亮撒尿，然后将这批象征胜利和征服的"饮器"，分赐家臣，贶赠盟友呢！[14]如果当日司马迁意识到内里可能埋藏着这一层因果，就会猜想豫让涂厕的第一目的是想将旧主的人头器——智伯"饮器"或

---

[14] 二里冈时期的郑州城址东北区宫殿壕沟曾发掘出八十余个人头骨，头骨大部分被锯制，仅保留头盖骨。郝本性认为此属人头骨饮器，并推测可能是在战争中打败某国，用战败国国王的头骨作饮器。台湾学者郭静云则进一步推测可能是某族群进攻郑城而被打败，"于是进行一次庆祝胜利的酒宴或祭礼，而用敌人的首骨作饮器"。果若如此，这种情形与在庆功宴上对人头秽器集体撒尿倒也异曲同工，相映成趣。参见郝本性：《试论郑州出土商代人头骨饮器》，《华夏考古》1992年第2期，第94—100页；郭静云：《夏商周——从神话到史实》，上海古籍出版社2013年版，第192页。

叫"溲杆"偷出来，使其免受大秽奇辱，能顺便像李逵蹲洞宰老虎一样把刀捅进赵襄子屁眼，当然更好！

进一步，我们也就可以理解司马迁笔下"心动""马惊"等"遥体人情，忖之度之"的说法了。当日这一事件，因内嵌了人头溲器——虎子这语焉不详且易被忽视的关键器物，而显得奇怪悖理，加以年代久远以讹传讹，终至含混莫名，让太史公左猜右想搞不明白，只得一路玄虚过来，让赵襄子心动马惊，使得整个事件玄上加玄，云遮雾障。只是那颗破空"漆"来的人头，终究让疑古如我辈者嗅出悬疑。

血饮骷髅碗

不过，且莫为我们触摸到问题后面隐蔽的逻辑关联而轻松太早。来自西藏的江南释教总统截取宋理宗骷髅，这一"截"，隐隐指向藏传佛教密宗的重要法器——骷髅碗（又称嘎布拉碗、嘎巴拉碗、人头器），显示人头饮器另有一种庐山面目，存在其他用途和相应形制。

13世纪的西藏，是藏传佛教"后弘期"全盛阶段，诸派纷起，密宗盛行。而在密教的礼仪器具、恐怖的替代物与供品中，人的肢体、器官尤其是人头有非常重要的作用，被大量使用，如五骷髅冠、梵天头、活人头、人骨念珠、骷髅碗、带人头或骷髅的金刚橛等，其中骷髅碗（嘎布拉碗）更是不可或缺的主要法器。

"嘎布拉碗（梵文 Kapala，藏文 Thod-pa, Ka-pa-la, Bandha, Dung-chen），用人颅骨椭圆形的上半部制成，是为数众多的密宗金刚乘神灵的供器、饭碗或祭祀用碗。瑜伽师、空行母、本尊神和护法神的左手均持有嘎布拉碗，碗中满盛甘露，精液，酒，朵玛供品，化现为恶魔和魔的邪恶之敌的鲜血、骨髓、肠子、大脑和心肺。""嘎布拉碗中的血通常被画成一个'旋转供物',血呈汹涌或沸腾的液体状,象征着红色菩提心露的'燃烧和滴沥'。"[15]图12所示的嘎布拉碗线描图,就以高度图案化的波涛、旋涡或火焰突出表现了血或精液汹涌的形状。在传统的唐卡绘画中(图13),天神手中的骷髅碗常常堆盛呈圆锥体或旋流状的红色物体,空行母甚至举起骷髅碗仰头畅饮,鲜血正奔泻入口。

根据密宗的说法,制作骷髅碗的人头骨来源不同,效力也不同,高僧的头骨制作的骷髅碗是圣物(图11),遭谋杀或处决之人的颅骨则是修怒相神时最有效力的中介物,被摧毁帝国之王的头颅,大概属于这一类中的极品。骷髅碗仅取颅骨椭圆形的上半部来制作,因此嘉木扬喇勒智处理宋理宗骷髅的方法也与众不同:截。而前此上溯至智伯人头,或者没有交代制作办法,或曰"漆"。明言被漆的三个人头(智伯、徐嵩、谢祐),智伯有虎子之嫌,徐、谢乃褒器无误。由此基本可以肯定,宋理宗人头被"截"顶制成密宗法器嘎布拉碗。但那时中土的汉族文化人大概还不了解西藏密宗的仪轨和法器,包括骷髅碗,直到18世纪,清代经学家洪亮吉还在其《晓读书斋二录》,以"死骨凶秽"以及"恶人头颅岂俎豆所宜乎"这等日常经验与迂腐的"儒家想象",认为人头所制之器必为溺器。而在专叙此事的贝琼《穆陵行》诗中,我们读到的是抒情化而极不精确的描述:"黑龙断首作饮器,风雨空山魂夜啼……可怜持比月氏王,宁饲鸟鸢及狐兔。"[16]拿来比附的也仍然是众所周知的大月氏王人头与传统的饮器之说。《续资治通鉴》关于西僧"欲得帝王骷髅以厌胜致富"的说法,则属仍以李广的"虎眼"视

---

[15] 罗伯特·比尔著,向红笳译:《藏传佛教象征符号与器物图解》,中国藏学出版社2007年版,第117—119页。
[16] 沈德潜编:《明诗别裁集》,中华书局1975年版,第19页。

人头，不免把"藏密高僧"看扁成中土的"世俗土豪"。

西僧一"截"，让骷髅碗得以进入人们视界，恰似常与骷髅碗配对出现的另一密宗法器钺刀，在争讼不息的"饮器虎子辩"上划开一道新的血口子。原来大家的意见是人头器非酒器即夜壶，不进口则承尻，尤其在智伯人头上。现在这争论还没真正解决，"进口"的问题又陡然复杂起来：

饮酒，还是饮血（抑或品种更多，如精液、心肺均可为骷髅碗中之物）？

神圣祭器，还是普通饮器？

只要这种饮器并非专用于饮酒，或者说最主要的碗中物并非酒，酒器说立马动摇。

带着这个启发与疑问，再回头梳理、审视考古材料和传世文献，原来被"酒气"虚掩的血色水声，汩汩响起。

首先，截头锯骨之事不新鲜，先民手麻脚利，早已开干。

 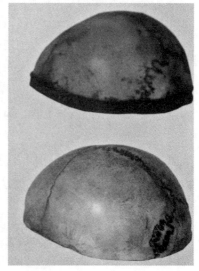

图11（1—2） 嘎巴拉碗（人头器、嘎布拉碗、骷髅碗）

距今四五十万年前的北京猿人遗址，就发现因战争被害致死的头骨，一些脑盖化石上有被利器或重器打击和切割的痕迹，证明"北京人"存在敲骨吸髓的"食人习俗"，有把自己同类的脑壳制作成盛水器皿的做法。[17]考古发现的河北邯郸涧沟村夏家店下层时期（前2000—前1500）房基内有四具头骨，均在斩首后被剥除头皮。严文明认为，剥皮可能是用作饮器的指标性行为。[18]郑州商代城址东北区宫殿壕沟里发现八十余个人头骨，都是青壮年男性，且头骨大部分被锯制，仅保留头盖骨（图14）。郝本性认为这属于人头骨饮器，而且很可能是用于饮血结盟的器皿。[19]郭静云则认为剥皮与做头骨杯并不具有必然性的关联，而商城遗址成批发现的有锯磨痕迹的人头骨是否即为饮器，从"具体遗址的情况看，我们依旧存疑，只能说还需要考虑其他可能性"。[20]除上述几处遗址，"在战国初期的固始侯固堆大墓中也有发现，墓内数量有限的器物中，有用人头盖骨加工制作的器皿"。即使在西藏，密宗法器人头碗也并非头盖骨的唯一用途，"民俗学调查中发现解放前西藏地区的农奴主也把杀害的农奴的头盖骨镶上金银后制成各种器皿使用。由此可见，做头盖杯在当时是颇为流行的一种习俗"[21]。大凡主张考古发现的人头器乃饮器的学者在讨论此问题时多引商周斩人诅盟的习俗及月氏王、智伯人头器为例，难免有以后证前之嫌，更何况这些例子有的本

---

[17] 贾兰坡、黄慰文：《周口店发掘记》，天津科学技术出版社1984年版。
[18] 严文明：《涧沟的头盖杯和剥头皮风俗》，《考古与文物》1982年第2期。
[19] 郝本性：《试论郑州出土商代人头骨饮器》，《华夏考古》1992年第2期。
[20] 郭静云：《夏商周：从神话到史实》，上海古籍出版社2013年版，第191—192页。
[21] 金汉波：《史前至商周时期的人头崇拜及其相关问题》，《民俗研究》2005年第4期。

身也存在含混争辩之处，如智伯。相比之下，头盖杯、人头杯这样的命名更审慎。

其次，中国正史明载的数次人头饮器现身的重要活动，都不仅饮酒，更饮血，且"血浓于酒"！换个说法，凡用人头器，必饮骷髅血。酒，往往不过是配角或稀释剂。

《淮南子·齐俗训》："胡人弹骨，越人契臂，中国歃血也，所由各异，其于信一也。"何谓弹骨？高诱注："胡人之盟约，置血人头骨中，饮以相诅。"契臂者，刻臂沥血也。而"中国歃血"的歃，《说文解字》训为"歠"，饮也。"歃血诅盟"在春秋战国时代特别盛行，一般的做法是先凿地为一洞穴，以牛、羊或马为牲，杀于洞穴之上，割牲左耳，盛于盘，取其血，以敦（一种青铜器）盛血，读盟约以告于神灵，然后参加盟会者微饮牲耳之血。歃血毕，加盟约正本于牲上而埋，副本则与盟者各带回收藏。弹骨而盟，或用人牲，或用动物牺牲之血。刻臂沥血，则由盟誓者本人割臂取血，最高的级别，是割破胸部皮肤以取"心前血"。鲁庄公曾看上一个叫孟任的女子，但遭拒绝，鲁庄公许诺立她为夫人，并"割臂盟公"（《左传·庄公三十二年》），孟任这才答应，可见"越人契臂"之俗已熏及诸夏。周敬王十四年（前506），吴人攻破楚国郢都，尾追楚昭王到汉水边上的随国。楚昭王让长相酷似自己的侄子子期割破胸部皮肤，取血与随人盟约，以换取他们的保护："王割子期之心以与随人盟。"（《左传·定公四年》）割血盟誓的习俗，后世仍在北方民族中盛行。北魏孝武帝为高欢所逼，想倚军阀贺拔岳为外援，任命他为都督雍、华等二十州诸军事，雍州刺史，"又割心前血，遣使者赍以赐之"（《资治通鉴》卷一百五十六）。不知这数滴皇帝心头的鲜血从洛阳快递送到长安（北魏时雍州治所）如何保鲜，贺拔岳接着后是否需要在使者面前用酒化开和着自己的血啜饮一口。

青州刺史尔朱弼则被心前血割没了命，还留下了笑料。其兄尔朱世隆为高欢所破后，他想奔投南朝，犹豫未定，"数与左右割臂为盟。帐下都督冯绍隆，素为弼所信待，说弼曰：'今方同契阔，宜更割心前之血以盟众。'弼从之，大集部下，披胸令绍隆割之。绍隆因推刃杀之，传首洛阳"（《通鉴梁纪》卷一百五十五）。李唐皇室原有鲜卑血统，胡人习气。《旧唐书·高祖诸子传》说，唐高祖之子元昌与太子承乾结谋，叔侄两人"刻臂出血，以帛拭之，烧作灰，和酒同饮，共为信誓"。不管采用牲血还是人血，饮血在夷夏胡越不同国族、地域的盟约活动中，均为规定动作。

高诱对弹骨而盟的注释，则直接把饮血与人头器联系起来，而也正好在大月氏王人头饮器这儿得到验证。

西汉末期，汉与南匈奴会盟，就"以老上单于所破月氏王头为饮器者共饮血盟"（《汉书·匈奴传》）。如上所述，春秋战国时期的"中国歃血"一般用牲血，如《史记·平原君虞卿列传》写毛遂逼楚王歃血，"谓楚王之左右曰：'取鸡狗马之血来'"。"中国"在当时指中原诸夏，即周天子的兄弟之国，周边蛮族似仍盛行在结盟或祭祀时使用人牲。周襄王十二年（前641），"宋公使邾文公用鄫子于次睢之社，欲以属东夷"（《左传·僖公十九年》）。用，即以活人血祭。邾、鄫、莒、杞国在当时都是接近东夷的小国，风俗与东夷相近，因此宋公采用人牲祭祀，想以夷礼慑服东夷各国。

杀活人以饮血盟的野蛮风俗，后世在西北民族中仍时有发生。如东汉永元四年（92），烧当羌首领迷唐，将护羌校尉聂尚派出的使者兼翻译田汜等五人杀害，并"与诸种共生屠裂汜等，以血盟诅"（《后汉书·西羌传》）。十六国时期，沮渠蒙逊起兵，"斩光（吕光，后凉国主）中田护军马邃、临松令井祥以盟"（《晋书·载记第二十九》）。正史所记最为野蛮惨烈的"饮血盟众"也发生在后凉。散骑常侍、太常郭麿自以明天文,预测"凉之分野将有大兵",以为时机已到,发动叛乱。抓到吕光八个孙子,"及军败,恚甚,悉投之于锋刃之上,枝分节解,饮血盟众,众皆掩目,不忍视之,麿悠然自若"(《晋书·载记二十二》)。吕光是氐人,沮渠蒙逊属匈奴族。这两个例子虽没有具体说明杀人后用什么器具来盛血诅盟,但人头饮器的身影隐现其中。羌人在西汉初期臣服于匈奴,其风俗应与匈奴差异不大。羌、氐、匈奴就大范围讲都属胡人。

这个猜测,还可以得到10世纪中叶党项族一次著名的血饮骷髅诅盟仪式的直接支持,因为党项原来就是羌族的一支。

北宋宝元元年(1038),党项首领元昊在兴庆(今宁夏银川)称帝,建立西夏。此前他曾召集部族豪酋会盟,约以并

图12 嘎布拉碗和钺刀

力攻宋，盟誓的办法就是"悉会诸豪，刺臂血和酒置髑髅中，共饮之"（《续资治通鉴》卷四一）。直呼髑髅，不称饮器，更可证此人头器在会盟者眼中，乃专为诅盟而设的通天致诚神器，绝非普通饮器酒觞。明人王圻《续文献通考》谓西夏人争斗双方若停战解怨，就用犬血和酒装在骷髅中共饮，发誓不再

图13　空行母 清代唐卡

复仇。元昊此次盟誓，刻臂取血盛以人头器，结合了胡人与越族两种古老习俗，很有意思。其一，如上所述，西夏人的族源背景兼有胡、越两系。党项族世居四川松潘高原，为羌人一支，而《北史》《隋书》均谓"党项羌者，三苗之后也"。羌人历史上曾臣服于匈奴，月氏族被匈奴击破后，其中一部也曾与羌人混居。其二，元昊组织这次会盟，是西夏立国和对宋用兵的动员与摸底，其庄重程度非同寻常，想必因此遵古法制采用人血。民间普通争讼和解用犬血，应为人血的替代品。

希罗多德《历史》介绍说，斯奇提亚人用战俘或决斗死者的人头制作成人头杯，摆在家中用于招待尊贵的客人。"住在秃头者以东的地区"的伊赛多涅斯人则把父亲头颅处理成圣

物，两者均具很强的巫术宗教意味。[22]从匈奴到党项的饮血骷髅器，可谓兼而有之，既是饮器，也是礼器、圣物。想来智伯人头若非虎子而是饮器，大约也该享受大月氏王的待遇，成为三家分晋后赵国诅盟祭祀时饮血的专用礼器。可以这么说，起源于原始文化的血液崇拜与崇首观念，在血饮骷髅器这一仪式与祭器中合二而一，血浓于酒，人头饮器的第一功能，乃结盟祭祀饮血用器，而非酒器。

"头其修远"，上下求索

从原始人开始，血就被视为生命的象征，血液崇拜作为起源很早的原始崇拜，普遍存在于世界各地各类型原始文化中。

崇拜血液的山顶洞人，早就开始用赤铁矿撒在完整的人头骨周围，帮死者"流血出魂"。

在青藏高原原始巫教本教中，红色被视为生命力旺盛和威武的象征，人们普遍在面部涂上赭红染料。

15世纪美洲墨西哥本土南面的阿兹特克人认为血是太阳能量的源泉，猎血祭神甚至是他们发动战争的直接理由。当一次大规模的战争取得胜利，举行祭祀活动时，大批俘虏的鲜血从特娜奇提特兰城（今墨西哥城）的金字塔四面像瀑布一样流下来。

前5世纪的希腊历史学家希罗多德在《历史》中提到游牧

---

[22] 希罗多德《历史》介绍斯奇提亚人在战争和本族决斗中如此处理特别仇恨的敌人头颅："每个人把首级眉毛以下的各部锯去并把剩下的部分弄干净。如果这个人是个穷人，那么他只是把外部包上生牛皮来使用；但如果是个富人，则外面包上牛皮之后，里面还要镀上金，再把它当作杯子来使用。……如果他所敬重的客人来访的时候，他便用这些头来款待他……"伊赛多涅斯人处理亡父头颅，则是"把它的皮剥光，擦净之后镀上金；他们把它当作圣物来保存……"。见希罗多德著，王以铸译：《历史》，商务印书馆1959年版，第290、275页。

民族塞西安人"饮他在战场上杀死的第一个人的血"。
……………

　　与此同时，从匈奴的饮器、元昊的骷髅到被藏僧截顶作器的宋朝亡帝的头颅，人头与鲜血如影随形。尤其当我们从酒器、虎子的争论中荡开一桨，顺着宋理宗的人头器把目光投向西藏密宗寺院祭坛上或怒相神手中沸腾着鲜血的骷髅碗，再从骷髅碗回溯自商代城址上至山顶洞人文化遗址中发现的一系列人头器时，前2世纪的大月氏王、春秋战国之交的智伯人头饮器与13世纪宋理宗骷髅碗等一系列族群背景、发生区域与年代看似相隔悬远的"人头为器"事件背后的前生后世及其可能存在的联系，就在更阔远悠久的历史深空若隐若现。

　　先从大月氏说起。

　　秦末中国北方的游牧民族，在匈奴东面的是东胡，西方为月氏，北方有丁令，后来都被冒顿单于逐一击破。月氏族原来居住在中国甘肃的敦煌、祁连间，前2世纪被匈奴打败，被迫西移

图14　商代前期带锯痕人头盖骨　郑州商城遗址出土

至新疆，进而占领克什米尔一带的大夏，分封五个翕侯，划区而治。1世纪，贵霜翕侯兼并各区，统一大夏，成立贵霜王朝，接着侵入并占领西北印度。贵霜王朝第三代君主迦腻色迦王定都犍陀罗，他大力支持佛教，并在那里建起有名的大庙与号称"百丈浮屠"的"雀离"大塔，其在中国的顶级仿本，当推本章开头提到的毁于大火的北魏洛阳永宁寺佛塔。由此可知，匈奴与月氏、月氏与印度及其佛教文化都曾经产生过密切联系与相互影响。

藏族接着登台。

根据吕思勉先生《中国民族史》考证，嚈哒即藏族："此族盖自后藏越南山而北，首据于阗……藏族之北出者为嚈哒，其留居后藏者，则南北朝时所谓女国，唐时所谓东女也。"5世纪中期，嚈哒人曾经非常强大，攻灭贵霜，并于6世纪初再次大举入侵印度，一度推进至摩揭陀，但好景不长，旋即被突厥人与波斯人联手攻灭。

藏族古称吐蕃，其公认的另一个较为主要的族源为羌人。发羌原居陇蜀间，秦献公时，其中一支畏秦之威，远徙入藏。东汉初，羌人的另一支烧当羌，也即上文提到将汉使兼翻译田汜等五人杀害、"以血盟诅"的族群屡屡犯塞，后为汉兵所破，一路败走，"逾河首，依发羌"，大概是躲进西藏，投了老亲。到了7世纪，强盛的吐蕃政权四处扩张，兼并党项，即后来的西夏。西夏被蒙古灭掉后，末代西夏国王又逃入吐蕃避难，也得到不错的庇护。

羌人与匈奴、月氏的关系同样盘根错节。

汉景帝时，原来臣服于匈奴的羌人曾附汉求守陇西塞，时间与老上单于攻斩大月氏王接近。羌人与月氏族的关系尤近，"大月氏之居东方，亦当与羌同俗"。月氏为匈奴击破后，西走的一支灭大夏，建贵霜，"西徙以后，渐同化于白人"，但"其羸弱不能去者，保南山，号小月氏。与诸羌通婚……史载其风俗皆与羌无异"[23]。统治西北印度并大兴佛教的第三代贵霜君主迦腻色迦王,就出自小月氏世系。

这么一口气絮叨过来,我们可以发现,从赵襄子到老上单于,从大月氏到印度佛教,从贵霜王朝到嚈哒发羌,从西夏主元昊到蒙古帝师八思巴,这么些乍看隔如胡越的族群与互不关联的人事,背后都曾有过千丝万缕的联系,存在彼此产生影响与渗透的多种可能及途径。

——月氏族曾建立贵霜王朝并统治西北印度数百年,期间支持佛教,兼容印度教,你能说月氏人原来的风俗文化对佛教、印度教完全没有影响吗?

——"在佛教未传入青藏高原之前,藏族地区普遍盛行古老而传统的苯教,而苯教信奉万物有灵,主要以牺牲各类动物来举行宗教仪式,现在看来,确实带有深厚的野蛮性质。"[24]出藏的嚈哒人原来信奉的自然是原始苯教,既然嚈哒人曾经攻灭贵霜,则苯教的因素多少也会播散到这些地区。往事越千年,当印度佛教以密宗形式传进西藏时,谁又能完全保证里头没有返祖的成分呢?

再绕回最具争议的智伯人头,来看晋赵与匈奴的关系。

中国自古以来吸纳融合诸多异族,其中与汉族关系最早且最密切者当推匈奴,吕思勉指出:"此族在古代,盖与汉族杂居大河流域",大河即黄河。匈奴古称猃狁、荤鬻、戎翟等,《史记·五帝本纪》称黄帝曾北逐荤鬻,《墨子》说尧都晋阳,曾"北教八狄"。春秋时,秦、晋为强国,与戎狄为邻,关系非常密切,

---

[23] 吕思勉:《中国民族史两种》,上海古籍出版社2008年版,第242—244、234、229页。

[24] 尕藏加:《密宗——藏传佛教神秘文化》,中国藏学出版社2012年版,第2页。

晋献公"娶二女于戎，大戎狐姬生重耳，小戎狐姬生夷吾。……伐骊戎，骊戎男女以骊姬"（《左传·庄公二十八年》）。正因为晋献公宠爱骊姬，导致后来晋国发生内乱，重耳出奔，第一个去处就是投外家，奔狄国。狄人为给外甥娶老婆，攻打廧咎如（狄之别种，隗姓），掳回隗氏二女，重耳娶老三季隗，把老二叔隗嫁给跟随他出奔的赵衰，生下赵盾，立为嫡子，五世而至赵襄子。后来重耳回国复位，是为晋文公。晋文公尊王室，攘戎狄，成霸主。其后晋悼公使魏绛和戎狄，戎狄朝晋。三家分晋后，赵国并有代（今河北蔚县一带）、句注（山名，在雁门附近）以北之地，直接与楼烦之戎等匈奴部族接壤。再其后有赵武灵王胡服骑射，所谓胡，也就是匈奴。可推断晋、赵与戎狄——匈奴——在风土习气、宗教文化等方面必有长期浸淫互动。智伯与大月氏王首级，此两事虽相去数百年，但以其时晋赵与匈奴的地域、族群关系而言，很难判断赵襄子漆头之举乃根于晋地本土习尚，还是当时已受匈奴影响；或者反过来，亦可能是晋地风习文化影响了匈奴，老上单于模仿了赵襄子。别忘了，正是在后来曾为赵国国都的邯郸涧沟村夏家店下层时期（前2000—前1500）遗址房基内发现被斩首又经剥除头皮的四具人头骨。今天我们已经很难说清楚这野蛮而奇异的"人头厌胜术"或直曰"头颅崇拜"、血饮骷髅杯，其源头是承自夏家店文化、商周文明，还是混融吸收了属于周朝"荒服"之地的匈奴甚至更广地域比如中亚原始部族的风习。

至于华夏文明与印度文明，或者说亚洲环太平洋区域与东南亚诸岛文明之间的互相影响，虽更为恍惚悠远难为言说，却确实存在，越来越多的考古发掘正不断提供强有力的新材料和新证据。有学者认为《山海经》古本可能部分来自印度，即中国古代神话也有不少与印度有关联，丁山先生指出："战国诸子所传说的昆仑山，实与印度须弥山王神话同出一源。"并论

图15 豫让刺衣图（作者自绘）

定"昆仑山神话是婆罗门教徒由印度输入中国的",推测"黄帝立四面"应为须弥山的四面。[25]事实上,不少神话形象,也可以在两种文化中找到对应,如饕餮在印度教神话故事中(见《室犍陀往世书》)变身为因失去猎物只得自食其身直至剩下头颅的凶魔,被湿婆大神命名为"荣光之脸",成为常见于印度次大陆、东南亚的甬道守护神。

  我想,当日智伯的人头究竟被加工成什么器物,人头饮器中血与酒的成分几多,这些问题都还不是关键所在,透过历史的片段,我们所要探寻的核心问题应该是人头－首级,尤其是大月氏王、智伯、宋帝等人的骷髅,在胜利者眼中或在诅盟祭祀仪式上,更往本质说,是在敌对的统治集团那里,在意识形态与文化层积中,究竟凝聚何种意义,传递哪些信息,发挥什么作用。智伯与大月氏王们作为王莽的前辈,也说明人头被特殊制作、使用甚至成为"国宝"的历史由来久远。"殷因于夏礼",而"周鉴乎二代",既然前1500年以上的文化遗址中的骷髅可以在千年后的智伯脖子上还魂,我们就不妨继续沿周、商、夏三代回溯,到信史之前做上古一游。那儿的幢幢头影中,必有王莽、智伯、大月氏王们的前世轮回。

三　饕餮盛宴

朝歌黄钺

  前11世纪某年,周历二月的一天,殷都朝歌鹿台燃起大

---

[25] 丁山:《中国古代宗教神话考》,上海书店出版社2011年版,第434页。

火，它的主人，一位"材力过人，手格猛兽"（《史记·殷本纪》）的帝王告别一双艳姬，用玉片把自己全身包裹起来，自焚而死。[26]城外，一场改朝换代的决定性战役刚草草结束，他的军队临阵倒戈，商朝灭亡。

火被占领军扑灭。商朝末代君主纣王辛受那烧得半焦的身体，从天智玉琰的包裹中解出来，和他那两个已经上吊自尽的妃子——传说中的九尾狐狸精苏妲己和玉石琵琶精王贵人搁一块儿，等待处置。

周武王姬发在周公旦、毕公、散宜生、太颠、闳夭、姜尚等一干文臣武将的护卫下来到鹿台，这位胜利之王亲自上场，操弓仗钺，先朝尸体射上数箭，然后用金黄大钺砍下纣王辛受的头颅，再由姜尚换上玄黑小钺[27]，砍下两妃首级。

三颗首级被高高吊起，悬挂在一大一小两面飘扬的白旗上。

钺为何物？

钺是由原始人的劳动工具石斧改良而来的兵器，后来慢慢脱离实战功能，演变为类似权杖的礼器，而兼具刑罚功能。这种情形，在新石器时代已经发生，"它的持有者，可能是军事

---

[26] 古人相信玉能帮助灵魂升天，帝王以玉裹身自焚，后世亦有其例，宋与蒙古军队联合灭金，金国末代皇帝完颜守绪即如此自杀。《宋史》卷四百一十二《孟珙传》谓完颜守绪"城危时即取宝玉置小室，环以草，号泣自经，曰'死便火我'"。

[27] 关于钺的材质，商周以前以玉为主，商周时期有玉钺，有青铜钺。良渚文化出土多把玉钺，而二里头文化已有铜钺出土。属于夏家店类型而年代早于殷商的冀北刘家河大墓出土的铁刃铜钺，是目前在中国境内发现的最早铁器。《史记集解》引宋均的说法，谓"玄钺用铁，不磨砺"。崔豹《古今注》："金斧，黄钺也；铁斧，玄钺也。三代通用之以断斩。……武王以黄钺斩纣，故王者以为戒。太公以玄钺斩妲己，故妇人以为戒。"若此玄钺真为铁钺，有可能是陨铁。

首领或专司祭祀的巫师,为高踞于一般氏族成员之上的具有权威的领袖人物"[28]。有研究者认为,"王"的字形,即得之于钺。

当日周武王在牧野大战的誓师会上,即"左杖黄钺,右秉白旄"(《史记·周本纪》),发布总动员,攻入朝歌后,又仗双钺斩首悬旗。这一黄一黑大小两钺所凝聚的权威和力量,可想而知。这对钺上,想应铸刻着特殊图案,其中若无兽首,或有人头。

凭什么这样推测?考古为证。

距今约四千年的新石器时代良渚文化反山墓地,曾出土五件精美玉钺。其中M12青玉钺(图16),不仅配有白玉冠饰和端饰,在玉钺弧刃上角,更有线雕的兽面佩冠神人头像,学界比较一致的意见,认为这个头像可能是良渚文化的"神徽"。类似的神人头像,同样大量出现在良渚文化其他宗教礼制玉器上,如琮(图17),并有可能是商周青铜器饕餮纹的原型。[29]

出土于商王武丁那位能征善战的妻子妇好大墓的另一件大铜钺(图18)中部横面也雕刻有人头,但这个人头上不戴帽,下无脖根,是个"一丝不挂"的裸头,更骇人的是人头两侧各有一虎张开大口做扑咬之势,这组恐怖图案因此被命名为"乳虎夹噬人首"。类似的图案,在商周时期的青铜礼器和兵器上多处出现,如司母戊大方鼎鼎耳上有双虎噬一人头的纹饰;美国华盛顿弗利尔美术馆藏有一件商代大刀,刀背上铸的图案是虎张口咬人头部;载于《支那古玉图录》的虎食人头纹玉刀上,刻有猛虎正欲食一人头的纹饰。持谨慎态度的学者,将此

---

[28] 杨泓、李力:《中国古兵二十讲》,生活·读书·新知三联书店2013年版,第12页。

[29] 参阅方向明:《良渚丛书·神人兽面的真像》,杭州出版社2013年版;杭春晓:《商周青铜器饕餮纹研究》,文化艺术出版社2009年版。

图16 M12青玉钺，良渚文化 浙江反山出土

图17 良渚反山M12：98琮直槽上的神人兽面头像

类纹饰归为"人兽母题"[30]。这类图案尤其是妇好大铜钺上的"乳虎夹噬人首"图实质上表现的是什么，一直引人关注，颇有争议。张光直先生提出了一个富有启发性的解释，谓老虎乃巫师通天地的动物助手，该图所表达的可能是老虎张开大口，嘘气成风，帮助巫师上宾于天。其实"上宾于天"与"虎噬人首"并不矛盾，把人吃掉或杀死也未尝不可以成为宾天的一种方式，郭静云先生认为殷墟大量采用斩首杀人的祭礼方式，而神兽噬人的造型，正好"反映出殷商文明乃是以斩首方式献人为祭"。他认为，"古代献给神的人牲，可能具有巫师的身份"，或发祥于阿尔泰的乌德穆尔人，"在他们的祈祷中，也提及噬食人头的形象……不同族群的萨满教都可能会有人牲斩首祭礼，以及野兽噬头的造型传统"[31]。如此说来，斩首的利刃乃如猛虎牙齿，把巫师或人牲的精魂叼上天去。

---

[30] 参阅杨晓能著，唐际根、孙亚冰译：《另一种古史：青铜器纹饰、图形文字与图像铭文的解读》，生活·读书·新知三联书店2008年版。

[31] 郭静云：《夏商周：从神话到史实》，上海古籍出版社2013年版，第187、188、191页。

图18 "人兽母题"妇好青铜钺,商代晚期

图19 西周早期车辖:虎神吞噬白种人头

上宾于天大不易,我们且让老虎帮帮忙,上溯到更久远的旧石器时代,去寻觅"人猿相揖别"时代的人头消息。

半坡"童画"

中国考古发现的最早巫术遗迹,是在山顶洞人遗址的下室,有三具完整的人头骨和一些躯干骨,在这些头骨上面和周围,撒有很多赤铁矿粉末。山顶洞人崇拜血液,崇尚红色,因此他们用赤铁矿对死者实施魔法,即所谓"流血出魂"。在这里,人头骨显然已是主角。

这种形成于新石器时代晚期的血液崇拜和尚赤观念——应该加上"崇首观念"或曰"人头崇拜"——在丧葬习俗中有更明显的反映。仰韶文化遗址多次发现当时人使用涂朱术的痕迹,涂朱的部分多是人头骨。例如,华县元君庙墓地中的一具头骨,前额染有红色。洛阳王湾第一期文化层中发现的二十五座土坑墓里,人头骨涂朱现象更普遍。[32]辽宁朝阳出土的红山文化泥塑女神

---

[32] 胡新生:《中国古代巫术》,人民出版社、山东人民出版社联合出版2012年版,第6—8页。

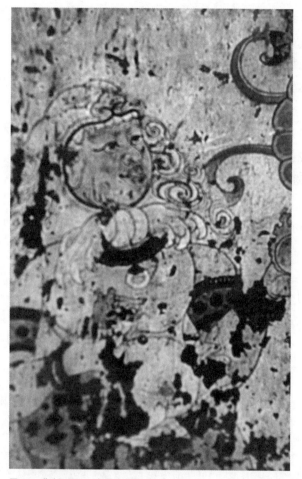

图20 毗沙门天王二太子,中唐

此为榆林窟第25窟前室东壁北侧壁画多闻天王像局部,描绘的是随行护法的毗沙门天王二太子,他左手托宝珠,右手握宝鼠,头披大虫(虎)皮,作虎口含头状。用虎皮缝制的衣帽是吐蕃人表彰英雄的服装。

头像，也通体朱红。西安半坡遗址出土的仰韶文化红衣黑彩人面鱼纹细泥红陶盆的底地，疑为烧制后专门涂上红色赭石颜料，应该出于同样的原因。

这让我们联想到上节讨论的血饮人头器：殷红总与骷髅同在。

若用另一种目光审视半坡陶盆上的人面鱼纹画（图21），呈现在我们面前的可谓中华古文明遗存中迄今发现最早、最美的"童画"[33]！

人面鱼纹彩陶盆所属的仰韶文化半坡类型，年代约在前5000—前4500年，属新石器时代。盆一般为盛水、盛食之器，这个盆上画着鱼和鱼状物，是不是那时半坡氏族的人天天用这种陶盆来吃鱼，甚至拿它到河汉里舀鱼呢？否！此盆造型甚大，口径44厘米，高19.3厘米，若是家庭日用品，其人体型必巨，而半坡人并非巨人。盆的质料是经多次淘洗的细泥，以800℃~900℃的氧化焰烧成陶后，再用黑色颜料涂绘图案。陶

---

[33] 王育成《仰韶人面鱼纹与史前人头崇拜》一文对人面鱼纹一个阶段的研究进行了梳理：《江汉考古》1989年第三期发表李荆林《半坡姜寨遗址人面鱼纹新考》一文，认为该图案'是一幅完整的原始婴儿出生图'。在此之前还有二十个观点，计有：老武的水虫形象说；石兴邦的魔术象征意义说；石兴邦的氏族成员和图腾文身形象说；朱狄的巫术面具说；蒋书庆的太阳神崇拜说；钱志强的原始历法说；叶复山的福字说；萧兵的飞头颅精灵说；靳之林的生命之林形象说；杨堃的女阴象征说；朱狄解释困难的神话说；张广立的神话中的祖先形象说；刘敦愿的黥面文身习俗说；马宝光的摸鱼图像说；王仁湘的外星人形象说；王大有的炎帝神农形象说；刘夫德的月亮崇拜说；孙作云的巫师作法形象说；谷闻的原始信仰说；刘云辉的祈求丰收、氏族繁衍面具说。"王育成也提出自己的解释："在我国新石器时代陕西地区曾盛行一种人头崇拜风俗，由于头颅是人体最突出的标识，因此这种人头崇拜在宗教活动中同时为彩绘人面图案和雕塑人头形物品，仰韶人面鱼纹即一幅鱼祭人头图案，很可能即鱼祭蚩尤类人物头颅，目的是标榜蚩尤复活以行厌胜之术。"《江汉考古》1992年第2期。

图21 人面鱼纹彩陶盆,仰韶文化 陕西西安半坡出土

面之红彩尤不简单,许进雄先生特别指出:从图版看,这层红色底地像是烧成后再涂上的,没有经过火的烧结,若用来装水盛食,易致溶化。涂料的红色,可能是含氧化铁的赭石。赭石在上古是珍贵矿石,刚说了,从山顶洞人开始,就被用来磨成粉,撒在尸骨四周,代表"流血出魂"的葬仪。仰韶文化中红色彩陶所占比例很小,但类似图案的陶盆在半坡类型遗址中却已发现十余只,说明此类陶盆是有特殊用途的贵重器物。那么,它到底是哪门"神器"呢?原来,此盆出土时覆盖在一只陶制瓮棺上,棺内装着一位只有三四岁的女性幼童的骨骼,中国国家历史博物馆的展牌交代得很清楚:

> 仰韶文化先民用瓮棺埋葬夭折的儿童,以陶盆作为棺盖。

这让我恍然大悟：难怪陶盆上的人面极像酣睡的小孩！你看那圆圆的脸，那额上一高一低两半圆，不就是女孩儿可爱的发绺么？也许小宝贝刚大饕了一餐母亲从河里抓来的美味鱼儿，吃不完，妈妈还给她摆在枕边耳际，而鱼儿却从她梦中游出来，飞起来。人面头顶所画的带细毛的三角形线条和嘴巴两侧带细毛的不对称的菱形线条，都像极了鱼的身体。现在，小宝贝满足地进入梦乡，梦到鱼儿鼓起翅膀，带着她飞啊飞，飞着飞着，快乐的灵魂就脱离身体，宾入云天……

这不是最美"童画"吗？

新石器时代人的平均寿命不超过三十岁，孩子夭折更多，失子之痛，该是那时许多母亲共同的经历和体验。半坡人当然没有幼儿园，也不会有儿童乐园、卡通天地，但自发的宗教感情与物我混同的原始思维，却是文明人再也回不去的天真世界。在"流血出魂"的葬仪中，在半坡母亲及部落其他亲属的想象中，人的头部——夭折的孩子可爱的小脑袋，当为其精魂所居。精魂不死，鱼在这儿，或许真能成为带着孩子灵魂上宾于天的动物助手。仅画出孩子的头，从一个侧面说明仰韶人认为人的精魂凝聚于头部，或头部足为生命元气的象征，只要让头颅飞，目的即已达到，鱼助手们就算圆满完成任务。补充一点，半坡是母系氏族社会，继承经由女性。由于这种葬具在当时很珍贵，并不是每个失子的母亲都能用这种方式表达哀思，帮孩子"流血出魂"，上宾于天。按许进雄先生的推论，这个只有几岁的女孩享受这么高级的葬具，可能不只因其母亲地位高，她本身在继承序列中也该拥有极高社会地位。[34]

"史前至商周时期的考古遗存中，我们经常可以见到远古

---

[34] 许进雄：《文物小讲》，中国人民大学出版社2010年版，第59—60页。

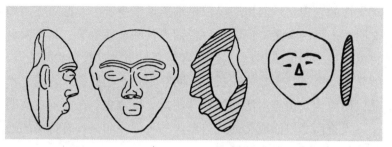

图 22　陶塑人面、陶质刻画人面，赵宝沟文化　内蒙古敖汉旗赵宝沟出土

先民对于人头骨特殊的处理方式。我们把对人头骨这种独特的处理现象谓之人头崇拜。自古以来，我们的先民就对人类自己的头颅有着极其深厚的理念与独特的处理方式。"[35]如上所述，丰富的考古发现，指示着崇首观念——人头崇拜于华夏文化初期即孕育萌芽而不断发展的草蛇灰线。除上节所列几处发现人头骨和经加工的人头器的文化遗存外，从山顶洞人撒着铁矿粉的人头骨，经新石器时代中期黄河上游仰韶文化墓葬中相关遗存如人面鱼纹彩陶盆、人头形彩绘陶瓶、内蒙古赵宝沟文化的陶塑人面（图22）、兼有新石器与细石器文化特点的红山文化泥塑女神头像、山东龙山文化玉圭上的人面纹样，到长江流域崧泽文化遗存中出土的人头造像陶器、新石器时代晚期良渚文化礼仪玉器上的人面祖神像等，崇首观念一路隐伏蜿蜒。正因此，有考古学家指出："人头造型普遍流行于黄河流域与长江流域。"[36]

在以三星堆文化为代表的巴蜀古文化中，"崇首观念"有

---

[35]　金汉波：《史前至商周时期的人头崇拜及其相关问题》，《民俗研究》2005年第4期。

[36]　杨晓能著，唐际根、孙亚冰译：《另一种古史：青铜器纹饰、图形文字与图像铭文的解读》，生活・读书・新知三联书店2008年版，第91页。

爆发性的表现。从四川广汉三星堆遗址祭祀坑中发掘出土商周文明所未见的大量青铜面具、青铜人首和金面罩等，其青铜纵目面具更称国宝（图23）。这些青铜面具与人首有个共同特点，就是造型夸张且多数体积长大，明显不是实用器物或普通艺术品，而应为祭祀巫术活动的特殊用具。换言之，在巴蜀古文明中，人首而非兽面或其他人兽莫辨的头面，明显具有特殊的地位和作用，可能非常神圣。

三星堆文明几乎与夏商文化产生于同一时期甚至更早，是在中国西南巴蜀地区基本独立发展起来的另一个成熟的文化中心，其源流与演变至今为谜。当人兽难辨的饕餮纹充斥于北方商周王朝的青铜器上时，人首面具却在中国西南大行其道，一枝独秀。它与半坡的人面彩陶盆和良渚的人面祖神像是否存在渊源，与商文化又有什么联系，这不免要引发猜测与追寻。近年在湖北叶家山西周曾国早期大型墓葬群中意外发掘出一个双面人头像（图24），巨目半纵半横，颇类三星神人像，而头部

图23 金面青铜头像，商代晚期 四川广汉三星堆出土

图24 双面人首青铜像，西周 湖北叶家山出土

图25 青铜双面神人头像，商代　江西新干大洋洲出土

图26 木雕双首蛇身俑，五代，杂件　扬州中国雕版印刷博物馆收藏

有角，鼻有纹如虎，口大如兽，活脱脱就是后世史传惯常描写的帝王形象的原型，如《北史·隋本纪》如此为隋文帝杨坚画像：

> 头上出角，遍体起鳞，……龙颔，额上有五柱入顶，目光外射。

叶家山文化位于江汉地区，正是中原与巴蜀的中间地带，这个双面人首青铜像的发现，也许透露了两者之间存在某种联系。

而在越过中原文化中心区域的更远的北方，即发现红山文化泥塑女神头像的辽宁朝阳地区，在初唐、盛唐年间墓葬中也发现有人首兽身俑、人首蛇身俑、人首鱼身俑等一批神煞俑，且均为双首。考古研究表明，这种以人首兽身俑随葬的风俗，曾在初唐至盛唐期间流行于该区域,并对周边地区产生一定影响。在南方,近年也曾出土大批五代时期人首鱼身俑、人首蛇身俑或双首兽身俑等类似陶、木俑(图26),此或可谓红山女神头像的隔世回响。[37]

异域的饕餮

"崇首观念"的大爆发,发生在商周青铜器饕餮纹(兽面纹)中。

饕餮纹得名于《吕氏春秋·先识览》:"周鼎著饕餮,有首无身,食人未咽,害及其身,以言报更也。"后遂习用以指称中国商周青铜器上数量巨大的兽面纹饰。有学者甚至断言"你如果不懂饕餮,就无法了解商代文化"[38]。根据近现代新出土文物和中西方学者的系统研究新成果,更准确且兼容的提法"兽面纹",正逐渐为学界普遍接受,替代这个长期沿用的老名字。

青铜器是中国文明的象征,博大精深,镂刻于器上的数量巨大、形式丰富的饕餮纹或曰兽面纹,更是世界文明发展史上绝无仅有的存在。千变万化、密密麻麻的兽面纹带着巨大的轰鸣扑面而来,它们构成后世王莽、智伯等人首级被制作、传送、展示前模糊而丰厚阔大的历史背景,这足以说明崇首观念在中国文明中有特殊的地位和影响。反过来,崇首观念也从社会意识、心理因素等层面提供了解读饕餮纹(兽面纹)发生、演变的新视角,并由此与本书讨论的主题——中国首级连接。

先探寻饕餮来历和相关故事。

《史记·五帝本纪》谓:"晋云氏有不才子,贪于饮食,

---

[37] 吴炎亮:《试析辽宁朝阳地区隋唐墓葬的文化因素》,《文物》2013年第6期。
[38] 吉德纬:《商史材料》,辽宁教育出版社1999年版,第137页,转引于艾兰:《早期中国历史思想与文化》,辽宁教育出版社1999年版,第211页。

冒于货贿，天下谓之饕餮。"《史记正义》引用《神异经》记述："西荒中有人焉，面目手足皆人形，而胁下有翼不能飞，为人饕餮，淫逸无理，名曰苗民。""西南有人焉，身多毛，头上戴豕，性很恶，好息，积财而不用，善夺人谷物。强者〔夺老弱者〕，畏群而〔击〕单，名饕餮。"这几条材料的共同点是，首先，把饕餮视为一个族群，谓为炎帝之后或三苗之民，所处方位在西南。其次，饕餮所指，更像一种低劣邪恶的禀性，包括贪食、好财、淫逸、欺人等。"畏群而（击）单"或许指向猎头的行为，至于形象则仍有手足，有翼及戴豕等特点也与青铜器之饕餮纹不类。《吕氏春秋》首次指周鼎上的纹饰为饕餮，根据何来，本身是个谜。

再者，以前人们援引或诠释《吕氏春秋》关于饕餮的经典表述，焦点大都集中在"食人"，未暇于"有首无身"上深究，而这四字恰好意味着饕餮若非为天生仅具头面的神魔，便是被斩首去身的恶类，顺此可发现在"害及其身"方面同样语焉不详，因其无法在中国神话传说中非常明确地找到对应的故事。

印度教与佛教密宗神魔谱系中，倒有类似饕餮的怪物"Kirtimukha"（图27），梵语意为"帝威之脸""荣光之脸"，俗称"鬼面"或"无名之物"，状如凶猛的金翅鸟而无身体下颌，两手操蛇而啮。英国学者罗伯特·比尔指出："在中国，它被称作'饕餮'。"[39]

印度"帝威之脸""失身存脸"的故事，载于印度教《室犍陀往世书》中。"帝威之脸"生于湿婆大神的慧眼，原被派去吞食企图引诱湿婆之妻雪山神女的罗睺，但后来湿婆接受罗

---

[39]〔英〕罗伯特·比尔著，向红笳译：《藏传佛教象征符号与器物图解》，中国藏学出版社2007年版，第83页。

睽忏悔，凶魔因此失去猎物，只好自食其身。湿婆赞赏其力大无穷，命令剩下的这张脸永远担任自己的门槛保护神。

在尼泊尔的宗教传说中，"Kirtimukha"成为加德满都峡谷的主要保护神之一，被称为"切普"，是金翅鸟的长兄阿卢那。阿卢那注定是天界中最勇敢而品德高尚的神，但因母亲心急早产，导致出生后仅头和手发育正常。又说文殊菩萨曾力劝隐身的阿卢那展示神性，当阿卢那在云中现出上半身时，发现文殊正秘密为他画像，遂再次隐没。

"帝威之脸"与"切普"，若说前者以贬为主，有类中国上古传说中那被舜流放的四凶之一饕餮，后者则把形体之怪异残缺归责于其母。其实，中国的饕餮传说也一直包含正面的因素，不过被集体无视罢了，按照《左传》的说法，包括饕餮在内的四凶被"投诸四裔，以御螭魅"（《左传·文公十八年》），他们实质上是华夏民族四境的守御神，一直在帮我们防御荒服之外山泽蛮荒中的种种鬼怪，功未可没，此与门槛保护神、峡谷保护神作用也正相类。

文殊画像一节，则让我们想起鲁班画忄留的传说。

郦道元《水经注》讲过一个故事：从前曾有神名忄留，隐身与鲁班说话。鲁班请他现身，忄留说：我丑极，怕你画。鲁班拱手说：别怕，我正给你作揖呢，空不出手拿笔，出头见我！忄留现身后，察觉鲁班偷偷用脚画地，旋复沉没于水。忄留丑到什么程度？唐人所撰《三辅旧事》有个续集，说是渭桥上原来立着鲁木匠偷画的忄留半身塑像，多年后曹操过桥，马受惊吓，曹操遂让人把忄留往水里摁，估计这回出水的就真只剩头面了。这两个高度相类的写真未遂故事，启发我们在寻绎中国神话传说中有首无身神的身世和神格时，不妨把饕餮与渭桥的忄留、域外的切普们联系起来。

丁山先生独辟蹊径的考证，则不仅把饕餮引向鸱鸮，从而

图27 印度教、佛教中的饕餮形象

图28 《三才图会》中的饕餮图　图说中最后一句"山海经谓之狗鸮"之"鸮"，让饕餮与鸮——枭鸟牵了亲

第一章　头在飞：崇首观念与落头传奇

图29　魁札尔科亚特尔

　　魁札尔科亚特尔是玛雅文明和阿兹特克文明中重要的神祇之一，也被称为库库马兹和库库尔坎，这些名字的意思都是"长着羽毛的蛇"。印第安民族几乎不留胡须，因这个神祇蓄有胡须，甚至有学者猜测其原型为6世纪时期最早的天主教传教士。这个神祇的形象及其与蛇的关系，很容易让我们联想到中国神话与印度教、佛教中的饕餮及操蛇之神。

与本书即将登台的神秘人物、中国首级史黑暗主角直接对接，且给"有首无身"匹配了一个本土的神话故事。他在《中国古代宗教与神话考》中辟专节论证枭羊[40]、饕餮神格，并及它们与鸱鸮三者间的关系，认为枭羊即夔枭阳，也是越人所谓能迷惑人的山缲、山都之类，而山都，又即《吕览》所谓"饕餮食人未咽，害及其身"的饕餮，"饕餮，当是枭阳的方俗殊语"，"鸱枵固贪恶之鸟，音乃讹为饕餮之神"[41]。鉴于"枭""枭面"在《山海经》所代表的中国远古神话谱系中的重要性以及秦汉以降枭、枭首逐步成为污名化的首级象征符号，认真比照早期青铜鸮形器与饕餮纹的相似与相承关系，或能发现贯穿其中的理路与脉络。

---

[40]　枭羊故事主要见于二条材料：其一，《山海经·海内南经》云：身似羊而枭首张翅。枭阳国在北朐之西，其为人人面长唇，黑身有毛，反踵，见人则笑，左手操管。其二，《文选·吴都赋》刘逵注引《异物志》云：枭阳善食人，大口，其初得人喜笑，则唇上覆额，移时而后食之，人因凿其唇于额而反得擒之。

[41]　丁山：《中国古代宗教与神话考》，上海书店出版社2011年版，第306页。

鼎底有言：一元大武

上文说了，现在学界普遍同意以兽面纹的提法替换传统的饕餮纹。若这些面纹首雕并非特指食人的饕餮，究竟都是些什么？有没有特殊意义？对这些问题的相关讨论也已非常丰富深入，可惜分歧照样未能消除：或谓为变形的人（祖神）面，或称牛，或指虎，或释羊，更为保险的是来个兽面大集合，或者干脆认为啥都不是。但所有的争论，都必须首先回答一个问题：对巫术和祭祀极为重视和虔诚的商周时人，为何要在祭器上大量重复地使用兽面纹，也即兽面纹及兽首雕饰在实质上成为商周宗教祭祀符号或工具的直接原因是什么？

也许答案隐藏得并不深。

《左传·僖公三十年》讲过一个"葛卢听牛"的故事。

春秋时，介国国君葛卢朝鲁，鲁僖公设宴招待他，席间葛卢听到外面有牛鸣叫，说："这一定是头母牛，它生了三头小牛，都被杀了用于祭祀（"是生三牺，皆用之矣"），所以才会这么叫。"鲁僖公派人去查问，果真如此。楚国大夫观射父说得很清楚，天子、诸侯、卿三级祭祀都少不了牛，但都选的小牛犊，祭祀级别越高牛越稚。怎么个小法？看牛角："郊禘不过茧栗，烝尝不过把握。"前者小如蚕茧，后者大不过握，理由是神要精洁，不求丰大（《国语·楚语》）。

安阳西北冈第1004号殷王陵曾出土鹿鼎、牛鼎（图30、31），内底分别铸有"鹿""牛"字，而其兽面纹饰也与铭文相应。陈梦家先生据此认为两鼎铭文与纹饰对应，指明其在祭祀中的用途与区别，牛鼎用于烹牛，鹿鼎用于煮鹿，进而说明祭

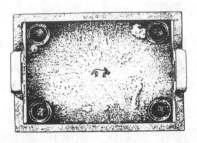

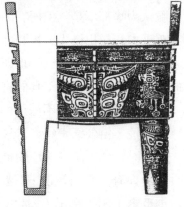

图30 青铜鹿鼎及其图形文字,商代晚期 河南安阳西北岗1004号大墓出土

图31 青铜牛鼎及其图形文字,商代晚期 河南安阳西北岗1004号大墓出土

器大小与所烹牲体个头相关。[42]《仪礼·少牢礼》有所谓"羊镬豕镬",《周礼·大宗伯》有"省牲镬"。春秋时,周定王(前606—前586在位)曾与晋国使者讲说祭祀宴飨中"全烝"(将整个没有煮熟的牲体置于俎上)、"房烝"(将半个牲体置于俎上)(《国语·周语》)的区别,也间接说明将牲体全部或一半置于鼎中蒸煮是常规做法。我们还可以再举一些后世的例子,

---

[42] 陈梦家:《殷代铜器》,《考古学报》1954年第7册。

如《隋书·天文志》曾用"函牛之鼎"打比方。《明史》卷二百一十二《刘显传》谓明军击破四川都掌蛮,于山寨中缴获诸葛铜鼓九十三个和铜、铁锅各一个,"锅状如鼎,大可函牛,刻画有文彩",或亦可资印证。

那么,作为牺牲的动物在祭祀中发挥什么作用?如何发挥作用?仅仅是因为祖宗或上帝要享用么?显然没这么简单。按《国语·楚语》观射父的说法,祭祀的目的是通神。民神的沟通,在那时要仰仗巫觋宗祝,宗祝又要靠"牲器"和"彝器之量",也即"牺牲之物"与青铜礼器的帮忙。张光直先生谓"助巫觋通天地的若干特殊动物,至少有若干就是祭祀牺牲的动物。以动物供祭也就是使用动物协助巫觋来通民神、通天地、通上下的一种具体方式",并据此认为"商周青铜器上动物纹样乃是助理巫觋通天地工作的各种动物在青铜彝器上的形象"[43]。陈梦家与张光直的论述,互相补充,互为印证,比较完整地解答了为何青铜礼器上有大量兽面纹,兽面纹究竟对应什么以及为何出现诸种差异等问题。

还存在一些小的疑问。众所周知,兽面纹有多种类型,包括有首无身和有首有身,但以有首无身为主;有首有身的,身体部分的刻画明显简略次要。那么,人们还可以问:既然彝器上的动物纹样是作为助手的动物形象,为何不画出动物的全体,而多数仅文画其面、缕雕其首呢?

对此,崇首观念不仅可以提供有力解答,且可以引出全新思路。

如前所述,半坡的瓮棺中埋着夭折的生命,但用作棺盖的彩陶盆上只画出一张闭目的圆脸,即足以接引孩子的精魂宾

---

[43] 张光直:《中国青铜时代》,生活·读书·新知三联书店2013年版,第445—447页。

图 32　圆青牛首耳青铜罍

天。牛、鹿、羊、猪等动物虽助巫觋通天，并为歆享神灵贡献牲体，但其灵在首，画其头面足矣。就是说，只要把兽首（面）刻画到祭器身上，就足以充分表征其与神灵的沟通。当然，若坐实饕餮"有首无身"的描述，则人家可能原本只有头，或即被折之首。

　　另一个更具体的问题，可能涉及到在不同等级或性质的祭祀中，所用牲体、彝器规格与处理的相应差异。青铜礼器既是权力地位的标志，制作成本也非常高。商王祖庚或祖甲为祭祀母亲戊而铸的司母戊大方鼎，高133厘米、长110厘米、宽78厘米、重832.84公斤，是世界上迄今出土的最重青铜器，此巨无霸乃当时王室专用，须由数千工匠协作，举国力而铸成，体型较小的牺牲，如初生小牛犊一整头放进去炖煮或可操作。一般公侯贵族之家的青铜彝器，规格可要小得多。陕西宝鸡石鼓山曾出土西周户氏家族墓地，墓主身份应为西周早期高级贵族，随葬的青铜鼎，仅高23.4厘米、口径20厘米、腹深13厘米。[44] 在祭祀的实际操作中，除了美其名曰"翰音"的鸡可以整个放进去煮，体型稍大

---

[44]《陕西宝鸡石鼓山西周墓葬发掘简报》，《文物》2013年第2期。

的动物显然无法全体置入，比如全猪肯定是容不下的，切个猪头代表一下也还勉强。由此想起《礼记·曲礼》对牺牲的细分和命名："凡祭宗庙之礼，牛曰一元大武，豕曰刚鬣，豚曰腯肥，羊曰柔毛，鸡曰翰音，犬曰羹献……""一元大武"的元，当释为首、头。《左传·僖公三十三年》：晋大夫先轸免胄杀入狄人之师战死，"狄人归其元，面如生"。又前484年，吴、鲁联军伐齐，击溃齐军，齐军主帅国书被杀，鲁人"归国子之元"（《左传·哀公十一年》）。两处的"元"都指首级。可以推测，这些被用来助祭供神的动物被宰杀后，在规格高、祭器大的祭祀活动中，或会全体纳入鼎镬之中炖煮献祭，规格低则祭器小，大概只能割头纳鼎啦。牛因为头部硕大，弯角鼓目，保留较多野兽的狞厉，所以牛头在祭祀中受到偏爱，置于诸牲之首，且在描述中突出其头部的孔武。牛头既为祭坛首席牺牲，自然也就成为青铜器上兽面纹饰的主要形象。毫无疑问，无论是兽面纹还是兽首圆雕，牛的出镜率都是最高的。古巫术书《白泽图》说牧场之精牛身无头，见人则逐。牛头都上哪儿去了？砍下来献祭啦。

头骨中的弹丸

与青铜彝器上狞厉的兽面兽首对应的，是鼎镬中炖煮着的动物牲体。在文明渐臻尤其是进入阶级社会的商周时代，半坡人面彩陶盆上那"沙暖一双鱼"的"童画"已不可复见，取代它的，早已是斩首礼上献首供祭的一排排人头。

人体牺牲，即把活人杀死向神灵献祭，普遍存在于世界各地远古野蛮社会，且居多用人头献祭，中国佤族、高山族、壮族、越族等民族的神话传说、史诗和考古发掘，提供了大量的资料和证据。这种野蛮习俗，在文明社会仍有不同程度地保留、延续，或者升级转型。直至19世纪末20世纪初，仍有些族群举行人牲斩首祭礼。"在殷商之前，新石器、青铜时期的长江遗址中，已发现将人牲斩首祭祀的传统。最早去躯人头骨的埋葬地发现在长江中下游汤家岗文化高庙祭祀的遗址中，几具男性头骨与鹿角和野猪下额骨合葬在祭祀坑中，年代测试在距今7000—6000年间。"[45]到殷墟时期，殉葬人与人骨祭祀坑非常普遍，骨架数量也很大，而且有专门的人头祭祀坑，这是在殷商之前的遗址未曾发现的。郭静云认为殷商大量采用斩首杀人的祭礼方式，已经建立并实施完整、有系统的人牲斩首礼。[46]

那么，在盛行斩首礼的商、周时期，如何将人牲或俘虏的首级砍下来呢？郝本性总结出几种主要的办法："一种为断首的伐，即以戈击头，杀人以祭。伐祭的牺牲多用羌人，甲骨文中常见'伐羌'。一种为以钺刑人……这是商代五刑中最重要的一种刑法。一种为凿颠，颠即天，为人的头顶部分。""还有一种处死人牲的办法，称为弹。……濮阳西水坡春秋排葬墓中发现有些阵亡战士头上中弹丸而死，弹丸仍在头骨中。而在商代杀戮俘虏的办法有15种之多，其中有弹。"[47]

以"伐羌"也即"用羌"为例，殷商之时，中国西北大约在今天青海、陕西、甘肃之间，活跃着部族众多的羌人，殷商与羌族经常发生战争，甲骨卜辞多次记载出征俘获羌人并将其斩首献祭之事。胡厚宣先生更根据现存甲骨卜辞，专门对从盘庚迁殷至帝辛之国共273年的商朝昌盛时期"用羌"情况进行统计，得出结论：有列明数目的羌人"人牲"累计多达14197

---

[45] 郭静云：《夏商周：从神话到史实》，上海古籍出版社2013年版，第187页。
[46] 同上书，第186—193页。
[47] 郝本性：《试论郑州出土商代人头骨饮器》，《华夏考古》1992年第2期。

人,此外尚有1145条卜辞,未记具体人数。"用羌"之法,主要是"伐祭",甲骨文、金文字形中,"伐"正象以戈砍头之形。考古也为此提供了相应证据,如在安阳北岗的王陵区内,已发掘出排葬坑二百余个,每个坑内埋人骨八至十具,死者多数无头仅有躯体,有的可以明显看出人头是从颈部砍断的。据统计,这200多个排葬坑内,掩埋的人骨达1330多架,这些死者都是在商王为祭祀祖先而举行的斩首礼中被杀的。[48]周武王灭商后,也在周京举办大规模献俘祭庙活动。顾颉刚注《逸周书·世俘解》谓:"杀人以祭,本商、周间通常事。"[49]

那些被砍下的人头献祭后都到哪儿去了呢？有学者结合人头崇拜的现象研究过这个问题,指出"先民对人头骨的处理方式呈现了多样化和普遍化的特点","史前到商周时期,我们经常在考古遗存中见到这种对人头骨特殊的处理方式,比如发现用人头骨来奠基,或将人头骨弃置于灰坑和墓葬中,或累叠在壕沟中,或悬挂在屋檐上,或在精心堆置的石头圈中间放置一颗骷髅头,等等"[50],并举了大量考古发现的实例。2012年,考古工作者在陕西省神木县的石峁遗址考古过程中,发掘出一个面积很大的史前城址,该遗址是中国北方地区4000年前一个超大型的中心聚落。特别有意思的是石峁遗址内还出土了两处人头骨堆积、多件玉器等。[51]这批骷髅,可能与郑州商城遗址发现的上百个人头骨一样,是被砍下来献祭的人牲头颅。

---

[48] 胡厚宣:《中国奴隶社会的人殉和人祭》,《文物》1974年第9期。
[49] 黄怀信修订:《逸周书汇校集注(修订本)》,上海古籍出版社2007年版,第438页。
[50] 金汉波:《史前至商周时期的人头崇拜及其相关问题》,《民俗研究》2005年第4期。
[51] http://news.ifeng.com/history/gaoqing/detail_2012_12/28/20636134_0.shtml#p=1.

有嘉折首

"折首"这个拗口的叫法，为我们认识商周时代砍头而祭及所使用的武器、方式等，提供了又一个有趣的视角和看点。

《周易》离卦上九的爻辞谓"王用出征，有嘉折首，匪获其丑"。"折首"一般解释为斩下敌人首级，大概因为这个提法拗口又与后世不同，有人认为"首"应释为"魁首"。

两说孰是？让我们回洛阳瞧瞧。

周宣王初年，虢季子白带兵征伐猃狁，在洛水之阳打了一个大胜仗，周宣王在成周都城洛阳太庙的讲武之屋宣榭，举办一场大规模的献俘庆功仪式，对虢季子白赏赐有加。虢季子白为此特铸一个用于洗澡盛水的长方形大盘，盘长130.2厘米、宽82.7厘米、高41.3厘米，为传世体积最大的西周时代青铜器，盘底镂刻一百一十一字的铭文，即著名的《虢季子白盘铭》。

《虢季子白盘铭》用铿锵直朴的赋体文字列举战功，第一项是"折首五百，执讯五十，是以先行"。大概是砍头献祭的数目基本够了，后面遂以耳代首"献馘于王"。馘，原义是被杀者的左耳，即附带拎上一串串从敌人尸体上割下来的耳朵。在那时，"首"可是要费劲"折"下来的，非为祭祀需要，大可以耳代之。再说若指魁首，何来五百之多？《左传·桓公六年》说，山戎伐齐，郑国出兵救齐，"大败戎师，获其二帅大良、少良，甲首三百，以献于齐"。先列所获酋帅，次叙斩首功级，所谓甲首，就是被甲者的首级，是军队中的精锐作战力量。折首之"首"，当为甲首简写，五百与三百，数量也差近。加拿大安大略博物馆藏有一个鎏金青铜人头，长发被束成尖状把形，后面有小钮缝在衣内。该馆还藏有一件年代为晚商的戴羽冠人头形玉佩，又江西新余曾出土晚商戴羽冠人头形玉佩，许进雄先生认为，三物皆用于杀敌报功，为曾有折首之功的勇士所佩戴（图33）。[52]
而《逸书书·克殷解》与《史记·周本纪》记述周武王攻入商都之后对自焚而死的纣王折首悬旗的文本，则提供了直接证据。《逸书书·克殷解》谓武王以黄钺斩纣取首，"折悬诸太白"。"折"正是对以钺斩首具体操作的说明。《史记》表述为"以黄钺斩纣头，县大白之旗"，折字消失

图33 两件晚商玉佩
左为戴羽冠人头形泛白绿玉佩，现藏加拿大皇家安大略博物馆；右为戴羽冠人头形泛白玉佩，江西新干出土。许进雄先生认为这两个玉雕人头面容凶恶，可能是人们佩戴此玉佩来表示有过杀敌折首的战功。

不见。盖因司马迁所处的西汉，铁制兵器已普遍，斩首容易许多，"折"的麻烦和即视感便没有了。

从那时费劲的折首，到后世麻利的斩首，仅是一个词义演变或用词不同的问题吗？否！看看新石器时代的那些个石斧玉刀，你会知道钝字怎么写。传说中黄帝部族仍使用玉石兵器，与已经懂得用金属制作兵器的南方苗黎蚩尤部族打仗，被他那群铜头铁额的兄弟打得大败，最后靠了阴招和运气才险胜。公道的历史因此把金属兵器的发明权归于这位失败的英雄，让他成为"主五兵"的战神。

---

[52] 许进雄：《文物小讲》，中国人民大学出版社2008年版，第19—20页。

即使到了青铜兵器已比较普遍的商代,妇好墓尚出土大量玉刀、玉戈。青铜兵器虽比石刀玉斧锋利很多,但受金属硬度和铸造工艺限制,其在实战中所能发挥的作用,主要还是刺击,若论劈砍,则无法与后来的铁刃相比。春秋之前冶铁技术应未被掌握,即使有铁制兵器,也可能来自数量极少的陨铁,而青铜锋刃大约很难有"刀过头落"那样干脆省力的效果。"在青铜时代的中国,所有已知的主要兵器都有青铜制造的锋刃:青铜簇、矛、戈头、钺、大刀和匕首。……大部分兵器是国际战争使用的,但有少数如钺和大刀,则主要用于砍头。有人认为中国古代的王字便是青铜钺的象形字,作为'内行刀锯,外用甲兵'的国王的象征。"[53]崔豹《古今注》说:"金斧,黄钺也;铁斧,玄钺也。三代通用之以断斩。"正好佐证这个推断。这种兵器类型和分工,主要原因是青铜兵器的锋刃硬度不足。

由此,我们可以推知,在青铜时代的短兵相接中,手起头落让敌人的脖颈一下断干净,大概是瞎猫碰上死耗子才有的轻松痛快。那时最常用的武器是戈,春秋时鲁国大夫子晳全身披挂去见子南,想把他杀了抢他漂亮的老婆,"子南知之,执戈逐之。及冲,击之以戈"(《左传·昭公二十年》)。看看,连在家门前火拼用的也是戈。另有一些以戈斩首的例子,每显吃力笨重。晋人打败长狄,抓获其首领侨如,"富父终甥摏其喉以戈,杀之"。摏即撞击,奇怪的姿势!秦晋崤之战中,晋襄公把秦国战俘捆绑起来,让莱驹"以戈斩囚",被斩者大声呼叫,莱驹竟因此受惊,戈都掉地上了(《左传·文公二年》)。除了胆量,想必这活的确有难度。祭祀计功要用到大量首级,真是个计件的专业活,必须先把被"用"的倒霉蛋绑定,或者如周

---

[53] 张光直:《中国青铜时代》,生活·读书·新知三联书店2013年版,第22页。

武王斩商纣，把早已在战场上被杀或者自杀的敌人尸体摆好，脖子部位固定了，再用钺、匕首或长戈大刀正中横砍直搐，方奏良效。碰上戈钝、手劲弱，或者脖根太硬，黄钺不断，玄钺连筋，操刀者也许就真得像外科大夫一样血淋淋直抻横折了。

这种情况，可以在出土文物的相关图像上得到验证。

在潞河铜匜线刻图的攻战场面中（图35），右下角地上躺倒一人，像已被杀死的敌人，一个战士蹲在死者旁边，手持一把短小锐利的武器，正要"折"下他的首级，看那样子明显是件费力的活。潞河铜匜属于东周时期的线刻画像铜器，据研究，东周线刻画像铜器出于吴越地区，受中原周文化影响，又具有鲜明的吴越文化风貌。吴越地区以外发现的东周线刻画像铜器也当属吴越之器，它们是通过各种渠道从吴越地区流传出去的。

在出土于成都百花潭的春秋战国时期宴乐渔猎攻战纹壶的水战纹（图34）部分，我们可以看到类似的画面。两船船头相抵的一刻，右船船头的士兵左手揪住左船船头战士的脑袋，右手举起短刀或者匕首一类的武器，正要"折首"。右侧上列为防守的战士，下列士兵则循着梯子向上强攻。第二排可见向下仰面倒下的无头尸体。

更明显的图例，出现在出土于南越王墓的西汉初年船纹铜提筒线图（图53）中。在一艘战船上，一立人左手持靴形钺，右手提首级，似可说明首级正是用钺"折"下来的。船上瞭望台前，一人左手扯着裸体俘虏的长发，右手倒持一把短剑，看样子正准备"折"下俘虏的首级，从他握剑的架势和与俘虏所处的相对位置，可以想象折首的姿势、方式，与铁刃钢刀大行的后世，是有明显区别的。

若时光倒流，真该让那么费力击颈折首的莱驹们读读唐人传奇《无双传》。侠士古押衙救出无双后，为保密灭口，杀王

图 34　宴乐渔猎攻战纹壶之水战纹，春秋战国时期　成都百花潭出土

图 35　潞河铜匜錾刻图像残片，第 2、3 片为攻战图　山西长治潞城市潞河村 M8 出土

仙客之仆塞鸿,原文写道:

> 古生又曰:"暂借塞鸿。"于生后掘一坑,坑稍深,拍刀断塞鸿头于坑中。

拍刀断颈,多么轻松!何能如是?铸铁时代,宝剑出世。

溯源"首"字的由来和演变,或也可帮助我们解读当日"折首"的情景。

在殷商甲骨文中,"首"写作 ◯(乙三四〇一)、◯(前六·七·一),尖嘴刚毛,活脱脱是狗、兔、猪、鼠一类禽首兽头。到了西周前期铜器铭文,"首"的字形演变为 ◯(沈子簋),像带骨的鱼头。西周中后期,"首"进一步符号化为眼上披发之状,如 ◯(师𩇨鼎)、◯(师㝨簋),再经春秋战国的 ◯(侯马盟书),到秦代小篆,才基本定型为 ◯(廿六年诏权),头发长在眼上,像个人头了。[54]

即使在升级定型为人首之后,"首"之字形仍然不脱贱隶俘役之嫌,因为 ◯ 的上部"巛象发"(《说文解字》)。如张光直所论:"殷商的统治阶级都是戴帽子的阶级",露辫在顶的"巛"所代表的是"最下层阶级"[55]。所谓披发无冠,自是奚人之属,最容易成为折首对象。《说文》释県为"断 ◯ 到縣",即断首倒悬,◯ 倒过来状如県,披散的发辫向下飘垂。证之于南越王墓船纹铜提筒纹画中倒悬在战船船头前下方的长发飘垂的首级、潞河铜匜刻画攻战图中悬于枪杆臂弯的首级、汉画像石攻战图中悬挂在木架阙门上的首级,形象都吻合。"首在木上"

---

[54] 徐无闻主编:《甲金篆隶大字典》,四川辞书出版社2008年版,第622页。

[55] 张光直:《中国青铜时代》,生活·读书·新知三联书店2013年版,第131页。

即"悬首"常态，原来应该是以绳穿耳而悬，颅重脖子轻，自然是发垂向地。"悬"在西周金文中字形如 ▨（县妃簋），至春秋战国时仍作 ▨（▨ 钟），正与此相符。

四　落头传奇

贾太守腹语

《幽明录》讲过一个断头不死的故事。

汉武帝时，有个懂神术的豫章（今南昌）太守贾雍，带兵讨贼，吃了败仗，头被砍掉。

贾雍没有马上倒地而死，他那失去头颅的身体，仍然骑在马上，驰回军营。

这一下全营炸开了锅，部下都围上来。正在大家不知所措的时候，没了头的贾太守说话了，声音从胸腔瓮瓮传出：

"我今天战场失手，被贼所伤。呵呵，诸位看看，我是有头好呢，还是无头好？"

有个老实的下属哭着回答："大人，还是有头好些。"

"不对，无头照样很好！"

胸腔马上反驳，不料话才说完，无头的身体扑通栽下马来。这回，贾太守真死了。

又过百来年，东汉初年，四川出了一个更奇葩的失头将军朱遵。

《太平广记》收录一则引自《新津县图经》的故事：公孙述在益州称帝时，犍为郡功曹（主管人事考核的郡守助理）朱遵据郡不从，公孙述发兵进攻犍为，朱遵战败失头，但他浑然不觉，撤退到安全地带后停下来把战马拴好，"以手摸头，始知失首"。

断头人未死，落首仍通神，甚至头颅可以飞去飞来，在中国古代神话传说中，此类题材的故事不少，这其实可以理解为从蒙昧时代进入文明社会过程中人们对首与身、头颅与生命关系的揣测想象及其认知发展过程的投射，或曰印记。贾雍生也晚，只是个学过法术的凡人，断了头不马上挺尸，能跑回来说上句话，已非常了不得。朱遵虽没有对白留下来，但断首后仍一路撤退，系马于桩，显然不比前辈贾太守差。老贾和部下最后的问答，好像四十大盗与死神约好的生命切口，假如当初部下的回答是"无头也不错"，是否这位失头太守就能继续活下来呢？或者有谁及时帮两位英雄抢回鲜血尚热的头颅，他们就可以接头回颈，继续战斗？再不然，飞到南方的落头民部落中去倒插门，也是好的。

黄钺钟鼎从地下出土，神话传说在天上飘飞。简要盘点一下自上古人神未分的蒙昧时代以来神话传说、民间故事中的一系列著名人头，或许真会芝麻开门。

新老版刑天

在《山海经》的血色黄昏中，首先定格的断头大神是刑天。

> 刑天与帝争神。帝断其首，葬于常羊之野。乃以乳为目，以脐为口，操干戚而舞。

刑天挑战的对象是代表最高权威的天帝。他头一断，马上以乳为目，开脐为口，借胸腹复设一头，挥舞武器继续战斗。据说，天帝怕刑天断颈复接不得了，赶紧推倒一座山，把他的头埋了，自己开溜。

天地流转不知又历几劫，看看到了夏朝末年，不少天神都把"户口"迁到下界,并在人间混饭谋生,各为其主,章山太守夏耕大约是其中一位。商汤攻打夏桀,夏耕冲锋在前,丢了脑袋。《山海经·大荒西经》说:

> 有个人没了头,却还操戈持盾一动不动僵立着。原来成汤在章山进攻夏桀,打败了夏桀的军队。夏耕当时冲在最前面,被斩下脑袋。失头的夏耕呆呆站着,后来怕敌人再找他算账,就下降到巫山躲起来。

夏耕俨然夏朝版刑天,但已大不如前。刑天肩上颈断,立马胸前目生,到了夏耕,五官没有一件能备份,双乳一脐也无法兼职;刑天无首,照样干仗,夏耕断颈,立马胸瘫。不过夏耕没了脑子仍能思想,而且身体也还是可以慢慢活络起来的,不然,他怎能跑到云深流急的巫山避仇呢?

刑天舞干戚的年代,现在谁也说不清,大约距盘古开天地不远,至晚不晚于三皇五帝。夏耕生也晚,他供职于青铜礼器即将登场的夏末商初,中国信史时代已经开篇,物我不分、人神混一的原始思维,正被文明一路祛魅,越来越实在,越实在越不好玩,所以夏耕虽立而僵。

从刑天到夏耕,可以开个"上古面、首博览会"。

上古面、首博览会

三头六臂的哪吒,是中国老百姓家喻户晓的捣蛋大神,而二郎神杨戬那长着第三只眼睛的怪面(这让人想起三星堆的纵目人)则最抢眼。凡此种种奇葩,后世已然绝迹,赖有号称中国古文字与"神话渊府"的《山海经》,为我们保留了些许"文化化石"。

先民造字之初,"面""首"并不在同一级别,两字虽然都取象于眼睛，区别甚大。

面，特指人的颜面、脸面，《说文》："象人面形。"相应的，用来指代"面"的符号一看就是人眼，和善、柔顺，如 ⊙（甲骨文，甲二三七五）、⊘（秦代，江陵楚简）等。

首正好相反，其字形由禽、兽、鱼、鸟之首向下等人如奚人那无冠之首一路演变，本章上节已缕列。

与此相应，在《山海经》中，虽然面、首、头诸字均有出现，但面特指人面，首则人兽跨界，相应地，"人面"的搭配，也较"人首"为多。

多头多面与人兽身首混搭，是常见的造型，如"龙身而鸟首"（《南山经·漆吴山》），"兽首蛇身"（《大荒西经·肃慎国》），"有鸟焉，一首而三身"（《西山经·三危山》）等。在混搭菜单上，神格与歆享等级的高低，通常与其是否拥有人头人面及其数量多寡成正比。以《中山经》为例，此区域共有一百九十七座山，由长相各异的十类山神分治，山神的形象，计"人面兽身"两处、"彘身人首"两处、"人面鸟身"两处、"龙身而人面"一处，通计之，长着人面（首）的山神，占了七成以上。

同是兽身人面，则比人面的数量。中山的大騩山系，有十六个山神是"豕身而人面"，其中苦山、少室、太室三山的神长着三个头，即起码有三张人面，献祭牺体与埋玉规格、档次因此高出许多。

守卫昆仑山的虎身大神开明兽，"九首，皆人面"，特别标明人面，正好说明首是个人兽共享的部件。至于一身九首的相柳，那可是能移山倒海的凶神。屈原《天问》："雄虺九首，倏忽焉在？"也是同一造型。

一身多首，是另一类常见神祇。

三首国的人一身三首（《海外南经·三首国》），服常树上有三头人（《海内西经·服常树上三头人》），颛顼之子不死，因为他是三面之人（《大荒西经·三面一臂人》），更厉害的，还有"黄帝四面"。这一路发展到极致，遂有"天皇十三头，地皇十一头，人皇九头，皆龙身"（王嘉《拾遗记》）。既然有那么多头，多一个少一个也就关系不大，在司马贞《补三皇本纪》中，天皇十二头，就比《拾遗记》少了一个。

袁珂《山海经校注》从训诂入手解读"刑天"的原意，他说："天，甲骨文作👤，金文作👤，□与●均象人首，义为颠为顶，刑天盖即断首之意。意此刑天者，初本无名天神，断首之后，始名为'刑天'。"袁珂这一梳理，一方面让我们联想起商周时期行刑大法之一的"凿颠"，一方面剔出刑天这个名字中所隐藏的天机，即以头比天、以首拟天这样一个观念，在中国文化中形成很早。毋怪乎人头、人面乃至兽首，会成为中国神话造物赋形的特殊构件、重要意象，成为原型与母题。

天人感应或者说天人合一这样一种朴素的哲学体系，深入中国人的日常生活和观念世界，且可以被非常感性地感知和表达，一点不抽象、不深奥。举个例子，东汉的邓皇后早年曾梦到登梯扪天，登天不新鲜，可邓皇后摸着天后，觉得"天"的手感很好，像钟乳、酸奶一样清凉软滑，竟然仰脸贴唇大啜一通，心满意足醒来。占梦的一听，哟，吉不可言！因为从前就有牛人梦到像吃奶一样舐老天肚皮，谁？商汤（《搜神记·和熹邓后》）。要是邓皇后在梦里不小心一头顶破天，占梦的可能就要告诉她小心灭族杀头之祸啦。邓皇后的梦，说明很久很久以前，中国的普通老百姓包括小女子，就已经达到商汤水平，能够通过做梦自觉进行"天人感应"了。这种感应，与刑天命名的深层机理其实一样。

人头之问

19世纪末，有史以来最专业的砍头机器——断头机，在法国大革命时期被发明出来。断头机的刀片能在不到一秒钟的时间里下落2.25米,"砍头的速度如此之快,以至于头颅在掉进皮囊时好像还有生命"。据记载,1793年10月31日,吉伦特党政治小集团的二十一名成员在三十八分钟内被斩首。1795年6月7日,超过五十个"密谋者"在二十八分钟内断头。刽子手桑松曾在日记中这样写道:"可怕的一天。断头机吞掉了五十四个人。"巴黎的民众,转而讨论起头颅与身体分开后是否还有生命和感觉的问题,甚至有好事者正儿八经地做实验:"外科医院一个学生曾做过一个试验,他用针去刺一颗刚被砍下来的头颅上的舌头,结果,头颅的面部露出痛苦的表情。与躯体分离的头颅还可以朝呼喊他的方向转过眼睛。一个国民分会议员的头颅在皮囊中咬住了自己的敌人……"

有个叫达西·德利尼埃的法国医生更绝,他竟然想出来用一条狗和一颗刚砍下的人头做输血实验,然后以非常煽情的语气宣布结论:

> 请记住:铡刀完成了它的使命之后,头颅落下的声音你们都熟悉,当它滚落到木屑当中去的时候,听好了!这个与自己的躯体分离的头颅能听到人群的声音。被砍下来的头颅能够感到自己是死在篮子里,他能看到断头台和阳光。[56]

夏耕踉跄的身影从天而降,失头的末世英雄,永远隐入巴东群山的暗云重雾与瞿塘十二滩的惊涛中。"玉露凋伤枫树林,巫山巫峡气萧森",说不定三星堆遗址中某个硕大的

---

[56] [法]贝纳尔·勒歇尔博尼埃著,张丹彤、张放译:《刽子手世家》,新星出版社2010年版,第113页。

青铜人首，就是当年夏耕给自己铸的假头呢。当神话的天真逐渐消散在文明的朝阳之中，我们的先人那惊奇与揣测的目光，上天入地的想象力，也从天帝地祇、牛鬼蛇神那儿逐渐收回人间世，既揣摩自己脖子，也开始有意无意审视并设计众生的脖颈。即使在确认身首分离的结果必然是生命结束之后，人们仍然不愿马上扎紧想象的口袋，天真的猜测与美好的愿望放缓速度，降低尺度，继续一段喜剧感渐强的信马由缰。如果说夏商交替时的章山太守夏耕是半人半神版的刑天，那么西汉的豫章郡贾太守和东汉的犍为郡朱功曹，便是刑天、夏耕的凡人版。重重的人间烟火味，使这第三代版本颇具喜剧色彩。虽然明白断了头就活不成，人们犹然神往着远古刑天、夏耕辈大神们的光辉岁月，侈望身体能维持一段生命感觉和人间味况；而另一方面，大家也不再盲目乐观到苛求凡间的断头太守仍能像大神刑天那样继续战斗，他能凭着神术，把魂魄禁在胸腔里，跑回来安慰一下大家再"扑通"，就算尘世大喜了。再说，贾太守、朱功曹们也不算完全绝后。历朝正史描写忠臣英雄赴难殉国，每发"神来之笔"。《宋史》卷四百四十八《邵云传》谓宋将邵云抗金，城破被执，骂贼不降，金人把他钉在柱子上，五天后肢解处死，"至抉眼摘肝，骂不绝"。再如元灭南宋时，宋将马墍死守静江，城破，"墍率死士巷战，伤臂被执，断其首，犹握拳奋起，立逾时始仆"（《续资治通鉴》卷一八三），听来都颇有夏、贾风范。

好奇揣测的另一端，落在已经离开脖子的人头上，于是有了悲壮诡异的"三头会"——眉间赤替父报仇的故事。

眉间赤父母为楚王铸雌雄双剑，剑成，其父仅献雌剑，为楚王所杀。眉间赤长大之后，背负亡父所留雄剑，踏上报仇之旅。楚王听说，购其头千金，追捕甚急。眉间赤无计可施，入山行歌，遇客，许诺为其报仇，眉间赤"即自杀，双手捧头及剑奉之"。客携其头进献楚王,楚王大喜,支起大镬煮头,三日三夜而头不烂。楚王非常惊异,走到镬边探视,"客以剑拟王,王头坠汤中。客亦自拟己头,头复坠汤中。三首俱烂,不可识别。乃分其汤肉葬之,故通名'三头墓'"(干宝《搜神记》)。

透过复仇的显性主题,透过宝剑的炫目光芒和沸腾的汤镬,眉间赤故事的深处,包裹着一个"人头学"的新命题及模拟答案,即离开脖子的人头,是否仍有生命精气,甚至还能有所作为?对这个"人头之问"的神回复很整齐响亮,因为不仅一个头,还有另外两个头,不仅有少年、国王,还有一个神秘

图36 服常树上三头人

的道义侠客!

眉间赤的故事流传甚广,版本繁多。《太平御览》所引收录本事的图籍,就有《列士传》《吴越春秋》《列异传》《孝子传》等多种。而《太平寰宇记》在芜湖县、宋城县条目下都记当地有"三头墓"古迹,到了山西临汾县,更溢出一个"翻镬池",说是当日煮头的大锅倾倒了,三头汤流溅一地,汇成大池,至今水上还漂着凝脂。在不同的版本中,眉间赤的冤家对头也经常随地而迁,从楚王变成晋王、魏惠王等。鲁迅的《铸剑》,即本此而作。

图37　《故事新编·铸剑》插图　陆燕生绘

这"三头墓"或曰"三头汤""翻镬池"的故事何来偌大魅力，其中潜寓的"人头之问"恐怕是主要原因。

这个类型的人头之问，同样在后世回响不绝。

前述法国人在断头铡发明后的争论和实验也传到中国。民国文人林纾笔记《畏庐琐记》说，他的朋友王子仁与人争论被斩之人头断后是否还有知觉，援引法国逸闻，说是两个医生中一人该上断头台，另一人和他相约，"汝头落时，吾捧而大呼尔名，尔有知者，眼当为余一开"。据说，那人还真头落眼开。接着林纾把话引回到抗清被杀的明朝忠臣瞿式耜头上："余按瞿稼轩先生就义时，函首匣中，家人启视，言公子无恙，先生目犹视，继言焦侯无恙，目乃瞑。"瞿式耜是江苏常熟人，就义于广西桂林，人头装匣传送到家人手中，距断头之时不知已过几日。中国首级这"生命力"，绝对举世无敌。

瞿式耜也有师傅。上千年前曹操打开东吴送来的木匣，里面的关公人头突然眼翕须动，目光如炬，把曹操吓病，这场景早已定格为《三国演义》中最精彩的一幕。

人头灵异并非忠臣孝子的专利。据《夷坚志》介绍，南宋有个叫吴皋的大盗更不得了，他头被砍断后，"双目不闭如生，顾众斜视，切齿鸦鸦作声，见者毛发竦立"。首级传送到盱眙已经两宿，"掷首郡庭，三日，怒目方瞑"（《夷坚志》支甲卷第二《吴皋保义》）。十六国时，石赵有个叫李子杨的人以左道惑众作乱，被斩后，"颈无血，十余日而面色无异于生"（《晋书·载记第六》）。这后一种情形，道家叫作"兵解"。

南方有落头

人无头，得活否？

这是贾太守最后的腹语，也是刑天－贾雍类型的人头之问。

头离身,有灵乎?

眉间赤煮不烂的人头,给了我们一个神回复,陪煮的还有侠客与楚王两颗头。

更有趣的第三问跟着来:头颅与身体能否分而复合,或者说自由分合?再夸张一点,身体各部件、器官,可不可以拆卸、拼装?

其实,这方面的猜想诘问,《山海经》已现端倪。《大荒西经》说,女娲的肠子变成十个神人,名字就叫女娲之肠。《海内北经》:"王子夜之尸体,两手两股,胸首齿皆断异处。"郭璞注意到其间诡异的气息,在《山海经图赞》中击节称叹:"子夜之尸,体分成七,离而不疏,合而不密。苟以神御,形归于一。"

解形复体的奇思妙想,一直吸引着幻想家、博物家们乃至方术之士,也非常容易成为异域遐方的想象传说。一则行文风格绝似《山海经》的文字,出现在东晋十六国时期方士王嘉《拾遗记》专记晋朝逸事的章节中:

> 因樨国的使者来朝贡,献上一种五足猛兽,形状像狮子……(皇帝)询问使者五足兽有什么神通变化?使者回答说:东方有解形之民,头飞到南海,左手飞到东山,右手飞到西方大泽,只剩下肚脐以下的身体和两条腿站在原地。天黑时头飞回肩上,但两条手臂遭遇疾风,飘飞海外,落到玄州上,化成五足兽。

这段文字,由外国进贡的异狮,绕出"解形之民"。解形之民的头与手可以飞离身体遨游四方八极,"自脐以下,两足孤立"站在原地,恍如无首夏耕。头从南海安然飞回肩上的情节设计,则直接呼应了先民设计出来的另一款天才作品:落头民。

落头民（虫）的故事，始见于西晋张华《博物志》，年代比《拾遗记》要早些，但记述过于简单，而且前后混乱：

> 南方有落头虫，其头能飞。其种人常有祭祀号曰虫落，故因取名焉。其飞因晚便去，以耳为翼，将晓还，复着体，吴时往往得此人也。

此段文字，前曰"落头虫"，且说有个部族因祭祀这种飞头神物而被叫作"虫落"，足证实有其虫而非误字，后句忽闪一下变成人，不免让人错愕。不过"南方"取代了"南海"，且明言"吴时"，则时空俱已本土化。

第一个明确、正式提出"落头民"概念，并把故事讲圆、讲满的，该是差不多与王嘉同时而随晋室东渡、生活在南方的干宝。《搜神记》"落头民"条云：

> 秦时，南方有落头民，其头能飞。其种人部有祭祀，号曰"虫落"，故因取名焉。吴时，将军朱桓得一婢，每夜卧后，头辄飞去，或从狗窦，或从天窗中出入，以耳为翼。将晓复还，数数如此，傍人怪之。夜中照视，唯有身无头。其体微冷，气息裁属。乃蒙之以被。至晓头还，妨被，不得安，两三度堕地，噫咤甚愁，体气甚急，状若将死。乃去被，头复起，傅颈，有顷和平。桓以为大怪，畏不敢蓄，乃放遣之。既而详之，乃知天性也。时南征大将，也往往得之。又尝有覆以铜盘者，头不得进，遂死。

"干宝版"落头民故事，上起秦朝，下至三国，时间跨度相当大。秦承春秋战国之后，在"人头学序列"的时间层上，正好是"后三头墓"时代。

不过干宝的这个版本，也和《山海经》的刑天一样，只是飞头第一版，其后新版本不断，不仅笔记野史，有时连正史也跟着凑热闹。元季以降，落头民更纷纷"出国"，日本、东南亚等地都有变种。

细考落头民的来头，可以牵出"中国首级史始祖"刑天。

刑天部族考

"秦时，南方有落头民。"故事开头一句，看似平常，实则突兀，好像落头民是秦代突然冒出或被发现的一个外星部族。

秦朝大一统而寿命很短，六国长期战乱刚结束，却在那时突现偌大一个"民"字级别的神异部族，难免叫人疑怪。这"落头民"究竟从哪儿冒出来？祖宗是何方神灵？从何处获得如此匪夷所思的本领？不妨考证一下。

第一，东晋博物家郭璞注《山海经》，在刑天"护照"上签注过六个字："是为无首之民。"[57] 无首即落头，两者都是"民"，这样一种表达，不像即兴命名，而"民"非单数，也不挺尸，分明指向人种类型或部族聚落。

第二，梳理关于刑天的来头、出处与神格的诸多考证，可以发现其与落头民关系密切。

若只如前述袁珂《山海经校注》之考据，以为刑天即因断首而为名，则其神格自然不高，即使"无首之民"真的就是落头民，刑天大概也不过是"落头村"中一介草根血勇，靠断头一战，扬名立万。

不过，此乃一家之说，猛料在后。

---

[57]《二十二子·山海经》，上海古籍出版社1986年版，第1370页。

同样从训诂入手,清代学者毕沅等人曾提出不同解释。毕沅在校注《二十二子》时指出,古本《山海经》中,"刑天"多写作"形天""形残","残""天"古音相近,疑为音转。刑天,是头被砍了,形体残缺;形天,则可训为其形如天,包含了代表天的意思。这一字之差,让刑天从平民英雄向最高统帅华丽转身。

还有学者另辟蹊径。

李零谓"先秦两汉时期,天文学上流行的宇宙模式是'盖天说'。观察者把天穹看作覆状,而把大地看作沿'二绳四维'向四面八方延伸的平面"[58](图38)。其中一维,即常羊之维。丁山则指出,刑天与帝争神的地点,是常羊之野,且埋头于此,而《淮南子·天文篇》谓"东北为报德之维,东南为常羊之维"。这个常羊之维,当黄帝之时,即有"分天而治"的意味。刑天来自南方炎帝部落,与常羊之维的东南方位大概相应。这些信息,暗示刑天神格不低,可能原即掌天之一方的大神,即使神格在炎帝之下,也应相差无几。[59]想来也是,唯其分天而治,才具备"与帝争神"的资格,两者形成互证。是否分天而治暂且不管,如果刑天原本应是"形天"——其形如天,当个"无首之民"部族的大酋长,总该够格。

落头民种落所在位置,与常羊之维所处的东南方,也算吻合。

《拾遗记》中,国际级的"解形之民"身在东方,头向南飞;张华、干宝的记述中,已经"内附"的"落头民"所处方位也非常明确:南方。南方的方位和以虫为祀、部落这样一些元素,都表征着落头民是类似中国南方洞獠、峒蛮之类的部落

---

[58] 李零:《中国方术正考》,中华书局2006年版,第101页。
[59] 丁山:《中国古代宗教与神话考》,上海书店出版社2011年版,第452页。

族帐。

南方只是一个大致的方位,能否落实到更具体的地点?

从晋至唐,博物家或者方志的撰写者,似乎也一直在做这个努力。张华《博物志》即已在具体位置上大进一步:"荆州极西南界至蜀,诸民曰獠子……"

唐朝是个有意思的朝代,博物家和正史一起捣鼓,居然把这个问题给落地了!

先听博物家言。段成式《酉阳杂俎》说:

> 岭南溪洞中,往往有飞头者,故有飞头獠子之号。头将飞一日前,颈有痕,匝项如红缕,妻子遂看守之。其人及夜状如病,头忽生翼,脱身而去,乃于岸泥寻蟹蚓之类食,将晓飞还,如梦觉,其腹实矣。

"岭南溪洞中"与"飞头獠子",无疑把张华和干宝版本中的南方进一步坐实。而飞头人的性别,则从女性转为需由妻子看守的男性。脱身而去,去干吗?既不会作怪惹事,也不是与落头婢女空中接头,交唇咬耳,段成式解密出来的答案颇不可思议,居然是去觅蟹食蚓!这个曾经"与帝争神"的英雄部落,不仅刑天不再,夏耕无影,连一星半钱贾太守、朱功曹也屏迹绝踪,除了"其头能飞",别的灵异和魔力似乎丧失殆尽,甚至沦落为东吴南征大将顺手牵羊"往往得之"的战俘或奴仆,只有惹围观被欺负的份儿。薄薄一领被,就足以让头颅回不了脖子;一个铜盘,性命交关!夜飞觅食也只会寻蟹食虾,弄得满嘴泥涂。

如果刑天原来真的是南方落头民的大首领,他一定早已郁闷到吐血。

细细想来,其实不怪。

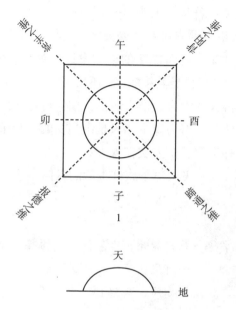

图 38 盖天图

图 39 飞头獠子捕鱼图（作者自绘）

第一章 头在飞：崇首观念与落头传奇

前面说了,若从"人头——首级史"发展的视角来解读,"落头民"故事可谓先民在"离身之首"与"离首之身"之间,对身首关系"第三种可能"的天才设计:头与身体可以分合,最美妙的境界,当然是其头能飞,还而可续。但毕竟去古斯远,大魅渐祛,再放肆大言,谁人还信?如何得传?因此只好转变风格,调整任务,努力谋生。只是由当初的"与帝争神"一下子低调到食虾捉蟹,落差实在太大。

回到落头民、飞头獠子族群生活的具体位置,《新唐书·南蛮传》说:

> 南平獠,东距智州,南属渝州,西接南州,北涪州,户四千余。……有飞头獠者,头欲飞,周项有痕如缕,妻子共守之。及夜如病,头忽亡,比旦还。

飞头獠子既附于南平獠的后面介绍,足可证明这是一个与部族较大的南平獠混居或者邻处的小族群。虽然关于飞头獠的能耐和特性,正史《新唐书》的介绍不过是笔记《酉阳杂俎》的简写版,却把这个族群存在和活动的范围,权威地具体到今重庆一带。唐时南州属黔中道北境,即今綦江(重庆市南部一区),涪州即今天的涪陵,渝州直接就是重庆。

什么时候新编"重庆十八怪",别漏了飞头獠子这一怪。

结语:地火、天雷与宿墨

我给本章设定的任务有两项:

其一,开宗明义告诉读者诸君,在中国,人头曾经是国宝,而且国宝得很奇葩。像王莽的人头不仅历东汉、魏晋成为"三世老头",还"在烈火中永生";如智伯人头,至今弄不清是做了血敦、酒碗还是夜壶虎子,以至连太史公都被"大刺客蹲小厕"这样的怪事搞迷糊。

其二,试图通过对考古发现、神话传说和宗教巫术等材料的梳理讨论,初步勾勒中国从原始社会到商周时代"崇首观念"的缘起与辙迹,这是秦汉以后人头–首级在礼教文化和专制政治的建构中逐步固化为特殊介质–符号,并发展出成熟的"传首"体系的文化渊源与发轫之机。厘清这个背景和渊源,才能明了即将飞临的中国首级"代言人"枭鸟–鬼车的前世后身。

中国人喜欢用"天雷地火"来形容强烈、暴猛、巨大的力量或异乎寻常的震撼、冲击。在中国这样一个有着二千多年"传首"历史的古老帝国,"人头–首级"本应是沉重而精彩的热闹话题,但事实却是从古至今绝少有人于此钩沉抉隐,专事研究。为什么,且不管。只是既然如此,则无妨请天雷地火击醒沉寂,引来围观。有道是"青史数行名姓,北邙无数荒丘"。

为此,本章一开篇就借来洛阳地火、晋阳兵火,烧出王莽人头与智伯"饮器"。一个死者的人头,不论是成为跨朝国宝,还是牵涉一段历史谜案,在导弹航母时代的人们看来,都颇不可思议,冰山一角,或可耸观。

天雷嘛,也有。

段成式在《酉阳杂俎》中说自己曾亲见雷怪。有一次他在郊野碰上天地晦暝,大雨倾盆,只得避雨古屋,突然电光一闪,满屋皆亮,雪亮中滚出十几颗人头,形如栲栳。栲栳即旧时一种用柳条编成的容器,形状像斗,也叫笆斗。如段成式所言,雷神就是人头集束。下次听到惊雷,想想十几个人头拴在一起是什么模样就好了。同样的情景,也许屈原曾在楚国荒烟榛莽的南方水滨大雷雨中邂逅过,"雄虺九首,倏忽焉在?"

(《天问》)。倏忽，王逸注谓"电光也"，形容九首大蛇迅及电光[60]，若由老段作注，该是闪电中看见九头蛇。

天雷之外，还有"水雷"。

隋初有个勇士麦铁杖，水陆两栖，陆行一日五百里，水行更吓人。杨素平定江南时，多次派他泅渡扬子江到对岸侦察，有一次被抓，半夜"伺守者寐熟，窃其兵刃，尽杀守者走回，乃口衔二首级，携剑复浮渡大江"(《岭表录异》)。水雷无声，可难度不比天雷小。

段成式生于晚唐，是中国历史上继张华、郭璞之后又一个博物大家。他的两位老前辈，无一例外身首异处，不得其死。

张华在洛阳武库大火之后不几年，就死于赵王伦与孙秀之手，自己断头，满门灭族。

郭璞则悲摧出另一番绝命传奇。

王敦将起兵，郭璞筮之无成。王敦问，你卜我举事不克，年寿不永，那你能卜自己死期吗？郭璞回答："命尽今日日中。"王敦马上帮他实现预言，他被押到南冈双柏树下斩首；行刑刽子也早已前定，正是昔年郭璞邂逅之于行旅并赠以衣服的陌生人。

比起张华、郭璞，段成式真是福厚命好。他虽生近末世，所幸卒年距唐亡尚约半个世纪，命也还好，地方官当当，与李商隐、温庭筠等兄弟们诗和和，酒喝喝，晚年信佛读经，闲适自放，优游避祸，幸获善终，保全首领入于地下。然而老段人闲心累，晚唐社会"官乱人贫，盗贼并起，土崩之势，忧在旦夕"(刘蕡《对贤良方正直言极谏策》)的危局，自不免让像他这样熟读史书的大聪明人时有落头之忧。何以见得？天打个响

---

[60] 洪兴祖：《楚辞补注》，中华书局1983年版，第94页。

雷，他却无端看出人头一串。

索性把雷声弄大，再说此前此后数宗"雷事"。

唐元和年间，雷州半岛海康县干旱，官民日夜祈雨，老天就是不管不应。海康素称雷神故乡，雷乡出了一个不怕雷神的雷人陈鸾凤。陈鸾凤设法激怒雷神，使其现身，对其劈头大骂，并持刀砍断雷神左股，"雷坠地，状类熊、猪，毛角，肉翼青色，手执短柄刚石斧，流血注然，云雨尽灭"。若不是乡亲们害怕上天报复死死把陈鸾凤抱住，他还想把雷神脑袋砍下来（《裴铏传奇·陈鸾凤》）。元和（806—820）是唐宪宗李纯的年号，其间李愬讨平淮西吴元济，成德、淄青、卢龙几个藩镇也重新归服中央政府，唐朝出现自藩镇割据局面形成以来第一次短暂统一，号称中兴。那时一介海隅草民胆子都大到要斩雷公，要是皇帝还管不住藩镇，真没法交代。

另一种异样雷声，从五代传来。

段成式死后不久，唐亡，五代继起，开始长达半个多世纪的大分裂。陶穀历仕五代、北宋，他在笔记《清异录》中记述了一种特殊的雷声：肉雷。

原来当时有个叫来绍的，是唐朝武则天时期有名的酷吏来俊臣后裔。这位来大人直接继承祖宗鸷忍喜杀的恶禀，以决罚施刑为乐。他当郜阳宰时，"创造铁绳千条，或有令不承，则急缚之，仍以其半槌手，往往委顿。每肆枯木之威，则百囚俱断，轰响震动一邑，时呼肉雷"。捆人的绳子是铁做的，一次拷掠行刑动辄上百囚犯，估计上天也没有哪位雷神能砸出让人如此魂悸胆裂的响声。

当然，来子来孙的艺术素养还是差了些，碰上有音乐细胞的屠夫忍人，完全可以从肉雷中听出吹拉弹唱来，五代后蜀酷吏李匡达便有此能，冯梦龙《古今谭概·鸷忍部》说：

李匡达性忍，一日不断刑，则惨然不乐。尝闻捶楚之声，曰："此一部肉鼓吹也！"

我们且借洛阳地火、老段的栲栳、大麦的坚牙、小来的肉雷和老李的鼓吹，做中国传首史破题落纸的一笔极浓宿墨，让镜头随着笔毫漫洇开来，在烟雨氤氲中，鬼车飞来，首级图卷慢慢展开。

第二章　很响的酒瓮：符号、隐喻、生命观与身体权

一　鬼车漂流记

雍州枭祸

堪称中国古代传说异闻大全的《太平广记》，收录了一则发生在初唐的诡异故事《雍州人》：

> 贞观初年，雍州有人赶夜路，突听空中传来凄厉哭声一样急促地唤叫，一点枭影由远而近直飞过来，飞到他头顶，竟盘旋不去，翅膀差点拂着发髻。这人又害怕又讨厌，趁枭不防，扬起一鞭，打个正着，枭死于地。
> 夜行客将死枭埋到路边，继续赶路。走着走着，一团火把迎面而来，原来是一群捕盗的衙役。衙役围上来，火光一照，发现他衣袖上有血迹，盘问原因，他如实说了。可衙役不相信，押着他回到埋枭之地查验，不料拨开泥土，却现出一个人头。原来这之前恰好有盗贼杀人，并把头埋了，正找不到下落，大家因此认定这位夜行客就是杀人的盗贼，把他抓起来大加拷讯，让他吃够了苦头。

前脚埋下死枭，后脚挖出人头，估计这位杀枭的夜行客自己也要被活活吓傻。更具反讽意味的是当日雍州乃唐都长安所在地，贞观之治又号称中国古代治世之最，史称贞观三年全国处决死囚不足三十人，冷不丁横插一个凶杀与头变的血色暮夜，多少叫长安城中圣明天子李世民难堪。

其实，这都是枭鸟惹的祸，人头，早在千把年前就埋下了。

中国首级史上"黑一号"、首级代言人——老枭，"枭首"的枭，惊悚登场！

神鸟·名炙·鬼车：冰火枭事

枭为何鸟？关头甚事？

枭，即鸱鸮，猫头鹰的一种，俗谓夜猫子，是一种近世界性分布的留鸟、攫禽，白日眯眼瞎，夜间千里眼，乃蛇鼠天敌。

枭的另一特点，是叫声似笑非笑，似哭非哭，惊悚瘆人。

枭鸟到处有，际遇颇不同。在一些国家、地区或文化中，枭被人们当作医生，供为福星，甚至成为图腾或雅典娜的化身（图40），命蹇的则被当成厄鸟灾星。

在中国，枭的遭际可谓冰火两重天，从灵异威武向凶禽恶鸟大逆转。上古时期，枭鸟因为其脸似人，又威猛善攫杀，曾成为神异之源，被当作神灵勇武的代表，黄帝的"空军"，青铜器上的吉祥物。但夜飞唳叫的怪异习性也实在招嫌惹厌，各种恐怖

图40 这是一只5世纪的茶杯，上面画的是戴着羽毛的雅典娜化身——一只小枭

图41 六博图，邮资明信片，1998年徐州邮政局发行

西汉以前的博法为大博，以六根箸当色子，以多吃博筹为胜。对博双方各在棋盘自己一方的曲道上排好六枚棋子，先轮流投掷博箸，然后根据掷得的箸的正反数量行棋，数越大，行棋步数越多。棋子进到规定的位置即可竖起，改称为"枭"或"骁"，骁在汉代为枭的借用字。《楚辞·招魂》"成枭而牟，呼五白些"，就是指棋子竖起成为枭。这枚枭棋可进入"水"中，吃掉对方的"鱼"，名为"牵鱼"。每牵鱼一次，获得博筹二根，连牵两次鱼，获得博筹三根，谁先获得六根博筹，就算获胜。玩家需尽快将自己的散棋升级成枭，或杀掉对手的枭，方能多得博筹获胜，故《韩非子》谓"博者贵枭，胜者必杀枭"。又《战国策·魏策》："夫枭之所能为者，以散棋佐之，夫一枭不敌五散也明矣！"

阴晦的传说渐次缠身，终于变异成九首十八翅的鬼车，并被一个虚构的政治寓言插上"食母恶鸟"的亡命标签，打落十八层地狱，醢羹标首，顶"悬"替磔，入刑上岗，成为斩首示众专用语。

先说枭鸟风光时。

因为勇猛善攫，鸮形器常见于西周早期青铜礼器，被用来代表胜利者，而同时引申出勇猛、孔武、吉祥之意，殷墟妇好墓就出土了一件非常漂亮的鸮尊（图42）。青铜器上饕餮纹大多环眼圆睁，饕餮与鸱鸮在神话谱系中又可能存在直接关系，故我以为不排除当初饕餮纹取象于鸮的可能。汉代官名有"枭

图42 妇好青铜鸮尊，商代晚期 殷墟妇好墓出土

骑都尉"，"枭勇""枭骑""枭将"等词，至今仍是汉语中活跃的褒义词。《后汉书·张衡传》："咸以得人为枭，失士为尤。"就是以枭指喻德才兼备的人。六博之戏中，枭甚至直接代表胜利："得枭者胜！"（《晋书·张重华传》）

枭鸟罕见地长出一张非常恍惚的人面，甚至兼有惊乍、傻憨、凶狡、刚猛等诸般类人的表情，千禽百兽（灵长类外）均无其匹。先民显然早就注意到这个特点，因此把枭挑选出来，强化、突出其"人面"特征，频频充当神异角色。《山海经》中，枭、鸱、鸮反复出现，不少有神性的怪鸟或人鸟组合，都形状"如枭"，或长着"枭面""人面"，如：

> 有鸟焉，其状如枭，人面而一足。(《西山经·次榆山》)
> 有鸟焉，其状如鸱而人手。（《南山经·柜山》）
> 有鸟焉，其状如鸮而人面。（《西山经·崦嵫山》）

甚至一些向属百鸟之王凤凰特有的灵异本领，枭也能分上一杯羹。

《岭表录异》：枭"可以聚诸鸟"。

《酉阳杂俎》："世俗相传，鸱不饮泉及井水，唯遇雨濡翮，方得水饮。"

图43（1—2） 鸮形足铜烤炉及局部 西汉南越王墓出土

《山海经》中"九首人面鸟身"的九凤，就因长着九张人面，成为"候补凤凰"、南方神鸟，再衍变为楚人的图腾九头鸟。到后来，九头鸟在被污名化的路上与枭相遇，"合体"变异为滴血鬼车。或者说，九头鸟以鬼车的造型，划到枭名下。

再者，枭肉味美，很早就成为野人饕客石烹[1]台烧烤架上的名炙，王公贵族宴席上的美羹。

以鸟为炙作羹，大概是古人很有心得的一种美食。说起来，上古之时、三代之世还真是个吃货通行的时代，最牛的美食当

---

[1] 原始人熟食之始，或烧石以熟食物，即所谓"石烹"。

推鸟炙禽羹。屈原《天问》发问:"彭铿斟雉,帝何飨?受寿永多,夫何久长?"王逸作注:"(彭祖)好和滋味,善斟雉羹,能事尧帝……进雉羹于尧,尧飨食之以寿考。"洪兴祖《楚辞补注》引《神仙传》故事,说彭祖原来姓篯名铿,就凭一碗不仅美味而且能让人吃了强身长寿的雉鸟之羹,被尧封于彭城。无独有偶,传说伊尹也是凭着一鼎鹄鸟之羹,受知于商汤,当上宰相:"言伊尹始仕,因缘烹鹄鸟之羹,脩玉鼎,以事于汤。汤贤之,遂以为相也。"[2]东汉杨孚《异物志》介绍鸟类,没忘推荐多种肉美堪炙的野鸟,如鹧鸪"其肉肥美,宜炙,可以饮酒为诸膳也",鹨鸟则"弹射取之,其肉香美,中作炙"。枭鸟无疑是鸟中之尤为美味滋补者,刘恂《岭表录异》介绍枭鸟:"其肉美,堪为炙,故《庄子》云:'见弹思鸮炙。'又云:'古人重鸮炙。'尚肥美也。"西汉越王墓出土三件铜烤炉,其中一件的烤炉盘就由四个鸮形足支撑(图43)。想想看,那时地上林大,天上鸟密,得空抄把弹弓入林射鸟,拎回来支柴烧石烤了下酒,这可是连庄子那一辈高人都流口水的美味。《周礼·夏官》设有"射鸟氏,掌射鸟",郑玄注云:"鸟谓中膳羞者,凫、雁、鸨、鸮之属。"在这份周人的天上美食名单中,鸮即枭鸟赫然在列。即使在枭鸟饱受厌恶、背负恶名的后世,人们照常喜欢食枭。《新元史》卷一百二十六《察罕传》记录了一件有趣的枭事:"察罕尝脱批藉草而寝。鸮鸣其旁,心恶之,挞以靴,有蛇自靴中坠出。归,以其事闻太祖。太祖曰:'鸮人所恶者,在尔则为喜神,宜戒子孙勿食鸮。'"察罕是成吉思汗养子,自己生了十个儿子,长子木华黎后来成为元太祖成吉思汗手下骁将,开国功臣。这十个儿子及一大批孙儿肯定要戒口,见弹不

---

〔2〕 洪兴祖:《楚辞补注》,中华书局1983年版,第117、105页。

敢思鸮炙。

虽说枭有这么多优势和特色垫底,但夜飞唳叫等神秘恐怖的怪习,终究不免让人害怕,惹人讨厌。再者,其面如人,成神固易,覆手亦妖。诸般纠结中,天上的丧星、鬼母与地上枭羊、饕餮等食人怪物,遂一路与枭鸟攀亲结对。

由是,不知何年何月起,青铜鸮形器上威武的人面神鸟,开始被频频当作不祥凶禽,并滚雪球一样摊上诸多奇怪而难听的绰号,如逐魂鸟、报丧鸟、俷鹠、怪鸱、鵩鸟、姑获、流离、魑魂、鬼鸟、鬼车……浑名之多,足以开店。[3]

糟糕的情形仍在继续。

后世人们普遍相信,看见枭飞,听到枭叫,都非常不吉利,弄不好要死人。

战国名士鲁仲连曾面折有名的辩士田巴:"你的话好像枭鸣,一出城就会遭人嫌恶。"田巴从此封舌。

《异苑》说,有一个姓刘的人,谁和他讲过话,必定遭殃遇祸,屡试屡验,此人因此获称"刘俷鹠"。

西梁皇帝萧察死前一年,有人听到枭鸟在皇宫寝殿上鸣叫(《北史·僭伪附庸列传》)。

把人叫死是报丧。人出生时这货来凑热闹,同样大凶。南朝宋文帝之子刘浚"将产之夕,有鵩鸣于屋上,闻者莫不恶之"(《南史·宋宗室及诸王传》),后来这厮果然弑父亡身。

---

[3] 猫头鹰即枭鸟,自古常见,这在第一部汉语辞典《尔雅》有直接反映。《尔雅》第十七章《释鸟》共七十九条,其中涉及枭鸟的不同品种、类型、异名和习性的有八条,一些名称已经很不好听,如该章第三十五条:"狂,茅鸱,怪鸱,枭鸱。"直称枭为狂鸟。最有意思的是第七十六条:"鸟少美长丑为鹠鹠。"这里头不单是个观感或者单纯的美感问题,也许折射了枭鸟从初始的神而美沦落为恶且丑的污名化个体社会史。与此相应,在明人所编《三才图会》中,枭鸟的异形、异名也最多。

唐朝贞观初年那个夜行雍州人，也正是因为受不了枭鸣，才扬鞭把它打下，而报应来不旋踵！

因为深信枭鸟凶晦，各地风俗保留了不少奇怪的禳除办法。

宗懔《荆楚岁时记》说，荆楚之地"正月夜多鬼鸟度，家家槌床打户，捩狗耳，灭灯烛以禳之"。鬼鸟就是枭鸟。

《夷坚志》有一则《夜见光景》的故事，写鬼车出没的情景，如拍魔幻电影："江西俗相传，夜间有光景烨烨发见者，亦谓之鬼车。人偶闻之，须急以秽物蒙眼，近注视之，则见其或丈夫或妇人形，而非淮浙所谓九头鸟者。"

陶榖《清异录》介绍一种更奇葩的禳枭大法，叫"唾十三"：

> 枭乃天毒所生，见闻者必罹殃祸。急向枭连唾十三口，然后静坐，存北斗，一时许可禳。

办法虽粗鄙离奇，比起《周礼》，还算简单好懂。《周礼》的职官系统中有硩蔟氏，专职"覆夭鸟之巢"。郑玄注："夭鸟，恶鸣之鸟，若鸮鵩。"鸮、鵩都是枭鸟的别称。覆巢的办法，既非汤沃、火烧、棍捣，亦不槌床吐痰，而是画符送文件，非常"文明"："以方书十日之号，十有二辰之号，十有二月之号，十有二岁之号，二十有八星之号，县（悬）其巢上，则去之。"据《太平广记》所引《感应经》的说法，这办法居然有效："常骞为齐景公以周礼之法禳枭，枭乃布翼伏于地死。"另有庭氏一官，专"掌射国中之夭鸟，同时负责射击一切发出怪响的妖物。如果夜间有怪鸟唳叫，只闻其声不见其形，就用'救日之弓与救月之矢'搭配起来射击夜空"[4]。历史上不乏把射枭作为大事件的案例,如元末大都将陷前,"有一饿鸱鸣于端明殿,作灭胡之声,帝命善射者射之,终莫能中"(叶子奇《草木子》),说明这一观念和相应的操作系统历久绵延。

滴血双引擎

不过,若推"射枭圣手",第一名肯定是周公。

"周公居东周,恶闻此鸟,命庭氏射之。"[5]史称周公还政成王之初,人家对他有误会,处境微妙,一度避居东周,这时夜听枭鸣,难免上火。不过庭氏出马,说明周公还算是在"依法行政,依礼除妖"。或说庭氏射断了怪鸟一个头,或说连射三发不中,周公还有后招,放出天狗,咬断怪鸟一首,原来那怪竟有十首,这一咬咬出一款新型"飞行器":九头"血滴子"。周密《齐东野语》专道此事:"鬼车,俗称九头鸟……世传此鸟昔有十首,为犬噬其一,至今血滴人家为灾咎。……身圆如箕,十胫环簇,其九有头,其一独无而鲜血点滴,如世所传。""鬼车"何鸟?原与老枭一家人!《岭表录异》说得明白:"鸺鹠乃鬼车之属也,皆夜飞昼藏。……(鸺鹠)又名鬼车,春夏之间,稍遇阴晦,则飞鸣而过,岭外尤多,爱入人家,烁人魂气。或云,九首,曾为犬啮其一,常滴血,血滴之家,则有凶咎。"鸺鹠者,枭鸟也。经过一路"杂交",变形,发展,枭的反派形象,被定格为九头滴血的"鬼车",上天还给它指派一个凶神主管:"鬼车九首,妖怪之魁……其掌之者曰天血使者。"(陶毂《清异录》)具备"能收人魂"(谢肇淛《五杂俎》)的魔力,邪恶满满,整装待发。

---

[4] 胡新生:《中国古代巫术》,人民出版社2010年版,第376页。
[5] 杨慎:《杨升庵全集》卷八一《鬼车》条。

 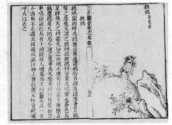 

图44（1—6）　枭鸟及其异形，取自《三才图会》
在《三才图会》中，枭有不少别称，且变异出新的品种，图片中所配说明文字，显示出它们之间明明暗暗的纠缠和关联。

"鬼车"滴血，还有另一个版本，或者说第二"引擎"。

枭的诨名虽大都比较难听，不过人家毕竟出身高贵，当初在《山海经》的黄金时代中，枭（鸮）神性十足，还与九凤攀亲，后来即便沦落成"鬼车"，偶尔也还漂亮灵异地回光返照一把。五代马缟所撰笔记《中华古今注》云："蛱蝶……其有大如蝙蝠者，或青斑，名曰'凤车，一名'鬼车'，生江南甘橘园中。"在这条颇为认真的"名物记"中，"鬼车"又与凤聚首，并破例可爱成完全不带煞气凶相的柑橘园中的超级蝶。另有那么几个外号，一听就大有来头，而且富含荷尔蒙，如"天帝少女""夜行游女"，只是这些性感好名背后的故事，照样灵异得一派鬼气,十足惊悚天下。《玄中记》云：

> 姑获鸟夜飞昼藏,盖鬼神类。衣毛为飞鸟,脱毛为女人。一名天帝少女,一名夜行游女。……一名隐飞。鸟无子,喜取人子养之,以为子。今时小儿之衣不欲夜露者,为此物爱以血点其衣为志,即取小儿也。故世人名为鬼鸟,荆州为多。

据此,则滴血者为"天帝少女",一个想要孩子想痴了的女子。想来"天帝少女"与"天血使者"是天生一对爱侣,理该一道驾驶滴血鬼车才对。

"枭字帮"食人记

一路整合、升级成鬼车的老枭,又是在哪道坎"犯下"食母大罪呢？

先简单梳理中国神话传说中"枭字帮"的食人桥段。

《史记》中的《司马相如列传》与《汉书》之《司马相如传》,均引述马司相如名篇《子虚赋》原文,中有"射游枭,栎蜚虡"一句,张守节《史记正义》援引郭璞注释,谓游枭为枭羊:"枭,枭羊也。似人,长唇,反踵,被发,食人。"颜师古注《汉书》,也对郭璞意见表示支持:"枭,郭说近是矣,非谓恶鸟之枭也。"这就引出一个食人的新物种：枭羊。

枭羊,《山海经》作"枭阳":"其为人面长唇,黑身有毛,反踵,见人则笑,亦笑；左手操管。"刘逵注《吴都赋》引《异物志》谓"枭羊,善于食人"。原来枭阳抓到人,未吃之前必定大喜而笑,一笑嘴唇上卷,盖住自己眼睛,人趁机抽出手来,"凿其唇于额而得擒之"。这家伙食人不成反被捉,乐极生悲,所以"获人则笑,终亦号咷"。而这不祥的号咷之声,就与枭鸣直接联结起来了。丁山先生《中国古代宗教与神话考》有专节论证枭羊、饕餮神格，并及鸱鸮三者的关系，他总结说：

> 总而言之，饕餮、鸱鸮、玄枵、枭阳，都自（枭鸟）嗥嗥的号咷之声孳乳而来。在天为主丧哭的玄枵之神，在地为食人的山精枭阳，这就是饕餮的最初神格吧！[6]

原来在中国上古神话体系中，夜飞的鸱鸮，已与地上食人的枭羊（原型一说为狒狒）、饕餮，天上主哭丧的虚、宿二星——号枵之神纠缠在一起，难分难解。也就是说，枭鸟早已因为这种纠结（这个纠结，亦在无意中指示鸮形器与饕餮纹之间可能存在重要关联，即饕餮纹的主要类型可能为鸮形纹或其变体），染上说不清楚的"食人"嫌疑，被模模糊糊归入食人怪物一族，难怪"天帝少女"要滴血取小儿，"鬼鸟""鬼车"能摄魂收魄。但另一方面，这种模糊的纠结，也正好说明当初枭鸟泰半是因为难听的叫声，被枭羊、饕餮之类拖带入帮，在"枭字帮"中，它本非食人主将。再说了，食人与"食母"完全两码事，何况对枭鸟来说，人乃异类！

柏常骞禳枭的故事，也帮我们还原这种情形。春秋时，齐景公建路寝之台，巴不得建得高，建好了又嫌台阶太多爬着累，借口那儿夜里常听到枭鸣，不吉利，拒登台。巫师柏常骞于是请缨作法，大弄一夜，第二天果然有死枭躺在路寝之台门口的地上。此事载于《晏子春秋》[7]，比周公射枭更可信，也可说明直至春秋战国时期，人们讨厌枭鸟，主要原因是唳叫夜飞，未

---

[6] 丁山：《中国古代宗教与神话考》，上海书店出版社2011年版，第306页。
[7] 事见《晏子春秋·内篇杂下》，骈宇骞：《（银雀山汉墓竹简）晏子春秋校释》，书目文献出版社1988年版，第68—77页。

与道德的善恶发生直接关系。九头"鬼车"鲜血滴沥的,还只是自家那断了的第十根脖子,或者"天帝少女"为偷取人家小儿而点衣的血滴,与食母、首级等八竿子打不着。

那么,这"枭字帮"中的小兄弟,后来为何基因突变,独食其母而大恶不孝起来呢?

恶鸟判

枭为恶鸟的正式判决,首见于东汉经学家、文字学家许慎《说文解字》。在今本《说文解字》木部"枭"条中,我们读到如下判词:

> 枭,不孝鸟也。日至捕枭磔之,从鸟,头在木上。

日至,按丁孚《汉仪》的说法,是夏至日:"夏至赐百官枭羹。"赐羹食枭与鸟之不孝又有什么关系?《史记·孝武本纪》谓当时有人上书言"古者天子常以春秋解祠,祠黄帝用一枭破镜"。"一枭破镜"是什么东西?所据何典?怎么操作?《史记集解》云:

> 孟康曰:"枭,鸟名,食母。破镜,兽名,食父。黄帝欲绝其类,使百物祠皆用之。破镜如貙而虎眼。或云直用破镜。"如淳曰:"汉使东郡送枭,五月五日为枭羹以赐百官。以恶鸟,故食之。"[8]

按孟康的注解,枭为鸟,破镜为兽,前者食母,后者食父,是

---

[8] 司马迁:《史记》,上海古籍出版社 2011 年版,第 316 页。

鸟兽中的恶逆之辈。以枭、破镜作为牺牲供祭，是由黄帝倡议并开始的，目的是要借祭除恶，以绝其类。潜台词是枭鸟食母的恶行，早就被发现，并由五帝之首的黄帝亲自制定"杀祭吃绝"方案，把用枭为祭与食枭除恶的创始权归到黄帝名下，并给定其纯粹道德的原因和目的。如淳的介绍，除了说明枭羹节始自汉朝，"以恶鸟，故食之"，直接使枭羹节成为汉王朝落实黄帝要求的官方行为。"恶"之一字，乃是用道德标准评价动物，无形中已视枭如人，以人代枭。循此，把枭鸟身上的肉一刀一刀"脍"下来做醢，赐给百官吃，就是纯粹的食恶除逆行为。这碗枭羹，是由皇帝直接派发的药膳，属于政治任务，无关美食。

至于枭那颗恍兮惚兮的鸟头人面，则是最要紧的药引，判决书写得明白，必须特地砍下来标到木上竿头，悬首示众。

现在我们知道，枭鸟食母，纯属臆想捏造，而破镜兽根本就是幻想出来的，更别说它可能在真实的动物世界中与枭鸟分工包吃父母。再者，枭这个恶行，好像是到汉代才被突然"发现"。说突然，其实早有模糊不清的"枭字帮"食人背景垫底。谁发现的？现在一般认为是汉儒，不过儒生似乎还没这么大的力量伪造偌大罪案，将枭鸟涂得墨黑，打入死牢。

《汉书·郊祀志》亦载录黄帝解祠祭用枭镜之事，张晏注："黄帝，五帝之首也，岁之始也。枭，恶逆之鸟。方士虚诞，云以岁始被除凶灾，令神仙之帝食恶逆之物，使天下为逆者破灭讫竟，无有遗育也。"道教奉黄帝为始祖，中国神话传说本来就与原始巫术关系密切，其传播、改造的过程，也是儒生与术士各取所需、密切互动的过程。张晏此注，让我们在"枭鸟恶逆说"的形成与传播过程中，清晰看到了道家与方术的身影。再说，当日汉武帝正痴迷神仙不老之术，宠信李少君等方士，上书言说此事之人，八成也是这类人。

在东方朔《神异经》中，我们更看到一只全身写满"犯由

牌"的人形"不孝鸟":

> 不孝鸟,状如人身,犬毛有齿,猪牙,额上有文,曰不孝;口下有文,曰不慈;背上有文,曰不道;左胁有文,曰爱夫;右胁有文,曰怜妇。故天地立此,以显忠孝也。

此物让人联想起《周礼》中硩蔟氏画符悬书于夭鸟之巢,大约也算一件混杂了儒道观念的方术装置。敦煌变文《舜子至孝变文》说,舜之父瞽叟因听信后妻谗言毒打舜,这时百鸟突然齐鸣,其中有只"慈鸟"口中出血,原来这鸟是神仙所化,特来保护孝子。[9]"不孝鸟"若不巧撞上"慈鸟",想必要被啄个翅折颈断。

撇开张晏所言方术之士的谵妄杜撰,古天子祠黄帝,为何要用枭鸟和破镜兽?研究得出的结论是"祭用枭镜(獍)是为了绝灭这些恶鸟、恶兽之说是不可信的……枭镜不是恶鸟恶兽,而是属于承载了先民所崇尚的勇武的精神和强劲的活力的禽兽,这应该就是值得珍视的黄帝时代的精神"[10]。这个说法与"妇好"鸮尊所传达的信息一致。

食枭羹之俗,同样由来已久。

如前所述,以鸟为炙,早就成为原始人主要的石烹美食,枭炙肯定是其中味道尤美者,所以总有人念叨,庄子所谓"见弹而求鸮炙"(《庄子·齐物》)。每年初春或夏至、五月五日、七月七日食枭,原是先秦早已存在的民间风俗,原因很明了:

---

[9] 高国藩:《敦煌民间文学》,台湾联经出版事业公司1994年版,第24—25页。

[10] 罗琨:《"用枭镜以祠黄帝"的可信性考察》,《黄帝与中华文化——研讨会论文选登(下)》,《陕西日报》2007年4月3日;也见杨宗红《说"用枭祠黄帝"》,http://www.doc88.com/p—402540257428.html。

枭肉美，又是猛禽，食之可摄精气，强胆力。连雉鸟之羹都可以让尧长寿，上了青铜礼器的枭鸟就更不用说了，若追寻其更古老的渊源，多少有"交感巫术"的因素。汉代去古未远，儒生术士们对黄帝祭枭的真正原因与民间食枭的习俗缘起，应该还比较清楚。然而老枭却从夭鸟进一步被定性为"食母恶鸟"，炙枭作羹的古老民俗、食俗被硬生生改造成皇帝带领百官食鸟除恶的枭羹节，枭从美食沦落为药膳，这说明"枭鸟食母"政治寓言的形成和定型，有着特殊的时代背景和内在需求。

秦帝国很短命，不过打了个轮廓，中国真正稳定的大一统集权帝国是从汉朝开始的。承接并发扬商周以来思想文化和政治传统，并根据专制集权的需要系统制礼作乐、全面规范思想行为的任务，主要落在汉儒身上。他们需要杜撰相应的政治寓

图45 《赐枭羹》，《端阳故事册》之一（清）徐扬 绘

言、改造、编造一个个故事,包括各种说法乃至不经验证的谎言鬼话以为配套和辅助,这是汉武帝以后"天人感应"和谶纬神学大行其道的深刻背景。"枭为恶鸟"可谓其中一个代表性的成功文案,而枭羹节则是一项与此文本相配套的成功的政治设计。其实,历代不乏求实较真之人对"枭鸟食母"表示怀疑,曹植就写过《恶鸟论》,否定这个说法,可对不起,大家集体盲听。大约自西汉中期直到明朝,皇帝还在带领百官定期食枭。

原枭:段玉裁之问

读罢许慎"恶鸟判",听过孟康食枭说,我们大致明白枭鸟食母这个"动物谎言"是怎么转换成道德铁案的。但问题还没解决,枭鸟再不孝也还是鸟,首级则特指人头,枭首:枭与首——鸟与人头怎么就绑在一块儿啦?"枭首"一词,是什么时候出现、定型并大行其道的呢?

解答这个问题,要先请训诂大师经学家们帮忙,一起到古汉语字词的造成、衍变与历代刑律发展中溯源探底。

清代训诂大师段玉裁在《说文注》中梳理、讨论"县"的由来和含义,并拎出一宗顶包案。

《说文解字》:"県,到首也……此断䓗到縣県字。"段玉裁训"到"为"倒","断䓗到縣",就是断首倒悬。"䓗"(首)被倒悬起来,头发向下披散,遂造成新字県,这正是汉字"以形为义之例",県首本字如是。接着,段氏根据宋人陈彭年《广韵》所引《汉书》三族令的原文,进一步提出県被枭顶包的问题:"《广韵》引《汉书》曰:三族令先黥劓,斩左右趾,県首,菹其骨。按今《汉书·刑法志》作枭,盖非孙愐所见之旧矣。県首字当用此,用枭于义无当。"孙愐是唐代音韵学家,修订《切韵》而成《唐韵》。《广韵》即承其体例。段玉裁认为陈彭年《广韵》引文当本于《唐韵》,故推测唐人孙愐所见《汉书》

旧本中，県首之県尚未被枭（梟）首之枭掉包。

段氏的辨疑尚不止于此，在《说文注》的另一个地方，他根据唐人张参所撰《五经文字》的说法，认定今本许慎"恶鸟判"中"从鸟，头在木上"的释文，乃"从鸟在木上"之误，"头"是后来夹进去的衍文，因而《说文》中"枭"的原字应该是枭，即木上面是一个完整的鸟字。既然如此，《说文》为何不将此字归入"鸟部"而放到"木部"？对这个明显的矛盾，段氏的解释仍囿于"恶鸟说"："重磔之于木上也。"他甚至发古之幽思，想象"仓颉在黄帝时，见黄帝磔此鸟，故制字如此"。

段玉裁的辩难质疑集中在两点，一是"枭"的小篆原字是否为枭，这关联到《说文解字》原来的释文应是"从鸟在木上"还是"从鸟，头在木上"，背后指涉的是枭的造字取象和初始意义。二是明确指出在《汉书》原始版本关于三族令表述中的"県"首之"県"，后来被"于义无当"的枭字取代并相沿成习。对于后者，段氏没说原因，或者他琢磨未透。

我们之前已根据相关史料做出一个基本判断：黄帝食枭羹，黄帝祭枭，其实与尧嗜雉、汤喜鹄是一回事，非因"枭为恶鸟"；枭鸟食母的"动物寓言"，迟至汉代才造成并定型。而"首在木上"的县（悬），古文写如 枭、枭 等，首自系木，不干鸟事。南朝文字学家顾野王已在《玉篇》中明确指出"県"这种"悬首于木上竿头，以肆大罪"的刑罚是"秦刑"。可以取信的先秦典籍，从诸子到史志，未发现"枭首"连用，或者"枭"为"杀头悬示"即与"県"同义而可互代的用例。段玉裁想象的"仓颉在黄帝时，见黄帝磔此鸟，故制字如此"的情景，实在无从发生。[11]

明白枭字之造成早于"恶鸟说"的出现，再来考证"枭"造字得音的缘起、演变及枭与"鼎"的关系，我们才能有新的发现。

东家借米，西家换盐：枭字简史

就造字缘起与字形演变考证，我们有理由推测："枭"与"集"原本是同一个字。而枭的发音则借之于"鼎"，为"鼎"的音转。

"枭"，小篆为 ▨，从现有考古发掘所见古文字资料看，此字秦以前无考，应较晚出。但即使是秦篆，也早于汉以后才可能出现并定型的"枭食母为不孝恶鸟"之说。▨ 之字形，明显是一鸟（上部的鸟字是完整的）蹲树，即《五经文字》所谓"鸟在木上"，不应是鸟头标木悬竿。

若以"从鸟在木上"取象造字，两个更古老的字便进入我们视野：集和雧。

"集""雧"两字均非常古老，殷商铭文即已出现。集，殷商作父癸卣作 ▨，西周毛公鼎作 ▨，春秋战国《三体石经》中为 ▨。雧，殷商小母集乙觯作 ▨，《睡虎地秦简》作 ▨。以集而言，西周毛公鼎的 ▨ 与小篆的 ▨，简直可以视为同一个字，即秦以前集、枭两字在构成元素与结构上，可谓如出一辙。那

---

[11] 先秦无枭首，即枭鸟与首级未产生直接关系，典型的例子，是周武王攻破朝歌，对自焚而死的纣王及其两个宠姬补行斩首悬旗仪式，整套操作，已基本符合后世所谓枭悬（斩首悬示）规制，但因其时"枭"与"首"——鸟和人头还八竿子打不着，所以《逸周书》专记此事的《克殷解》《世俘解》二篇，均未出现"枭"字。《尸子》《墨子》提及此事，同样未用"枭"。若此事真如清末律学大师沈家本所疑，为"战国策士造设之言"，则更可说明直至战国时期，枭与首级仍无关联。

么，有没有可能集与枭原是同一个字呢？

其次，按汉字六书的分类，鸟名基本上是形声字，即以"鸟"或"隹"为义旁，再加上一个声旁，如雉、鸠、鸿等。猫头鹰的其他古名如鸱鸮、鸲、鸮䳢、鸋、鵋、老鵵（均见《尔雅》）也遵循左形右声的原则，而枭却"一意孤行"，纯以象形、会意造字。[12]这种明显的例外，如果不是另有特殊来源，如我们所推测的原字为集，就是因为枭（猫头鹰）与众不同的特殊习性。大凡形体稍大的鸟，白天视觉非常敏锐，稍有动静早已高飞，唯枭专擅夜视，白日则睁眼瞎，只能蹲树上发呆，《庄子·秋水》："鸱鸺夜撮蚤，察豪末，昼出瞋目而不见丘山。"因此，"鸟在木上"这个特点，在猫头鹰身上显得特别突出。若如此，最清楚仓颉造字的灵感是如何被激发出来的是庄子。

上述推测，不管哪种合乎真相，枭字之造，都应是取象于"鸟在木上"、鸟踞于树，与"磔而县之""悬首于木"原无关涉。

枭字以会意、象形法造成，也派生出新问题：本字既无声旁，它的发音从何获得和确定？

传统的说法，谓枭的发音来自枭鸟瘆人的叫声，即《山海经》提到奇禽怪兽名称时经常强调的"其名自鸣"。我则从枭与"県"的纠缠中发现另一种更实在的可能：枭的发音，同样借之于"県"，为"県"的音转。

段氏之问提出后，稍晚几位有影响的清代说文学者如钮树玉、王筠都注意到并做出回应。王筠明确指出"県"与枭为转借："借用枭字者，枭当磔。《广雅》曰：'県，磔也'，故借之。"钮树玉则直接以"県"释枭："磔而县之于木也，因即谓

---

[12] 本节古文字资料采自徐无闻主编：《甲金篆隶大字典》，四川辞书出版社2008年版，第622、623、387、243页。

之为枭者，凡磔而县之，皆像此枭也。"[13] 我认为，枭的发音，同样可能从"悬"而得，为"悬"的音转。盖因县（悬）、枭的古音很近，在《广韵》中，两者同属平水韵，前者为下平一先，后者属下平二萧。再联系可能迟至唐代孙愐所见《汉书·刑法志》旧本述三族刑时，枭首仍写作悬首（同样的情况完全可能发生在成书更早的《史记》，即《史记》中凡有枭首之处，原本也应写为悬首），可以推测悬、枭的互换乃至顶包，是一个渐成的过程，其最终完成当在隋唐之际，而《切韵》《唐韵》也正好编定于此阶段。

综上，可以为"原枭之旅"做一小结。

如上所述，"枭鸟食母"说的形成，以及先民在夏至日（或端午）食枭以强身健体的活动被改造成食恶除逆的枭羹节，其背景都是汉代以后与专制集权国家意识形态建设相配套的制礼作乐、规范思想的内在需求。统治阶级既在枭羹节上模仿"以肆大罪"的悬刑，对食母恶鸟"磔而县之于木"，为更好发挥隐喻象征功能，势须寻找或新造一与之相应的视觉符号或曰介质，也许便因此产生一个在字形上转借于"集"，发音通假于"悬"的新字：枭。如果说枭的原字的确是鵻，那么，木上之鸟从完整到残缺，与枭的发音也许原本为集而转从悬，及《说文》的释文从《五经文字》的"从鸟在木上"到"从鸟，头在木上"的讹变，其实是缓慢而基本同步发生的。在礼教文化与集权专制接榫处，需要一味药引，一个介质，来建立一套贯通两者的隐喻体系和象征符号。多方面因素共同作用，水到渠成，"人头－枭首"方案中选胜出！

如是说，调皮的历史假手可怜的雍州夜行人，早已将答案

---

[13] 转引自沈家本：《历代刑法考》，商务印书馆2011年版，第107—108页。

埋在地下,"拨土取枭,遂得人头"的天方夜谭,发生于"枭为恶鸟"的道德寓言—政治设计完成之后近千年,简直是专为中国首级史准备的绝妙文本和实物例证,它无意中与完成于西汉的"恶鸟说"构成完美映射与明确回应。

那么,"枭"这味特殊"药引",又是如何在中国传统文化框架下发挥其特殊的象征与暗喻功能,将人头–首级"引渡—悬置"到"礼、刑、兵三位一体"这为东方帝国的集权专制政体量身打造的礼教德政十字架与摄魂收头的九首车上,并不断重演、发酵,使其成功内化为集体意识和社会观念,影响社会心理和个体行为的呢?

三节鞭下枭食母

雍州夜行人能趁头顶飞枭不备,疾如蛇信凌空出鞭,一击夺命,这鞭应非尉迟恭的竹节钢鞭或病尉迟孙立的镔铁长鞭,而是软鞭或袖鞭,一般由三节组成,又称三节鞭。因为此物方可藏于衣袖,用如暗器。

若到故事背后的中国传统文化语境中去寻找对应物,这由三节精钢组成的夺枭利器,正好分别对应礼、刑、兵。

礼从何来?刑自何出?礼与刑、兵什么关系?这是儒家理论体系的中心概念和主要议题,相关表述不仅集中于儒家主要经典《礼记》《孝经》等著作,也散见于经、史、子、集各部。简言之,在儒家构建的理论框架中,礼与刑均发之于德,对应天地阴阳。礼为阳德,主生;刑为阴德,主杀。两者相辅相成,一个告诉你该怎么做,另一个让你不得不这样做。"礼之所去,刑之所取,失礼即入刑,相为表里者也"(《晋书·刑法志》引陈宠语)。所谓"出于礼者入于刑",其中间不容发。

在这个逻辑框架之下,战争——"兵",被定义为"国之大刑",顺理成章纳入礼刑同构治理系统,成为"合道德的大规模刑罚"。"君人者刑其内，成，而后振武于外。……夫战，刑也。"（《国语·晋语》）"刑也者，始于兵而终于礼者也。"（《辽史·刑法志》）于是乎，"大刑用甲兵，其次用斧钺"（《国语·鲁语》）。更明白的表述是"夫王者之用刑，大则陈之原野，小则肆之市朝。战伐者，用刑之大者也"（《北史·崔浩传》）。礼、刑、兵三位一体，纳入同一序列。

如此一来，再残酷的杀戮掠夺，再变态的血腥暴力，在"内圣外王"、王霸杂用的圣人、皇帝、霸主、寡头那里，就完全消解于"顺"与"逆"、"义师"与"不义之师"、"善"与"恶"这样一锅"三头汤"中，取得先定的合理性与话语权。

《晋书·刑法志》中一段关于战争的描述，就把两军对垒的野战，直接意淫为不战而胜电摧雷崩的殄敌场面：

郊原布肃，轩皇有繁野之师；雷电扬威，高辛有触山之务。陈乎兵甲而肆诸市朝，具严天刑，以惩乱首，论其本意，盖有不得已而用之者焉。……政失礼微，狱成刑起……

交战的双方，谁只要请出儒家道统中坐了圣王第一把交椅的轩辕黄帝，自家马上成为天威具足的"繁野之师"，无条件获得正义、正统地位，而敌人当然是有义务自行送死的"高辛氏"。"陈乎兵甲而肆诸市朝"，更把野战摧锋与北阙献俘西市刑人，放到同一个因果与时空序列，由此将敌人置换为作奸犯科、大逆不道的乱臣贼子，攻城即平叛，杀戮乃"天刑"，用现代的法律术语来说，就是国内法以道德为津梁，直接涵盖或者取代国际法。类似的表述，屡见于历朝史传载籍，为刑法志、诏诰、檄文一类文字所习用。就连诗词歌赋都能把这样的观念表述得非常文艺："夫秋，刑官也，于时为阴；又兵象也，于行用金，

是谓天地之义气,常以肃杀而为心。"(欧阳修《秋声赋》)

"肆诸市朝",又是怎么操作?

通行的做法是,战争结束后第一件事,胜利者先押送敌酋——"乱首"到通衢闹市斩首示众,献馘告庙,即所谓"行天刑"。如果"乱首"已经死在异地战场上,就砍下脑袋,千里传首,悬挂示众,这就是所谓枭首。而通过详细考证,我们知道"枭首"之枭,本字应为秦刑之悬,悬的本义,即"断首到縣","首"(首)被倒悬起来。在儒生术士导演团队的"点拨"与安排下,借由枭羹节上的磔枭醢肉之礼,悬向枭开出借条,借枭为悬。这一借,借得妙,代得巧,借出个反客为主,自此天下渐忘悬头,枭首独大。

枭原是凶猛攫禽,天生具有"战士"身份,代入成为"兵"——战争征伐的对象,该对象就自然而然转换成攻城野战中悖逆不道的"凶人"——"陈乎兵甲而肆诸市朝"的对象。

枭本身经由夭鸟、凶禽、"天帝少女"、"九头鸟"、"天血使者"之类形象到"滴血鬼车"一步步渲染、改造,妖异氛围的烘托和形象的丑化亦已告大成。

万事俱备,只欠东风。大"恶"之名,呼之欲出。

而礼教之国,天下为家,恶莫如不孝。

弯弓搭箭,鸣镝在弦。

当此情势,只要皇帝陛下的"礼教设计营"中有谁灵机一动,轻扣扳机:谁谁说过,枭食母!谁谁说过,黄帝祭枭镜是食逆除恶,枭鸟就得马上改变天性,大嚼其母,并因此被置于"礼"的对立面,成为"刑"无可争议的标本和对象,随之拟人化为国之大刑——甲兵讨伐的目标,被打入十八层寒冰地狱。老实本分的专业术语"悬"则接着被顶包下岗,"枭首"闪亮登场。

枭,是一个故事,一个象征,一个意象,一个暗喻,它让老百姓不假思索地把悬于长竿挂在城门的首级，等同于罪该万死的食母之鸟，而股栗心惊，接受教育。

《楞严经》中破镜鸟

稍晚于雍州埋枭故事发生的年代，"礼、兵、刑三节鞭"从历史深空打下来的另一群"恶枭"，也被分埋到《楞严经》这块"佛土"中。

《楞严经》是大乘佛教的主要经典。作为与"雍州埋枭"不同类型的另一种回应，《楞严经》借佛祖之口，用佛教的专有概念和因缘轮回学说，应答并改写、扩充了汉儒的"恶鸟判"：

>……由因世界怨害轮回杀颠倒故，和合怪成八万四千食父母想。如是故有非无想相无想羯蓝流转国土，如土枭等附块为儿及破镜鸟以毒树果抱为其子，子成，父母皆遭其食，其类充塞。

佛祖具大法力大悲狠，通过因缘转世之轮，将鬼怪—枭—凶顽之人三者的区隔打通，直接合体，儒家"恶鸟—枭悬"符号体系中A像B，B像C的递进比喻和间接象征，被改写为A是B，B即C。

佛祖这样告诉阿难：

>物怪之鬼，物销报尽，生于世间，多为枭类……彼枭伦者，酬足复形，生人道中，参合顽类。[14]

---

[14]《佛教十三经》，中华书局2010年版，第179、185页。

《楞严经》相传于唐神龙元年（705）由中印度僧人在广州译出，但梵文原版无传，宋代即有真伪之争。单就内容看，即使不全假托，也掺和了大量儒、道等中国本土文化的成分。枭鸟食母说，最早出现在西汉，那时佛教尚未东渐，破镜兽更完全是黄帝传说中的幻想之兽，不可能自己跑到古印度去见佛入经，再被译回中土，更何况这是连黄帝也闻所未闻的"破镜鸟"。想来当日假造《楞严经》的中国知识阶层一心想让佛祖把枭鸟食母这段干货给捎上，情急之下未免结巴，以致误兽作鸟，破镜飞天。

出丑的英布

由今视昔，以千年为单位的时间跨度，为我们从容展示了发自历史内部的舒卷和呼应。看完雍州夜行客与佛陀、阿难出色且出位的"友情演出"，大家再从唐朝上溯千年，直接穿越回枭羹节的原创主场，瞧瞧当初儒生方士们如何设计磔枭的刀法花样。

对"凶禽"兼"不孝恶鸟"枭的处置，是一出极尽残酷而充满戏剧感、表演性的大戏，因为这是一个提炼象征符号、架设隐喻之桥的技术活，需要精确计算，细刀慢割。厨师要拿出斫脍绣花的超级刽子手手艺，对枭进行一番微型凌迟——"磔"，把肉醢了，再将割下的鸟头插或悬在木棍上示众："首在木上。"更绝的是，这整套工序，直接以枭命名，"其鸣自名"变成"其磔自枭"。

剔得极薄的枭肉熬成羹，以皇帝之名颁赐大臣分食，即枭羹。对臣子来说，分得一杯枭羹，既是政治待遇，也是教育行为，只能论药效，表决心，不可咂舌谈美食。"外廷已拜枭羹赐，应助吾君去不仁"，苏轼如是说。苏辙更明白，直接以吃为学："百官却拜枭羹赐，凶去方知舜有功。"话说回来，食枭羹既是

图 46 安徽省六安市,杂草丛生的英布墓

据说英布死后,刘邦将他肢解八块,首级葬于安徽六安。《六安州志》载:"武庙大殿下,即葬布处。""英布墓在儒学东岗。"解放前这里是关帝庙,正殿右侧院内原竖有石碑一座,高约2.5米,宽0.7米,上镌阴文楷书"汉九江王英布之墓",乃清朝末年安徽布政使吴坤修书写。现墓地所在区域为六安市水电局家属区(今淮王街旁),由于年久失修,杂草丛生。2005年12月20日,英布墓成为六安市首批重点文物保护单位。

由帝国组织、皇帝主持的教育活动,这"羹",就很可能是《史记·礼书》所列"大羹玄酒"之羹,即不和五味直接水煮的肉汁,应该盛放于瓦制的登豆中,味道或许真的淡出鸟来,当然不如古人的烹炙与民间的炖熬,与彭祖、伊尹可以受封登相的极致厨艺更无法相比。

醉翁之意不在枭。慢工细活的脍鸟绝活、菹醢秘技与磔枭大戏,是"枭"给人看的。

人,包括食客与看客。

"枭为恶鸟"的宣判与"枭悬"的道德情境、观念隐喻既为世俗民众接受并认同,有《楞严经》中鬼魅业满转世为枭,枭业报受尽再转世为凶人顽类的轮回报应"新三位一体"为证。当鸟首置换成人头,首级的主人,当然也就是其恶如枭的不孝不忠的顽人丑辈。结论与谎言一样,重复三遍,就足以反过来

第二章 很响的酒瓮:符号、隐喻、生命观与身体权

证明原因！

于是，在司马迁笔下，大汉开国功臣韩信三族、彭越满门被当作恶鸟逆枭，"具五刑"，即"先黥、劓、斩左右止（脚趾），笞杀之，枭其首，菹其骨肉于市"（《汉书·刑法志》）。彭越的肉羹更被摆上百官餐桌，并递送给九江王英布。如此血腥诛杀"反形未露"的开国功臣，却被描述得像磔枭分羹一样轻松合理。刘邦吕后们的极端残酷、变态，完全消解在合道德因而也合目的的历史语境中，写者、读者都不反胃。出丑的反倒是当日已在刘邦烹狗榜上排名第一的英布。据说当时英布正在自己封国地面上兴高采烈地狩猎打围，突然接到长安特使千里传来的一瓮彭越肉羹，一时惊呆！这个不够淡定的反应，被太史公处理成特写，叫后世无数看客牢牢记住！

枭獍之喻

在传奇小说中，贞观盛世埋下的枭首转身变成人头；在疑为唐人伪托的大乘佛教经典中，鬼魅—恶鸟—悖逆凶顽之人，经由轮回，三位一体。而在修辞表达中，枭鸟之首转换、替人人头–首级的另一手法，则是枭声、枭獍之喻，与斩首悬头的诉求、食人噬肉的诅咒，在行文中因果相承，前后相应，配对出现，这几乎成为历朝大臣诤谏、出师露布、讨伐檄文、平叛诏令之类文诰最习见的一组搭配和意义单元。

以唐为例。

唐朝中后期，藩镇之叛此起彼伏，伐罪平叛的诏令一道接一道，基本模式是前面指控讨伐对象诸般大逆不道，后面发布用兵讨伐命令和首级赏格。与之相应，前文以"枭獍""枭声"来摹状、定义其恶逆凶顽，则后必以"斩枭""枭斩"等申明天惩，形成一个封闭回环的暗喻系统。如《讨镇州王庭凑德音》，先指斥王庭凑"枭音未革，狼顾尚存"，后列赏格："如有枭斩凶渠者……"《讨王庭凑诏》又重复一遍，前谓王"负德之丑，逾于枭獍"，后许诺给"枭斩王庭凑者……"种种赏赐。其他如《讨凤翔郑注德音》《诛王涯郑注后德音》《平杨师立诏》等，均直接运用"枭"系列的意象组合和前后配对，将暗喻机制镶嵌于行文之中。至如"回戈首唱，万旅响从，渠魁就歼，枭獍同戮"（《破淄青李师道德音》），已直接用枭獍（镜）代入诛戮对象。臣下表状也同一声口："豺狼感化，枭镜怀仁。自致诛戮，以成开泰。"〔15〕

"枭声镜形，必为国患。汝既食人，人亦当食汝。"（《晋书·刘聪载记》）观念不断强化和情景反复演绎的结果，有效形成不言而喻的因果预期。

清人丁克柔笔记《柳弧》说：有次出兵前，一只枭鸟突然飞入营地帐幕，击穿衣镜后坠地而亡。作者说，自己正好在场，面对一时惊愕的大小将佐，他马上将异变解释为令人满意的吉兆："枭镜授首，蛟鳄伏诛之兆。"清末士大夫能这样纯熟解读"一枭破镜"，破译或者说寻绎其中的文化密码，这种本领与雍州之夜平地埋枭却起出人头一样，是"枭首—人头"符号系统上千年不断演示、隐喻的结果。

那一夜，当被邪魔附体的雍州人扬起"礼、刑、兵"三节软鞭劈空击落枭鸟时，"漂流的鬼车"——中国首级幽灵船，正嘎嘎飞过雍州——长安上空。

长安一片月

那么，驾驶"鬼车"的该是谁呢？

这问题看似无厘头，却可以演绎得风情又有趣。"天血使

---

〔15〕 柳宗元：《为裴中丞上裴相贺破东平状》，《柳河东集》，上海古籍出版社2008年版，第635页。

者"既然是专司天毒的鬼车之神,肯定少不了他,名字如此硬朗,不用说,壮汉一个,当属"机长"。"天帝少女"既因滴血取人家小儿而被名为鬼车(姑获)鸟,则亦不可或缺,就屈当副驾吧。"天帝少女"与野枭先生——"天血使者",分明是鬼车上一对天生爱侣,为恶名所劫,恶虎所胁,驾驶着首级幽灵船,在作伥传首之路上颠沛流离,未有竟时,这也正好对应了《夷坚志》所述江西旧俗夜见熠熠亮光中鬼车现身为丈夫或妇人的魔幻镜头。他们旅途的路线与程序,已被真正篡逆予夺的巨奸大枭和帮闲团队通过杜撰造谣,重新设置、规定。"孤鹤归飞,再过辽东,换尽故人"(陆游词),这对爱侣一次次在故国家园的夜空飞过而难得休歇,子规尚得啼血枝头,他们只能任一滴滴的鲜血随风飘洒。载酒园林,寻常巷陌,那时都与这对爱侣有仇。

让我们一起猜想,那个雍州枭鸣的夜晚,该在"鬼车漂流志"上留下什么样的页面呢?

长安一片月,万户捣衣声——

那时的雍州可不寻常,正是大唐王朝首都长安所在区域,治所为京兆府。鬼车既入雍州,不可能不飞临都城长安。"天帝少女"其实母性十足,憨态可掬。《酉阳杂俎》介绍说,这位"天帝少女","衣毛为飞鸟,脱毛为妇人,无子,喜取人子,胸前有乳。凡人饴小儿,不可露。小儿衣亦不可露晒,毛落衣中,当为鸟祟,或以血点其衣为志"。我私心认为,自己没生孩子,却抓狂般喜欢孩子,无法明着抱人家孩子亲热,就总在深夜对散发着婴儿体香与奶气的衣裤肚兜偷偷发一阵痴,以至掉了羽毛浑然无觉,这完全是一个想做母亲想痴了的憨女写真,可以取信。至于滴血作祟,想来应该是鬼车男主人——野枭出身的"天血使者"的看家手段。

贞观年间那个夜晚,这对漂泊的爱侣飞临长安,都干了些什么？

　　既然宿命让这个中国的吉卜赛之家为礼教之虎所劫，不得不作伥下蛊，鬼车此来，肯定身负使命。野枭先生——"天血使者"应该驾着鬼车直飞宫城、皇城和聚居着达官显贵的长安郭城五十四坊，血点若干年后将在女主武则天刀下丧命的李家皇子王孙和贵戚大臣，如长孙无忌、章怀太子诸人，肯定都在点血名单上。而下述失误也说不定真发生过：鬼车原本该飞到朱雀街西第四街区西安定坊东南隅的章怀太子府第去，可给野枭先生发指令的电子邮件多出一字，把"朱雀街"写成"朱雀门街"，以致他误临待在朱雀门街通化坊做学问的颜师古家。[16]抱宫女听胡乐的太子与校古书的糟老头的确差异太大，等他惊觉过来已收血不及，害得后来颜老先生无法寿归正寝，病死在随唐太宗征辽的行军途中。颜师古是北朝大文豪颜之推的后代，颜氏家族在唐朝虽也硕儒名臣辈出，如颜真卿、颜杲卿兄弟，但大多横死不得善终，这霉运，说不定就是贞观年间雍州野枭错滴天血开的头。

　　"天血使者"的爱侣——那位有恋儿癖、母性十足又有趣可爱的"天帝少女"又在忙啥呢？

　　让我们再猜。

　　"天血使者"携带着来自冥界的血滴高空作业，满城寻人头滴血作标记，未免溅出点滴，飘散在空中，随风飘飞到长安城东坊西市寻常人家屋檐下，飘到那些白天晾着忘记收起的小孩衣巾肚兜上。"天帝少女"早已心中有数，怎么办？

　　首先，我想她会配合野枭老公工作，从终南山那边扯过来

---

[16] 关于唐贞观年间长安城的布局、街区位置与相关人物所居府第资料，参见[唐]韦述、杜宝撰，辛德勇校辑：《两京新记较辑》，三秦出版社2006年版，第23、43页。

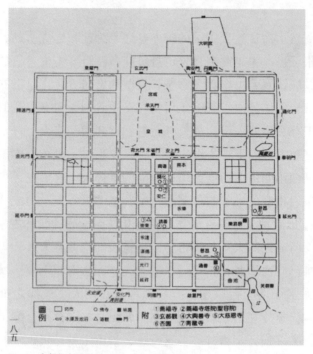

图 47　唐朝长安城平面图

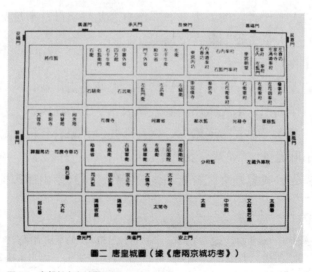

图 48　唐朝长安皇城平面图

图49 《鬼子母》,清代佛教卷轴画

在中国神话谱系中,"天帝少女"即姑获鸟也是佛教中的生育神鬼子母。上图中的鬼子母仪态非常慈祥,身后有一幼童悠然自得骑在鸷禽肩上,侍女怀中还抱着另一个婴儿。如果说两个孩子中至少有一个是她偷来的,那还真和谐得一点都看不出来。

一床厚厚的棉被，给长安城严严实实地来个黑云遮月。时间应该不需很久，因为鬼车有一支非常出色的飞行中队，"当飞时十八翼，霍霍竞进"（周密《齐东野语》）。正事做好后，她会给野枭放个假，让他歇到未央宫最隐蔽的屋椽下或独柳树的垂荫中，与旧日的枭姐鸮妹偷偷情、叙叙旧，自己忙着指挥天帝老爹的手下把黑云收走，让月亮满满儿的重新出来，因为月亮原本该是她自家姐妹。让渭河灞水的波声尽量响亮动听，引长安城中独居的少妇都强烈思念起远戍或宦游的丈夫。思妇们睡不着闲不住，三三五五提篮带杵到井栏水边捣衣唠嗑。她自己早已脱下毛衣，变成一个绝色而勤劳的思妇，在升平坊乐游苑水井边哧哧捣起衣裳来。月儿渐高，捣衣声越来越密，终于响彻整个长安城。涟涟清水和溶溶月色，最大限度地把飘散在长安夜空中的哪怕微小到纳米单位的滴血之雾溶融开，清洗净。想来，她其实该是孩子们的保护神呢。

长安一片月，万户捣衣声。那一夜，鬼子母口中吟哦的，是李白的《子夜吴歌》。

二　首级支票和人头骰子

九头鸟飞过流沙河

话说"天帝少女"和"天血使者"这对被下了蛊的爱侣驾着滴血鬼车——九头鸟，在贞观初年那个枭喋头现之夜入雍州，临长安，而贞观三年，高僧玄奘正好也从长安出发，上西天取经。这不，跟着取经师徒，循着月色涛声，九头鸟飞到流沙河——有沙僧胸前九骷髅为证。

《西游记》中唐僧三徒，卷帘将军沙和尚看去最老实厚道，可就这么一个老实人，当年乃是流沙河上的食人魔王，足蹬百丈恶浪，胸挂骷髅九具。九骷髅有大来历，都是唐僧到来之前已被他炒了下酒的前仆后继的取经人。唐僧若与佛祖关系不铁，也得在这八百里流沙河玩儿完，交上脑袋，具足十首。后来取经路上，唐僧又落到豹头山黄狮精褪毛锅里，众徒弟打洞索人，黄狮精手下一对小狼妖"刁钻古怪"和"古怪刁钻"使出障眼法，弄个老树桩，化作唐僧头，一骨碌丢出洞来，差点骗过八戒、沙僧，叫他们失心散伙。

沙和尚胸前九骷髅意在炫耀武力，威慑敌人，小妖则用假首级开出唐僧已煮的真证明。这大神小妖各显神勇，倒是无意中将中国古代人头－首级的用处，五停交代了两停。首级是个宝，人头用处多。择其要者开个清单：

1. 报仇献祭；
2. 慑敌扬威、宣示武功；
3. 杀人凭证、计功依据；
4. 特殊礼物、器具；
5. 其他。

且听我一一道来。

百首祭

如上章所述，人体牺牲，即把活人杀死向神灵献祭，或通过特定巫术获得其能量，普遍存在于世界各地远古野蛮社会，献祭的器官或元素，主要是首级、血或心脏，而以人头居多。随着人类社会从野蛮向文明进化，这种做法逐渐减少而终至禁绝。中国的情况，虽亦大致如此，却又颇多特殊。

商代已盛行斩首祭礼。甲骨文中大量的"用羌""伐祭"记录，证明商周频繁使用人牲献祭，虢季子白盘铭所谓"折首五百"，当也用于献俘告庙。比《史记》记述更原始可信的《逸周书》中有《克殷解》《世俘解》数篇,详细记录了周武王破殷都斩纣王并二妃尸身,传首周京献祭于宗庙的过程。春秋战国期间,也还偶尔有用俘(杀俘以祭)的记载。

秦汉以降,历朝刑律诏令虽一面禁止民间淫祀以人祭神,如《唐律》《明律》《大清律》都将"采生折割人"处以极刑,但历朝的统治者或曰官方,却随时可以在名教纲常的祭坛上冠冕堂皇戮尸祭首。

至于出征誓师、凯旋献俘时杀人为祭,则在汉族及周边少数民族政权中均颇常见。《魏律·军令》明文规定"若出征,有所克获,亦还祠,向敌祠血于钟鼓",即以所俘之敌为血祭之牺牲。春秋秦晋崤之战后,晋襄公误听其母秦女文嬴建议,放还秦将孟明视等三人,悔而追之,不及。孟明视在黄河的舟中这样调侃晋国追兵:感谢你们君侯不把我拿来"衅鼓"(杀人以血涂军鼓而祭),如果我回国后得到赦免,三年后会回来答谢的(《左传·僖公三十三年》)。著名的"射鬼箭",原来是契丹族一项重要的战争祭祀仪式,即把活人捆在柱子上,由众人乱箭攒射。充当这个倒霉蛋的,出征前一般是罪犯,回师则多用战俘,所谓"获敌人,射鬼箭"(《辽史·景宗本纪》)。后来"射鬼箭"进一步演变成为辽国死刑的一种,主要用来惩治叛逆,甚至连贪官也用这个办法处死。《辽史·太宗本纪》:"以南王府二刺史贪蠹,各杖一百,仍系虞候帐,备射鬼箭。"

出师杀人为祭,至明仍为军仪。王琦《寓园杂记》说,明成祖次子朱高煦在明宣宗继位后起兵造反,宣宗连夜发兵亲征,七日至其城下,"高煦方杀人祭纛,闻驾至,仓促不能出城"。

事实上,自秦迄清,只要对象被列入"大逆不道",即可视之如枭,怎么超常越律地酷杀虐尸、生殉活祭,都是被允许乃至被肯定的。在发生叛乱,帝国的权威也即统治秩序受到严

图50 云南西盟佤族自治县龙摩爷神山古代佤族人头祭遗址，还保留着当年盛人头的竹筐

图51 中美洲哈瓦那中部河谷萨波特克人的酋邦圣何塞·莫格特遗址的庙宇门槛对面的战俘尸体石像。该战俘被开膛破肚，鲜血从身边汩汩涌出。第一个勘察此浮雕的考古学家乔伊斯·马库斯认为，萨波特克语中"花"和"祭物"的单词极为相似，该浮雕像花一样流淌的鲜血或许给人一种视觉上的双关语

第二章 很响的酒瓮：符号、隐喻、生命观与身体权　　　　　　135

重挑战的情况下，此类做法，甚至为朝野所激赏。

"千头偿王遂，百首祭李绛"，这两宗相距仅十一年的集体屠杀，即典型。

唐宪宗元和十四年（819）二月，长期反叛的平卢淄青节度使李师道被部将刘悟所杀，郓州平。是年三月，王遂出任沂、海、兖、密观察使，为治严酷，将卒愤怨，不久役卒王弁等五人密谋发动兵变，王遂被杀。朝廷怕直接出兵引起更严重的事变，以开州刺史的假任命调离主谋王弁，新任观察使曹华接着托名"大飨将士"，设伏尽杀郓州兵士，"死者千二百人，无一得脱者。门屏间赤雾高丈余，久之方散"。血雾涨起丈余，我们可以想象当日屠杀场面何其惨烈血腥。司马光由此发出感叹："作乱者五人耳，乃使曹华设诈，屠千余人，不亦滥乎！"（《资治通鉴》卷二四）认为唐宪宗以天子诏书设诈滥杀，是不敦大信，中兴美业由此不终。

然而历史早就嘲笑了司马光，操刀者禀性难移，被诈者也健忘如昨。唐文宗大和四年（830），同一版本的大屠杀再次上演。其年春天，在兴元府（今陕西汉中）山南西道节度使牙门前，一千名早前参与叛乱的新军士兵，在酒席上被斩杀殆尽。策划主导这场大屠杀的人，是新任兴元节度使温造。他随后给唐文宗上奏报捷，内中详细交代了对这千名刀下鬼特别是他们的首级的处置：

> 害李绛贼首丘釜、丘铸及官健千人，并处斩讫。其亲刃绛者斩一百段，号令者三段，余并斩首。内一百首祭李绛，三十首祭死王事官僚，其余尸首并投于汉江。（《旧唐书·文宗本纪》）

李绛是谁？

李绛，上一任兴元尹、山南西道节度使，当过宰相，以刚直著称，资格老、声望高。唐大和三年（829），南蛮寇蜀，山南西道应朝廷之命，征募一千名新军赴援，走到半路蛮兵已退，各道援兵皆回。次年春，李绛遵朝旨遣散新征军人，除了按额配发给粮食外，没有其他赏赐。而那年头藩镇多叛，即使不叛，悍将骄兵动辄希厚赏，尾大不掉。兴元新军眼看吃不成兵饷，又两手空空，心怀怨望。监军使杨叔元因对李绛有意见，乘机唆动挑拨，激成兵变，李绛及一干主要随员被叛军斩杀。

兴元兵变，悚动天下。接到报告，唐文宗决定来硬的，他向其祖唐宪宗学习，派出以疾恶刚硬闻名的左丞温造继任节度使，许以便宜从事，说白了就是可以设诈。孙子学爷爷，新使仿老官，温造也用曹华的旧方子抓药，一到任即以征询去留意愿为名，在牙门前置酒集会，招合全部新军赴会，暗中派全副武装的牙兵四面包围，一声令下，"围兵齐奋，其贼首教练使丘铸等并官健千人，皆斩首于地，血流四注"（《旧唐书·温造传》）。

兴元之屠，向来被视为唐朝镇压藩镇兵变的得意之笔，也是温造从政生涯上光辉的一页。在《诛兴元乱兵敕》中，唐文宗的兴奋溢于言表："遂择新帅，委之穷竟，果副朕意，尽诛群凶。八百余人一时枭斩，并诸叛将，同日诛夷，省念其功，嗟赏何极！"[17]

"百首祭李绛"，这座晚唐血色余晖映照下矗立的小小人头堆，是人头献祭与威慑诸种作用杂交出来的"特型京观"。至于百段、三斩，则直接就是酷杀虐尸的即兴加演。

王遂一死，千人偿命，李绛则独享一百个青壮男丁人头

---

[17] 宋敏求编：《唐大诏令集》，中华书局2008年版，第670—671页。

祭。王、李二人身后这份"福利",让史上无数"死王事"者在地下眼红,因为数目实在不少。至于官方主办人头祭,那倒是常有的事。

东汉护羌校尉傅育在与烧当羌的交战中阵亡,张纡继任,击败烧当羌,其首领唐迷请降,张纡假意纳降,"设兵大会,施毒酒中,羌饮醉,纡因自击,伏兵起,诛杀酋豪八百余人。斩迷吾等五人头,以祭育冢"(《后汉书·西羌传》)。

唐中宗被贬房陵,自身难保,其妻韦后的父亲韦玄贞也遭流放,死于广西钦州,妻子崔氏及四个儿子被容州蛮族首领宁承所杀。中宗复位后,"遣广州都督周仁轨率兵讨斩宁承兄弟,以其首祭于崔氏"(《旧唐书·外戚列传》)。

…………

人头祭的歆享者,首先是天神地祇和当朝皇帝的列祖列宗。循着这条线索,我们不难发现,祭祀天地祖先,通常成为重要首级被枭传的一项内容或者说重点环节。祭祀的处所,一为太庙,即天子的宗庙;一为太社,是天子祭祀土神、谷神的场所。唐太子李重俊起兵讨韦后及诸武,失败被杀,即"枭首于朝,又献之于太庙"(《旧唐书·高宗中宗诸子传》)。辽天祚帝末年酷刑大作,"或有分尸五京,甚者至取其心献祖庙"(《辽史·刑法志》),此已属析骸传心。辽末奚国皇帝萧干兵败,为部下暗杀,宋遂"传首京师……藏萧干首于太社"(《宋史·本纪二十二》)。

发生在唐都长安的惨酷人头祭,首推"甘露之变"中宦官对文官集团的清洗。

太和九年(835)十一月,郑注、李训等人在唐文宗的支持下,企图发动兵变诛杀宦官。行动失败后,宦官大肆捕杀大臣,左神策军出兵三百人,以李训首级引导王涯、王璠、罗立言和郭行余,右神策军出兵三百人,押贾𫗧、舒元舆和李孝本，献祭太庙和太社，于东、西两市游街示众，然后在京城独柳树下把他们腰斩，并命百官前往观看，首级枭悬兴安门外。用首级导引押送活人，先献祭后斩枭，可谓死头活祭结合版。

宋朝最隆重的一次首级祭，发生在南宋宁宗开禧三年。吴曦在四川反叛，僭号投金，不久被部下所杀，传首临安。南宋小朝廷极其重视，精心组织了一场庙、社全祭大戏。《宋史·礼志》详细记述了这次献祭，本章将在后文详论。

明、清为中国专制王朝的成熟期，也是社会矛盾更为激烈的时期，不仅最极端的酷刑凌迟滥施，清朝中晚期"就地正法"更开滥杀之门。带有公、私刑结合特点的定点血祭经常发生，且有不少由皇帝特旨执行，即在平乱后把所谓敌酋贼首的首级或心肝直接传送"死王事者"墓前、家中祭灵，甚至直接将俘虏押到墓前斩首。

《明史·郭成传》说，明万历年间，官军镇压四川都掌蛮之叛，郭成为副将先登敌堡，生擒首领阿大。"初，成父为蛮杀，乃以所斩首级及生擒诸蛮置父墓前，剖心致祭，乡人壮之。"

嘉庆五年（1800），固原提督王文雄平贼战死，"逾年，获戕文雄之贼马应祥，命传首就其家致祭"。与"百首祭李绛"对应，此可谓"一头歆文雄"（《清史稿·王文雄传》）。

嘉庆十二年（1807），清兵抓获杀伤汀州镇将李应贵的海盗林魁、刘江，嘉庆下旨"即将该二犯解至该镇墓前，脔割致祭"（《大清实录（嘉庆朝）》卷一七七）。

道光八年（1828），新疆伊斯兰教白山派首领张格尔被俘，好大喜功的道光皇帝"御午门楼受俘"，而后下旨将其"寸磔枭示"。除在行刑时让死于张格尔叛乱的大臣钟祥、乌凌阿的儿子"同往市曹看视"外，还特别指示"将该逆摘心，交文辉于伊父庆祥墓前致祭，用慰忠魂"（《大清实录（道光朝）》卷

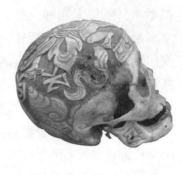

图 52　雕刻着藏传佛教怒相神和法器的骷髅（北京李英杰先生收藏）

与普通人头器或曰骷髅碗仅截取头盖骨来使用或加工制作不同，这是一个完整的骷髅，雕刻部分从额际伸延到枕骨。正中阳刻一尊束着虎皮围腰的怒相男神，头戴五骷髅冠，右手握金刚杵，外侧为法螺，左手结护法印（也称施依印），外侧为法轮。据收藏者介绍，此骷髅的主人原为古代藏族一个部落首领之类人物，在部族战争中战败自杀，头颅被敌方部族雕刻成圣器以供祭。

一三六）。

传奇小说中，杀人献祭同样很常见。如赤壁大战周瑜出兵前，对诈降的蔡和说，我现在缺少福物祭旗，愿借你首级来献祭，"捉至江边皂旗下，奠酒烧纸，一刀斩了蔡和。用血祭旗毕，便令开船"（《三国演义》四十九回）。

吕母杀

在民间，人头祭也花开两枝，精彩上演。

作为远古人牲遗存，人头祭曾长期存在，尤以落后偏僻地区为甚，历朝官方屡禁不止。根据相关考证，多数民族包括祖先神、社神、田祖等在内的祭祀活动，初始都曾以人为牲。南越王墓出土的西汉初年船纹铜提筒主纹图像中四艘战舰的船头，均悬挂一个人头（图53），似兼有祭祀海神或风神之用。裴铏《传奇·崔炜》：南海"任翁家事鬼曰独脚神，每三岁，必杀一人飨之"。《夷坚丙志·湖北稜睁神》："杀人祭祀之奸湖北最甚，其鬼名曰稜睁神。"中国南方山地多湿，信巫礼鬼，淫祀尤为多发。宋真宗在打击商州邪神之祭的诏书中指出："如闻金、商等州，颇有邪神之祭，或缘妖妄，取害生灵……宜令所在严禁绝之。"[18]宋太宗曾明令地方官员纠正岭南杀人祭鬼习俗。明代陈继儒《虎荟》卷五云："房陵间有白虎神，岁初以人祭，或用弥猴。"土家族认为其始祖廪君魂魄为白虎，虎吃人饮血，因此须祭以人头。至北魏因朝廷禁止，改用牛头，但祭神时土司仍要用杀猪刀在自己额头上划道血口，俗称"歼头"。乃至"在20世纪50年代，鄂西土家族还部分保留着用人祭白虎的习俗"[19]。

另一方面，作为风俗遗存与官方首级祭在民间的水中倒影，另一枝血色梅花，疯开在复仇之杀中。

王莽新朝后期，天下盗贼四起。琅琊吕母的儿子是海曲县县衙小吏，为县令冤杀。吕母大散家财，收聚贫苦少年，起兵攻破海曲县，砍下县令的头，拎到儿子墓前供祭，然后领兵入海。后来她的队伍发展到几万人，颇叫王莽头疼，好不容易才镇压下去。

东汉苏谦解职后私入洛阳，被仇家司隶校尉李暠投入监狱，拷掠至死。苏谦之子苏不韦带着宾客潜入李暠住宅边的草料仓库，在夜里把地道一直掘到李暠卧室下面，李暠正好如厕，逃过一命，苏不韦割下李暠幼子、小妾的头，又连夜驰至李暠父亲墓地，挖坟开棺，取出骷髅，和滴血新头拴作一串栲栳，祭于其父苏谦坟前。

---

[18] 参阅王见川、皮庆生：《中国近世民间信仰——宋元明清》，上海人民出版社2010年版，第57—58页。
[19] 傅亚庶：《中国上古祭祀文化》，高等教育出版社2005年版，第301—302页。

还是东汉，何颙的朋友虞伟高有父仇未报，患病而终。临终前向何颙哭诉此恨，"颙感其义，为复仇，以头醊其墓"（《后汉书·党锢列传》）。

东晋王敦叛乱，称兵向阙。大臣刁协出逃，为人所杀，把首级传送给王敦。王敦死后，刁协的儿子刁彝斩杀仇人的同党，"以首祭父墓"（《晋书·刁协传》）。沈林子兄弟杀仇人沈预全族，"斩预首，男女无长幼悉屠之，以预首祭父、祖墓"（《宋书·自叙》）。

北宋元丰元年，青州人王赟枪刺杨五儿，割头到父亲墓前献祭，然后自首。宋神宗特地下诏，将王赟的死刑改为刺配充军。原来这又是一起复仇血案，而且贴上"孝道"的标签。王赟小时，他父亲为杨五儿殴迫，上吊自尽。"帝以赟杀仇祭父，又自归罪，特矜故也。"（《续资治通鉴》卷七三）

　　…………

中国历朝修律，都如《唐律》所言"一本于礼"，为以孝为名的血亲复仇，留下模糊空间乃至减刑尺度，直到明朝仍如此。明律规定："祖父母、父母为人所杀，而子孙擅杀行凶人者，杖六十。其即时杀死者勿论。其余亲属人等被人杀而擅杀之者，杖一百。"（《明史·刑法志》）

历代统治者也经常乐意对血亲复仇案件网开一面，以昭示孝合乎礼，礼高于法。宋初，"殿前祗候李璘以父仇杀员僚陈友，璘自首，义而释之"（《宋史·本纪一》）。仅仅把人杀了算文明，割头献祭也还好理解，唐朝有个叫王君操的更嗜血，手刃杀父仇人，当场开膛探胸，生吃心肝，"州司上闻，太宗特原之"（《大唐新语》）。如此虐杀都可免罪，其所鼓励放纵的，已远远超出"孝"与复仇的尺度。这样的处理，使野蛮嗜血的行为，凭借礼义孝道的"背书"，获得道德合理性，并诱导民间据此理解官方为维护统治所进行的杀戮。

最惊悚好看的人头祭,当然非武松杀嫂莫属。《水浒传》第二十五回揭题大书:《偷骨殖何九送丧　供人头武二设祭》,金圣叹批才子书:"我读此文,至于气咽目瞪,面无人色,殆尤骇于读打虎一回之时!"《金瓶梅》的描写,则于血腥之上更加几分色情。不过,小说非史实,准确地说,只好算作祭首观念在俗文学中的经典表现,小说大家自己去看,不啰唆。

睡虎地中葫芦案

早在商鞅入秦变法前,在攻战中割头取首已成为普遍现象。

虢季子白打了胜仗,"折首五百",彰显武功。加拿大安大略博物馆馆藏晚商用于佩戴的鎏金青铜人头、戴羽冠人头形玉佩和江西新干出土的晚商戴羽冠人头形玉佩(图33),许进雄先生认为三物皆用于杀敌报功,为勇士所佩,也为佐证。在潞河铜匜刻画攻战图所表现的东周时期南方吴越一带部族战争场面中,攻战尚未结束,战士们已经忙着折首提头。画面中间最醒目的形象,正是一个进攻中的战士枪杆一头悬着首级。南越王墓出土的船纹铜提筒可能源自越南北部骆族聚居区,年代为战国或更早。其主纹图饰(图53)刻画四艘首尾相连的战船,似乎正打完胜仗凯旋,在其中一艘船上,羽冠立人左手持靴形

图53　南越王墓出土船纹铜提筒

钺，右手执一首级，显然是刚用靴形钺斫下来的。瞭望台前有一人左手攥着俘虏的长发，右手持短剑，看样子正要"折首"。更引人注目的，是四艘船船头都迎风悬挂着一个首级。[20]

　　首级首级，"首"谓人头，"级"指爵级。尽管折首悬头开始得如此之早，"首级"却是个相对晚出的合成词。随着国家阶级的形成和发展，战争规模不断扩大，作为杀敌斩俘的"硬通货"，人头更能有效证明、评价战功，直接刺激战士嗜血果杀。奖励的手段，则无非荣誉、官爵、财富。虽然人头与官爵的关系越来越密切，但"首级"作为一个专用词正式确定并大行其道，却要等到商鞅入秦建立起严格的首级计功制之后。因为秦国的首级计功制第一次以国家法令的形式，将斩获首级数量与相应的赏赐，以爵级为单位和标准对应起来。《商君书·境内篇》结合秦国部伍建制与爵级制度，从个人、基本战斗单位到将官、攻城野战，均严格规定获首与赐爵的对应关系，以及斫阵斩首的硬任务、死要求。"能得甲首一者，赏爵一级，益田一顷，益宅九亩……""其战也，五人束薄为伍；一人死，而刭其四人。能人得一首，则复（免除赋役）。"一场战斗下来，如果连一个首级都拎不回来，百将、屯长等下级军官是要斩首的。"攻城围邑斩首八千已上""野战斩首二千"，则以超额论赏，简直就是鼓励屠城。普通士兵斩首不但可获爵级，还可以把无爵级的人养为庶子，说白了就是劳动力。官阶的升迁也完全通过斩首获爵积功而得，爵至五大夫者，食邑六百家者，还可以"受客"，可知这养客资格也是用人头堆出来的，难怪那时食客得为主者卖命。《史记集解》引谯周注："秦用鞶靴计，制爵二十等，以战获首级者计而受爵。"仅言其大概。汉承秦

---

[20] 麦英豪、王文建：《西汉南越国寻踪》，浙江文艺出版社2011年版，第143—146页。

制,《汉书·百官公卿表》详细开列二十等爵名称位序,今天读来简直生动曼妙:"爵:一级曰公士,二上造,三簪袅,四不更,五大夫,六官大夫,七公大夫,八公乘,九五大夫,十左庶长,十一右庶长,十二左更,十三中更,十四右更,十五少上造,十六大上造,十七驷车庶长,十八大庶长,十九关内侯,二十彻侯。"《史记·樊郦滕灌列传》中樊哙传记第一段,从头到尾细写樊哙一路斩级获爵的过程,两文参读,简直一份银行对账单。可见,在汉语中,"级"成为人头的特定量词,是因为当初秦国将它与爵级对应,计功授赏。"首级"这个新词自合成始,就明确指向战争与人为杀戮。两军对垒,单兵血刃,就比谁能抢先一刀把对方脖子上的人头,变成自己功劳簿上的首级。

  按说首级起源于将人头作为计功单位与爵级挂钩,是计量的,适合于下级军官、普通士兵层次的无名之头。大佬颈上物怎一个"级"字了得?得头定胜负,一首抵万级。有意思的是这个区别在首、级尚未"合成"的春秋时期反倒清晰。《左传·哀公十一年》如此记述艾陵之战吴鲁联军的战绩:"大败齐师,获国书、公孙夏、闾丘明、陈书、东郭书,革车八百乘,甲首三千,以献于公。"《左传》称"获",一般指人已被杀,正所谓"斩获"。国书等五人是齐将,列名于前,不与三千普通士兵相混。"甲首"特指带甲战士的人头,说明所斩杀者非平民,听起来也比囫囵通称首级郑重、负责。后来鲁国特地将齐军统帅国书的人头送还,叫"归国子之元"。狄人侵晋,晋国大夫先轸陷阵而死,"狄人归其元"。用"元"敬称贵族大夫们的人头,可能与周朝是严格意义上的封建国家,奴隶阶层无权当兵,为将者必是贵族,贵族们乐意在礼的框架下互相尊重有关。后世礼崩乐坏,而商鞅变法的精髓正是要让军功成为赐爵晋级的唯一标准,"王侯将相,宁有种乎?"。于是乎没谁再有工夫装腔作势，刀过头落，一视同级。

秦人第一个将首级计功制度化、法律化，当时效果非常明显，秦国军队真正成为嗜杀暴猛的虎狼之师，六国又怕又恨，目之为"上首功之国"。这个制度在具体执行中，很容易导致将士为邀赏伪造战功，滥杀俘虏乃至平民，其始作俑，即出现"秦人每战胜，老弱妇人皆死，计功赏至万数"（谯周语）的惨烈后果。为冒功邀赏抢夺首级以至自相残杀的恶性事件，那时已经常出现。《睡虎地秦墓竹简·封诊式》二十五篇爰书中，首级争讼案占了两篇，第一篇题目即为"夺首"，内容大致如下：

> 甲押送男子丙来报案，并带来一个首级和另一名男子丁，向负责审理的军队偏师负责人介绍他所目击的案情经过。甲说，他是某军官的私吏，参与了邢丘战役。今日看见丙在戏隧故意用剑刺伤丁，抢夺丁斩获的首级，所以把丙抓住带来。审案的负责人听后，查验了首级，并查询了丁和他的伤口。[21]

夺首案件因有目击证人抓现场，比较好审理。第二个案件题目已逸，内容是从邢丘战场下来的甲、丙两个士兵争讼一个首级，由于没有证人证物，即使验核了首级头部的剑创和颈部的切面，还是无法确认为谁所斩，只能张贴告示，寻找目击证人。结果如何，简文无载，也许就办成葫芦案了。此事涉及首级的

---

[21] 原文如次：军戏某爰书：某里士五（伍）甲缚诣男子丙，及斩首一，男子丁与偕。甲告曰："甲，尉某私吏，与战刑（邢）丘城。今日见丙戏嬞，直以剑伐痍丁，夺此首，而捕来诣。"诊首，已诊丁，亦诊其痍状。见《睡虎地秦墓竹简》，文物出版社1990年版。

辨识，后面还会谈及。

"人头银行"与"首级支票"

抢头诈功，秦尚如此，后世愈烈。冒首夺级、骗财晋爵之类劣迹暴行，无世无之，史不绝书。积弊既深，惩之也急，虚张首级，主将至获重罪。如《魏书·外戚传》："（贺泥）坐逐贼不进，诈增虏级，当斩，赎为庶人。"《晋书·石鉴传》："昔云中守魏尚，以斩首不实受刑。武牙将军田顺，以诈增虏获自杀。"尽管如此，首级造假一直禁而不止。另一方面，为怖敌耀功的政治需要夸大首级数量，甚至成为惯例，如实上报，有时反而让人觉得奇怪，尤其在对外公开的露布、告示、檄文上。《三国志·国渊传》："破贼文书，旧以一为十，及渊上首级，如其实数。太祖（曹操）问其故，渊曰：'夫征伐外寇，多其斩获之数者，欲以大武功，且示民听也。河间在封域之内，银等叛逆，虽克捷有功，渊窃耻之。'太祖大悦，迁魏郡太守。"

当初朱元璋离乡行乞，混不下去又回到老家，本来不敢有非分之想，无奈元朝官军正与郭子仪起义军相拒，不敢强攻郭所占据之濠州，却到处乱抓平民，杀头凑首级向朝廷领赏，因此倒迫天狗星投军，开始"血食人间五千日"（《续资治通鉴》卷二〇九）。

造假设伪公行之时，连"人头银行"也开出来。

宋神宗开西北边境，兴熙河之役，主持军事的王韶为虚报战功，纵容部下"杀蕃部老弱不可胜数"（《续资治通鉴》卷七六）。不仅如此，"韶交亲多楚人，依韶求仕，乃公属诸将，或杀降羌老弱予以首为功级"（《宋史·王韶传》）。《续资治通鉴》说得更清楚："诸将畜降羌老弱，或杀其首以应命。"什么意思？亲属故旧千里迢迢来投靠王韶，为的就是谋个官职弄个出身，但军人得官当凭战功，战功以首级计，怎么办？只能在

第二章　很响的酒瓮：符号、隐喻、生命观与身体权　　　　　　　　　　*147*

人头上做手脚。王韶把这个任务公开摊派给下属将领，为完成任务，这些将领便将掳掠来的老弱羌人像牲口一样储蓄起来，好比开个"人头银行"，平时往户头存款，以在上司需要时"认捐一笔"。熙宁六年（1073）七月，宋神宗"诏沿边吏杀熟户以邀赏者戮之"（《宋史·神宗本纪》）。那年正是王韶在前线不断取得重大胜利之时，这大概可以当作朝廷对滥杀邀功副作用的警醒和相应措施吧。

　　"首级银行"在那时估计属于禁之不止的公开秘密。半个多世纪后，宋徽宗任用蔡京为相，蔡京赏识苏州人朱冲、朱勔父子操办花石纲的能力，把两朱带到汴京，并"窜其父子名姓于童贯军籍中，皆得官"（《续资治通鉴》卷八十九）。当时童贯正主持对西夏的战争，可以推测童贯手下将官开"人头银行"的也不少，朱氏父子得以从将官们的首级账户轻易"贷"出"款"来。明人余继登《典故纪闻》提到成化年间御史吕洪弹劾镇守总兵"辄奏添在京军官及自带家人"吃空饷冒军功，说明此弊至明愈烈。正德皇帝的养子江彬原来是边镇一个军官，后奉召入京平贼，"过蓟州，杀一家二十余人，诬为贼，得赏"（《明史·佞幸列传》）。清初名将年羹尧被清算时，罪行中也有虚增杀掠滥冒军功一条，萧奭笔记《永宪录》谓年羹尧"雍正元年秋间所差往各省发买木植人员至今未回，今军功册内已有其名，余可概推"。而这种事若非有意追究，在四境战事频繁的清初，根本就不算什么大罪。康熙三十一年（1692），贵州巡抚卫既齐"轻信属员报称苗人反叛，遽发兵往剿。及兵到彼地寨内并无一人，乃搜获苗人逃避山间者仅十四人，卫既齐竟奏称与苗子对敌，阵杀一千一百一十八人"（《大清实录（康熙朝）》卷一百五十七）。苗民本无造反之事，且不说这十四个逃避山间者其实都是平民百姓，已属枉杀，十四与一千一百一十八相比，这份人头报表虚张不止百倍。不过苗民的命的确不值钱，虽然刑部九卿上报的处理意见是立斩，康熙还是饶他一命，仅发配黑龙江。

事实上，历代也一直有人怀疑首级计功的可操作性和真实度，明朝还有个叫胡世宁的军官甚至直接否定这种做法，他质疑道：

> 两军格斗，手眼瞬息，不得差池，何暇割级？其获级者或杀已降，或杀良民，或偶得单行之贼、被掠逃出之人，非真功也。宜选强明刚正之员，为纪功官，痛惩此弊。（《明史·兵志》）

而真正激烈的血战和突出战果，不凭首级照样威武。537年，东魏、西魏爆发渭曲大战，西魏征虏将军耿令贵陷阵杀敌，全身盔甲衣裳都被敌人鲜血染红了，丞相宇文泰赞叹说："只要看这身甲裳，就知道令贵多么勇猛了，何必再去细数斩了多少首级！"（《资治通鉴》卷一五七）

北魏军阀尔朱荣更懂变通。北方六镇起义首领葛荣率三十多万人马包围邺城，尔朱荣仅以七千精兵与葛荣决战。考虑到人马逼战，使刀不如短棒灵活，他密令军士另备袖棒一根，并禁止斩首取级以免分散战斗力："不听斩级，使以棒，棒之而已。"（《北史·尔朱荣传》）

邺城之战的反面教材是陈后主的建康保卫战。开始时两军还激战一阵，隋将贺若弼差点就挡不住陈将鲁广达的攻击，但陈军另一主将萧摩诃因陈后主睡了他老婆不想力战，而且"陈兵得人头，皆走献后主，求赏金银"（《南史·萧摩诃传》），涣无纪律，不久阵溃城破。

以耳代首，献馘（左耳）报功，则可谓"拈轻弃重，以零代整"。

第二章　很响的酒瓮：符号、隐喻、生命观与身体权

忍不住要替耳朵叫一声屈！

在斩首计功的冷兵器时代，有不少耳朵，好像是生来专替头颅挨刀受罪似的，要是主人在战场上不争气被对手一枪挑了，它不被割下来当替代品，八成也得捅个窟窿，因为悬头最常用的办法，是在两耳打孔穿绳。再者，军中还有以箭穿耳之刑。《说文》："聝，军法，以矢贯耳也，从耳矢。"《司马法》："小罪聝，中罪刖，大罪剄。"《左传·僖公二十七年》说，楚国令尹子玉在出征前整训军队，"鞭七人，贯三人耳"。抓获俘虏，大概也要先在耳朵上打个洞，如白居易《缚戎人》谓："缚戎人，缚戎人，耳穿面破驱入秦。"谷应泰《明史记事本末》卷七十八《李自成之乱》说，李自成军队为培养战马的嗜血狠斗之性，"饮马则牵人贯耳，流血杂水中，马习见之，遇人则嘶鸣思饮啖焉"。

不过，耳朵还是可以在麦铁杖与罗士信们那儿得到些许平衡与安慰的，因为这两位与众不同，杀人不剽耳，专门割鼻子。

隋朝大将杨素领兵平江南，麦铁杖多次受命渡江侦察，后来被抓，敌方派三十几个士兵把守，他居然能趁人不备反手夺刀，"乱斩防者，杀之皆尽，割其鼻，怀之以归"（《资治通鉴》卷一七七）。《岭表异录》中另有一个传奇版的"渡江侦察记"，说他杀完人后，口衔二首级泗江而归。唐初名将罗士信与老麦同好，"每杀一人，剈其鼻怀之，还，以验杀贼之数"（《资治通鉴》卷一八二），颇奇葩，很另类。

官渡之战的关键战役火烧乌巢，就是一出剈鼻大戏。《三国志·武帝纪》裴松之注引《曹瞒传》说，曹军突袭乌巢，大获全胜，"斩督将眭元进、骑督韩莒子、赵睿等首，割得将军淳于仲简鼻，未死。杀士卒千余人，皆取鼻，牛马割唇舌，以示绍军。将士皆怛惧"。

开国公领绢

虽然首级计功制存在上述种种缺陷和弊端，却依然被后代效仿与传用。秦以后历朝历代，都开口骂暴秦，闭门算人头，制定具体而微的首级计功规定，并根据实际情况进行调整。首级计功制自秦至清相沿不衰，"首级"也因此成为汉语一大热词。

在乱世，你算不算大佬，值不值钱，首级知道！

在战场，你能不能于百万军中千刀枪丛里探囊取宝，首级知道！

下面撷拾几个朝代的人头赏格，大家可以感受一下。

唐朝中后期，藩镇多叛，朝廷发兵征讨，诏令檄文中总会列出"凶渠""贼首"人头的赏格，除高官厚币，往往还奖励庄园房产，今天读来时代感超强，让人心动过瘾。如成德军节度使王庭凑首级的价码是"六品以下，便授三品正官。先是五品以上官者，节级超奖。仍赐宅一区，钱二万贯"[22]。这个赏格，大致反映了当时抗命的藩镇军政首领颈上物的"政府计划价"，而在钱额或庄田房产上稍有浮动增减。如乾符三年发布的《讨伐王郢诏》，赐官差近，赏钱虽比王庭凑减半，但于赐宅之外加一座田庄："如生擒及斫得王郢头归顺者，当授四品正员官，并赏钱一万贯，赐庄宅各一区。"研究货币价格的学者或者可以据此找到晚唐万贯铜钱可买一座不错庄园的一个旁证。

北宋的主要威胁来自契丹、党项和女真，以对外作战为主，赏格也主要面对敌军的普通士兵，相比而言大买卖不多，如景德六年《募河北强壮杀蕃贼诏》规定"生擒契丹一个，支

---

[22] 宋敏求编：《唐大诏令集》，中华书局2008年版，第636页。

钱十千，斩级支钱五千；十人级以上，仍给公据，当议加奖"。咸平三年，"诏河东、北缘边吏民斩边寇首一级支钱五千，禽者倍之，获马者给帛二十匹"（《宋史·真宗本纪》）。若碰上所谓巨枭大逆，官方同样舍得下血本，如绍兴初年悬赏李成首级，除封节度使，还有银万两，钱万缗。《元史·耶律留哥传》记录过一个非常奇葩的赏格，不仅首级，连骨肉也以两为单位悬赏。契丹人耶律留哥联合蒙古起兵抗金，金将胡沙带兵来攻，"声言有得留哥骨一两者，赏金一两；肉一两者，赏银亦如之，仍世袭千户"。

与之相反，贱标人头价，竟成为羞辱对手的一个办法。《宋史·夏竦传》说：夏竦曾主持西北军事，西夏主元昊为表示对夏竦的轻视，定出了一个很低廉的"市场调节价"："募得竦首者与钱三千。"夏竦很没面子，赶忙让人将赏格毁掉。

明朝中后期，内多流寇，外有强敌，九边烽火，五毒齐进，人头遍地，奔救不暇，首级赏格也杂碎、多变。《明史·兵志》谓"自洪、宣以后，赏格皆以斩级多少豫定"。而关外异族的正规军与海上剧盗倭寇，相比内地流寇草贼，往往战力悬殊，斩首获级的风险系数与含金量当然也大不一样。《大明会典·军务》详记洪武、成化、正德、弘治、万历、嘉靖等朝关于不同类型首级计功的具体执行办法和相关调整，长篇累牍，苛碎烦细，喋喋不休，殊属奇葩。如成化十四年规定，对"内地反贼"，"一人擒斩六名颗，升一级。至十八名颗，升三级。验系壮男，与实授。幼男妇女、与十九名以上、并不及数者，俱给赏"。可见那时所谓"内地反贼"，居多是转徙沟壑的流民绝境揭竿，官方开出的"人头采购单"，却连妇孺老弱也不放过。

海上来的所谓"倭寇"（其主力乃是因海禁政策被禁绝与镇压的中国东南海商武装力量）锋不可当，人头当然也很值钱："嘉靖三十五年定：'斩倭首贼一级，升实授三秩，不愿者

赏银百五十两。"(《明史·兵志》)

西北九边重镇的驻军，要对付的是蒙古余部瓦剌、鞑靼及后金等剽悍的外族骑兵，更要硬功夫，首级价格又上一档，却出来一个潇洒的猎头高人满桂，轻松套现"人头支票"。

满桂原在九边军镇之一的宣府当兵，当时军令规定，斩获敌军首级一颗，升官一级，如不要官，可换白金五十两。满哥儿艺高胆大，爱真金白银，轻锦袍官帽，每战获级，总是先用人头换来白晃晃金元宝发财换酒，醉饱一回。等到壮年，才兑了个统领五十人的正七品总旗当。满桂后来成为捍边名将，而最终也不免死于战场，身首异处，此是后话。

长征期间，蒋介石也曾发布赏格，悬赏毛泽东等红军领导人的首级：生擒毛泽东者奖大洋十万元，献首级者奖大洋八万元；生擒彭德怀、林彪者各奖大洋六万元，献首级者各奖大洋四万元；生擒博古、周恩来者各奖大洋五万元……

金头银头一路道来，最帅的还是自己直接标价的人头。

东魏大将高敖曹善用马槊，勇猛无敌，时人誉为项羽再世。后因轻敌战败，全军覆没，西魏兵追至，他躲到护城濠桥下，但被发现。在劫难逃的高敖曹不改英雄本色，"奋头曰：'来！与汝开国公。'追者斩其首去"(《资治通鉴》卷一五八)。"开国公"这个价码，开得不过分，史称东魏丞相高欢听说高敖曹战死，如丧肝胆！而西魏丞相宇文泰则赏给这个取得高敖曹首级的幸运勇士布绢万段，国库一下子拿不出这么多，分年发给。就这样一直从西魏发到北周，北周为隋所代时，赏绢还没发足。

北齐的缔造者高欢亦算开国英主，一世枭雄，可在首级问题上受的气着实不小。546年，高欢倾山东之众讨伐西魏，首攻要塞玉壁（今山西稷山西南），遭到守将韦孝宽顽强的抵御，金木水火土什么办法都用上了，城池还是巍然不动。高欢无计，弄了一个赏格用箭射入城中,给韦孝宽的人头开出高价:"能斩城主降者,拜太尉,封开国郡公,赏帛万匹。"(《周书·韦孝宽传》)韦孝宽懒得调整,直接在赏格纸背批注:"能斩高欢者准此。"射回城外,把高欢噎得够呛。近两个月的强攻换来军士大量伤亡,高欢恨郁发病,半夜退兵。不久,这位一代枭雄在斛律金《敕勒川》的慷慨悲歌中病死晋阳。

在一次甚至可以说事关历史上汉族在中国北方兴亡存续的大屠杀中,人头赏格同样发挥着重要作用。十六国时期,各方少数民族武装力量对汉族经常采取种族灭绝政策,大规模杀戮汉人,如苦县战役尽屠晋军十数万;刘聪、石勒攻陷洛阳,屠杀王公士人三万多。羯人石勒建立石赵政权,其后石氏子孙自相残杀,石季龙养子冉闵胜出。冉闵本出汉族,得到石赵境内汉人的拥护,而"胡羯去者填门"。冉闵关闭城门,下令汉人"斩一胡首送凤阳门者,文官进位三等,武职悉拜牙门。一日之中,斩首数万。闵躬率赵人诛诸胡羯,无贵贱男女少长皆斩之,死者二十余万,尸诸城外,悉为野犬豺狼所食。屯据四方者,所在承闵书诛之,于时高鼻多须至有滥死者半"(《晋书·石季龙载记》)。

石勒的小红花

再说人头"大礼包"如何送。

人头礼可以送得非常情色温馨,罗马名将、大帅哥茹菲努斯的脑袋就享受了这种待遇。

536年,利比亚蛮族玛里乌人发动叛乱,消灭了驻扎在比扎奇乌姆的罗马军队。普洛科皮乌斯《战争史》记述这段历史时,特别提到罗马将领茹菲努斯首级的艳遇:

(茹菲努斯)即所有的人当中最勇敢的,通常是带着统帅军标的；罗马人把这样的军官称为"旗手"……茹菲努斯则在被敌人俘获后带走了。但是敌人一个将领美狄西尼撒斯担心茹菲努斯会跑掉并再次给他们制造麻烦，于是立刻砍下了他的头，把它带回家去拿给他的妻子们看，因为茹菲努斯的头特别大，头发也多，所以形成一种奇观。[23]

玛乌尼人是很久以前被希伯来人从巴勒斯坦赶到利比亚的腓尼基人的一部分。显然，玛乌尼人原本没有悬首辱尸之类的传统或者惯例，而这位蛮族将领美狄西尼撒斯是个充满好奇心的家伙，对美比较敏感，他砍下茹菲努斯的头颅后特意带回家，纯粹出于好玩，想讨家里那群婆娘喜欢。茹菲努斯须发浓密的大头，成为"海外珍异"，少不了要给美狄西尼撒斯众妻妾印上几个香吻。唐朝的老李头独享身后百首祭，可那百个首级都是和他有仇的汉子，真撞上肯定深仇大恨狂咬，与死后美人亲没得比。

罗马小努哥这种风流待遇，中国的断头牛人好像没谁混上。相反的例子倒有，南朝风流诗人谢灵运在贬所广州被杀，死前发愿把自己三绺过膝美髯献给南海祇洹寺的维摩诘菩萨塑像粘下巴，寺僧倒很珍惜，几百年保存完好，不料几百年后被狠毒泼辣的唐朝安乐公主派人一把剪下，千里传送长安，供她斗草取乐。

再如王莽。当初他的首级从长安传到更始帝刘盆子所在的宛城，刘盆子看着还在惋惜，身边的美人早已扑哧一笑：不是他胡搞招致天下皆叛，您现在还不知在何处亡命呢，我们众美人哪会在您这儿玉体横陈？于是把头悬到大街，很招百姓一顿

---

[23]［拜占庭］普洛科皮乌斯：《战争史》上册，商务印书馆2010年版，第337页。

击踢,据说连舌头都被人割去煮了吃。是吃,非吻。

中国虽没那么香艳的人头桃花运,却有把首级戏法玩儿到极致的顶尖高人,各种精彩、狗血人头剧不断惊悚上演。

古典小说、电影、电视中经常出现这样的场面,两军对阵,猛将出马,一刀把对方大将头颅砍下来高高拎起,敌人胆夺阵溃,最出名的大概要数关云长斩颜良斫文丑。还是关云长,东吴快马送来的人头大礼盒——一个沉重木函被打开,关云长的首级赫然出现,曹操当下大喜,不料首级突然眼翕须动,把他吓得一病不起。

关公已被神化,关于他的事少说也有几分夸张,唐初名将罗士信倒真是名不虚传的少年英雄。罗士信年方十四为将,两军对垒,他单骑出击,斩下敌人首级,抛到空中,用槊接住,揭着人头压敌略阵,无人敢近。李渊听说,让人画了罗士信的像来看,着实膜拜一番(《资治通鉴》卷一八二)。罗士信大概是清人小说《说唐全传》中天下第七条好汉罗成的原型吧,但在史实中,他与燕公罗艺并无亲子关系。

清平世界也可以白日斩人,揭首标头。武则天为肃清政敌,大倡诬告,酷吏四出。市井无赖王弘义以告密滥杀起家,有人诬告胜州都督王安仁谋反,武则天让王弘义查办,他二话不说把王安仁和他儿子的头斩了,装在匣中带回洛阳。路过汾州,汾州司马毛公请他吃饭,还没吃完又莫名其妙地把他也砍了头,还学罗士信的样,"枪揭其首",扬长回洛阳。宣传效果显然不错:"见者无不震栗。"(《资治通鉴》卷二四〇)不过报应总会到来,被这种场景"震栗"的不止百官、百姓,多年后马嵬驿之夜,唐玄宗李隆基在生别杨贵妃之前,已经被小舅子杨国忠震栗到了。当夜军士哗变,矛头对准杨家,"国忠走至西门内,军士追杀之,屠割支体,以枪揭其首于驿门外,并杀其子户部侍郎暄及韩国、秦国夫人"(《资治通鉴》卷二一八)。

虽然谁的人头从颈上断开都叫首级，大佬的人头往往一首抵千级，成为超级大礼包。

荆轲把秦国通缉犯樊於期人头装匣献给秦王，这份厚礼居然让秦王屁颠屁颠，差点用自己脑袋回填。

吕布先为丁建阳养子，受董卓利诱，反水斩义父，带着他的首级去见董卓。丁建阳的人头，成为吕布得手的证据和晋见大礼。以人头为投诚、晋见之礼，很到位，很常见。

楚汉之争白热化时，常山王张耳为陈余所败，决定投奔刘邦，"奉项婴头而窜，逃归于汉王"（《史记·淮阴侯列传》）。项婴的人头就是张耳的投名状。

表示诚意，换取盟友支持甚至敌方妥协、合作，首级也是最好礼物。

后赵皇帝、羯人石勒是中国历史上唯一一个奴隶出身的皇帝。晋征北将军祖逖北征，与石勒对峙。石勒为示好，派人到幽州为其修葺祖坟。后来祖逖部下牙门将童建杀了新蔡内史周密，带着周密的人头投靠石勒，石勒反过来把童建斩了，将两个首级拼一对，送还祖逖。自此，祖逖对石勒所部来降者也不接纳。可怜当日周、童这对冤家两个好头，一齐剪接成石勒的"外交小红花"。

唐末天下大乱，唐昭宗被宦官韩全诲等劫持至凤翔（今陕西宝鸡），朱温围困凤翔一年多，跟随出奔的宗室诸王成批饿死，凤翔节度使李茂贞挨不住，唐昭宗也没有办法了，只得屈服讲和，"昭宗遣中使押送军容使韩全诲已下三千余人首级以示帝（梁太祖朱温）"（《旧五代史·梁书·太祖纪》）。一口气三千多个人头，让人倒抽冷气。不过这个数字经不起推敲，因为当日朱温要杀的主要是劫持皇帝出奔的宦官，全国各地宦官加起来都没这么多。《旧唐书·昭宗本纪》倒有个准数，只不过缩水太厉害："中尉韩全诲、张弘彦已下二十人首级。"同为正史，相差超过数百倍，难怪康熙不杀卫既齐。

凡事有例外。赤眉绿林战败投降光武帝，光武帝给了这帮"贼首"较好的待遇，并对他们的功过给予评价。刘秀说，你们残破天下，作恶虽大，但尚有"三善"，其中能立刘氏宗室为君（先为刘玄，后为刘盆子）为一善。"余贼立君，迫急皆持其首降，自以为功"（《后汉书·刘玄刘盆子列传》），但你们没有，把刘盆子活着交出来，又算一善。

卜头记

官渡之战，曹操向敬业的粮官借人头安定军心，为首级史上的神来之笔。不过曹阿瞒有师傅，谁？刘邦。

古代开国帝王中，刘邦算得上人头老祖，首级戏法玩得极好。他号召天下诸侯共伐项羽，赵王陈余提了一个条件："汉杀张耳，乃从。"陈余、张耳当初乃刎颈之交，一道避难，一同起兵反秦，后来交恶。项羽分封诸侯，张耳为王而陈余仅封侯，陈余联合齐王田荣击败张耳，张耳投奔刘邦，得到厚待。陈余哪里解恨？遂趁机索头，刘邦还真爽快，随即派人割头送来，可事实上真张耳还顶着脑袋好好活着！原来，刘邦给张耳找了个替身。这个假人头着实蒙了陈余好一阵子，被发觉后，刘邦反过来派张耳跟着韩信一起攻打陈余，最终的结果是陈余兵败，身首分家。这个现实版的"刎颈之交"，被蒯通拿来教育韩信，可惜他不醒悟。

清人小说《说唐全传》第四十八回有个情节，李世民为招降尉迟恭，找了个很像尉迟恭的主公刘武周的士兵，斩首送上。但尉迟恭一摸首级后脑勺马上识破，因为刘武周脑后有块鸡冠样的隆起，人称"鸡冠刘武周"，这个代死者面目酷肖，但后脑无冠。

《说唐》是小说，不足征信，但假头计的确在隋末混战中发挥过重大作用。王世充与李密邙山决战,事先准备了一个李密替身,在战斗正酣时让人牵出替身斩首,全军山呼万岁,连李密部属也信以为真,由此溃败。[24] 如果说曹操是刘邦的大弟子,王世充或可当二师兄。

刘邦也有师傅。周景王二十四年(前521),前一年逃亡到吴国的宋国大司马华费遂之子华登带着吴军反攻宋元公,激战正酣,宋国大夫厨人濮"以裳裹首而荷以走"(《左传·昭公二十一年》),即用衣裳包着一个人头扛在肩上边跑边喊:"得到华登人头了!"结果有效动摇敌人军心,逆转战局。

纵观刘邦发迹史,关键时刻,总有人头帮大忙。

刘邦伐秦,挥师西进,开始只有万把人,力量还很薄弱,郦食其帮他"袭陈留,得秦积粟"(《史记·高祖本纪》),为以后的一路凯歌打下基础。郦食其这个忙,是借老朋友人头帮的。他利用自己与陈留县令的交情,进城说降,不果,当夜袭杀陈留县令,把人头带出城来。第二天,刘邦引兵攻城,用长竿高悬陈留县令的首级给守城兵士看,效果当然没得说。

刘邦和平解放鲁地,则是借的项羽人头,史谓"一头下鲁城"。项羽垓下自刎后,汉军徇鲁地,鲁城不降,尽管大兵压境,城上诸儒仍弦歌不辍,让一向轻慢儒生的刘邦颇为意外。他让人提着项羽的首级到城下展示,并许诺以鲁公之礼厚葬项

---

[24]《资治通鉴》卷一六八:"世充士卒皆江、淮剽勇,出入如飞。世充先索得一人貌类密者,缚而匿之,战方酣,使牵以过陈前,噪曰:'已获李密矣!'士卒皆呼万岁。其伏兵发,乘高而下,驰压密营,纵火焚其庐舍。密众大溃。"《胡三省注资治通鉴》引述《革命记》云:"世充先于众中觅得一人眉目状似李密者,阴畜之而不令出。师至偃师城下,与李密未大相接,遽令数十骑驰将所畜人头来,云系得李密,充佯不信,遣众共看,咸言是密头也。遂于城下勒兵,掷头与城中人,城中人亦言是密头也,遂以城降。"

羽，于是城门大开。如果说张耳的假人头是换取陈余出兵的伪礼物，楚霸王这个真人头，则是一个楚汉之争尘埃落定的终极证明，亦是汉有天下四百年文治的开始。

不过，若要评出中国历史上最惊险的"耍头者"，曹操、刘邦、王世充们都要退避三舍。此人是谁？李自成。

崇祯十二年，李自成被明将杨嗣昌围困在鱼复诸山中，眼看无路可逃，李自成绝望得想上吊，被养子双喜拦住。不断有将领逃出山去投降明军，当李自成觉察到手下最骁勇、忠诚的猛将刘宗敏也产生动摇时，他用自己的人头当骰子，下了一个无比凶险的赌注。他和刘宗敏走进山中一个荒废的神祠，对刘说：以前相士说我命中该当皇帝，今天我就在山神面前求卜，如果不吉，说明扯淡，你就把我的头砍下来拿去投降好了！

骰子掷出，三卜三吉！

这一下，刘宗敏死心塌地了——

> 宗敏还，杀其两妻，谓自成曰："吾死从君矣。"军中壮士闻之，亦多杀妻子愿从者。自成于是尽焚辎重，轻骑由郧、均走河南。（《明史·流贼传》）

《夷坚志》有一则《富池庙》的故事，说的是南宋建炎年间，金兵南侵，盗贼蜂起。有个巨寇马进带兵从湖北黄州一带渡江，路过兴国江口，到供奉着三国吴将甘宁神像的富池庙"求盃珓，欲屠兴国"，连求三次，不得胜珓。马进发了狠，说，我再掷一次，得胜珓屠城，得阳珓也屠城，如果敢给我阴珓看，老子连庙也烧了！说完双手将一对珓狠命掷下，咦，落地只一个！找来找去，猛抬头，发现另一只竟然像被吸住一样附着在高高的门楣上，这下子把马进吓得对着神像直捣蒜。马进只算小贼，父老说，殿内高梁间还虚悬着一对大珓，"相传以为黄巢所掷也"。可知二百多年前大枭雄黄巢就在这儿赌命发过狠,没用。

无胡须抛物线

再说首级如何开"证明"。

"首级证明",多是在非常关键的节点或情势万分危急时开出来,为此经常伴随各种惊险动作,"抛头颅洒热血"还真不是文艺腔。胡三省注《资治通鉴》引述《革命记》,谓王世充士兵"掷头与城中人",这个李密假头如何掷得上高高城墙?莫非要用上攻城的掷石机?无考。南朝刘宋王朝后废帝刘昱在七夕之夜喝得大醉,被卫士砍下人头。王敬则连夜将人头送给幕后主谋领军萧道成。萧道成不敢相信,王敬则直接把人头掷进萧道成领军府,庭院围墙一般不会太高,听来比较靠谱。

901年开春,长安,一个无须男人的头颅,也像铁饼一样被抛过宫内少阳院的院墙。

此前不久,宦官刘季述、王仲先发动兵变,逼唐昭宗退位,把他连同皇后及公主、宫嫔十余人一起关进宫内少阳院,融化铁液铸塞锁孔,严兵把守。皇帝的衣服白天穿晚上洗,食物从小洞送进。天气转寒,公主嫔御冬衣不备,无衾少袄,哀号之声连宫墙外都听得见。眼看要僵作一窑冻品,宰相崔胤及时策反都将孙德昭,设伏劫斩王仲先。当孙德昭提着王仲先的人头来到少阳院门外报信时,惊吓冻饿的皇帝、皇后犹疑不敢相信,皇后怯怯地说:要是真的,请把人头扔进来。于是,王公公那无须的头颅,在高高院墙上空划过一道优雅的抛物线,门内众宫人一声欢呼,迸发出巨大的吃奶之力,一下子将门推倒。

王仲先是宦官,理该无须。不过凡事都有例外,宋朝大宦官童贯却长得"魁梧,颐下生须十数,皮骨劲如铁,不类阉人"(《续资治通鉴》卷九七)。童贯的结局也不妙,被追斩于赴贬所的路上，然后"函首赴阙，枭于都市"(《宋史·童贯传》)。宋朝大理寺的验头官当然知道童太监有须，当日若是叫南侵的金兵斩了去领赏，估计金兀术不相信。据称"李光弼之母，须数十根"(《古今谭概》)，不知就里的验头官碰上如此异相，也要晕菜的。

南朝宋文帝第十八子刘休范的人头不飞天，却入地。因为入地，头颅没有及时送达前线示众，差点影响了建康（今南京）城内一场决定性战争的胜负。刘休范排行十八，天生弱智，得以在宋明帝对一群亲兄弟的无情清洗中漏网。岂料老虎一断气，家猫也上树，明帝死后，他起兵问鼎。乱起仓促，朝廷无备，兵力甚弱。无奈这刘十八弱智又嗜酒，中领军萧道成略施小计，派人诈降，在酒局上轻松砍下他的脑袋。可怜刘十八头断之时，建康城中激战正酣，他部下杜墨蠡、丁文豪等率兵强攻朱雀门，并已杀将破门，情势十分危急。萧道成急派军官陈灵宝送刘休范首级进台城，半路遭遇敌人小股部队，陈灵宝临时把人头埋到路边土中，只身冲入台城发布获级消息，但空口无凭，情势危急。幸好不久人头送到，他的部下一看，即时溃散。类似的故事或者说场面，经常发生。

这个"一头定江山"的故事让我们联想起《圣经》中的《朱迪斯记》。亚述王的忠臣、骁将赫罗弗尼斯攻陷了很多巴勒斯坦地区的城市，当他带领大军来到以色列人居住的城市伯图里亚时，伯图里亚城一个美丽的寡妇朱迪斯带着女仆来到亚述军营，献身于赫罗弗尼斯并取得他的信任。后来朱迪斯趁赫罗弗尼斯酣睡时成功实施暗杀，割下他的头颅带走，亚述大军因而溃散。从文艺复兴时代到20世纪，多位西方艺术家曾为这个故事创作了大量美术作品。

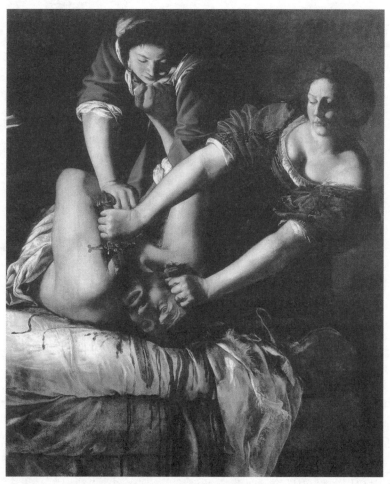

图 54 《朱迪斯斩杀赫罗弗尼斯》 阿特米西雅·简特莱斯基 绘

三　一笑倾人头

狂怒的国王

人头－首级诸般用途中，计功受赏、礼物、证明等项，基本属于实用范围，尤其后两项，通常发生在特殊事件和具体语境中，既难预定，也无通式，相似做法或事例，广泛存在于冷兵器时代世界各地的战争史中，差异不大。

巫术祭祀与辱尸宣威存在密切关系，通约点是都诉诸精神层面和社会意识。人头祭及相关的巫术活动在世界各地远古野蛮社会中普遍存在。人头用于宣威慑敌，初时也当与祭祀及禳除祝诅等原始巫术的施行形影相随，带有很强的巫术和宗教色彩，商周斩首礼就是一例。在社会文明进步的过程中，这种本该被逐渐废弃或取代的血腥野蛮行为，一旦与专制统治的某种构架、逻辑相契合，被以国家、政权的名义改造定型，就有可能固定为相应的官方仪式，得到延续，成为直接影响社会意识形态的特殊符号。由祭祀与宣威慑敌这两味人头的"老药根"在中国礼教文化和集权专制的九转炉里烧炼出来的怪丹——制度性的"传首"，即为典型。

中国古圣先贤从来不惮"三冢磔蚩尤，千脔割王莽"[25]，虐尸辱首司空见惯，被肯定乃至赞美，"枭首""戮尸"写入多个朝代刑典，人头的传送与悬示常态化。然而，这种做法没有成为"国际惯例"，在世界范围内并不多见。

一个狂怒的波斯国王和一个生气的希腊统帅，形成一组有

---

[25] 徐陵：《与齐尚书仆射杨遵彦书》，严可均辑《全陈文》，商务印书馆1999年版，第349页。

意思的对比，颇可说明问题。

前480年，波斯国王克谢尔克谢斯（又译"薛西斯一世"）带领几百万海陆大军第三次远征希腊。斯巴达国王列欧尼达司率三百斯巴达重武装兵和数千其他城邦联军在铁尔摩披莱（又称温泉关）阻敌。战斗持续三天多，在腹背受敌的情势下，三百勇士掩护联军撤退，之后全部阵亡于战场。

波斯军队则付出了完全不成比例的惨重代价：伤亡两万多人，国王自己的两个兄弟也在这里倒下。

战役结束时，波斯国王下令割下列欧尼达司的首级悬挂起来。

希罗多德《历史》如此记述此事：

> 他（波斯国王）听说列欧尼达司是拉凯戴孟人（Lacedaemon，斯巴达古名）的国王和统帅，就下令把列欧尼达司的头割下来，插到竿子上。在许多证据当中，特别是这个证据使我看得最清楚……国王克谢尔克谢斯对他的愤恨是过于任何人的，否则他决不会这样残暴无礼地对待列欧尼达司的尸体的，因为在我所知道的一切人中，波斯人在习惯上是最尊重勇武的战士的。[26]

当希腊联军在普拉塔伊阿战役中取得决定性胜利，彻底歼灭尚未撤退的波斯远征军主力后，有个外族军事首领想拍联军统帅帕乌撒尼亚斯的马屁，建议他将阵亡的波斯军团最高指挥官玛尔多纽斯的人头割下来示众，给列欧尼达司报仇。帕乌撒尼亚斯一听马上翻脸：

---

[26] 希罗多德著，王以铸译：《历史》，商务印书馆1959年版，第560、658页。

> 你劝告我要我凌辱死者并说我如果这样做，便可得到更多的赞扬，这样一来你就把我搞倒在地上，变得一文不值了。……这样的事情，与其说适合于希腊人，毋宁说是更适合于异邦人。而且这样的事甚至在异邦人做出来时，在我们来看都是应当受到责难的。[27]

反常的波斯国王和发怒的希腊统帅，都绝好地说明战场上虐死辱尸乃至传首悬示，至少在那时的波斯和希腊，都被认为是不光彩的迁怒行径，直接损害胜利者的品格和声誉，更别说成为风俗、惯例、官方规定了。

古罗马也没有在战争中把敌人头颅割下来进行侮辱性展示或献祭的习俗，他们认为，缴获的敌人的甲胄武器，才是最值得炫耀的战利品。罗马王政时代（前616—前509）首位国王罗慕路斯击败凯尼那人的进攻，杀死他们的王之后，不是割头悬示，而是把他的武器作为战利品，挂到卡皮托尔山牧人的圣木橡树旁，并首次献祭给朱庇特神庙。在第三任王图鲁斯时期，罗马人曾与阿尔巴人打赌，由两军各派一对三胞胎兄弟进行决斗，由此决定哪个民族该统治另一个民族。结果罗马方面的豪拉乌提斯三胞胎侥幸胜利。终局胜利者——唯一幸存的一位豪拉乌提斯也只不过剥下死去对手的甲胄，披挂在自己肩上，以此宣示胜利。

类似情形在中国古代也偶尔发生过。前638年，鲁国与邾国发生战争，鲁为大国，邾乃附庸小邦，鲁僖公很不当一回事，结果意外吃败仗，连头盔都丢了，邾人把他的头盔悬挂到城门上。另根据出土简牍史料，郅支单于被杀后，其武器袍甲被特

---

[27] 希罗多德著，王以铸译：《历史》，商务印书馆1959年版，第658页。

地保藏到西汉王朝设在东海郡的武库中。北宋开宝二年（969），宋将何继筠"败契丹于阳曲，斩首数千级，俘武州刺史王彦符以献，命陈示所获首级、铠甲于城下"（《宋史·本纪太祖》）。第一例邾人只夺得头盔，第二例比武器袍甲更重要的郅支首级传首长安并悬头示众，第三例则首级与铠甲并陈，这说明在中国古代，首级始终是最重要的耀武扬威之物。

反之，不管象征还是实指，神示或者隐喻，确凿的事例倒是告诉我们，人头在古罗马人那里，代表了尊贵、领袖、统治等积极的意义，受到尊重，甚至成为吉兆、圣物。

罗马王政时代的最后一位国王小塔克文王为了征服盖比伊人，派小儿子塞克斯图斯诈投盖比伊，骗取盖比伊人的信任，成为大权在握的军事首领。塞克斯图斯派一名信使秘密潜回罗马去问父亲下一步该如何行动，但是他父亲不说话："王似乎在冥思苦想，他穿入他宅院的花园，儿子的信使跟在他后面，在那里，据说，他踱着步，一言不发，用杖击下了罂粟花的最高头。……当塞克斯图斯明白他父亲希望什么和以默默的暗示指示什么时，便除掉头等公民。"不久又有另一桩与头有关的重大事件在罗马发生，小塔克文王大兴土木扩建朱庇特神庙，在开掘地基时，挖出一个人头："另一桩预示帝国伟大的怪事随至：据说，一颗外表完整的人头显露给挖掘神庙地基的人。这一被目睹的现象不是模棱两可地预示：此地将是帝国的城堡和世界之都。而且，不仅在城里的而且从伊达拉里亚召来讨论该事的占卜师也这样预言。"[28] 这两件事，均记载在保留至今唯一一部出自罗马人之手的古罗马早期历史著作——《建城以来史》中。当然，各种酷刑在古罗马照样大行其道。例如

---

[28] 李维：《建城以来史》，世纪出版集团2005年版，第137、139页。

对犯通奸罪的士兵处以车裂，办法是将犯人四肢捆到弯曲的树上，然后砍断绷紧树枝的绳子，让树枝的反弹力拉断犯人的四肢等。

大汗杀

与希腊、罗马相比，东方蛮族的野蛮系数似乎更高，特别是马背上血拼的游牧民族。匈奴处置大月氏王头颅的事不讲，后来蒙古铁骑横扫亚欧大陆，所到之处无坚不摧，对不及时归顺的城邦，城破之日，往往除留下少数工匠外，不论男女老幼不打折扣彻底屠灭，那人头不只堆积如山，而且是一座一座的人头山。

1219年，成吉思汗西征花剌子模，这场彻底的征服战争历时五年，残酷程度无以复加。伊朗人志费尼所著《世界征服者史》详细记述战争期间的多次屠城。如拖雷攻下马鲁，屠城四天，"把马鲁的居民分配给军士和签军，简言之，每名军士要杀三百到四百人。……到傍晚，死者如此之多，以至大山变成了小丘，原野浸透了豪杰的血"。之后清点死者尸体，"仅点一点一眼得见的尸体，他们就得到一百三十七万的数字"。拖雷的先锋、成吉思汗的驸马脱哈察儿在你沙不儿城下死于流矢，城破之日，脱哈察儿的长妻带人屠城，仅留下四百工匠，其余全部杀光："他们割下死者的头，堆积如山，又把男人的头和妇女、儿童的头分开来。"偶尔也割耳朵，如征服契丹人时，十万契丹大军战败被杀，"蒙古人把死者的右耳堆积成山"。此种做法，有类中国古代的筑"京观"，带有威慑敌人以瓦解抵抗的决心、勇气的目的，但未见传头悬首成为惯例。

蒙古人对木剌夷国末代教主鲁坤丁的处置，有助于支持上述论断。

蒙古旭烈兀王子率军西征据有祃拶答而（今伊朗马赞德兰

省）的木刺夷国（亦思马因派宗教王国）。1256年冬天，国王鲁坤丁走出城堡投降，之后被送到当时蒙古首都哈剌和林，但蒙哥可汗没兴趣见他，《世界征服者史》引用蒙哥的原话说："千里迢迢把他带来，这没有必要。"蒙古人打发鲁坤丁一行回程，并在半路将他们消灭："他和他的信徒给踢个半死不活，然后处斩；于是没有留下他和他家族的形迹，而他和他的族人仅变成人们嘴上的笑谈，世上的一个传说。"这个例子似乎说明那时蒙古人对被征服国国王的人头并无特别兴趣。

偶尔也有要人头的时候。1218年蒙古大将哲别攻灭西辽，穷追西辽汗出屈律到巴达哈伤边境河谷（位于今阿富汗东北角）中一处绝境，当地猎人抓获出屈律献给蒙古追兵，"后者割下他的头，随身将头带走"，目的应是作证交差。将敌酋脑袋异地传送展示献祭大搞仪式，那时的蒙古人看起来还不兴这一套。[29]

蒙古入主中原建立元朝以后，也常搞分尸传首，"磔裂以徇""支解以徇""磔以徇"（《续资治通鉴》卷一八七、一九八、二百六）等，数见记述。这种变化的发生，是否受了中原汉族文化的影响，不好说。

再说奥斯曼帝国。

奥斯曼帝国曾有"送头"之制，但目的并非献祭，宣威也是附加的。

为杜绝贵族世袭而危及皇权，奥斯曼帝国创立了一种特殊的从奴隶中培养官僚的制度。帝国从边远区域非伊斯兰教的民族中选拔男童进贡为奴隶。这批奴隶接受良好的教育，长大后根据能力担任不同的行政职务，成为苏丹的耳目手足。但是，

---

[29]〔伊朗〕志费尼：《世界征服者史》，商务印书馆2010年版，第179、195、215、808、70页。

苏丹对他们有生杀予夺的绝对权力,一旦苏丹要结束谁的性命,他的头颅就必须从任职地被砍下来拎到首都还给苏丹,目的只有一个,就是显示苏丹的权力得到绝对执行,因此,首级传送的路线是固定的,目的地和收件人都只有一个,无须沿途展览。虽也有斩首悬示的做法,一般来说仅限于对待叛徒:在苏丹宫廷"外围的两个庭院中,奥斯曼人举行着婚礼、割礼和出生礼,把叛徒的脑袋挑在柱子上示众"[30]。

血瀑和断头台

再说美洲。

因为本身历史发展的自然进程被发现新大陆的欧洲殖民者打断,美洲无法提供野蛮部族向文明社会升级转型过程中首级史的完整样本。我们现在可以了解到一些局部地区或部族的情况,如生活在安第斯山脉的热带丛林里和厄瓜多尔及秘鲁的亚马逊低地地区的舒阿尔人有猎取人头制作干缩人头的传统,目的是通过特定宗教仪式取得受害人灵魂中那异乎寻常的力量。另外我们知道,晚至15世纪,阿兹特克人还在举办大型血祭。猎头习俗曾广泛存在于世界不少野蛮民族中,新西兰的毛利人同样在部落交战时猎取人头。

阿兹特克人是美洲一个原始部落,位于今天的墨西哥本土南面。血是阿兹特克人宗教的中心内容(这让我们想起山顶洞人头骨周围的赤铁矿石和相关的"流血出魂"仪式),祭祀所用鲜血主要来自战俘,猎血取心甚至成为他们屡屡发动战争的直接动因。《人类酷刑史》记述了阿兹特克人大规模血祭的场面:

---

[30] [英]杰森·古德温著,罗蕾、周晓东、郭金译:《奥斯曼帝国闲史》,江苏人民出版社2010年版,第51页。

那些被他们俘虏的战士被带回到特娜奇提特兰（后来的墨西哥城）。穿过香烟缭绕的烟云，他们被一个个地带上金字塔的台阶。他们的心脏又被一个个地撕扯出来，一条血液流成的河流漫过金字塔的阶梯流了下来……那些头颅被排列在一个大头颅架上……

1487年，随着阿兹特克人的又一次成功征伐，金字塔再次享受丰盛的祭品。这是一次大规模的屠杀，战俘沿堤道排成长队被赶入特娜奇提特兰城，血流成河的祭祀持续了四天。鲜血从金字塔的四面瀑布似的流下，在金字塔底下形成一个巨大的血池，数千颗头颅被排在了架上。

作者接着感叹："当我们审视诸如阿兹特克或者其他原始部落所进行的野蛮仪式时，我们很难在原始的仪式、酷刑和牺牲仪式之间划清界限。"[31]不过，假如说我们透过遥远时空，凝想并复现蒙古铁骑下你沙不儿城城外一座座人头山和墨西哥古城金字塔奔泻而下的血瀑、望不到头的人头架，不由以为嗜杀猎头只是野蛮民族的本性时，请别让瀑布喧腾的声音掩盖了美国总统亚伯拉罕·林肯不带血的种族灭绝令：

"对于美国来说，死去的印第安人才是好的印第安人。"

从欧洲人殖民美洲到建立美国，就是印第安人从领土到生命被不断剥夺的过程。印第安人传统以保留剥下来的俘虏头皮作为战绩和勇武的证明，美国第一任总统华盛顿更不掩饰，公开鼓励士兵直接从被杀印第安人尸体的臀部往下剥皮，以"制作出高的或可以并腿而长的长筒靴来"。殖民者不以异族土著为同类，残酷杀戮甚至采取种族灭绝政策，与野蛮人在部族战

---

[31]［美］布瑞安·伊恩斯著，李晓东译：《人类酷刑史》，时代文艺出版社2000年版，第42—43、35页。

图55 特娜奇提特兰（后来的墨西哥城）的金字塔
　　这是阿兹特克人之前的部族修建的，但同样保留了举办血腥人祭仪式的遗迹。

图56 阿兹特克人祭司用于盛放敬献给神祇的人牲鲜血的祭祀用碗，高14.5厘米，直径23.8厘米，由绿色斑岩石雕刻而成

争中对待异族如出一辙。

　　欧洲大陆特别是英法两国的情况似乎糟糕得多，尤其在辱尸悬首方面，古代英国与中国有颇多类似做法。正如英国著名哲学家、史学家休谟在其杰出的著作《英国史》所言："一切良好美制都要同样小心谨慎地防范人类社会的各种邪恶，君主的暴政、贵族的恣睢、人民的疯狂同样都是防范的对象。"[32]英法等国是欧洲基督教世界的封建领主制国家，其从小邦林立到逐渐统一，以至由君子政体向资本主义民主社会变革的过程，也是在这三种类型邪恶力量的血腥荼毒下飘摇前进的过程。此外，宗教冲突也曾导致成千上万人被送上绞刑架、断头台。

　　法国大革命是人类文明史上混乱、黑暗、残暴的时期之一，斩首泛滥，断头台前血流成河。刽子手的助手会在断头铡落下后把人头拎起来向观众展示，但一般来说随后即将人头与

---

〔32〕［英］休谟著，刘敬仲译：《英国史》卷二，吉林出版集团有限责任公司2012年版，第139页。

尸体一起埋葬。1793年1月21日，国王路易十六被押上断头台，行刑后，他的人头就和肢体一起被运到巴黎的主教城墓地埋葬，"头颅放置于两腿之间，面孔没有血色"[33]。偶尔也有个别人的头被挑在竿头游街。巴黎公社上台期间，仅1792年9月初的两三天内，巴黎就死了约一千五百人。人民法庭在混乱失序中判决法国王后的朋友朗巴尔夫人死刑，而后她被强迫赤裸身体游街，半路被一个屠夫割下人头，而后被疯狂的人们分尸，头颅被挑在一根长竿上游遍整个巴黎，演变为一场暴民嗜血的狂欢，但这并非预定的官方制度设计。在此前封建君主统治的时期，绞刑、火刑等其他刑罚也在英、法等国经常使用，斩首似乎未占绝对优势。例如法兰西国王美男菲利普残酷镇压圣殿骑士团，一次就以异端分子罪名将其中四十五人处以火刑。

英国有对敌酋或被判叛国、叛乱等类似罪行者处以斩首悬头或者分尸展示的法条和惯例。英国国王爱德华一世征服威尔士，威尔士的两个王子——卢埃林和大卫，前者死于战场，头被砍下来后送给国王，接着被送给安格尔西岛的英格尔部队，而后在伦敦塔的大门上悬挂了十五年。他的弟弟接着组织武装抵抗失败被抓，"英国贵族同辈组成的法庭对他进行审判。他……被定为叛徒绞死，四马分尸"[34]。爱德华二世时，亲王兰开斯特伯爵潜结苏格兰反对国王，兵败后，军事法庭以公开叛乱、武装反对君主罪判决其死刑，斩首示众。一些城市的标志性建筑或中心地点也经常展示首级，如伦敦桥、威斯敏斯特宫、伦敦塔、都柏林城堡等地，虽没有"传首"这样一个说法，事

---

[33]［法］贝纳尔·勒歇尔博尼埃著，张丹彤、张放译：《刽子手世家》，新星出版社2010年版，第135页。
[34]［英］休谟著，刘敬仲译：《英国史》卷二，吉林出版集团有限责任公司2012年版，第63页。

实上经常这样做。从14世纪到17世纪，甚至有一个"管头人"（Keeper of the Heads）住在伦敦桥的门楼里。不过与古代中国比较，两者的本质的区别仍然显而易见。一是英国人没有发明出一个污名化的罪名如"枭""枭首"，对展示首级进行道德赋义，甚至举行献祭仪式；二是未建立起一套完整的首级枭传封藏制度，没有像武库、太庙之类涂上礼教德政釉彩的所在用于封藏首级，悬示的头颅往往任其自然朽损或掉落河中流走；三是这种刑罚基本用于对付叛国谋逆之类大罪，未常规化、扩大化到孝道伦常或其他普通的刑事犯罪。

销骨记：黑蛇之喻

波斯国王、希腊统帅、罗马列王、蒙古大汗等一行人都打过照面，中国的圣王大帝们又有何出彩的表现？我们也找几位有代表性的人物出来比比、看看。

传说黄帝打败蚩尤，将他剥皮剁骨，分尸踢头，无疑是酷杀辱尸的祖师爷。周武王一攻破朝歌就举行祭礼，亲自操刀，对纣王及二妃的尸体箭射剑击，折首悬旗。轩辕黄帝和周武王，可谓古圣先王中最有代表性的人物，一个位居五帝之首，另一个是三代圣王的收官式人物。更有标杆意义的是他们的踢头辱尸之举都成为榜样，为后世儒者称道，暴君效尤。

刘邦将彭越、韩信等功臣"具五刑"而族诛之，彭越更被醢肉传羹。

王莽对付政敌和反叛者，传首、传尸、筑京观（人头堆）、活剖脏腑、通衢烧囚、掘墓鞭尸、五毒坑人等，一件不落全做遍。

隋炀帝平定杨素之子杨玄感的叛乱，连诛九族，其中不少人被车裂之后枭首，或者先磔后射，并命令公卿大臣裔啖他的肉。意犹未足，又将其改姓枭。

唐太宗曾如此斥责丘行恭为表忠心而啖食被告谋反的代州都督刘兰的心肝："如果食谋逆者的心肝是忠孝，那么刘兰之心肝应该让太子和诸王来吃，怎么轮得上你呢？"

朱元璋动辄对罪犯剥皮扬灰，这个做法在明清两朝屡被效法。正德皇帝朱厚宣，曾下令凌迟处死流贼赵镟等六人，并剥皮制成鞍镫，安置在御马上。他离京平定宁王朱宸濠反叛，班师时"俘从逆及悬诸逆首于竿，皆标以白帜，数里皆白"（《明史·五行志》）。崇祯一朝，不仅被酷刑处死的流寇剧贼不可胜数，还专一诛灭有能力和功勋的大臣，袁崇焕、熊廷弼等人均被传首九边。他深知一旦国破人亡，这种磔身枭首的轮回可能就要落到自己身上，李自成攻进北京，他上万岁山自缢，在衣襟上留下遗书："朕死无面目见祖宗，自去冠冕，以发覆面。任贼分裂，无伤百姓一人。"（《明史·庄烈帝本纪》）他认领或者说预想了被裂体戮尸的下场，可谓自愧自知。

通过比较，我们可以发现，虽然残忍嗜血是战争固有的丛林规则和统治者共同的本性，但中国的圣王大帝在枭首辱尸方面更是前仆后继乐此不疲。其实，从被传说塑造的黄帝，到预期自己死后将被裂体分尸的朱由检，他们的观念行为，都受制于一套特殊的密码，木偶背后，都有一个巫师在提线。首级是人身体的一部分，而身体权又归属于生命权，首级的际遇，与中国文化怎么对待生命、定义身体直接关联，所以，我们应该到文化意识与政治机制中寻找这种行为取向后面本质的原因和动机。

一个诡异可怖的故事，来自李肇《唐国史补》：

> 李舟之弟患风疾，或说乌蛇酒可疗，乃求黑蛇，生置瓮中，酝以曲糵，戛戛蛇声，数日不绝。及熟，香气酷烈，

引满而饮之,须臾悉化为水,唯毛发存焉。

这又是一个发生在唐朝的故事!李肇笔下的李舟是大历时人,官至虔州刺史,封陇西县男。喝黑蛇(《太平广记》收有另一个版本,黑蛇异文为墨蛇)之酒的人既是李舟之弟,听来感觉蛮靠谱,但谁能相信一个活生生的血肉之躯,一个刚刚还谈笑自如举杯豪饮的男人,瞬间化为地上数茎毛发一汪清水?!惊回首,黑蛇在瓮中数日不绝的嘎嘎异响,刹那变成蚀骨销肉的枭鸟唳叫与楚霸王被大撕五块的动地轰鸣,香气酷烈的黑蛇酒瓮,也变成夺命灭身的硫酸池、杀人机!

这个黑蛇酒瓮,与《太平广记》中那雍州人用以击落枭鸟的三节鞭一样,绝妙暗喻了中国礼教文化对个体生命尊严成功的异化、消解。

还记得汉儒给枭鸟安的莫须有罪名是什么吗?食母!正是礼教裁判的最后一声"不孝"黑哨,把无辜的野枭彻底打入十八层地狱,定格为永不翻身的"恶鸟",而"枭悬"随之成为"以孝治天下"的道德语境中合情合理的规定动作和观赏项目。如果将酒瓮比作中国礼教文化的话,瓮中这不可思议的黑蛇,就是"孝"。

在"以礼治天下"这管专制文化的超级狙击枪上,"孝"既是扳机、准星,亦是消声器,是打通礼、刑、兵三者内在关系的核心概念和逻辑工具;是后来被理学家们"斩首"去头,炼成礼教僵尸符咒的"诚意正心修身齐家治国平天下"的起尸丹、还魂诀。[35]

---

[35]《大学》原文是"物格而后知至,知至而后意诚,意诚而后心正,心正而后身修,身修而后家齐,家齐而后国治,国治而后天下平",简而化之,完整版本该是"格物致知诚意正心修身齐家治国平天下"。

"礼有三本：天地者，性之本也；先祖者，类之本也；君师者，治之本也。"《孝经》首章，开宗明义把身体直接捆在"孝"的灵牌上，并以"孝"为介质，将其纳入天地君亲这个礼教德政的逻辑序列中："身体发肤，受之父母，不敢毁伤，孝之始也。立身行道，扬名于后世，以显父母，孝之终也。夫孝，始于事亲，中于事君，终于立身。"

这段话在后世的引用频率特高，尤其是前面几句，经千传万转而妇孺皆知，客观上，已成为中国传统身体观最经典、通俗的表述。敏锐的读者不难发现，"孝"像一双无形之手，经其囫囵倒腾，被生覆于瓮中的黑蛇变成"香气酷烈"的药酒，却暗藏销骨杀机：同为一身，从"身体发肤"到"终于立身"，已悄然发生从血肉之躯到抽象社会符号的转化，完成由事亲到事君的责任置换与权利剥夺。"受于父母"而"中于事君"，天下父母不过是二传手，输送带，把为人子者性命予夺、身体"毁伤"之权，拱手"移"给一个真正的终端："君"——经由专制机制所表达的国家意志。"事亲者，居上不骄，为下不乱，在宠不争。居上而骄则亡，为下而乱则刑，在宠而争则兵"，而"君子之事亲孝，故忠可移于君"：君、圣人取代了父母，国家机器踢开家神牌位，现实政治中的屠户和食肉者，换下亲亲仁仁父父子子童话中的兔姐姐猪妈妈，于是，"孝道"变成赤裸裸的鼓屠待宰分级制。

我由此想起关于周文王遇姜太公的一个更原始、赤裸的版本。按照屈原《天问》原文及王逸的注解，姜尚既不幽亦无雅，原是市井中一个屠牛大汉，大约刚狠不输替信陵君一锤砸开晋鄙天灵盖的朱亥，而鼓屠的音乐性和庖丁有得一比，雄心与谋略又远在只知士为知己者死的刺客聂政之上，属于全面发展的优秀屠夫。周文王过市，听到一把屠刀发出动听的声音，寻声而去，见是姜尚屠牛，就上前和他聊天。姜尚恶狠狠地说：

"下屠屠牛,上屠屠国。"[36]文王一听很合脾胃,载与俱归。《史记·楚世家》说,楚之先祖鬻熊曾当过周文王的师傅,该是姜尚的同事,所以《天问》的说法当更可信。后来商周牧野之战,"武王使师尚父与百夫致师,以大卒驰帝纣师"(《史记·周本纪》)。尚父者,姜尚也。致师,也就是先锋,百夫致师,听来大有敢死队的味道。这条材料也可印证姜尚首先是个能打硬仗陷敌阵的悍将,屠者本色俱足。

回到隐藏在《孝经》中的鼓屠待宰分级制。在这里,天子、诸侯、卿大夫、士、庶人各个阶层出于孝入于礼,各自不同的职责、权利和相应行为,被严格规定。在最顶层的天子那儿,"事亲—德教—刑罚"如击鼓传花般迅雷不及掩耳完成跳转:"爱敬尽于事亲,然后德教加于百姓,刑于四海。盖天子之孝也。《甫刑》云:'一人有庆,兆民赖之。'"(《孝经》)你可听清楚了,"刑于四海",杀人无算,那是天子在尽孝,儒家学说的工具论实质表露无遗!黑蛇之酒,香气酷烈,可不管你贵比王侯,还是草民百姓,需要时,尊严、生命、身体都可以在父子君臣移孝于忠的礼教之瓮中"悉化为水"。正是"孝"这条响亮动听、疗效酷烈的黑蛇,变销魂之酒为蚀骨秘药,将身体本身独立的价值与尊严异化、剥夺、抽象为符号,为祭坛上的牺牲。进而,善恶美丑的标准,便与事实上怎么对待生命和身体无关,与残不残忍、虐不虐尸无关;而与如何最有效体现礼、刑之间的关系直接关联,与什么人操刀,这个人是否代表礼义孝悌忠信,代表正统与权力直接关联。

当道德正义取代了现实理性,评价标准的自相矛盾便不再

---

[36] 屈原《天问》:"师望在肆,昌何识?鼓刀扬声,后何喜?"王逸注:言吕望鼓刀在列肆,文王亲往问之。吕望对曰:"下屠屠牛,上屠屠国。"文王喜,载与俱归也。见洪兴祖:《楚辞补注》,中华书局1983年版,第114页。

奇怪。

纣王把鬼侯杀了做成肉脯分给诸侯吃，是典型的独夫暴行，成为武王反商的理由。武王在朝歌戮尸悬首，却被定格为正大威武的"黄钺白旗"，史不绝书。

汉高祖刘邦将"反形未露"的彭越"具五刑"后制成肉羹给大臣分食，残忍惨酷程度甚于商纣烤鬼侯，但刘邦是取得了封建正统地位的开国之君，是终极胜利者，当年及身后都没遭声讨，相反成为范例，不断有人援引，甚至为之辩护、喝彩。[37] 可谓举世闻羹皆开颜，可怜英布独反胃。至于后来同样主持过杀人食肉盛宴的一干帝王如隋文帝、武则天等，则大家连提起都懒得提，更别说惊诧了。

既然虐尸悬头被如此赋义定位为替天行道、克己复礼的戏码和药根，也就难怪一代一代的"圣王贤君"痂嗜手痒，要反复开方抓药。当日孔夫子一声断喝，如晴空炸雷：

> 子曰："五刑之属三千，而罪莫大于不孝。要君者无上，非圣人者无法，非孝者无亲。此大乱之道也。"（《孝经》）

一笑倾人头

追根溯源，孔夫子是枭悬传首顶层设计的核心人物。

五帝传说，由来久远。流传最广的权威版本，来自《大戴礼记·五帝德》，是孔子给弟子宰予讲课的稿子。也就是说，这是经过孔子审定甚至改造的"新闻通稿"，是体现了儒家道统的上古史。孔子坚定地把蚩尤钉在黄帝对立面，并对其深恶

---

[37] 唐代名相李德裕替皇帝草拟《讨潞州刘稹制》："虽晋之赵孤，家有旧勋，汉之彭越，身为佐命，至于干乱法纪，罔不枭夷。禁暴除残，古今大义。"即为一例。

痛绝。鲁哀公曾问他如何看待"蚩尤作兵"（发明金属兵器），他一口否定，并把蚩尤骂个狗血喷头。否定的唯一依据是道德品性："蚩尤惛欲而无厌者也，何器之能作！"（《大戴礼记·用兵》）换成现在的话，就是人品不好，智商归零，一切免谈。黄帝踢蚩尤，少说也有三五分"孔门踢法"。

平原君因笑杀姬，但"一笑倾人头"并非他原创，春秋时的孙武子已有先例。而与吴王宫中"三笑斩双姬"时间差近，在北方齐、鲁两国夹谷（今山东莱芜）会盟的现场，时为鲁国司寇的孔丘以笑君之罪斩优施，并创下身首分传大法。"一笑倾人头"的原创权，得归到孔子名下。

鲁定公十年春，鲁国与齐国在夹谷会盟，孔子以司寇代相主持会盟。会盟结束后，齐君派一个名叫施的俳优舞于鲁君幕下，孔子说：笑君者当斩。让人将这个侏儒杀了，并把他的首级与肢体从两个门分别送出去。优施成为中国信史上第一个死于笑的现行犯，或者说牺牲在舞台上的滑稽演员。此案乃圣人亲办，"曾经圣人手，议论安敢到"（韩愈《荐士》）？与黄帝踢头一样，成为千古铁案，后世榜样。

汉宣帝时，西域副都护陈汤数千里奔袭，攻破康居境上单于城，斩下长期对抗汉朝的北匈奴郅支单于首级，传送长安。汉宣帝召开御前会议讨论要不要悬首示众，主悬派代表王商直截了当援引这个案例："春秋夹谷之会，优施笑君，孔子诛之，方盛夏，首足异门而出。"（《汉书·陈汤传》）宣帝一听马上拍板：悬！不但皇帝，下层官吏也学样，东汉有个张升，才代守外黄县令，就论杀受赃的属吏，有人责难，他也引孔子杀优施之例为辩，事见《后汉书·文苑列传》。张升入传估计也与此事有关，因为这是他的唯一事迹。北宋苏辙说得清楚："盖以尧之四凶，鲁之少正卯，既非常人，不当复用常法制也。"（《续资治通鉴》卷七九）少正卯也为孔子所诛。从尧、舜、禹、周文王、周武王到周公、孔子，只要是圣人动的手，杀的人，就肯定十恶不赦，怎么超越常刑的酷虐都不过分，而且永世不得翻身。想来当年周公在东周的黑夜射断鬼车鸟一首后，一定把血滴尽数收了，上发尧舜，下赠周武，也少不了给孔子留一壶。圣人指甲一弹，少正卯和优施们就罪不容诛。谁做了先师圣王的刀下鬼，那就绝对没有翻案的可能，当日身首异处，后世还要不断被拎出来悬头鞭尸。一如首既被枭，即其恶如枭，连食母之事都不证自明。

话说回来，撇开谁笑谁，杀得有理无理，这一招"首足异门而出"真是神来之笔。当日会盟将终，眼看就各自走人回国，没谁有时间来看你慢慢悬示。而仅仅杀人，远非孔子目的，借刀立威、借头说话才是。张升就直接将会盟成果与诛斩优施挂起钩来："昔仲尼暂相，诛齐之侏儒，手足异门而出，故能威震强国，反其侵地。"（《后汉书·文苑列传》）孔子深谙身体符号在礼乐刑名体系中的隐喻作用，杀后务必传首送尸（那时叫

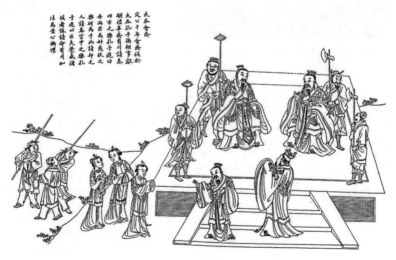

图57　夹谷会盟　《孔子圣迹图》之一　（清）焦秉贞　绘

图58 孔子为鲁司寇像 曲阜市博物馆藏

徇)方奏奇效,于是马上首创一记身首分传的惊世大法:优施血淋淋的头颅,从一个门往外提,而颈腔汩汩冒血的身体,被从另一个门抬出去——注意,这可不是变魔术。联系孔子一当上鲁国司寇就斩下少正卯的头,中国儒者惨刻喜杀的底色,如藏传密宗骷髅碗中旋转而上的供祭鲜血,殷红如新,击壤碎瓦的声音不绝于耳。

人头——首级的作用,絮絮叨叨一路讲来还真不少。其实还有人头贸易与收藏研究两大项没提,因为在我们这儿基本空白。此其一以喜,其一以悲。喜也者,中华民族融合外族能力特强,中国至今为世界最大的原住民国家,屈辱的近代史虽被打上半殖民地印记,毕竟国土未曾全部沦丧,中国人不至于像美洲或大洋洲土著部族一样成为西方殖民者猎头的对象。悲也者,则是囿于封建礼教文化等因素的束缚,科学得不到快速发展,外科在西医进入以前陷于停滞,更别说解剖研究。把头颅当成艺术品收藏,同样为礼教观念所不容。

结语：金凤台记

"平林漠漠烟如织，寒山一带伤心碧。"

由《山海经》上人面神鸟、黄帝"空军"、妇好墓中勇猛威武的青铜鸮尊、野老庄周或《齐物论》中虚拟人物长梧子味蕾上的鸮炙，到带着一长串怪名、诨号的夜飞唳叫的夭鸟、饕餮、枭羊等食人族的同类，"哭丧之星""天帝少女""滴血鬼车"，而最终被彻底妖魔化为食母恶鸟，枭用它冰火两重天的经历，上演一部"变形记""污名史"，以食母不孝的义核与磔身标首的表征和合成一个隐喻，充当中国礼教文化与专制集权接榫处的特殊零件"人头－首级"的药引或曰介质。自此之后，一朝一朝的皇帝办起枭羹节，天帝游女和她的野枭老公一直驾着鬼车，唳叫滴血，漂泊在中国历史的深空。

本章第二节接着介绍冷兵器时代中国人头－首级的各种主要作用，并重点分析献祭与宣威两项功能如何在"以孝治天下"这个礼教文化的"黑蛇之瓮"中发酵变异，而在实质上剥夺了人的生命本体价值和身体自主权。在移孝于忠的击鼓传花游戏中，我们看到一干古圣先贤、帝王将相，他们磔人戮尸、虐杀辱死的行为如何获得道德合理性和不证自明的礼教合法性，成为传统与范例，被复现、模写，也由此窥见儒家经典与儒者人格惨刻的底色。

半瓮酒销骨，一笑倾人头。李舟之弟在黑蛇之酒的酷烈香气中不能自持，"引满而饮"，顷刻化成地上一汪残存着毛发的清水。而吴王宫里一双倾城笑姬滚落的人头与涂地颈血，像酒瓮中的黑蛇，在剧烈响动一两千年后，烈烈嫣红如南唐皇帝李璟眼中的火样蓼花、满池新荷。光阴流转，这"琉璃池上佳人头"经过贾似道们的二传手[38],终亦"温柔敦厚"成明代吴郡才子沈周《落花诗》中"两姬先殒伤吴队,千艳聚埋怨汉斜"的暮春烟景。人是社会的产物,是在特定社会结构中被规定和理解的。而对一个民族或一种文明而言,文化的塑造与消融之力无处不在,无人能外。我们应该从文化塑造与社会意识的视角,来理解和定义中国古代在礼教柔美说辞下,无上限的专制和无下限的酷杀虐尸,包括对人头-首级的处置,理解文化与社会结构如何强行规范个体的身份、角色、行为、价值。

不妨再讲一位暴君杀人和教子的故事,为本章作结。

这个故事发生于6世纪南北大分裂时期的北方,离现在很久,但不远。

北齐文宣帝高洋是中国古代有名的暴君。他哥哥高澄因暴虐过甚,为厨子兰京所杀,高洋亲手脔割兰京等六个同党,并把他们的头砍下来上漆,这大概是高洋第一次自己操刀虐杀,而且正是磔枭一样慢工细活地剐。高洋昔年南征北战,武功赫赫,后自矜功业,肆行淫暴,晚期荒政嗜酒,以杀为乐,《隋书·刑法志》说他"为大镬、长锯、剉碓之属,并陈于庭,意有不快,则手自屠裂,或命左右脔啖,以逞其意"。

因为好杀,高洋独创两大掌故。

第一个掌故叫"供御囚"。

因为高洋动不动就拿近侍内臣练刀,大臣杨遵彦想出来一个办法,干脆把死囚编到仗卫队伍中,碰上高洋想杀人,就

---

[38]《喻世明言》第二十二卷《木绵庵郑虎臣报冤》讲过一个贾似道斩美姬的故事:"一日,似道同诸姬在湖上倚楼闲玩,见有二书生,鲜衣羽扇,丰致翩翩,乘小舟游湖登岸。傍一姬低声赞道:'美哉,二少年!'似道听得了,便道:'汝愿嫁彼二人,当使彼聘汝。'此姬惶恐谢罪。不多时,似道唤集诸姬,令一婢捧盒至前。似道说道:'适间某姬爱湖上书生,我已为彼受聘矣。'众姬不信,启盒视之,乃某姬之首也。众姬无不股栗。"

拉出来让他过瘾，谁能挨过三个月还活着，可连他犯的死罪也赦免。

第二个掌故名字颇科幻，叫"放生飞人"。

高洋也信佛，曾登上国都邺城高高的金凤台受佛戒。佛戒杀生，受戒那天，高洋不但戒杀，还"放生"。怎么放？召集一批死囚，让他们身系草席当翅膀，从高台飞下，结果"坠皆致死，帝视以为观笑"（《隋书·刑法志》）。《资治通鉴》则说其中有个"飞行员"例外："使元黄头与诸囚自金凤台各乘纸鸱以飞，黄头独能至紫陌乃堕，仍付御史中丞毕义云饿杀之。"（《资治通鉴》卷一六七）高洋篡魏建齐，为巩固政权，尽诛原来北魏元氏皇族，元黄头名列鬼簿，飞上天也没用，再说黄头能飞出那么远，八成是已饿得身轻如纸，整个飘然欲仙了。话说回来，若谁开写搞笑版《中国科技史》，这飞机的发明权，高洋倒是可以与背捆两个斗笠从屋顶飞下来躲过继母恶弟火刑的金牌孝子舜哥儿分一杯羹，而元黄头则可以成为第二试飞员。

飞人一飞不复起，飞行试验功未已。这也不打紧，要紧的是在这个受佛戒的金凤台上，亦因为杀人的缘故，暴君高洋亲手把准备接班的太子高殷撞成脑残。

高殷好读书，性宽和，名声不错，但高洋却认为他性格像汉人，残忍不起来，一肚子不满意，多次想废掉他，这无名火终于在金凤台上爆发。《北齐书》说得明白："后文宣登金凤台，召太子使手刃囚。太子恻然有难色，再三不断其首。文宣怒，亲以马鞭撞太子三下，由是气悸语吃，精神时复昏扰。"太子不敢杀人、不忍杀人、有头斫不断，这让做父亲的高洋怒不可遏，痛下重手。高洋对接班人连杀人都不能胜任极度失望，显然来自他根据自己人生阅历与统治经验认定的真理：想当一个成功的皇帝——统治者，首先要敢杀、能杀、喜杀、酷杀。爱杀、果杀，是为人君者最基本的素质，或者说专制社会对以皇帝为代表的统治集团成员的功能性要求。

古代军阀、帝王多喜养子，特别是乱世枭雄、开国之君。如果能隔代认养，宋真宗倒是可以批准他两个臣子改姓高，骑上纸鸢穿越回北齐，过继给高洋，保准他满意。

《宋刑统》基本沿承唐律，律有定名的死刑种类，不包括凌迟、戮尸。宋太祖定下不杀文官谏臣的规矩，太宗、真宗、英宗、神宗等几代皇帝基本能认真执行，为政主怀柔，务宽大，"若凌迟、腰斩之法，熙宁（宋神宗年号）以前未尝用于元凶巨蠹"（《宋史·刑法志》）。但皇帝不剐人，臣下手常痒，不时有负责司法、主办案件的官员要求对罪犯越律用刑。仁宗朝有两个典型例子：御史台曾查办杀人案，定案后，知杂官王随建议将案犯处以凌迟之刑；大中祥符八年，宦官杨守珍被派到陕西督捕盗贼，也可怜巴巴地央求皇帝："擒获强盗至死者，望以付臣凌迟，用戒凶恶。"（《宋史·刑法志一》）幸好皇帝脑子还算清楚，均没松口。在《不许杨守珍等乞凌迟合死强盗诏》中，宋仁宗反问身历阉割之疼的杨守珍：

"岂于平安之时，而行惨毒之事也？"

那时暴虐嗜血的魔瓶还在西北边境裂缝冒气，地方官和边防军的军官一有机会，照样喜办"民间凌迟"。大中祥符三年（1010）二月，宋仁宗专门下达了一道《令西北缘边不得法外行刑诏》："西北缘边，兵兴以来，军民有罪，情重者断肢体而戮之。其罪不至死，也鞭之过数。自今不得法外用刑。"《获逃军不得烙腕碎胫诏》云："如闻近日诸处捕获逃军，或以铁烙其腕及碎胫骨，方就斩决，此亦非理，宜令自今不得更然，违者论如律令。"[39]

---

[39] 司义祖整理：《宋大诏令集》，中华书局1962年版，第749、747页。

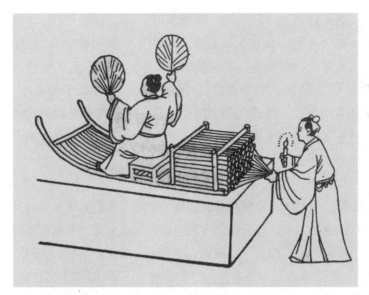

图59　第一个企图乘"火箭"飞行的人

图60　《1581年11月16日恐怖的伊凡和他的儿子》　伊里亚·叶菲莫维奇·列宾　绘
　　沙俄的伊凡雷帝有一次与他儿子争执，因狂怒将手中的笏杖猛掷过去，击中儿子的头部，鲜血如注，这一偶然的暴烈冲动致使后者送命。

第二章　很响的酒瓮：符号、隐喻、生命观与身体权

杀人还真是一门功课，需要学习。

林纾《畏庐琐记》说，太平天国军队掠得幼童，"往往教以杀人之法，每刑人，必强使操刀，促之纵击，久久胆壮，亦能杀人"。清末义和团之乱，"团匪杀人，亦令童子操刀"。若让义和团当政，估计刑部大狱要附设一个童刽子手训练营。太子断不了囚犯的人头，都会招来重手责罚，被掠幼童若和太子一样心怯手笨，怕要自己挨刀。

说到底，高洋、太子、侍卫、死囚、"飞人"、宋仁宗、王随、杨守珍、宋时陕西盗贼和西北边境的军民人等，太平天国与义和团所掠童子，我、你、他，古之逝者，今之生者，大家都挤在同一个金凤台上，狠不下手断别人的首，自己或许就要失头当"飞人"。高洋非恶，太子非善，仁宗非慈，王随非忍，因为台上的角色和各自分配的戏份儿既已前定，优施的任何表演都可以被定义为"笑君"，酒瓮中被酿熟的黑蛇，就不得不化饮者的血肉为清水。

我们要做的，不是剐蛇呵佛，而是破蛇瓮，毁凤台。

第三章　问君何事栖碧山："枭悬""传首"刑名考

一　枭与传

先秦无"枭首"

孔子在夹谷会盟上以"笑君之罪"杀齐国侏儒优施，前门踢头，后门扔肢，把送首、传尸两大法门全占了，不由人记不住。话说回来，"枭悬—传首"这个模式还真来之不易，非由哪个古圣先王拍脑袋独创，而是自先秦至两汉一代代统治者从战争与刑戮的实践中多方设计、逐步选配，并借"枭为恶鸟"的政治寓言为定型剂，层累建构而成的，可谓实践出真知。

春秋战国时期，尚是虐首辱尸试验期，怎么做未有通式，大家各出奇招，比较难易，评估效果。

之前我们已引述相关资料，论证枭之为声，既似枭鸟"其名自鸣"，也可能是从"悬"转借而来，其字形本与"集"相似，原义应是取象"鸱蹲于树"，而非今本《说文》所解"首在木上"。在可取信的先秦典籍中，未发现"枭"与"首"搭配成词，或用枭指称"杀头悬首"，说明那时枭鸟是枭鸟，"悬"首是"悬"首，"枭"未被"悬"所借，鸟头与人首尚未发生直接关联。夜飞唳叫的夭鸟虽已惹憎招厌，但尚不食母，言怪斯可，为恶则未。

涉及枭悬、传首的渊源、演变与刑名关系，这个问题还得进一步厘清。

《韩非子·难言》曾列举一批因善谋多谏而罹刑被杀的著名人物，可以看作那个时代残酷变态死刑的大集锦：

> 故子胥善谋而吴戮之……翼侯炙；鬼侯腊；比干剖心；梅伯醢；……孙子膑脚于魏；吴起……卒枝解于楚；……关龙逄斩；苌弘分胣；尹子阱于棘；司马子期死而浮于江，田明辜射；……董安死而陈于市……

这个清单，除去烧烤腌腊，至少有三种属于分尸酷刑：枝解（肢解）、分胣（剖开肠子）、辜射（"辜磔"，分尸示众之刑）。关龙逄之"斩"（腰斩），在这张清单中算是最痛快、正常的死法。董安的陈尸于市，则是典型的展示警戒的一种。

整段无"枭"。

以首级计军功，是商鞅入秦新政，从此秦卒以残暴嗜杀著名，被东方列国视为"计首功之国"。即使如此，在《商君书》专论野战斩首赐爵规制的《境内篇》中，相关的表达方式仍是"斩首……级"，与枭无关。

关于先秦死刑的实施、类别等情况，现在能提供比较全面资料的文献当属《周礼》，虽然关于《周礼》真伪及成书时间一直存在争讼。综括《周礼·秋官司寇》所述，可以得到两方面信息：

一是处死办法不少，根据罪行严重程度与性质，大概可分出相当于后世斩首的"杀"、腰斩的"斩"、裂体分尸的"磔"等。此外，杀亲之罪要"焚如"，就是烧；杀王族要"辜之"，也即磔而悬示。对王室贵族执行死刑，一般要在郊甸密室中，常采

图61 欧洲中世纪的炙刑

此种设计精巧的刑具据说一直为西班牙宗教裁判所所用,受刑者被绑在一个轮子上,轮子转动时,其身体各个部位,从脚底、生殖器到眼睛等依次接近火盆,行刑者的助手用风箱把火吹得很旺。这种刑罚与韩非所列举的翼侯、鬼侯所受"炙""腊"之刑,可归为一类。

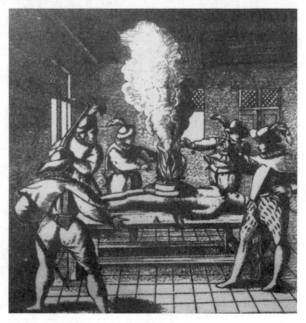

图62 16世纪晚期荷兰南部天主教酷刑

受刑者仰面躺下,用一个大盘子装上几个睡鼠,扣在他赤裸的肚子上,然后在盘子上点起火,睡鼠一热,就拼命在肚皮上挖洞,钻进受刑人的肚子。

用缢、酖之法，或听其以他法自尽。斩首并未成为主要的死刑执行方式。

二是为最大程度达到警戒、震慑目的，死刑的设计和执行均已带有很强侮辱性。司寇属下负责军旅、田役、刑戮的官员称为"掌戮"，贾公彦疏："戮犹辱也，既斩杀又辱之。"如斩杀敌人或间谍，一般要将其尸体赤裸悬挂到城上或陈列于市以威敌示众。如前632年晋军包围曹国，开始时进攻不利，"多死，曹人尸诸城上"(《左传·僖公二十八年》)。尸诸市上的，有个例子很奇葩：晋人曾经抓获秦国的间谍，在绛城把人处死后陈尸于市，六天后竟然活回来了(《左传·宣公八年》)。

对国内罪犯执行死刑，同样要贯彻"杀又辱之"的原则："协日刑杀，肆之三日。"郑玄注："肆，陈也，杀讫陈尸也。"如庶人被处死，则必须由乡士加上桎梏，且"书其姓名及其罪于梏而著之""以适市而刑杀之"[1]。世卿大夫犯罪，为尊者讳，往往只陈尸于朝，特别严重的，也被陈尸通衢，如郑国执政子产逼令作乱未遂的大夫公孙黑上吊，然后"尸诸周氏之衢，加木焉"(《左传·昭公二年》)。"加木"，就是在尸体旁边竖起列明罪状的木牌。《左传·桓公十五年》说祭仲杀其女婿雍纠，"尸诸周氏之汪"。汪为水池，既非市也非朝，是个特例。

正如郑玄注文所言，诸多材料表明，那时肆诸市朝的常规操作是全尸而陈。即使受腰斩、辜磔之刑，其被截裂的尸体也应一起展出，故曰陈尸，上引《韩非子·难言》所谓"董安陈尸"即是。再如：

《国语·鲁语》："防风氏后至，禹杀而戮之，其骨节为专车。"

---

[1] 郑玄：《周礼注疏》，上海古籍出版社2010年版，第1396页。

《史记·郑世家》说，郑文公四十三年，晋、秦围郑，"欲得叔詹为僇"，"僇"通"戮"，就是要郑文公交出他的弟弟叔詹，由晋国戮以示众。叔詹自杀，"郑人以詹尸与晋"。

《国语·晋语》记晋厉公"杀三郤而尸之朝"。

《左传·襄公二十二年》：楚杀令尹文子南，陈尸于朝三日。

齐鲁两国之间关于管仲的一场外交交涉，更好地说明那时的"国之显戮"，常规要求是全尸而陈。

齐桓公即位后，鲍叔牙向他推荐管仲有治国之才，但管仲曾箭射齐桓公，中其带钩，差点要命，当时逃亡在鲁国。如何把人活着弄回来呢？鲍叔牙建议派人出使鲁国要人，就说国君恨之切骨，要"戮之于群臣"。鲁国大夫施伯提醒鲁庄公，齐君并非真想杀管仲，可能是要用他治国，建议"杀而以其尸授之"（《国语·齐语》）。不想让管仲活着回齐的鲁国，提出的替换方案也是"以尸授之"，而非割头函送，很能说明全尸陈列之"戮"，属诸侯国间通行做法。再如前597年晋楚邲之战，晋国下军大夫荀首的儿子被俘，他带军队反攻，射杀楚国大夫连尹襄老，载尸而回，后来也是用襄老全尸换回儿子。

后世虽以斩首为常刑，戮尸仍作为一种更重的刑罚长期存在。如十六国前赵皇帝刘曜杀涉嫌谋反的巴人首领徐库彭等五十多人，"尸诸街巷之中十日，乃投之于水"（《晋书·载记·刘曜》）。朱温指使蒋玄晖弑唐昭宗，而后疑蒋不忠，杀之，犹不解恨，"仍委河南府揭尸于都门外，聚众焚烧"（《旧唐书·哀帝本纪》）。到明、清两朝，戮尸更为常见，乾隆治江苏举人徐述夔诗集《一柱楼》文字狱，徐本人及其子徐怀祖即被戮尸，其孙及列名校对之人议斩。小说笔记也偶见类似情节，如《夷坚志》有个故事叫《犬啮张三首》，里头说，张三之妻本是倡女，虐杀数妾，后事发，"以倡非正室，与平人杀人相等，尸于唐州市"(《夷坚志》甲志卷第十五)。

即使是非常确切的斩首悬示,那时也不称"枭"。

周武王攻破朝歌,对纣王及他的一对艳姬补行射尸、斩头、悬首仪式,而后把三个首级传送回周京,告庙献祭——这应该是中国信史明载的第一程"千里送人头"。按后世的说法,已属严格意义的枭悬传首,而《逸周书》记述此事的《克殷解》《世俘解》,均未出现"枭"字。《墨子》《尸子》《荀子》言及此事,同样无"枭",足证那时枭鸟还在天上飞,未与首级生瓜葛。

绝版"传人"

上面说了,春秋战国期间,大家都还在尝试怎么虐杀辱尸最有效、省力,除孔子的"首足异门而出"和《韩非子》文中开列的清单,再举几个后来基本被淘汰的实验。

(1)庆封负斧游列国

春秋时,齐国崔杼弑君,庆封为其党羽,后奔吴。楚灵王为显示霸主地位,出兵讨伐吴国,把庆封抓起来。为向诸侯夸耀战功,发明出一招"列国传人":"将戮庆封……负之(庆封)斧钺,以徇于诸侯。"(《左传·昭公四年》)传一个要杀的人,还在他背上插一把斧头,这真比后世的"传首九边"生动好看。可庆封也不是吃素的,他在免费列国游的途中,一路行使话语权,向大家揭发楚灵王的阴事丑闻,楚王只好"使速杀之"。后世仍偶见先将人活徇再斩首的例子,背负斧钺,大概就免了,最多插上犯由牌或亡命签。

(2)投头

投头之例,见《左传·昭公五年》:鲁国竖牛弑父乱政,后被逐,逃亡路上,被"杀诸塞关之外,投其首于宁风棘上",

沈家本谓"此非枭首而近于枭首者"[2]。上举《韩非子·难言》篇，亦有一个例子："尹子阱于棘"——尸体被抛在荆棘丛中。这种做法，又让我们想起黄帝踢头。

（3）埋首

春秋时，长狄的一支鄋瞒，活动于今山东境内，在前8世纪中期至前7世纪一百多年间，侵扰齐、鲁、晋、宋等国，均被打败。鄋瞒首领长狄缘斯及其后代侨如、荣如、焚如、简如兄弟，先后为宋、鲁、齐、卫所获，鲁国将侨如杀死后，"埋其首于子驹之门"，即鲁郭门；齐国则"埋其（荣如）首于周首之北门"（《左传·文公十二年》），周首为齐邑。长狄缘斯早在宋武公在位时（前765—前748）就战败被杀，战后宋武公把城门赏赐给立下战功的大夫耏班，让他享受城门税收，该门因此被称"耏门"，埋首之例可能始于宋国。后世解释埋首原因，因"长"为讹，遂有"骨节非常，恐后世怪之"[3]之说，但假如真是因为缘斯、侨如们个子特别长大，头埋了身体还在，如防风氏"骨节为专车"，不同样惊世么？埋首城门的做法，可能与在考古遗存中经常发现的用人头骨来奠基的祭礼有关[4]，属于人头崇拜和镇压禳除巫术。打败狄人的叔孙得臣将其子宣伯命名为叔孙侨如，也属厌胜术的一种应用。

轘与磔，徇与传

在先秦种种杀人方法和实验中，与后来的磔枭传首关系最为直接的是轘——车裂之刑。

轘，本为军仪。《周礼·秋官》有条狼氏，在出军及祭祀

---

[2] 沈家本：《历代刑法考》，商务印书馆2011年版，第109页。
[3] 《春秋左传集解》，凤凰出版社2010年版，第247页。
[4] 参阅金汉波《史前至商周时期的人头崇拜及其相关问题》。

时负责誓师仪式，其中包括"誓驭曰车辖"。杜预注："车辖，谓车裂也。"其后由军仪、军刑延伸转变为普通刑罚，自周至秦屡见记述。

剔抉"辖"——车裂之刑与枭首传头的关系，会让一些有趣看点凸显出来。

汉代刘熙《释名》说："车裂曰辖。辖也者，散也，支体分散。"这个解释，严格地说只讲了一半，且易误导读者把兴趣集中于"裂"：用巨大的外力——起初是战车，后来是四匹向不同方向飞奔的马强行将人裂体分肢，而忽略分裂肢体的目的是展示、威众。

辖刑本为军仪军刑，军队在出征或班师时杀敌谍或俘囚以祭神衅鼓，目的是鼓舞士气，使兵士畏威而嗜血，场面务求血腥、刺激。在原始版的"车裂"中，裂肢与徇示是连贯同步的：以马拉战车分裂敌谍或囚犯身体，顺势载着受刑者肢体绕校场或者三军阵列奔驰，让滚滚尘埃与飞扬的血肉把气氛渲染至最血腥，最浓烈。随着辖由军仪军刑向国内刑、普通刑的溢出与泛化，杀、裂体与徇众三者之间逐渐脱断。[5]沈家本总结春秋至秦一系列辖刑的特点，特别提出"徇"——巡行展示，是辖刑的主要目的和实施要件，由此可以"既杀"而"后裂"："高弥渠、夏征舒并关军事，夏征舒、商鞅、赵高并先杀而后辖，嫪毐先枭首而后车裂，苏秦亦死后车裂，可以见此刑之制，实

---

［5］后世有些著名案例，也有可能生裂现徇。据《五代史·李存孝传》所记，五代第一猛将李存孝叛晋，兵败投降后，晋王李克用下令在太原将其"车裂以徇之"。自隋文帝修律废止辖刑后，隋唐五代鲜少兴师动众搞车裂，李存孝是李克用义儿中最勇猛善战者，他的反叛，可算同时犯了大逆与不孝两宗罪。李克用出此重刑，目的在于杀一儆百，想必是活活把人车裂给其他义儿骁将看。

为既杀之后分裂其尸,以徇于众。"[6]《左传·襄公二十二年》:楚王"遂杀子南于朝,轘观起于四竟"。"竟"通"境",指国境。观起受宠于令尹子南,"有马数十乘",侈华太甚,惹国人怨妒,让楚王动杀心,以致被车裂并将肢体分徇于楚国四方国境。别说楚国是大国,就是莒、邾这样的蕞尔小国,轘于四境,也不可能是让四驾战车把活人直接撕裂后马不停蹄奔向四方边境,而只能是先在一地把人处死,再将分裂的肢体分别向国境四方传送以"徇众"。

事实上,"徇"不仅是轘刑的要件与主要目的,也可以用别的办法杀而后徇。既可杀而后徇,也可徇而后杀。

先徇活人而后杀,可以看作春秋时楚王负斧徇庆封的简化版。

云梦秦简《法律答问》说,临阵赞誉敌人,动摇军心者应戮。戮指生戮,即先刑辱示众而后斩之。

丁公是项羽部将,曾在战场上放过刘邦,"及项王灭,丁公谒见高祖,以丁公徇军中,曰:'丁公为项王臣不忠,使项王失天下者也。'遂斩之,曰:'使后为人臣无效丁公也!'"(《汉书·季布栾布田叔传》)。

东汉初,隗嚣进攻安定,安定大尹王向是王莽之侄,为政有惠,能得民心,但拒城不降。隗嚣反复劝降未果,只好"进兵虏之,以徇百姓,然后行戮,安定悉降"(《后汉书·隗嚣公孙述列传》)。

先杀后徇,处死的办法,也不局限于轘,磔、斩、缢等均有。

《国语·吴语》记越王誓师出征吴国,路上分三批杀有罪

---

[6] 沈家本:《历代刑法考》,商务印书馆2011年版,第94页。

者以徇军，均谓"斩有罪者以徇"，韦昭注《史记·司马穰苴传》："以徇三军。"《索隐》曰："徇，行示也。"斩而后徇，轘刑为腰斩（或斩首）所取代。

《左传·僖公二十八年》说，晋文公破曹，颠颉违背禁令，为泄愤放火烧僖负羁之宅，晋乃"杀颠颉以徇于师"。其后在晋楚城濮之战中，"祁瞒奸命（违反军令），司马杀之，以徇于诸侯"。战役结束班师时，舟之侨先跑回国，晋文公又"杀舟之侨以徇于国，民于是大服"。"杀"应是斩首或腰斩，是否全尸展示没交代。颠颉所徇之师是晋国自己的军队，好办。祁瞒"徇于诸侯"，估计也就当时与晋国一起出兵的宋、齐、秦数国军队，范围也还不大。舟之侨徇于国，可就不止一地一程，不排除只以首级为徇。

汉武帝在巫蛊之乱中被江充、苏文等佞臣蒙蔽，戾太子刘据"斩充以徇"（《汉书·武五子传》），发动兵变。当时事起仓促，肯定是一刀斩了，提头徇众。

我们接着梳爬轘（徇）与磔（枭）的关联与演变。

轘与磔，同样是分裂肢体，以至有时或者说初始之时两者可以同义混用。《荀子·宥作篇》："伍子胥不磔姑苏东门外乎？"杨倞注："磔，车裂也。"但轘的语义始终比较确定，而且随着车裂之刑日渐少用而鲜见，磔则脱"车"入"裂"，渐成生脔活剐之类酷刑的简称、古称。后来磔在事实上与凌迟接轨，以至明清时人喜以寸磔代称凌迟。秦代的"枭"刑即后来的枭刑所谓"磔身标首"，实质上已如此定义磔。相对于轘，"磔"明显方便省事，自然渐成轘刑的简版：一方面，用一把刀代替四辆战车或四匹马，成本低，操作易；另一方面，以一头代全尸"徇众"，标识明显，轻便简捷，效果更佳。在轘向磔（枭）的过渡转换并一路简化提炼的过程中，"徇"：游行展示以耀武威众，甚至包括告庙献祭，始终是主要目的和第一要件。而后来的"传首",其实就是"徇"经长期尝试后定型下来的最佳模式与转世出跳。基于先秦人们已经偏爱拿分裂的肢体四出巡展,把鸟首—人头标到短木长竿上,正是为了更轻便有效地"徇",尤其在匹马取代笨重战车后,标首提级无疑更便于一鞭绝尘地"传"。所谓"头行万里",乃是极言"徇"程之长,"传"地之广,何况"徇"在后世仍是个常用词。

梳理、还原辕与磔、徇与传之间的关系,烟尘滚滚的古驿道上,载头而徇的"传首"队伍那骤如急雨的马蹄声,便从历史深空清晰"传"来。

说"传"

先秦"梟"首不言枭。后世枭首忘了"梟"。

从韩非的酷刑清单到优施首足异门而出,庆封负铁列国游,齐鲁两国城门埋头以及一系列"车裂以徇"的实例,一方面印证枭鸟食母这个动物谎言——政治寓言,最早要到汉代才定型发布;另一方面说明斩首悬示即"枭",作为被汉以后多个王朝列入法典的杀人辱尸主要模式,是经过此前长期发展而逐渐定型,并以儒家的道德之鞭击枭埋鸥而命名的。进一步,我们可以清楚地看到,"传首"之兴,初因异地"枭悬"即"徇"的需要,其后逐渐衍生配套,外延寖广,以至在实际语用中可以反过来涵盖枭悬。

考证"传首"与"枭悬"两者渊源、刑名关系和互相影响前,得先花费笔墨把"传"说清楚。

《尔雅》云:"植谓之传,传谓之突。"又云:"驲、遽,传也。邮,过也。"前一个"传"指古代门自外闭时用以加锁的中立直木,由门关之具,引申出传信、符传等义项。作为古代邮驿制度的重要术语,传"是朝廷公务人员出使、巡行及办理公务时要求所过各地给以通行、过关、乘车、食宿等各种方便和特权的公文凭信"[7]。《周礼·地官司徒》数次提到"传",均与"节"并列或对举,如"凡通达于天下者必有节,以传辅之"。崔豹《古今注》说:"凡传皆以木为之,长五寸,书符信于上。又以一板封之,皆封以御史印章,所以为信也。"而后扩展至平民通行过关的凭信也称"传"。

云梦秦简之《法律问答》已有关于"伪传"辨认的内容。张家山汉简所载西汉初年颁布的《二年律令·津关令》多次出现"传"为传信、传符的用例,如"擅为传出入津关""诈袭人符传出入塞之津关""为传出津关"等。《资治通鉴》卷一六谓汉景帝四年"春,复置关,用传出入",此"传"的使用者当包括平民。五代宋初时人徐铉笔记《稽神录》说:道士张谨东行,路上行李被奴仆盗夺,用于过关行验的凭证也一起失去,"时秦陇用兵,关禁严急,客无行验,皆见刑戮",因此不敢前行,只得折返。文中的"行验",当也即关传凭信。近人时贤已根据史料,特别是出土文物(主要是汉简和实物),对"传""传信"的内容、用途、制式、用材、审验办法等,进行比较详尽地研究,如陈直先生所著《居延汉简研究》收有《符传通考》《邮驿制度》,郝树声、张德芳《悬泉汉简研究》也有专章讨论,兹不赘。

《史记·五帝本纪》已谓舜之臣"龙主宾客,远人至"。中国邮驿乘传制度的肇始,不晚于西周。若《周礼》可以据信,则周代驿传制度已相当成熟。《周礼》中与邮驿乘传有关的有"大仆""大行人""小行人""司关""掌节""行夫""环人"等多个职司,从出入关津的传节、信使的派遣、馆舍安顿到物品保管等均有涉及,如行夫:"掌邦国传遽之小事……虽道有

---

[7] 郝树声、张德芳:《悬泉汉简研究》,甘肃文化出版社2009年版,第134页。

难而不时，必达。"孔颖达疏："传遽，若今时乘传骑驿而使者也。"则行夫相当于后来的驿卒。如何保证完成任务？郑玄注云："行夫下士三十二人，以人数多，纵有难，必达也。"说明这是一支人数不少的队伍。环人相当于后世驿馆之主官，职责是"掌送逆邦国之通宾客，以路节达诸四方。舍则授馆"。周定王（前606—前586在位）时，王室卿士单襄公受命聘问宋国，途经陈国，回来后对定王预言陈国必亡，依据之一就是外交接待工作一团糟。《国语·周语》中单襄公所说的一段话，无意中为我们留下了春秋时期诸侯国乘传接待与馆驿设置制度方面的第一手资料：

> 周朝的《秩官》有规定说："地位相当的国家的使者到来，守关官员要向上汇报，小行人手持符节前往迎接，候人担任向导，卿到近郊慰劳，守卫城门的官员清扫道路，宗人、太祝主持接待仪式，司里安排宾馆，司徒分派服务人员，司空巡视驿道，司寇盘查坏人，虞人供应器用，甸人准备柴火，火师负责照明的烛燎，膳夫送上熟食，司马摆出草料，工匠检查车辆，百官都按职责来处理接待事务。使宾客入境如回到自己的家。那些大国贵宾到来，则接待官员的品级要按班次加高一等……"[8]

此外还有零星材料散见于先秦史籍，如《左传·僖公十五年》：晋惠公为秦所俘，秦穆公听从晋大夫阴饴甥的意见，同意放晋惠公回国，因此提高接待规格，"改馆晋侯"。《左传·文公六年》也提到晋国一位掌管宾馆的大夫宁嬴的故事。

---

[8] 原文见徐元诰：《国语集解》，中华书局2002年版，第67—68页。译文参照左丘明：《国语》，中州古籍出版社2010年版，第62—63页。

先秦史籍中涉及邮驿乘传的资料也已不少。如《左传·文公十六年》："楚子乘驲,会师于临品。"《左传·庄公九年》:鲁国与齐国开战,鲁国军队被击溃,鲁庄公放弃战车,"传乘而归"。鲁成公五年(前586),晋国梁山崩,晋国"以传召宗伯"(《国语·晋语五》)。《史记·范雎蔡泽列传》谓秦昭王"使以传车召范雎"。《史记·蒙恬列传》谓胡亥"遣御史曲宫乘传之代"。秦末陈胜吴广起义,陈胜战死后,其部将宋留降秦,"秦传留至咸阳,车裂留以徇"(《汉书·陈胜项籍传》),就是说用传车将宋留押送到咸阳处死。《史记·陈丞相世家》谓汉高帝临死前令"陈平亟驰传载勃代哙将,平至军中即斩哙头!"。此已为汉初用例,且与斩首勾连了。

关于当时交通通信的速度,也有一些零星间接的资料,如周敬王二十三年(前497),齐、卫联军准备从山东巨野渡河偷袭晋国河内(今河南汲县),齐国大夫邴意伯支持行动,理由是河内受到攻击后,"传必数日而后及绛"(《左传·定公十三年》),等晋国组织起来赴援,齐军已经回师。又《左传·庄公十二年》:宋国力士南宫长万弑宋闵公后逃亡到陈国,"以辇车辇其母,一日而至"。杜预注:"宋离陈一百六十里,'一日而至'言南宫之多力也。"辇车指人力挽拉的轻便小车,虽非乘传所用,也可做个间接比照。

西汉在秦朝短暂统一的基础上再度实现大一统,道路交通等基础设施也有长足发展,对邮驿乘传制度的具体考察,宜自西汉始。

汉朝的规定,传递文书,步递曰邮,马递曰驿,一般每隔十里设一个邮亭,三十里设一个驿置。传则分车传和马传,用于驿传的马称为"传马"。据王崇焕《中国古代交通》所言,汉时马传一天可行三四百里，车传七十里左右。[9]汉昭帝时昌邑王刘贺好游猎驱驰，王吉为昌邑中尉，上疏谏止，谓"臣闻古者师日行三十里，吉行五十里……今者大王幸方与，曾不半日而驰二百里"（《汉书·王吉传》）。马驰半日二百里，在那时是受批评的超限速度。汉武帝时，王温舒任河内太守，"令郡具私马五十匹，为驿自河内至长安……奏行不过二日……河内皆怪其奏，以为神速"（《汉书·酷吏列传》）。汉河内郡郡治大约在今天河南武陟县，以今日之高速公路，距长安（西安）尚需大约五百公里车程，奏行不过两日，即使两日是单程，马传日速也需达到三四百里。《三国志·夏侯渊传》裴注引《魏书》，称夏侯渊行军以急疾出名："三日五百，六日一千。"那时最快的"专车"，大概要数"追锋车"。《晋书·宣帝本纪》说魏明帝临终前急召司马懿，后者"乘追锋车昼夜兼行，自白昼四百余里，一宿而至"。到东晋时期，军邮驿递的速度已大大提高，《晋书·蔡谟传》谓"贼之邮驿，一日千里"。

　　汉代车传有多种规格、档次，而传马的配置，不但有数量之差，还有高、中、下足之别。《汉书·高帝纪》谓田横乘传诣雒阳，如淳说："律，四马高足为置传，四马中足为驰传，四马下足为乘传，一马二马为轺传，急者乘一传。"从《汉书·平帝纪》"在所为驾一封轺传"后注文所引如淳说明，又可知那时传信均有御史大夫封印，以加封之数确定驿传的规格，此可与《古今注》所言相印证。三封、四封、五封者，分别为驾四匹马的乘传、驰传、置传；"二封轺传"，即驾两马的轺车；"一封轺传"，是驾一匹马的轺车。实际执行中，乘传与轺传似最常用，如"悬泉汉简的传信简中未见提供置传、驰传

---

[9] 参见王崇焕：《中国古代交通》，商务印书馆1996年版。

的记载，而为驾轺传（即一马、二马的轺车）和乘传（即四马下足的车）的材料则比较多"[10]。北宋蔡确罢相前上表，仍有"走轺传以察远方之疲瘵"之语。总体而言，上述驿传配置与称呼为汉制，后世可能与具体配置脱节，渐渐成为泛称之词，以至最常见的"乘传"与"驰驿"几成同义，可以互用，如《明史》之《马文升传》《姚镆传》《赵彦传》《韩爌传》等均有为致仕官员还乡提供驿送服务的表述，或能映现此种演变。

特殊情形或者皇帝的马车，则不受此限，最高配置，上足之马可以多至六匹，大约就是《诗经·小雅·车辖》所谓"六辔如琴"吧（另一种解释是马缰双股，只有三匹）。汉文帝刘恒在代王藩上赶赴长安抢龙椅，"从代乘六乘传，驰不测渊"（《汉书·爰盎传》）。若干年后七国举兵，军情紧急，周亚夫也是从长安"乘六乘传"（《史记·吴王濞列传》）驰至荥阳，先据武库。六乘传作为最高规格的配置，一般为皇帝专用，也因此出现画风华丽的诗式表述，如"六骓""六蜚"。《史记集解》引如淳语："六马之疾若飞。"在畜力交通时代，六匹上等好马同时放开四蹄疾驰，那感觉，现代人开飞机怕也没得比。南宋末礼部侍郎真德秀形容赵构南渡，尚谓"高宗六飞南幸"（《续资治通鉴》卷一六三），可见古人若碰上抢位登基、平叛救火、避兵逃命这一类事，"传"起来可以风掣电奔。快到什么程度？《辽史·本纪》说辽太祖耶律阿保机征讨乌古部时，"道闻皇太后不豫，一日驰六百里还侍"，虽说辽太祖是开国的马上皇帝，惯于南征北战，日驰六百里也很不得了，不排除有夸张的成分。另外，辽太祖能征善战，更可能是自己匹马疾驰。

但若一心要往慢里折腾，官僚们也有的是慢慢传去的

---

[10] 郝树声、张德芳：《悬泉汉简研究》，甘肃文化出版社2009年版，第134、141页。

办法,慢到能将汉文帝那力能举鼎的亲兄弟活活传死在大篷车里。

特慢死传与特快传死

话说刘邦的嫡亲儿子,经吕后一番收拾及其后的废立之争,只剩汉文帝刘恒和他的异母弟淮南王刘长。刘恒即位初期,很是优容刘长,刘长骄纵过头,屡失分寸,乃至涉嫌谋反。汉文帝决心解决这个隐患,但又不想承担连唯一亲弟都容不了的骂名。大臣讨论,设计出一个折中方案,将刘长流放到蜀郡邛地一处邮置去软禁安置。可人活着毕竟有变数,当日丞相、御史大夫基于对汉文帝意图的准确理解,竟然不用正常办法,而设计出"特慢死传"——辎车传送!

辎车本是用来拉物料运辎重的畜力时代主打货车,人可以顺带"卧息其中",要传送犯人,则必须改装成槛车,封个严实[11],更加粗陋笨重。而传送沿途各县官吏也心知肚明,"县传者不敢发车封"(《汉书·淮南衡山济北王传》)。就是说路过的各县官吏都不敢打开槛车,提供食物,让犯人活动。结果,还没走出今天的陕西地界,刘长早已死在这摇摇晃晃的移动监狱中:

> 淮南王果愤恚不食死。县传至雍,雍令发封,以死闻。
> (《资治通鉴》卷十四)

雍在今陕西凤翔附近,靠近宝鸡。两千多年前的西汉,西出长

---

[11] 《史记·张耳陈余列传》谓贯高等谋反事发,"乃辎车胶致,与王诣长安"。何谓"胶致"?《史记正义》:"谓其车上着板,四周如槛形,胶密不得开,致送京师也。"

安，沿渭河谷地一路走，经槐里、郿县、虢县、武功、陈仓等十来个县，传到秦岭脚下的雍县，少说三百来公里，这改装的辒车要走多少天呢？张家山汉简所出西汉初年颁行的《二年律令·攀律》规定："事委输，传送重车重负日行五十里，空车七十里，徒行八十里。"辒车属于"重车重负"，且看北宋沈括对神宗皇帝说的一段大白话："今民间辒车，重大椎朴，以牛挽之，日不能三十里，少蒙雨雪，则跬步不前，故世谓之太平车。"（《续资治通鉴》卷七〇）西汉与北宋相去千年，更何况当日辒车又被改装成"以板四周之无所通见"（《汉书·张耳传》颜师古注）的槛车，这段路没个十天半月，肯定走不到头。正常情况下人绝食不过挨个七八日，十几天不吃不喝困在颠簸的槛笼里，天又冷，别说冻僵饿毙，怕蛆虫都生出来！史官为了给汉文帝减罪，居然给淮南王戴上一顶很有节操的高帽：生气绝食，只不过《汉书·淮南衡山济北王传》中那句"诸县传淮南王不发封馈侍"，却天机尽泄。须知西汉初年所颁的《二年律令》已专设《传食律》，对驿传是否提供食物及食物配给标准有非常详细的规定，甚至连盐、酱、草料数量都一一列明，如果不是接到丞相和御史大史的明确指令，沿途各县断不敢也不会出现这样的失误。而这批很能领会上级意图，在"特慢专传"路上不发封的县令们后来成为汉文帝塞责杜口的代罪羊，全部被砍头。

到得唐朝，把活人传死的事又重出江湖，而且地点非常相近。

垂拱四年，唐太宗第八子越王李贞起兵反对武则天，旋即失败。受其牵连，李贞的叔父、唐高祖第十四子李元轨"随例流配，行至陈仓，死于槛中，天下冤痛之"（刘肃《大唐新语》）。李元轨时为青州刺史，青州府治在今山东半岛青州县，不知当日他是被从青州一路传过来，还是先抓到长安或洛阳问罪，再关进槛车往黔州传送。根据《胡三省注资治通鉴》所引唐代舆地资料，黔州南距长安三千一百九十三里，距洛阳三千二百七十七里。若从青州直传黔州，那更远了去！槛车传至与雍接境的陈仓，真不知已经迁延几多月日。

李元轨死传路上同样并不孤单，他的另一个侄子、唐太宗第十子纪王李慎，时任贝州（今河北邢台清河县）刺史，并未参与越王贞的行动，也被武则天顺势收拾，槛车徙巴州，没走多远，就死在山西省境内。

要知道，唐朝驿路交通已经非常发达，唐太宗竟能精确预计派往西域焉耆的军队行期与使者报捷回程之日（《资治通鉴》卷一九七）。天宝之年，天下驿道更是发达，"中国盛强，自安远门（长安正北的城门）西尽唐境凡万二千里，闾阎相望，桑麻翳野，天下称富庶者无如陇右"。陇右节度使哥舒翰每遣使入奏，"常乘白橐驼，日驰五百里"（《资治通鉴》卷一一六）。安禄山安排在长安的耳目把情报快马递送范阳，也能信宿而达，信宿者，经两夜也。武则天统治的时期，晚于贞观，先于天宝，情况大致相仿。这种情形下仍然把人传死在半路，虽然用的是正规槛车，唐代马匹充裕，也不会再用牛拉车，但想必少不了一路磨蹭，饿冻交加。

另一方面，驿道交通的发达与提速，也给把人传死提供了另一种方案："特快传死"。

唐玄宗时李林甫专权，与其相忤者非杀即贬，怎么更有效斩草除根呢？老李想出一个把人跑死的办法："天宝五载，敕：'流贬人多在道逗留。自今左降官日驰十驿以上。'是后流贬者多不全矣。"（《文献通考》卷一六八）即使按汉制一驿三十里，日驰十驿也已不下三百里，唐朝的十驿，肯定不止三百之数。官员被贬，大都先已饱受折磨，身心疲病，突然被要求按日驰三百多里的速度连续走，如果贬所在两千里外，就得近十日马不停蹄狂奔。宋人沈括《梦溪笔谈》卷一一《驿传次等》谓"驿传旧有三等，曰步递、马递、急脚递。急脚递最遽，日行四百里，唯军兴则用之……熙宁中又有金字牌急脚递……光明眩目，过如飞电，望之者无不避路，日行五百余里"。则日驰三百多里即使放在交通更发达的宋代，也可比肩职业马递，与急行军差不了多少，身体稍差，跑着跑着就从马上栽下来了。

形式多样而更高效灵活的马传、步传乃至舟传，逐渐取代车传成为主要方式，是驿传制度发展的另一个趋势。南朝齐孔稚珪上表，即有所谓"匹马之驿"（《南齐书·孔稚珪传》）。《安禄山事迹》：安禄山起兵前，从长安脱身回范阳，"遂疾驱出关。至淇门（淇河入卫河之口，故名。今河南鹤壁浚县），顺流而下，所至郡县，船夫持牵板绳立于岸上以待，至则牵之，而日行三四百里"，是中唐水陆无缝联运的范例。晚唐诗人李郢《茶山贡焙歌》，写余杭官府催迫茶农采焙春茶进贡，为赶在清明前送到长安天子杯中，半夜茶一焙成务必立即启程："驿骑鞭声春流电……十日王程路四千。到时须及清明宴"，证之北宋皇祐元年（1049）壬午诏书"马铺以昼夜行四百公里，急脚递五百里"，晚唐的十日四千，非日夜兼程，不能至也。

元朝疆域异常辽阔，建设发达的驿传系统更成为帝国要务。《马可·波罗游记》说："在大汗的整个疆土内，在递信部门服务的马匹不下二十万，而设备齐全的建筑物也有一万幢……在各个驿站之间，每隔三英里的地方就有一个小村落，大约由四十户人家组成。其中住着步行信差，也同样为大汗服务。他们身缠腰带，并挂着几个小铃……当果子成熟的季节，早晨在大都采的果子，到了第二日晚上就可送到大汗的面前了，虽然两地（大都到汗八里城）的距离通常要走上十天。"

邮驿关津的相关规定，亦是历朝刑律的一项主要内容。如三国时魏国"傍采汉律，定为魏法"，专设《邮驿令》；《唐律》

职制律十九条中,乘驿律近半;朱元璋详定《大明律》,在《兵律》中有邮驿律十八条,关津律七条。

总之,"传"在中国古代,代表一套官方邮驿制度,是一个带有浓厚官方色彩和法定含义的概念。首以传称,其事之专,其务之重,可知。

图63 驿骑如流星

图64 西兴驿,杭州萧山西兴驿遗址木板刻画
　　西兴驿位于今浙东运河南岸之杭州市萧山区西兴街,旧时是邮政、公文传递和官员中转的驿站,属以船为主要交通工具的"水驿"。唐时称樟亭或庄(盛饰)亭,五代之后称西陵驿,宋朝叫日边驿。清康熙年间西兴驿为浙东入境首站。

二　荷塘牛鼻

南湖摘头记

南朝刘宋孝武帝时，江州刺史臧质举兵反叛，兵败被杀。怎么处置他的首级？大臣会议，提出方案：

> 枭首之宪，有国通典，惩戾思永，去恶宜深。臣等参议……使依汉王莽事例，漆其头首，藏于武库。庶为鉴戒，昭示将来。（《南史·臧质传》）

此前，臧质的人头已被从长江中游的浔阳南湖荷花丛中"摘"下来，传送首都建康（今南京）。臧质长相丑而怪，《南史·臧质传》称其"出面露口，颓顶拳发"，不过这颗丑八怪头，却是在非常诗意的江南荷丛中离开脖子的。他联合孝武帝的叔叔刘义宣举兵向阙，旋即溃败，茫然不知所之，载着一船妓妾逃入浔阳南湖。追兵四至，情急计穷之下，他潜入荷丛水下，摘叶盖头，露鼻呼吸。被军士郑俱儿发现，一箭射去，正中后心，兵刃乱至，膛开肚破，如叉翻活鱼，捞起来时腹胃缠萦水草。随后头被砍下，传首建康。

且不说这颗奇丑之头展出时会如何耸观，"枭首之宪，有国通典"说得明白：枭首属律有明载的刑罚。这八个字像出水的牛鼻，我们正好穿上缰绳，顺此线索，梳理一通枭头传首"刑名史"。

先从杀头说起。

杀头是中国古老的刑罚之一，《今文尚书·吕刑》所列苗民"五虐之刑"为"膑宫劓割头庶黥"，其中割头也即斩首，大辟。在《周礼·秋官司刑》中，五刑为墨（刻字涂墨）、劓（割鼻）、宫（阉割）、膑（剜去膝盖骨）、杀（杀头）。由此可见，杀头为正刑，可能始自商周，并为当时五刑中唯一的死刑。其后刑罚日趋残酷多样，且出现复合刑，《周礼》所列，仅死刑即有斩、杀、膊、辜、车辕、磬、焚等。膊、辜均指去衣而磔，类似车辕，为分裂肢体的酷刑。秦朝用法尚酷，戮尸、枭首、车裂、腰斩、具五刑、镬烹、凿颠、枭磔诸刑纷错并用。秦始皇杀嫪毐，为首二十人"皆枭首，车裂以徇"；李斯具五刑，腰斩咸阳市；十公主磔死于杜……

"枭，不孝鸟也。日至捕枭磔之，从鸟，头在木上。"（《说文解字》）人头与枭鸟，正是在"磔"（一种介于车裂与凌迟之间的死刑）这儿遭遇并缠叠的。不过，遭遇发生于汉代而非先秦，秦法称磔后割头悬竿之刑为"県"。历代不少训诂大家尤其是《说文》学者都注意到"県"与枭的关系，顾野王在《玉篇》中说，"県"是指把头挂到木上竿头，以宣示被处死者的大罪，为秦刑；王筠《说文释例》说，因为"枭当磔"，所以"枭"被借用来指"県"，《广雅》也持此说。[12]"枭"把名字借给"県"，但反过来鸠占鹊巢，覆盖取代了"県"。此种情形或至汉武帝之前已如是，所以《史记》提及先秦"県"事，一律代之以枭（当然还有另一种可能，即包括《史记》《汉书》原字皆为県，后世才被改写为枭，如前述孙悯所见《汉书》旧本关于三族刑的表述）。这说明：第一，"枭"自与"首"搭上关系，就对应一种法定刑，前身为秦法中的県刑；其二，秦之県刑，不仅指斩首悬示，还包括裂肢脔体的 磔[13]，因此，

―――――――

〔12〕 沈家本：《历代刑法考》，商务印书馆2011年版，第7、109页。
〔13〕《尔雅》："祭风曰磔"，原意即分裂牲体以祭。汉人李巡作注，谓"祭风以牲头蹄及皮破以祭，故曰磔"。说明在用牲体祭风时，头已经是（转下页）

代"県"而成为刑名的"枭",其准确完整的原初含义,也当对应県刑所包含的脔身与悬首两项,即如清代说文学者钮树玉所云:"磔而县(悬)之于木也,因即谓之为枭者,凡磔而县之,皆象此枭也。"

不过,在训诂大师们的溯源之旅中,有趣的颠倒或集体遗忘早已悄然发生。事实上,首先是枭羹节的设计者与大厨师,在厨艺的基础上,参照県刑的步骤和标准将枭鸟磔身标首,即首先应是以県法治枭,对枭行県刑,即県枭,接着才反过来用"枭"代称"県"。以此而论,第一个开出借条的是枭,先被借的该是県。

第二个问题是对食母恶枭,可以各种虐杀,何以选中并定型于先磔后悬这样一种慢工细活颇为费事的"県"呢?答案非常清楚,"枭为食母恶鸟"的潜在目的是以鸟拟人,以枭拟代不孝凶顽之辈,所以先须刑之如人。于是,设计枭羹节的儒生方士们从秦朝承沿下来的诸种刑罚中,比选出可以合彭祖伊尹们的厨艺与行刑者的手艺为一体,最具符号观赏性和隐喻作用,能继承并进一步提炼"徇"的效果的県刑,依样画葫芦用到枭鸟上,捕而磔之,再把春秋战国时常被用来惩处弑君作乱者的刑罚"醢"与烹饪中的脍肉作羹之法结合起来[14],磔身醢肉,而将鸟首标于木上,遂成定式。[15] 程树德《九朝律考》

(接上页)主要的供祭之物,甚至可以单独取头、蹄之类代表性的牲器为祭,也即在牲祭中,割头已是重要环节。引自管锡华译注:《尔雅》,中华书局2014年版,第41页。

[14]《左传·庄公十二年》记宋国力士南宫长万弑宋闵公,国人醢之。又鲁襄公十年(前553),郑国尉止等攻杀发动政变,攻执政于西宫。政变失败后,郑国醢其党堵女父、尉翩、司齐。类似的例子还不少。

[15]《史记·酷吏列传》:"张汤者,杜人也。其父为长安丞,出,汤为儿守舍。还而鼠盗肉,其父怒,笞汤。汤掘窟得盗鼠及余肉,劾鼠掠治,传爰书,讯鞫论报,并取鼠与肉,具狱磔堂下。"张汤从小濡染其父治狱磔人,这个著名"儿戏",仿佛一次以鼠代鸮的"童玩枭羹节"。

谓"许氏《说文》则并以律解字",视其解"枭",诚然。不过在中国古代,律亦经义之一表,律条的后面是经义,说许慎以经解字,更准确。

"䲷""枭"这么辛苦地倒腾易置,目的是什么呢?只要看"枭"顶岗入刑后发生什么变化就清楚了。

如果说秦法之"䲷",与斩、杀、醢、辕、磬等诸刑一样,都是以行刑方式或工具来命名的"技术范",枭则借由"恶鸟说"的"背书",成为官方刑名中独此一家的"道德控"。背负食母恶名和不孝大罪的枭,经模拟比附䲷刑,被磔身标首,活祭了礼教大纛,顶"䲷"上岗,变身为法定刑,也因此,其对应的罪名,很长一段时间被限定在不孝不忠的范围内。

《公羊春秋·文公十六年》传文何休注云:"无尊长,非圣人,不孝者,斩首枭之。"沈家本指出:"何休所言,当是汉法",且均有汉代司法实践和判例可以佐证。以不孝罪当枭首之刑,如《太平御览》卷六四〇引董仲舒决狱之词,有"殴父当枭首"之语。梁平王之后任氏恃宠凌迫平王大母李后,案发按验,任后以大不孝枭首(《汉书·梁平王襄传》);彭越具五刑,枭首洛阳;汉武帝废陈皇后,"捕为巫蛊者,皆枭首"(《汉书·武帝纪》);丞相刘屈氂以与贰师将军李广利谋废立及其夫人祝诅主上,罪至大逆不道,"有诏载屈氂厨车以徇,要斩东市。妻子枭首华阳街"(《汉书·刘屈氂传》)。此数例则属"大逆不道之枭首,即何休之所谓无尊长者也"[16]。1983年考古发现的《二年律令》,学界推断其为西汉吕后二年(前186)颁行的法律,其中明文规定"子贼伤杀父母,奴婢贼杀伤主、主父母妻子,皆枭其首市",显属不孝犯上之刑,可为确证。但该

---

[16] 沈家本:《历代刑法考》,商务印书馆2011年版,第110页。

律对谋反之罪虽诛三族,却仅磔而不枭。《二年律令》颁于汉初,其后贾谊等多次修律,当有不断修改。

在中国刑法历上,枭入刑成律,意义非凡且影响深远。

首先是唯一性。枭为刑罚之名,在自汉迄清整个中国古代刑律史中,至少保持了三个方面的唯一性:唯一以礼教伦常为依据命名(十恶、不孝之类是罪名而非刑名)的法定刑;唯一用禽兽之名直接命名的法定刑;唯一背倚神话系统和政治寓言,综合拟人、象征等手法,以高度浓缩的隐喻符号而为法定刑。

其次是标志性和引领作用。引礼入刑,礼、刑、兵三位一体,是以礼治天下的内在逻辑和结构性要求。"春秋决狱"自不必说,《唐律》正是因为"一本于礼",达到礼与法的完美结合,而为后世效法。无论何时何地,礼都是刑律后面的隐身人,是夜空中枭鸟啖叫的发声源。"枭"作为唯一一个以礼教伦常为依据命名的刑罚成功嵌入刑律系统,断非偶然,乃是经过漫长蜕变而水到渠成,出礼入刑,恶立而首标。这个过程,好比让李舟之弟化身为水的黑蛇,入瓮之后数日不绝于响,酒熟而骨销。借用一个现代的说法,在一磔之下修成九头"天血使者"的鬼车枭魔,乃是"礼"派给"刑"的"政治委员",是"礼"在"刑"中植入的芯片,为"刑"打上礼教烙印,甚至上色、定调,规定线路。张斐《律序》谓"枭首者恶之长"(《晋书·刑法志》),真是一语揭题。

正是从这个高度和角度,我们可以清楚地看到,礼教之手通过"枭"这个牵线木偶,选择并赋予"中国人头——首级"以特殊地位和作用。这也为我们梳理从枭悬到传首的刑名概念与彼此内涵外延的发展、变化,提供了内在理路与观察基点。

滑向人头

概而言之，枭并非一个固定的刑名或静态的符号，从西汉至明清，枭像一座活跃的火山，一条扭摆奔突的曲涧长河，其具体内容、执行实施、隐伏进退等，都围绕"引礼入刑"的根本目的和相应的隐喻符号、象征体系建设的需要，不断调整变化，并衍生发展出"传首"体系。

变化调整的第一阶段，是枭向枭首——人头侧滑，并相应地将原来枭刑中"磔"这一部分逐渐挤出。

前文言及，当枭代县入刑时，其完整实施本应与县一样，包括先磔身后悬首，然而，西汉文献所称秦代枭（县）刑，其重点已开始从磔身向枭首侧滑，且枭与首经常连用，以至慢慢成为新的固定搭配。[17]进而，似乎车裂、辗等裂肢解体之刑，只要加上割头悬示这一环节，都可被泛称为枭、枭首，如《史记·秦始皇本纪》中说："尽得（嫪）毐等，二十人皆枭首，车裂以徇。"在语义抖动和泛化的过程中，割头悬示作为枭刑不可替代的标志性要件，不断得到强化。

抖动与侧滑在加速，不磔身只割头且传送异地悬示的"枭"，秦汉鼎革之际已经出现。

楚汉汜水之战，楚军大败，塞王司马欣自刭。刘邦特意将他的头砍下来带到栎阳，"置酒存问父老"，并"枭故塞王欣头栎阳市"（《史记·高祖本纪》）。司马欣原为秦将，跟着章邯带领关中子弟出关平乱，兵败降楚，秦亡后项羽封司马欣为塞王，都于栎阳（治所在今陕西省西安市阎良区武屯镇关庄与御宝村

---

[17]《史记·酷吏列传》在结尾附列一批各有"长项"的酷吏名字，谓"广汉李贞擅磔人，东郡弥仆锯项"，磔人与锯项（斩首）并列，无意中反映出当时磔、枭在并用中过渡的特点。

之间），正是关中故地。但因当初他们所带二十万秦军被项羽坑杀，关中父老怨之入骨髓。现在刘邦把司马欣杀了，还把头拎回到栎阳悬示，很替父老出恶气，能为自己收民心。司马贞《史记索隐》也指出刘邦此举的特殊意义："枭，县首于木也。欣自到于氾水上，令枭之于栎阳者，以旧都，故枭以示之也。"在这里，"磔"被晾一边，而传送人头到异地定点悬示，则直承先秦"裂肢以徇"的传统而又变化创新：徇有沿途展示之意，"枭之于栎阳"，则仅指向特定地点传送展示首级，"送首""传首"之机，实已发轫于此。等到"枭"在《汉书·陈汤传》中出现，颜师古注文就直接把磔剔除："枭，谓斩其首而悬之也。"郅支单于的头在离长安数千万里外的康居单于城激战中被陈汤手下军士杜勋砍下来，一路传送长安悬示，自与磔刑无关。

抖动与侧滑的背后，两个因素发挥关键作用。

第一，枭乃"木偶"，身后的"提线人"是礼、孝。孝与礼让枭代鼎出演戮辱虐杀大戏的目的，是要用食母恶鸟来隐喻并代入不孝凶逆之人，再移孝于忠，使专制集权的血腥残酷变成合乎道德的扬孝除恶行为，也就是要形塑一个基于政治寓言的视觉识别系统。显然，最能吸引眼球强化记忆的，是人头被高高悬起："首在木上"。

第二，镮、磔、腰斩诸刑，其始均源于军仪军刑。《说文解字》："斩，截也，从车斤。斩，法车裂也。"这些刑罚的字形字义，显示其初多始于军刑，与战车有关。东汉酷吏王吉"凡杀人皆磔尸车上，随其罪目。宣示属县。夏月腐烂，则以绳连其骨，周遍一郡乃止"（《后汉书·王吉传》），可谓循古法制。而军仪军刑包括出征、旋师时的杀囚斩谍，一个直接目的都是"徇"——扬威示众，即沈家本所总结的共同特点："既杀之后分裂其尸，以徇于众。"很明显，在枭刑中，直接继承并优化这个"有力的传统"的选项，正是悬首示众。这些军仪逐渐由兵入刑，转化为对臣民的刑罚，"车裂以徇"这种高度依赖军事设施和誓师情景的方式，也就自然向简便有力而又切实可行的"首在木上"转化。

引兵入刑，本身也体现了中国古代礼、兵、刑三位一体的内在结构。

上述两方面的合力，共同造成的"枭刑"的要件与重点向人头逐渐侧滑，进一步促成"传首"出现并得到充分发育，终至大行于世。

浇手·枭首

清末修订法律大臣沈家本等在《删除律例内重法折》中，曾简要缕列"枭首"刑名本末：

> 枭首在秦、汉时惟用诸夷族之诛，六朝梁、陈、齐、周诸律，始于斩之外别立枭名。自隋迄元，复弃而不用。今之斩枭，仍明制也。

此段概述，具其大体，尚欠精当。兹择要辨析，并借以进一步梳理枭悬—传首刑名关系及其演变发展。

首先，枭首在汉代已开始从族诛、具五刑之类的株连刑、复合刑中独立出来。沈氏所据，主要是《汉书·刑法志》对三族刑的介绍[18]，但上引《二年律令·贼律》有"子贼伤杀父母，奴婢贼杀伤主、主父母妻子，皆枭其首市"之律条，是枭首已单用于人子或奴婢。梁平王之后任氏以不孝罪被枭首，也限于

---

[18]《汉书·刑法志》："'当三族者，皆先黥、劓，斩左右止，笞杀之，枭其首，菹其骨肉于市，其诽谤詈诅者，又先断舌。'故谓之具五刑。彭越、韩信之属皆受此诛。"

本人，并未与"三族""五刑"捆绑。东汉灵帝时，宦官曹节等发动宫廷政变，窦武、窦绍战败逃走，"诸军追围之，皆自杀，枭首洛阳都亭"（《后汉书·窦武传》），是单就割首悬示言"枭"。且两窦与塞王司马欣一样，都是人已死于厮杀现场，再特意把头割下来，送到特定地点悬示。

沈氏奏折所述第二个失之笼统之处，是关于枭首在秦汉以后入律的情况。

自魏晋迄刘宋，死刑之下其实都有枭（首）一项，并非到六朝之梁才"始于斩之外别立枭名"。《晋书·刑法志》谓曹魏律法中，死刑有三种，未载其详。程树德《九朝律考》引《唐六典》注，谓晋律死刑有三，枭居其首，程并参引《魏志·高柔传》中高柔上疏，论定"魏有枭首腰斩弃市之刑明矣"。另如《隋书·刑法志》谓北齐武成帝修律："大抵采魏、晋故事。其制，刑名五：一曰死，重者轘之，其次枭首，并陈尸三日；无市者，列于乡亭显处。其次斩刑，殊身首。其次绞刑，死而不殊。"这则材料，间接说明枭首之法，魏、晋皆有，且已于"斩之外别立枭名"，盖斩后悬首，乃可谓"枭"。

北齐之前的元魏，同样有枭首之刑。《魏书·宋弁传》中一个残酷的笑话提供了直接证据。定州北平府参军宋鸿贵送兵荆州，贪污军服布料，并擅杀十个要告发他的士兵。这家伙出身高门，却是白丁，将律令中的刑名"枭首"谐音成"浇手"，先将士兵双手砍下来，用水浇过，然后斩决。不久事发，宋鸿贵也被"浇手"。时人"哀兵之苦，笑鸿贵之愚"。

第三，自隋朝至元数世，虽律无"枭首"之条，实际执行中仍然"枭"事不断，且"枭首"进一步深植于社会观念之中而日益流行。沈家本在《历代刑法考·刑法分考》中专设"枭首"一节，论列此时期多宗律外用"枭"的案例，如《唐律》无枭首及腰斩之文，但甘露之变中，十数位大臣均被宦官腰斩枭首。再如张鹭《朝野佥载》记唐中宗韦后与女儿安乐公主之诛:"景龙中,安乐公主于洛州道光坊造安乐寺,用钱数百万。童谣曰:'可怜安乐寺,了了树头悬。'后诛逆韦,并杀安乐,斩首悬于竿上,改其号为悖逆庶人。"斩首悬竿,非枭而何?专写唐都长安妓院生活的孙棨《北里志》,内中有"北里不测堪戒二事",其一则写金吾王式年轻时到北里狎妓,"遇有醉而后至者,遂避之床下。俄顷又有后至者,仗剑而来,以醉者为金吾也,因枭其首而掷之:'来日更呵殿入朝耶?'遂据其床"。说明"枭"彼时已在民间语文或者说口语中通俗化,乃至被用来直接代称私斗凶杀中的斩首。

两汉杀:四百年局部战争

醉卧于大唐长安烟花地北里芙蓉帐的王金吾,因把床让给更醉的寻欢客而免于"飞来横枭",而据说明末进士陈于鼎却因在除夕夜酒香梦甜,没听到大清早的宣赦之诏,醒来惊觉狱空,而在新年第一天惹怒皇帝,被特批枭首。[19]沈家本梳理的仅是刑律史本身,因此他只是简单说明大清朝的斩枭之刑"仍明制也",至于明清之季枭斩下行,泛滥而至"就地正法"合法化、常规化背后的深刻历史渊源和社会原因,非所需究。

欲知明清,先解两汉。

不说三代先秦,勿论替乱之世,以大体安定的统一王朝论,中国古代死刑基层化、随意化、扩大化的第一个高峰是

---

[19] 林纾《畏庐琐记》"泉州海寇"条说,明末状元陈于鼎通海盗下狱,除夕畅饮,当夜甜酣,早起已新年初一,惊见狱空,原来昨夜宣赦。狱官上报,"上大怒,即日处决。然则一时酣睡,竟枭其首"。按陈于鼎为明崇祯元年(1628)戊辰科进士,后降清。清顺治十六年(1659),因联结郑成功被检举入狱,处决于北京。林纾谓陈为状元,应误。

两汉。

治汉史，窃以为《史记》《汉书》《后汉书》中的两种传记：《酷吏列传》和《游侠列传》——再延伸开去，包括《刺客列传》《党锢列传》等，宜对照参读，两汉要解决的主要历史难题与解决路径、过程、效果，以及此后魏晋南北朝社会结构与治理思路变迁之机，可在这里求解，斩枭传首的特点与演变轨迹，也隐伏于斯。

从《酷吏列传》等提及的案例与晒出的杀人榜单看，两汉地方主官如刺史、郡守乃至县令生杀权力之大，措刑之速，杀人之多，都触目惊心，殆非后世可比。义纵为定襄太守，一日报杀四百余人，不仅在押囚犯，连探监者一起杀；严延年为涿郡太守，杀其掾吏赵绣，当夜收监，次晨就赴市论斩，后任河南太守，"冬月，传属县囚，会论府上，流血数里，河南号曰'屠伯'"；王温舒为河内太守，"捕郡中豪猾，相连坐千余家。上书请，大者至族，小者乃死，家尽没入偿臧。奏行不过二日，得可，事论报，至流血十余里"；西汉末尹赏为长安令，"得一切便宜从事"，直接在监狱中挖深坑为"虎穴"，一日尽捕数百轻薄恶少，纳穴塞石，死而后出。

东汉的同行手段也不差：樊晔为天水太守，被他关起来的人别想活着出狱；王吉为沛相，"视事五年，凡杀万余人"；阳球为九江太守，"收郡中奸吏尽杀之"；缪彤为中牟县令，一到任，"诛诸奸吏及托名贵戚宾客者百有余人，威名遂行"……

而那时治狱办案的对象背景通常很硬，成分复杂，难度与风险都很大，简直像剿匪打仗，因而对"酷吏"们的政治素质、冷血铁腕、权谋机变等方面的要求也特高。《史记·田叔列传》说，田仁为丞相长史，上书武帝，直言"三河太守皆内倚中贵人，与三公有亲属"。具体地说，"是时河南、河内太守皆御史大夫杜（杜周）父兄子弟也，河东太守石丞相（石庆）子孙也。

是时石氏九人为二千石，方盛贵"。丞相与御史大夫，可是汉王朝内阁一、二把手。汉武帝很欣赏田仁的胆气，派他出任刺史，结果"三河太守皆下吏诛死"。就这么厉害的角色，还排不到上《酷吏列传》。同是河内，酷吏王温舒一到任，"令郡具私马五十匹，为驿自河内至长安"，因此"奏行不过二日"，被抓的数千人还没回过神来，人头已经落地。这西汉的三河地面为何多事？因为其地原乃东周统治核心区域。至于风险，那也是弄不好就得脑袋搬家的。汉武帝时，杨季子的儿子为县吏，因负责解送大侠郭解，父子俱遭断头之报。西汉末年，茂陵守尹公因事查辱游侠原涉，被报复刺杀。事实上，大部分酷吏后来也不得好死。情况如此险恶复杂，以致以奸发奸、借恶举恶，即用身负重案之恶少、奸吏等为爪牙戴罪立功，成为那时酷吏为治行之有效的"反噬大法"，甚至有的酷吏原来就出身盗匪，如义纵；或出身豪族，有辱杀官吏的案底，如阳球；或出身权贵门客，深知其弊，如田仁，曾为大将军卫青一百多号舍人（门客）中不起眼的一员。与此相应，大姓豪族、郡吏宾客往往互相勾结，作奸犯禁，正是主要的犯罪群体，虽屡受打击摧毁，其势犹未少衰。东汉末年，赵岐因中常侍唐衡之兄唐玹的迫害逃亡，北海郡安丘（今山东安丘）的豪族孙嵩敢于窝藏他，并拍胸脯说："我北海孙宾石，阖门百口，势能相济。"（《后汉书·吴延史卢赵列传》）这个例子颇能说明问题。

何以如此？两传均有正面回答。

《后汉书·酷吏列传》一开篇，直接从战国下笔：

> 汉承战国余烈，多豪猾之民。其并兼者则陵横邦邑，桀健者则雄张闾里。且宰守旷远，户口殷大。故临民之职，专事威断，族灭奸轨，先行后闻。肆情刚烈，成其不桡之威。违众用己，表其难测之智。

《汉书·游侠列传》更往上一跳：

> 周室既微，礼乐征伐自诸侯出。桓、文之后，大夫世权，陪臣执命。陵夷至于战国，合从连衡，力政争强。由是列国公子，魏有信陵、赵有平原、齐有孟尝、楚有春申，皆借王公之势，竞为游侠，鸡鸣狗盗，无不宾礼。……于是背公死党之议成，守职奉上之义废矣。及至汉兴，禁网疏阔，未之匡改也。是故代相陈豨从车千乘，而吴濞、淮南皆招宾客以千数。外戚大臣魏其、武安之属竞逐于京师，布衣游侠剧孟、郭解之徒驰骛于闾阎，权行州域，力折公侯。……

这两段揭题之论，互相阐发，共同的特点，是把战国与两汉中间的大秦帝国直接抹去，而这正是天机所在。《汉书·游侠列传》更细细梳理从东周末年至汉初权力与社会资源自王室向列国诸侯、陪臣公子、门客游侠涣散分崩的过程，以及伴随这个过程发生的社会组织、权力结构、价值观念和行为方式等的变化。

秦灭六国，虽实现疆域与行政上的统一，但太短命，既来不及给自己美容，还只能任人辱尸。后世都骂秦朝暴政，其实秦帝国之所以二世而亡，根本原因是暴之不足，或者说暴之不中，急于役使民力修驰道、筑长城，大力气都用在建设适应统一治理需要的基础设施上（这与隋朝颇为类似），没对六国贵族强宗残余势力尤其是任侠养士以抗王命的积弊进行彻底清理，过于纵容。张良为韩国宰相之后，能轻易找到一个大力士当刺客，在博浪沙行刺秦始皇，复轻松逃脱追捕，逍遥法外，跟黄石公学习变天账；楚将项燕之子项梁杀人，能轻松避仇于吴中，不仅得到很好的庇护，还成为当地名人，插手地方政务（《史记·项羽本纪》："每吴中有大繇役及丧，项梁常为主办。

阴以兵法部勒宾客及子弟，以是知其能。"），成为会稽太守的座上客。张耳在秦灭魏前已是"千里致客"的外黄县令，一方豪强，秦虽下令通缉，但他与陈余不过低低调忍忍辱就潜伏下来，曾在他门下短时间培训过的沛县青年刘邦（《史记·张耳陈余列》："传高祖为布衣时，尝数从张耳游，客数月。"）更成为推翻秦朝的军事领袖。想想看，这环境其实多么宽松！结果戍卒一呼，"六二代"一夜之间全都冒出来！但六国贵族实质上已经过气，出身门客的刘邦带着一帮白徒布衣猴急猴急捡漏上位，定鼎建汉，同时这股天生带有反统一、反集权性质的六国"余烈"经秦汉战争之燎，复呈炽盛之势，也化身为遍布全国各地的大小豪强，如坞堡田庄式的大地主，把持各级政权的豪门劣吏。王侯养客之风与任侠犯禁之习，随之高涨。

说是余烈，可不一般，那是百战之余的遍地英雄与乖戾杀气，势可敌国。汉初，大臣显宦无不养士，外戚诸侯王尤甚，客、士的身影频频出现在重大政治事件中。如《汉书·游侠列传》所举："代相陈豨从车千乘，而吴濞、淮南皆招宾客以千数。外戚大臣魏其、武安之属竞逐于京师，布衣游侠剧孟、郭解之徒驰骛于闾阎，权行州域，力折公侯。"汉高祖时，栾布、季布身为大臣，均以尚气任侠名世。九江王英布乱起，给刘邦重要意见的是被汝阴侯滕公养起来的门客"故楚令尹"薛公。七国之乱初起，周亚夫临危受命，乘六乘传驰赴洛阳，见到当时名闻天下的"显侠"剧孟，大喜过望，说："吴、楚举大事而不求剧孟，吾知其无能为已。"因为剧孟不是一个人在战斗，"得之若一敌国"。也正因此，六国平后，汉朝统治者深切意识到积毒成瘤，积重必矫。以西汉而论，几任有为皇帝都惮虑于此，不惜动用非常手段。剧孟死后，汉景帝听说与剧孟类似的"显侠"各地多有，"使使尽诛此属"，杀了一大批，但效果不明显，后起者"纷纷复出"，因为文帝自己的侄子淮南王刘安、老婆的小亲戚窦婴、以后景帝的妻弟田蚡，就是养客大户。真正动刀治剧，要到汉武帝中后期，所谓"自魏其、武安、淮南之后，天子切齿，卫、霍改节（卫青、霍去病原来也染此习）"。汉武帝族诛郭解、广治淮南王之狱，一案所株连，诛死动辄数千，实皆此辈，汉宣帝继之。两帝任用酷吏，均以敢于碰硬治剧、摧折豪强、挫斩奸吏为标准。

汉武帝大举拓边造成民力苦困，而各地强大的豪强游侠势力不甘坐受削制，两股力量相结合，至西汉中期，遂激成河南、齐、楚、燕、赵多地武装反抗，所谓"盗贼滋起……擅自号，攻城邑，取库兵，释死罪，缚辱郡守、都尉，杀二千石"，仅靠一批酷吏已无法控制局面。汉武帝毫不让步，派出绣衣直指使者，授予发兵杀人大权，甚至把矛头对准不作为的地方官吏，有盗不报不捕，捕之不尽，"二千石以下至小吏主者皆死"。乃至赵翼在《廿二史劄记》专叙"武帝时刑罚之滥"，感叹"民之生于是时，何不幸哉！"。汉武帝用法峻严如此，自有其不得已处，主要原因是各地起事的领头者，往往为六国余孽、地方豪强，而这些家族，同时也为西汉政权提供官吏，在实质上有能力把持地方乃至中央的大部分行政资源。

当日西汉绣衣直指一出，"持节、虎符，发兵以兴击，斩首大部或至万余级。及以法诛通行饮食，坐相连郡，甚者数千人"，其所进行的，已经是一场一场的国内局部战争。就实质与根源而论，它是秦汉统一战争的继续，是六国之乱的余震，是在局部地区一处处铲除剩余分裂势力以确立中央集权、夯实王朝有效统治的漫长过程；是将中国从商周春秋封国林立至汉初分封诸侯王的封建化发展路向与惯性朝中央集权政制强力折转的很危险却最关键的阶段。就《汉书·酷吏传》的记述看，其时所谓各地盗匪，常常杀而复聚，这场战争后来陷入不痛不痒不了了之的状态，但它代表了历史进步的方向，所以不影响汉代的强盛与汉武大帝英主之名。终两汉之世，中央政权对地方的控制、统一国家的观念，一直是在与世家大族和地方豪强的博弈中艰难推进缓慢建设的，直接效果并不明显。至西汉亡于王莽之时，以任侠名世者，尚有身为河南太守的陈遵和在民间活动的原涉等人。

另一方面，从汉武帝开始的独尊儒术，至魏晋以后实施九品中正制并出现门阀士族，则可以看作集权帝国以儒家学说为手段，对豪强大族实施思想与观念的内在改造与驯化，并让儒学与文化承传这个"道统"渐渐取代单纯的权贵血统的过程。顺此解读《后汉书·党锢列传》，我们可以发现，撰史者同样将党争清议的源头直溯春秋战国的策士横议，而清议集团的领袖其实大部分出身大族，倚靠乡里宗党，同时又担任朝廷高官。如周福、房植俱出甘陵豪族，刘淑祖父为司隶校尉，李膺祖父官至太尉。"度尚、张邈、王考、刘儒、胡母班、秦周、蕃向、王章为'八厨'。厨者，言能以财救人者也"，实乃游侠套路。不过其代表人物比前大有文化，多以硕学大儒出现，以治经讲学网罗社会精英，以儒家理论为道德武器，寓政治斗争于清议臧否，正好是汉初豪强大族由血统向学统调适转型过程的典型表现，司马懿家族即儒学世家。现在看来，两汉这张杀人如麻的人头榜单，如被原始人镇埋在房基中的骷髅，恰恰是历史为以后中国延续两千多年牢不可破的统一势态交上的一大单"投名状""买路钱"。

盗非盗，贼非贼

如上所述，两汉之世，一边是皇帝支持的酷吏乃至绣衣直指，一边是春秋战国以来一路坐大的豪强游侠，与"四百年局部战争"这个背景与趋势相对应，两汉磔枭之制，也处在由兵入刑，即由军刑军仪向国内刑、法定刑过渡转化的阶段。

一、两汉尤其是西汉一朝，传头之制，主要用于战争中处理敌酋首级，如七国之乱平定时东越斩送吴王濞首级，汉武之时斩南越王头，昭帝时傅介子斩楼兰王头，元帝时陈汤斩送郅支单于等，均不远千里传首长安，悬示天下。

二、地方决狱处刑带有很强的军事性质[20]，程序简易，行动迅速，成批杀戮，但与后世不同的是鲜少强调杀后枭示，常以"报杀""论囚""族"之类囫囵言之。[21]申徒建杀原涉，"悬之长安市"，亦无传首之举。另外，杀而后磔、以尸为徇仍偶有出现，腰斩也仍是杀人的主要办法。武帝时绣衣御史暴胜之欲诛被阳令王欣，王欣"解衣伏质"（《汉书·王欣传》），这是腰斩的架势。再如王吉"凡杀人皆磔尸车上，随其罪目，宣示属县"，此亦杀而后磔之证。

三、对应大规模杀戮，"盗贼"之名以模糊与矛盾的面目开始频频出现。其后历朝尤其是明清之世，死刑执行与枭首传头扩大化、随意化、基层化，高举的都是治盗杀贼的金字令牌。模糊的主要表现是盗贼的来源、构成与性质。当时所谓盗贼，与宋末兵匪、明清流寇海盗均有很大区别。

春秋战国之时有个奇怪现象，不止一宗谋杀，包括国君杀其子、臣弑君等，是由幕后策划者即国君或世卿大夫指使盗贼执行，而且经常发生在诸侯国边境间的飞地。《左传》所记，即有多起，如鲁桓公十六年（前696），卫宣公将杀其子急子，

---

[20]《后汉书·酷吏传》：赵章为阳平令，"时赵、魏豪右往往屯聚，清河大姓赵纲遂于县界起坞壁，缮甲兵，为在所害。章到，乃设飨会，而延谒纲。纲带文剑，被羽衣，从士百余人来到。章与对宴饮，有顷，手剑斩纲，伏兵亦悉杀其从者，因驰诣坞壁，掩击破之，吏人遂安"。听来完全是一场军事行动。

[21] 据《汉书·游侠传》所记，汉武帝接受宰相公孙弘的建议，以"大逆不道"之罪族诛郭解，罪名如此，则杀后当枭首示众。

派他出使齐国，而"使盗待诸莘，将杀之"。莘即今山东莘县北，时为卫、齐两国边境。鲁僖公二十四年（前636），郑文公使盗诱杀郑子臧于陈、宋两国之间。鲁襄公七年（前566），郑国大夫子驷在参加会盟途中"使贼夜弑僖公"。楚国大夫伍举因罪流亡晋国，蔡声子为帮助他回国，假意建议楚国执政的令尹屈建"资东阳之盗以杀之"（《国语·楚语》），东阳时为楚国北方边境的城邑。鲁襄公十年（前563），郑国尉止等五人发动政变，攻入宫廷，杀执政大夫子驷、子国、子耳等人，《春秋》经文称"盗"，《左传》传文称"贼"，并解释经文称政变武装分子为"盗"的原因是领导这次政变的五个人身份都只是"士"，没有大夫以上的贵族参与。在这个奇怪的案例中，"盗""贼"直接与社会阶层画等号。另外，为盗者往往有能力在诸侯国之间游移流动，如鲁宣公十六年（前593），因晋国政治清明，"晋国之盗逃奔于秦"。由此可见，这些盗贼大多与诸侯国执政阶层保持着密切的关系，迹近游侠。

两汉尤其西汉，所谓盗贼更主要的是以豪强游侠为首的利益集团或地方势力，或者说依附于他们的武装平民。这批豪强游侠往往联结贵戚高官，干政乱法。因此，《酷吏传》《游侠传》述及盗贼，常与贵戚、宾客、吏民这些本应与盗贼相对立的人群发生交叉、关联。即使到东汉末以下层贫民为主要成分的"黄巾起义"，其领袖人物仍与当时左右朝政的宦官集团关系密切。《史记·酷吏列传》说，汉武帝任酷吏，而"吏民益轻犯法，盗贼滋起"，汉宣帝时，涿郡豪姓凌胁郡吏，"宾客放为盗贼"，都无意中直接标揭吏与盗、民与贼的关系。西汉杜周为廷尉，大兴诏狱，专一抓捕大郡守吏，大案件株连上千人，多治以大逆不道，严刑使服罪，长安诏狱最多时所关囚犯达六七万人，加上狱吏之类的人员达十几万人。与其说办案决狱，不如说目标就是尽可能高效地消灭一批有豪强背景、交通游侠的官吏及其附庸。可就是这样一个杜周，他自己的兄弟也把持大郡，翻成田仁指斥对象，同样在汉武帝支持下被清除，可见那时社会集团真是盘根错节，我中有你。皇帝没手腕不铁腕还真不行。赵翼在《廿二史劄记》谓汉武与光武"两帝捕盗法不同"，汉武"法愈严而盗愈多"，光武"法稍疏而盗易散"，不知汉武之盗为豪强游侠，光武之盗多流民，性质不同，药石自异。

与盗贼的构成、性质相关，两汉中央政权在对付"盗贼"上，交替使用直接军事镇压与准军事的刑狱，而酷吏要解决盗贼问题，首先必须敢碰权贵，能打会斗。尹齐"使督盗贼，所斩伐不避贵戚……上以为能，迁为中尉"。杨仆"使督盗贼关东，治放（仿）尹齐"。"督盗贼"之督字，正是可以包容这种含混与矛盾的特殊字眼。同时，地方官吏以诛斩盗贼过滥被问责的案例，也开始出现，如东汉初年的千乘太守李章。

李章以滥诛盗贼被免，不久即复官，且因果断越界平定邻郡大姓的叛乱而受到光武帝表彰。北宋末年的高邮尉程皋，也因擅杀四盗先被阴司簿责，后该行为被阴间判官肯定，免责还阳。

程朝散对簿

《程朝散捕盗》的故事，见于洪迈《夷坚志》：

> 景德镇程皋朝散，宣和（宋徽宗年号，1119—1125）初为高邮尉。境内多凶盗，虽间捕获，辄为其党篡取以去，皋用是屡遭上官薄责。他日，擒四渠魁于湖草间，即命弓兵当马前枭首，其徒因此逃散。皋秩满还乡，举室染疫疾。一夕，昏昏如逝，旦而豁然，为家人说："昨正熟寐，梦两朱衣吏乘马至门，直入室，取文书置案上，追我甚急，遂随以去……吏押诣庭下，见四人断首被血在傍，

盖斩首也。仰望殿上，三人正面而坐……右坐者叱问：'汝只是一县尉，何得同日擅斩四人？'对曰：'此等作大恶，杀人至多，才成擒，率被夺去，况于马前抵拒，固宜杀之。皋手获四囚，若生致正刑，格当得赏，亦所不暇恤也。'左坐者大呼曰：'此王法也，程皋无罪，可速押回。'两吏复导出门……遽颠仆而醒。"……家人以此悉愈。（《夷坚志补》卷二五）

负责缉盗的高邮县尉程皋因为就地枭斩四个盗贼，涉嫌越权杀人，回乡罹疫，病中遭阴司追摄对簿，但他的回答理直气壮，得到其中一个判官的支持，释罪还阳，疫病亦愈。

同出于《夷坚志》，另两个发生于南宋的类似故事，结果却都悲剧。

桂阳监丞（治所在今湖南郴州）吴仲弓在南宋初年的建炎年间（宋高宗赵构第二个年号，1127—1140）欠下的滥杀债可就销不了账。"时湖浦多盗，仲弓一切绳以重法，入狱者多死。及得疾，绕颈皆生痈疽，久之，疮溃，喉管皆见，如受斩刑者……"不久病死（《夷坚甲志》卷十四《吴仲弓》）。与吴仲弓一样因滥杀被索命而死的还有曹绅，他跟着一个铁血上司剿斩海寇，杀债更巨："绍兴初，连南夫（连于绍兴六年至九年，即1136—1139年任广州知府、广东经略安抚使）帅广东，曹绅以宣义郎摄机宜。连公前后所杀海寇不可计，或同日诛一二百人，曹皆手处其事。"曹因此叙功升官，但到官不久即遇其刀下鬼四道追索，不久曹绅病死（《夷坚甲志》卷十四《芭蕉上鬼》）。

两宋之交频繁出现如此一类真人版的阴阳跨界索命对簿的故事，最有意思的看点是什么？

接着上节的话头。

就所谓杀贼治盗或曰死刑执行的规模、方式而言，两汉至明清恰好呈"U"字形演变。

两汉成为酷刑滥杀第一个高峰的主要原因，一是战国余烈猛于火，安戢地方如平乱，杀贼治盗，有甚于战争；二是法网疏阔，未需特别强调"正法"。相应地，此一阶段枭首传头之制也尚处在孕育成型期。两汉之后至北宋中期，枭首传头进一步脱离军仪军刑而纳入刑律，也即由兵入刑。一方面，通过历朝多次修律，律法体系不断完善；一方面，专制王朝在统治比较平稳的时期，总体上更乐意于遵循慎刑减杀的原则，逐步严格死刑判决与执行的司法程序，"人命关天"的观念得到强化，枭传乃至藏头漆首也进一步成为有例可循的常刑。宋仁宗即以慎杀著称，死刑案件凡有疑义，都要求上呈复核，每年常因此少杀上千人。吏部选人，官员一旦失察致人枉死，终身不准提拔。"每谕辅臣曰：'朕未尝訾人以死，况敢滥用辟乎！'"（《宋史·仁宗本纪》）这个"U"形线大约在北宋中期探底[22]，其后至明清，"斩枭下行"——死刑又呈基层化、随意化、扩大化趋势，枭首传头反过来由"刑"向"兵"溢出，或者说"返祖"，至清朝中后叶，以"就地正法"被官方批准为标志，上扬成第二个高峰。

程皋、吴仲弓们的故事，正好发生在这个"U"形底部又将上行的时空坐标上，其所折射的，正是此一时期决狱杀"贼"者所普遍持有的不安、忏悔，以及体现为冥谴报应预期的强烈

---

[22] 《宋史》卷十八《哲宗本纪》说，宋哲宗本纪元祐三年（1088），"天下上户部：主户二百一十三万四千七百三十三，丁二千八百五十三万三千九百三十四。客户六百一十五万四千六百五十二，丁三百六十二万九千八十三。断大辟二千九百一十五人"。按这个统计数字，则当年全国判处死刑人数占人丁总数的 0.00009063。

社会焦虑。

杂种来了

两汉之后,盗、贼的区别逐渐加大,更多的时候,盗成为介乎贼(成军事建制的武装反叛)与饥民流扰之间一个飘忽不定的存在。盗贼之罪,历朝入律,缉盗捕贼,则从来就是地方官员分内一项重要的职责。[23] 官方的对策,一直在抚与剿、慎刑与酷滥之间调整摇摆。穷剿滥杀盗贼,无世无之,乱世尤甚。区别在于:(一)是否"生致正刑",即按律问斩,用现代的话说,即是否按法定程序审判措刑?(二)处斩的人数和规模;(三)官方或执刑者的立场、态度以及社会反应、评价。

且从隋末说起。

大业七年(611),隋炀帝起兵征讨高丽,全国总动员,到处征发兵丁役夫,加上河南大水,黄河砥柱崩摧,天下骚动。其后窦建德、王薄、张金称等农民起义相继爆发,"群盗蜂起,不可胜数……攻陷城邑"。怎么办?隋炀帝下了一道诏书:"敕都尉、鹰扬与郡县相知追捕,随获斩决。"(《资治通鉴》卷一八一)《隋书·刑法志》也说,当时因为"兵革岁动,赋敛滋繁",导致"穷人无告,聚为盗贼",隋炀帝因此"更立严刑,敕天下窃盗已上,罪无轻重,不待闻奏,皆斩"。关于都尉、鹰扬的性质,胡三省注云:此盖置都尉以讨群盗。隋炀帝的杀贼诏可谓典型的前轻后重:能攻陷城邑的武装力量,无疑是反贼而非散盗,不直接调动军队而以类似警察与郡县治安团队来对付,是轻,但赋予其不待闻奏"随获斩决"的权力,又很重。此道诏书,大约可为清朝"就地正法"制度的鼻祖。

---

[23] 《宋史》卷十八《哲宗本纪》:范锷自转运使入对,言有捕盗功,乞赐章服。帝曰:"捕盗,常职也,何足言功?"黜知寿州。

五代乱世，盗贼蜂起。以喜杀著名的后汉权相苏逢吉曾"自草诏书"下令州县，凡发现盗贼，所居本家及邻保各户皆族诛。大家吓一跳，有大臣对苏说："为盗族诛，已非王法，何况连乡邻保甲都要杀尽！"苏宰相不得已，仅把族诛二字涂掉。此令一出，郓州捕贼使者张令柔尽杀平阴县十七村村民数百人。卫州刺史叶仁鲁听说所辖地面有盗，率兵缉捕，盗没抓到，索性把进山协助追盗的村民全杀了（《新五代史·汉臣传·苏逢吉传》）。

张令柔虽然创下因盗屠村的纪录，但一是时处乱世，二是毕竟还算依诏行刑，也可算"就地正法"的"先行者"。

北宋初中期，天下号称承平，但程县尉、曹郎官们的"师公"一辈已悄然现世，并居多由此获能吏之名，仕途亨通。宋仁宗朝刘煜"尝知龙门县，群盗杀人，煜捕得之，将械送府，恐道亡去，皆斩之，众伏其果"。这与程皋的情况非常相似而尤甚，既没马前拒捕的情节，"群"也应不止四人。不久，刘煜官升右正言。稍后又有王曙治理四川，"峻法以绳盗贼，赃无轻重，一切戮之，众股栗"（《续资治通鉴》卷三三），由此得苛暴之名。宋仁宗曾问刘煜怎么评价王曙所为，刘给予肯定，仁宗也认同，说明仁宗皇帝虽一方恪守谨杀之训，而心中其实奉"乱世用重典"为圭臬，对非经法定程序杀盗治贼，不仅有所纵容，甚且视为良吏，寄予厚望。

大约从唐代开始，随着海上交通和贸易逐渐发展，海寇成为"盗贼"新品种并迅速滋孽。北宋末年社会矛盾积重，又逢金兵南侵，郡县残破，不法豪强或亡命之徒乘乱啸掠，盗贼四起，治安恶化、四境不靖的局面形成并持续至宋亡。明朝推行海禁之后，海商被迫为盗，为祸最烈，且北邻强敌，内多流民，终至覆鼎亡国。清中后叶，马贼、海盗、枭匪、游勇、盐枭、会匪、咽匪、斋匪种种并起，无省无匪。在强劲外因鼓煽下，枭首："食母恶鸟之首—悖逆凶人之级"这一视觉介质和象征体系，通过反复衍演浸润而不断强化其隐喻作用的内在冲动，得到充分释放，"斩枭下行"之势，遂发而不回。上引《夷坚志》多则故事所聚焦的宋朝基层官员因擅杀、滥杀，引发忏悔焦虑或遭冥谴报应，正是社会心理在这个长达数朝的斩枭下行期——U形曲线探底上扬初始阶段被动调适的表现。到了明清中后叶，我们就很难再从正史、笔记中读到这类忏悔、冥报了。批量斩盗，不"生致正刑"而"就地正法"，差不多被视为正常甚至必要的处置，鲜少引致社会心理的反感乃至不适。其后进一步得到官方支持，终于在清中后叶成为合法行为。清末曾国藩、李鸿章、张之洞、胡林翼诸人均力倡以杀止杀，坚持"就地正法"不可废，曾国藩更可谓因杀成圣。在此背景下，程朝散再不需对簿，芭蕉林也不复闹鬼，地方官员能杀果杀，往往成为可以大晒特晒的武功治绩。

叶梦珠《阅世编》说，顺治十年，松江知府李正华治郡中盗寇，"旬日间，即获数十人，讯鞠得实，立置之死"，分明相当推许。

《聊斋志异》："明末济属多盗，邑各置兵，捕得辄杀之。"（《快刀》）又潞县县令"履任百日，诛五十八人矣"（《潞令》）。

《畏庐琐记》谓清末"闽中得海盗，动辄数十，骈戮北郊，尸首纵横，状至狞厉可怖"。

于是而有官员以缉贼靖盗为名，行杀人越货之实。

王琦《寓园杂记》："沈协为福州知事，专任捕盗。利平人之财，辄杀而取之。"

在一些地方和特殊时期，奸官恶吏指人为盗，即可叫人脑袋搬家。

云南某大吏看中一个民女，派巡捕强抢，其父不予，巡捕恐吓道："尔不欲头乎？"（《柳弧·滇抚淫暴》）

清末水师统帅、湘军首领彭玉麟曾在湖北微服入烟馆，无意中听到一个剃头匠对人说："听说彭杂种来了。"他一笑而去，回过头马上让人"取而斩之"（《畏庐琐记》）。不用说，剃头兄嘴贱成"贼"，被就地正法了。

脖颈上的刀疤

促成上述转变的直接力量，当然来自官方。两个标志性事件发生在明初，务必一提。

第一件事，是《大明律》在死刑种类中正式恢复枭首，并改刑名为枭令。一字之更，口味骤重，内涵大变。"令"带有更强的军事性质，飞马传令，"传"的意味也更强，暗接先秦之"徇"；号令又是很通俗的说法，更利于传播，让枭之"号"更远，"令"头之悬更高。佐证之一，罗贯中以元末明初时人著《三国演义》，"斩首号令"，几乎成为固定表达。这种说法，对真正的三国时人来说可能陌生，但明朝人听来倍儿亲切。

第二件事，明初朱元璋颁行《大诰》，以酷滥著称。除凌迟族诛外，枭令一刑，用之至滥。最著名的例子是洪武十八年溧阳县皂隶潘富逃亡一案，参与围攻抓捕潘富差役的崇德豪民赵真与其同伙两百余户人家，以及在潘富逃亡沿途参与藏匿，助其逃跑的一百零七户人家全部被朱元璋下旨枭令，死者近千人。

最能标志这种转变发生并完成的信息，也来自两个方面。

一是这时期人们对枭首的界说，已悄然发生有异于前代的实质性变化。

"古人以午日赐枭羹，又标其首以木，故摽贼首谓之枭首。"（《五杂俎》）明人谢肇淛这个说法可谓代表。谢氏可能意识不到他的解释已"离经叛道"，把汉代由"食母恶鸟"贡献出来的一项专治不孝反逆之罪的刑罚，直接普及或者越权、扩大为对"贼"的处置，做"贼"如食母，为盗即不孝，而亦说明那个年头"杀贼者"对斩头摽首的熟习惯用乃至痴迷。

实际情况也正如此。

除凌迟及其他律内律外的变态酷刑外，绞、斩、枭作为通常为王朝律令规定的常规死刑执行办法，三者本来有严格区别，但是发展到明清甚至民国初期，杀人尤其是非按正常司法程序审判处决的"就地正法"，基本都是"斩首＋悬头"，换句话说，斩枭一体，已从法定刑名中死刑的一种，溢出、普及为中国式的通用杀人模式。

《庚子西狩丛谈》口述者吴永原本只是区区怀来县令，因迎驾有功，在如丧家之犬一样逃出北京的西太后那儿领了个对乱兵"就地正法"的懿旨，一出门就"就地正法"了六个抢劫当铺的兵勇，将人头挂到当铺前一座牌坊的柱子上。其后吴永半路发现一个兵士有抢劫村民骡马之嫌，告诉军门马玉昆，马即将这个士兵押到村集路口，斩首悬竿。吴永说道："予随所指视之，则赫然一簇新头颅，枭示竿上，鲜血犹滴沥不已。俯视道左，则无头尸委地上。"

以杀人标首整肃乱军并不罕见，唐代名臣段秀实曾一次砍下十七个人头。郭子仪儿子郭晞恃父之功，驻兵邠州时放纵军士为暴，柳宗元《段太尉逸事状》说，时为泾州刺史的段秀实找到节度使白孝德，主动要求担任负责督察军纪的都虞候。不久郭晞部下"军士十七人入市取酒，又以刃刺酒翁，坏酿器，酒流沟中。太尉（段死后官赠太尉）列卒取十七人，皆断头注槊上，植市门外"。区别是柳宗元没给这十七颗槊上首级贴上"枭"字标签，而吴永则明确称之为"枭示"。

沈从文自传式的文字，无意中以目击者的身份保鲜了这种深入国民骨髓的"枭""悬"通好和清末民初头颅遍地的血污人间。

在《辛亥革命的一课》中，我们和年幼懵懂的沈从文一起听大人说"衙门从城边已经抬回了四百一十个人头，一大串耳朵"，在"道尹衙门口平地上看到了一大堆肮脏血污人头，还有衙门口鹿角上、辕门上，也无处不是人头。从城边取回的几架云梯，全用新毛竹做成（就是把一些新从山中砍来的竹子，横横地贯了许多木棍），云梯木棍上也悬挂许多人头"。

《清乡所见》更说明枭令之习跨清末入民国而不衰。沈从文写道，清乡司令部到驻地的第二天，"各处团总来拜见司令供办给养时，同时就用绳子缚来四十三个老实乡下人"，经过简单的例行讯问，"第二天，我们就簇拥了这二十七个乡下人到市外田坪里把头砍了"。又从集市上胡乱抓来所谓土匪奸细，"即刻就牵出营门，到那些乡下人往来最多的桥头上，把奸细头砍下来，在地面流一滩腥血"。火器时代的军队仍用大刀片子杀人，节约枪弹可能是一个理由，斩首悬头的嗜好和习惯，未必不是更主要的原因。

有"屠伯"之称的清末地方官陈兆棠的经历，恰好与沈从文的个体经验形成比照。曾国藩的重要幕僚陈士杰之子陈兆棠以严刑峻杀为西太后的红人两广总督岑春煊赏识重用，在辛亥革命前任惠州知府三年，后调任潮州知府，一直以铁血手段剿匪清乡，惠州三年所杀即达三千多人，被称为屠伯。我们仿佛听到《汉书·酷吏列传》重重的回响——当然，三年杀三千，比之东汉王吉的一年杀人逾万，差距还是明显的。

发生在清朝另一件影响至巨的事，是"就地正法"从多现、常见，被默许到成为朝廷正式赋权的简易死刑执行办法，它标示了 U 形曲线重新上扬到最高点。经过一个漫长时期的演变，宋朝刘煜、程皋们导致质疑与冥谴的越权行刑，也即程皋自诉中"就马前斩首"与"生致正刑"间的矛盾纠结，至清末终于在"就地正法"这种新的模式中合榫入枘，获得"牌照"。

"就地正法"的提法已见于清初，如康熙四十八年郑克塽之母黄氏、媳妇朱氏叩阍案，其诉状中即有此说。康熙六十年平定台湾朱一贵起义，相关官员也奏请在厦门对主要人犯"就地正法"。太平天国起义促使清廷于咸丰三年（1853）起正式批准实施"就地正法"，此法遂日益扩滥，行之不止，直至清朝灭亡。举凡中兴大臣尤其是地方督抚，如曾国藩、李鸿章、张之洞、胡林翼等，均力行此法并持之不可废。下延至州县官甚至乡绅、团练，都可以"就地正法"盗匪，如湖南宁远知县刘如玉，自称在咸丰二年至五年期间共计杀匪一千二百四十七名。自太平天国、捻军乱平后至辛亥革命，这种原为军务而设的"一时权宜之计"，竟变成大行于平时的"经久不易之常"（清朝刑部复奏《就地正法章程》语）。[24]

至此可做一小结。枭本为鸟，与头无干，汉时为"食母恶鸟"说所劫，磔身醢肉，标木悬头，遂代"県"入律，因礼名刑。枭为刑名，初始专治相应的道德礼教之罪，由不孝而及谋逆，从而使政治寓言与徇首悬头无缝结合。经由礼教溶剂的不断浸泡漫漶，竿上人头渐等同于恶逆之首。另一方面，将罪犯代入恶枭，其悬头于竿所独具的心理、视觉效果，经历朝统治阶层的鼓煽强化，枭斩遂从严格的刑名中溢出、泛化，与宋以来特别是明清时期死刑的基层化、随意化、扩大化相表里。在诸般因果的共同作用下，作为暗喻介质和符号的"枭首"，通过通约化、世俗化而回到民间，深入人心，布在众口，人头挂满竹竿，枭悬功德圆满。至此，枭从天上自由的飞鸟，彻底变成横亘于中国历史文化与民族心理脖颈上的一道刀疤。

----

[24] 参阅张世明：《清末就地正法制度研究》（上、下），《政法论丛》2012年2月、4月；刘彦波：《晚清两湖地区州县"就地正法"述论》，《暨南学报》（社科版）2012年第3期。

至于那"让人头飞"的传首,我们接着道来。

问君缘何住碧山

大约从东汉开始,中国首级史另一位"男一号"在鬼车的呼啸中悄然登场,它就是从未在历朝刑律上正式注册却人气极高的"传首",陪它暖台的,还有"送首""函首"等"小兄弟"。

"传首"正式连用,首见于《汉书·王莽传》。其后逐渐多用、常用,直至成为热词。

先举数例。

西晋末年,刘弘为荆州刺史,长水校尉张奕据城不受代,刘弘攻斩之,传首洛阳,上表自请专征之罪:"……虑失事机,辄遣军讨奕,即枭其首。"晋帝下诏,谓"将军致讨,传首阙庭,虽有不请之嫌,古人有专之之义"(《晋书·刘弘传》)。这个例子比较重要,因为枭首传头已对应出现,且"传首"出现在最高别级的官方文件中。

北魏末年,刘灵助善卜筮,以术干权臣尔朱荣,官至幽、并、营、安四州行台,后以兵叛,自号燕王。他算定自己三月末必入定州,而尔朱氏也将灭亡。至期果如其言,不过是把死期卜成胜利日:他"战败被禽,斩于定州,传首洛阳,支分其体"(《北史·艺术列传》)。

573年底,南陈军攻破寿阳城,杀北齐守将王琳,"传首建康,县之于市"(《北齐书·王琳传》)。

安禄山起兵,杨国忠对自己即将被标头悬首的命运一点没有预期,还"扬扬有得色,曰:'今反者独禄山耳,将士皆不欲也。不过旬日,必传首诣行在。'"(《资治通鉴》卷二一七)。

元至元十九年(1282),僧人高和尚、千户王著假扮太子仪卫,赚枢密副使张易开门发兵,杀死宰相阿合马。乱平后,张易以轻信失职被处死。事情还没完,《元史·张九思传》说,张易被处死后,"刑官复论以知情,将传首四方",但被张九思据情驳正。

明朝末年,名将熊廷弼、袁崇焕等被杀后,均"传首九边"。

…………

上述北魏至明朝数宗传首用例,若发生在两汉,而由《汉书》《史记》载述,应该是"枭其首以徇""枭首徇于九边",因为那时"送首""传首"之类的提法也还很少见,甚至可以说未出现。反过来,到了元、明,常常是"枭""徇"诸字全然隐去,传首一以概之。其实,张易、熊廷弼等人所受之刑,在元、明律例中相应的规范称呼,仍应是"枭"或"枭首""枭令"。刘邦把司马欣人头从汜水"枭"到栎阳悬示,此事若发生在魏晋以后,则很可能直呼"传首"。

律中无传首,世上常送头。这是阅读两汉以后中国古代史籍不免经常面对的矛盾,是一个虽不免尴尬却独得天机的事实。

本章开头提到南朝刘宋孝武帝时大臣集议,依王莽先例,漆臧质首级藏于武库,此前"传首建康"这个重要环节,在那时似已理所当然,无须置论,而事实却是自汉至清,"传首"从未被正式收入王朝法典律令,当然也包括动辄"传首九边"的大明,包括将洪秀全"传首各省"的大清。

更奇怪的反常情况,是历代修律官员及史、律学者,乃至文人谈客,未曾有人将探询的目光聚焦于此,专力考证"传首"源流衍变。

传首,被共同无视。

最能说明问题的,莫过于沈家本《中国刑法考》。

沈氏在清末以刑部主官身份负责修律,客观上开启了中国现代法律史。这部皇皇巨著对有文献记载以来中国历代刑法制度、律令、刑罚、刑具、监狱、职官等进行迄今为止最为系统全面地整理考证，内中仅《刑法分考》即多达十七卷，各朝《律令》九卷，并有专章讨论非法之刑和明初《大诰》酷刑，"枭首""枭令"均立为专节，但百密一漏，竟无"传首"一席之位。

奇哉，怪也！原因何在？

最直接的原因，当然是"律中无传首"，即在历朝成文法中，"传首"完全被涵盖在"枭"名之下，未曾独立"开户"。

"传首"成为无"名"之刑，内中原因，仍要从礼、刑、兵三者的本质与关联中找。

程树德《九朝律考·汉律考》开宗明义："三代皆以礼治。"柳贯在《唐律疏议序》中说得更直接："刑礼其初一物。"刑在礼那儿珠胎暗结，自始就是礼义道德的私生子，一路发展到号称大成该备的《唐律》，其基点和优点，仍是"一本于礼，而得古今之平"，"以刑杀之书，而慈祥恺恻之意，时时流露于言外"。到了清代，纪晓岚编《四库全书》，所收律学著述最为草草，明知欹轻欹重，他"疴"出一条天机："刑为盛世所不能废，而亦盛世所不尚"，因此"所录略存梗概，不求备也"。基于此，各朝修律的指导思想和修辞表达，总的套路是"文约而例直，听省而禁简"（杜预语），或者叫"文简辞约，旨通大纲"，以致每每真要作为具体案件的审判依据，却发现"事之所质，取断难释"（《南齐书·孔稚珪传》）。另一方面，成文法即刑律的简约粗疏，在审判实践和司法解释中并不构成实际障碍，在下，便于酷吏深文蠹刻，庸官糊涂判案；在上，则是法理性或结构性的留白。

这种结构性留白，同样是为礼与刑的深层关系所决定的。

"君权神授"本质上赋予封建君王立法权，即《九朝律考》所谓"唐六典谓商鞅传法经以相秦，加凿颠抽胁镬烹车裂之刑，当时刑制，得以天子诏令意为增减"。西汉廷尉杜周"不循三尺法，专以人主意指为狱"（《汉书·酷吏列传》）。有书呆子质问他，他直接回答：三尺法本来就是皇帝的旨意。后世修律或断案，照例是"朝议不能断者，制旨平决……其中洪疑大议，众论相背者，圣照玄览，断自天笔……"（《南齐书·孔稚珪传》）。可见，刑律的简约粗疏，包括引经注律，引礼入法，都有利于给皇帝为首的统治集团保留更大的自由裁决权和终局审判权，其中最核心的，当然是生杀予夺的权力，是无上限的虐杀之权。而哪类刑罚若在成文法中详细交代，甚至和盘托出，会伤及"慈祥恺恻之意"呢？当然也是过度的血腥杀戮，尤其是附加于"杀"之上的诸种侮辱刑。

传首，把这两条都占了。幸乎？不幸乎？

更让传首失去名分的，是它的母体"枭"为唯一明确打上礼教烙印的刑罚，所对应的主要是不孝谋逆之罪，而中国历代刑律都一无例外地将"十恶反逆"设定为礼—孝所最为不容的滔天大罪，而相应授予以皇帝为代表的国家专制机器——官方以超常规的处置权，包括各种血腥变态的杀戮与侮辱。对不孝以至谋反大逆者，皇帝可以随时做出任何"不在律令"的残酷惩处，如：

（魏律）至于谋反大逆，临时捕之，或污潴，或枭菹，夷其三族，不在律令，所以严绝恶迹也。（《晋书·刑法志》）

太祖初年，庶事草创，犯罪者量轻重决之。其后治诸弟逆党，权宜立法。……又为枭磔、生瘗、射鬼箭、炮掷、支解之刑。（《辽史·刑法志》）

《明史·刑法志》说得更明白："特旨临时决罪，不著为律令者，不在此例。"

"传首"之从未正式入刑为律，也与刑、兵的关系深有牵涉。

如前所述，不管叛乱还是敌国相伐，礼、刑、兵三位一体的框架，都在逻辑上把战争等同于平叛，将敌酋叛首一概视为作奸犯科、大逆不道的乱臣贼子，枭首自是明正刑律，"不在律令"法外用刑也是题中应有之义，所以"陈乎兵甲"之后，必须"肆诸市朝"。而战争多数发生在边境或距国都较远之处，送头传首，于是成为"肆诸市朝"的前置环节，必办之急事。也因此，传首从一开始就带上强烈的军事色彩与附属性，为"兵"所绊，外于常刑。传首不入律，这应该也是一个重要原因。

"律中无名"，又是怎么导致"传首"至今为律学、史学家们集体无视或者说习惯性忽略呢？

还以沈家本为例。"从学术渊源看，他的训练主要来自科举考试和传统的经史考据……考诸以《历代刑法考》为代表的沈氏著述，其主要研究方法仍然是经史考据之法。"（《中国刑法考》后记尹伊君语，商务印书馆2011年版）考据之学，有严格的学术传统和规范，非常重视循名责实，所以沈氏之考证，虽称博洽赅备，却因律中无名而摒"传首"于不论，乃家法之内，情理之中，正不足怪。沈氏如是，前此情形既可推知。

至于现当代学术界之所以迄今无人专论"传首"，想来一是前贤既弃置，后学难自发；二是"人头—传首"在中国历史上所独具的符号意义和学术价值，从枭悬向传首一路衍演中所包含的天机，非从礼、刑、兵关系入手细加梳剔，难以发现并烛照，殊非易事。

"问君缘何住碧山，笑而不答心自闲。"这个话头旷寂既久，今天要拾起作解，难度不小，一点不闲。

由枭悬到传首

套用沈家本对中国古代刑法的分类标准，可将传首列为法外之刑。

传首与枭或戮尸等并用的例子，《晋书》已出现，如《杨佺期传》："传首京都，枭于朱雀门。"《旧唐书·罗艺传》："其左右斩艺，传首京师，枭之于市。"武后专制，唐太宗的儿子越王贞起兵失败，饮药而死，头被砍下来，"传首东都，枭于阙下"（《旧唐书·太宗诸子传》）。南宋吴曦以蜀叛，被杀后，"传首诣行在，献于庙社，枭三日"（《宋史·宁宗纪》）。元泰定四年，潮州路判官钱珍有罪饮药死，"诏戮尸传首"（《元史·泰定帝纪》）。传首与枭在同一件事、同一句话中同时出现，正说明撰史者已将传首与枭戮之刑区分开来，独立对待。

北宋末年，出现一个响亮的口号："传首四方"。南宋北伐失败，韩侂胄、苏师旦传首两淮间。及到元朝，也许是汉族政权的枭传与蒙古人军事征服的传统相结合，磔身徇首又复大兴。如至元二十二年（1285），西川赵和尚与真定刘驴儿因"谋不轨。事觉，皆磔裂以徇"（《元史·世祖本纪》）；皇庆元年（1312），"捕沧州群盗阿实达等，擒之，支解以徇"（《元史·仁宗本纪》）；至顺二年（1331），"豫王喇特纳实哩、镇西武靖王绰斯班等擒云南诸贼及其将校，磔以徇"（《续资治通鉴》卷二百六）；彻里被"枭首以徇"（《元史·彻里传》）。在这些案例中，我们看到非常有趣的"返祖"现象：

其一，早已分家并做大的枭首传头向先秦完整版的県刑——"磔以徇"返祖，"磔身悬首"全套大戏又经常上演。

其二，"传"与"徇"又复深度接合，首级沿途展示，肢体与首级分传多地等做法，有恢复的趋势。

这两种趋势在明代继续延展的突出表现，就是传首多与戮尸等其他正刑结合，“传首九边”屡屡出现。如元之钱珍、明之仇鸾传首枭示前均已戮尸，袁崇焕、仇鸾、熊廷弼等均被传首九边。“传首九边”，其实就是传首多地常态化，并以此称呼取代“徇”，涵盖“枭”。

明朝前有洪武《大诰》峻法，末有天启、崇祯等数帝之忍，传首、枭示滥及大臣、平民，惩治之罪名亦早已越出不孝谋逆的范围，延至军政民事。如明律之《诬告法》，规定“诬告十人以上者，凌迟处死，枭首其乡，家属迁化外”。此条律令未对凌迟处死之地做硬性规定，但务必在其本乡悬首示众，如此，若将罪犯在案发之地凌迟，而该地又非罪犯乡里，凌迟之后必致传首。以枭首治诬告，也已与不孝、谋反不搭界。

律内有枭律外传，那么，枭悬与传首这一路走来，如何纠缠争让？

从因果关系与发生序列看，先是战争征讨中异地枭悬的需要，催生了传首。

传与首的搭配，并非一蹴而就。“传首”正式连用，首见于《汉书·王莽传》。公元12年，秽貉反，王莽诏严尤讨高句丽，严尤诱斩高句丽侯驺，“传首长安”。而王莽最后也传出自己人头：《后汉书》之《光武帝纪》《刘玄刘盆子列传》，均谓王莽被杀后，“传首诣宛”。

然而，《汉书》对前此相关事件的记述，可没这样清爽直接。

七国叛乱，吴王濞兵败，走东越，东越“鈲杀吴王，驰传以闻”（《汉书·吴王濞列传》）。《史记·吴王濞列传》更详细：“（东越）即使人鈲杀吴王，盛其头，驰传以闻。”

汉宣帝时，冯奉世击莎车，“莎车王自杀，传其首诣长安”（《汉书·冯奉世传》）。

汉昭帝时，傅介子诱斩楼兰王，"驰传诣阙，悬首北阙下"（《汉书·西域传》）。

非常明显，"传"与"首"在此阶段尚未直接结合，但已无限接近。而这三件珍贵的"试用品"，也确凿说明"传首"之传，源于帝国的邮驿乘传制度，一开始就是个专业术语。

"传首"虽于公元初新莽王朝期间正式登台，此后至南北朝，另一个更通俗直白的提法"送首"也相当活跃，类似的还有"函首"等。隋朝以后，"传首"始呈一家独大之势。

传首定于一尊，主要还是其倚靠的邮驿制度和官方色彩。

下述几个"反传"的用例，也许从另一面说明人们对"传"的偏爱。

西晋末年，广汉太守辛冉和益州刺史罗尚派曾元、张显、田佐等领兵进袭流民领袖，也就是后来的成汉政权奠基者李特，反中李特埋伏，田佐、曾元、张显被杀，李特将这几个人头"传首以示尚、冉"（《晋书·李流李特载记》）。

安禄山起兵，攻陷洛阳等地，斩下几个唐朝大员的首级，快马送到当时尚未失陷的平原，正史亦称"传首"。

元至元十一年（1274），元将伯颜率师南伐，军至湖北沙洋，"复遣一俘持黄榜、檄文，传文义首入城，招其守将王虎臣、王大用"（《元史·伯颜传》）。赵文义是之前率兵袭击元军被杀的宋将。

前面说了，"传首"初起于战争中异地枭悬的需要，可谓枭悬的"陪房丫头""陪嫁媵妾"。但"大小姐""正房夫人"枭悬呆呆挂着展出的傻样儿，不久就显出乏味、单调，激情大戏的主角，遂渐渐"传"到活泼泼的"野丫头"身上。

另一方面，隋初至元代，枭首从正刑中废除（按：辽有枭磔之刑，见《辽史·刑法志》），以"传首"代称"枭"，往往更为方便，这也在无形中推助"野丫头"频仍上戏出镜。

实际的情形是自唐宋以降，传首日频日重，且在操作中逐渐发展出一套比较规范完整的体系，反过来涵盖单点枭悬，且填补、细化了原来枭刑执行前后诸多空疏，具备更大的适应性和灵活性。

"而刑官复论以知情，将传首四方。"《元史·张九思传》中这个由"刑官"做出的对张易的加刑建议，也许透露出这么一线消息：传首虽未入律，但"刑官"们自有一套标准和依据，或者来自古圣先贤的白旗黄钺，或者来自王莽、王敦、王凌们的判例。

关于首级"在路上"的具体情形，留待下章细说。

结语： 人头语

唐贞观二十二年（648）二月，一支来自唐朝西北数千里、今俄罗斯叶尼塞河上游地区的结骨族朝贡团，在酋长失钵屈阿栈的率领下，抵达唐都长安。

结骨也称黠戛斯，"自古未通中国"，因为西北铁勒等民族都臣服唐朝，他们也主动上门认亲称臣。结骨人自称突厥人后裔，"国人皆长大，赤发绿睛"，是典型的白种人。唐太宗非常高兴，宴请结骨使团。宴席上，唐太宗志得意满，而亦深有感触，他对侍臣说："二十多年前渭桥之战（指唐高祖武德九年突厥入侵之役），我们斩获三个突厥人首级，就认为是一件不得了的事。今天远宾自来，斯人在席，万里一家，却一点也不觉得奇怪，叫人感慨良多！"（《资治通鉴》卷一九八）

武德是唐朝开国第一个年号。当时北方的突厥族兵强马盛，颉利可汗按其部族风俗娶后母隋朝义成公主为妻，既图掠夺，又受怂恿，屡次入寇。而唐朝还是新生儿，无力靖边。

626年突厥再度入侵，兵压长安，唐太宗以身犯险，与颉利结渭水便桥之盟，突厥方始退军。数年后唐军即全力反攻，击破突厥，生擒颉利。唐朝进入贞观盛世，国力全盛，四邻来服，唐太宗被尊称为"天可汗"。昔年那区区三个突厥族士兵的首级，与其说代表战功，不如说是以一种特殊的方式铭记了那次一触即发的大战与危险丛生的外交斡旋。二十多年后唐太宗再次面对"赤发绿睛"的老外，他们的人头好端端地长在脖子上，满脸欢笑，洋溢着对大唐王朝风物文化的向往，对天可汗由衷的敬服。唐太宗的感慨后面的潜台词或曰"人头语"想必是：国家强盛和平换来的遐迩一体、言笑晏晏，比战争杀伐得来的血腥首级要功高百倍，吉祥万分！

乱世"人头语"，则另是一种音效，一番景观。

话说南宋建炎三年（1129），宋高宗赵构带着一帮大臣和禁军，乘大船逃到海上。金兵从长江中下游两路渡江，东由沿海趋江渐而下，西自江西迂回福建，把整个长江以南当围场。南宋守臣非逃即降，不过，也还有几粒粗砂，硌崩大金牙。

两宗截然相反的"首级事件"，分别发生在东西两条战线上，相隔仅十二日。

十一月，西路金兵降下抚州，兵锋直指建昌军（军治在今江西南城县）。建昌军守臣方昭委印而逃，通判军事晁公迈也托名出城募兵，溜之大吉。但是，建昌军并没因此未战先溃，民众公推建昌人兵马监押蔡延世为首领，组织守城抗敌。

别看这蔡延世太学生出身，可是不怕死、有办法、能打会守的一条响当当好汉。金人一路招降纳叛，顺溜惯了，先头派出一支十人使团，大摇大摆持檄到建昌军城下招降，谁料这回触大霉，十头尽断。十一月癸酉日，西历纪元为1130年1月10日，金人等不到招降使团回信，兵临城下，"问十人所在，延世示之以其首"（《续资治通鉴》卷一六〇）。金人惊怒，攻城求战，但被击退。

另一条战线上，十二月乙酉日，西历纪元1130年1月22日，由金太祖完颜阿骨打第四子金宗弼（金兀术）带领的东路大军南下进攻临安府。临安守臣浙西同安抚使康允之还蒙在鼓里，以为又是哪路流寇窜犯，"遣将迎敌于湖州市，得二级，允之视之曰：'金人也！'遂弃城遁"（《续资治通鉴》卷一六〇）。四天后，金人顺溜入杭州。

小城硬汉蔡延世面对强寇，直接挂出十个敌使首级，意思非常明确：有战无降，来者必杀！而他也真有这个能耐和运气，把城守住了。大都守臣康允之畏敌如虎，发现两颗首级相貌不类汉人，知道"外星超人"到了，嗡的一声眼冒金星：跑！

这两组头颅，均斫自普通士兵或低级军官，简言之，曰无名氏，也非正式传首枭悬，但都在过去时空发出鸣镝一样嗡嗡锐响。本章主要任务是梳理厘清枭悬、传首的渊源，发展与刑名关系，并进一步透视其隐喻机制与文化机理。两汉以来，枭头传首由兵入刑，逐渐定型。而自隋文帝废枭首，至明季正式恢复且大张，中间历数朝近八百年，人头-首级自在不断言说：律外用枭史不绝书，恶枭之说、枭獍之喻布于载籍佛典，枭为恶鸟与悬头标级的意象，进一步深锲于民众观念意识之中，历史的天空，仍到处传来人头的啸响。经此七八百年的发酵积聚、翻卷奔突至于明清，终复势如决堤，万首枭传，血沃中原。

再举一例。

清乾隆元年（1723），贵州巡抚张广泗平定苗人反叛，奏报列举俘斩人数："计临阵斩杀一万七千六百七十余级，生擒投献者二万五千二百二十余名。内应枭示者一万一千一百二十余名。"（萧奭《永宪录》）枭示要把人头挂起来。在沈从文的记述中，四百多颗人头就摆满边城城墙，一万多颗人头同时悬挂，你能计算出需要多长城墙，得砍光几座苗岭毛竹吗？不过也别太当真，还记得那个被康熙皇帝痛斥为假道学，直接发配到黑龙江去的他的前任卫既齐吗？他杀十报千一点不脸红，说不定广泗张兄比前辈还狠。反正死人头不会开口说话。

第四章　在路上：传首的过程和环节

一　白旗黄钺无敌记

花狗快递

　　特快专递的始祖，当推花狗盘瓠。

　　《搜神记》说，盘瓠是从帝喾宫中一个老妇人耳朵里生出来的大花狗。帝喾与戎吴打仗，屡战屡败，遂出榜招贤，悬赏戎吴大将首级，赏格大三件：赐金、封侯、招驸马。大花狗盘瓠一看榜文，当天失踪，不久叼回一个血淋淋的人头，正是悬赏的标的物！

　　上古帝王讲信用，帝喾兑现赏格，盘瓠封金招婿。

　　大花狗一单首级"特快专递"，赚足江山美人。

　　在传说中，大花狗盘瓠为当个体面驸马，努力变狗为人，但脖子以上卡壳，狗头化不了人首，遂带着公主远遁西南深山，生儿育女，后来子子孙孙漫山遍野，他竟成为西南夷始祖。

　　帝喾据说是黄帝曾孙，五帝排序属老三。虽然盘瓠的行为还不算严格意义上的传首，倒也可算得黄帝踢蚩尤之后第二宗人头公案。人狗跨界的爱情故事，更让这出神奇的枭首送头前戏幻化出一位风月俏佳人，而"狗衔首"也成为一个故事原型，在后世数数出现。唐人传奇小说《集异记》就讲过好几个类似的故事，如裨将范翊因副手陈福构陷被撤职，他养的狗夜往陈福家，"咋断其首，衔归示翊"。广陵人田招到苑陵表弟家做客，想将表弟家的狗杀掉下酒，狗跑了。后来田招辞归，这条狗等在半路，夜袭杀之，"乃咋其首，衔归焉"。盘瓠哥后继有狗。

缝裳之夜：女歧与鬼车

出现在传首前戏中的第二位风月俏佳人，叫女歧。

女歧不仅为情人小叔子缝衣补裳，还代他献出颈上一颗美人头。盘瓠之后，妲己之前，女歧的颈血，温暖丰腴了中国首级史。

女娲造人，众所周知。如何造？抟黄泥那是"神马"，真相该是整氏族的成年男性都是她的菜，一天到晚做爱，一年到头造人。《楚辞·天问》："女娲有体，孰制匠之？"王逸注："传言女娲人头蛇身，一日七十化。"化，或可理解为交媾。那时是母系氏族社会，知母不知父，能当大祖母的，肯定是性欲旺盛、生育能力也很好的女人，女娲可谓华夏民族大祖母们的总舵主、代言人。

女歧是女娲的晚辈，但同样人神跨界，天地同春，且比女娲更接地气，当然也更复杂纠结。一说女歧即鬼子母，也称九子母，《楚辞·天问》发问："女歧无合，夫焉取九子？"王逸注："女歧，神女，无夫而生九子也。"丁晏笺："女歧，或称九子母。"而丁山认为"尾为九子"是从天上尾宿有九星的天象衍生出来，可能即九尾狐，因而"女歧即九尾狐"[1]。《宋书·符瑞志》："九尾狐，文王得之，东夷归焉。"禹梦九尾狐

----

[1] 丁山：《中国古代宗教与神话考》，上海书店出版社2011年版，第313页。

而娶涂山氏，九尾狐也指喻长寿多子。在西汉画像石中，九尾狐与三足乌同属吉祥神鸟。曹丕即位，曹植献《上九尾狐表》，说有人在甄城县北看见九尾狐，"斯诚圣王德政和气所应也"[2]。鬼子母、九子母、九尾狐，都指向神话谱系中一个共同的光荣角色：生育神。

比起女娲，女歧更可爱。女娲神性太足，不食人间烟火，女歧则已天使落入凡间，在中国信史之初，屈身做了夏朝早期一个尤物，还为中国首级史贡献一颗美丽人头。她的故事既温馨风月，又恐怖诡异。

夏启之后，太康失国，后羿因夏人代夏政，信任寒浞，田猎荒政，终遭暗算，人被杀，肉被煮，老婆（就是传说中的嫦娥）被寒浞所占，生下两个儿子，一叫浇，一叫豷。浇追杀了夏帝相，但相的老婆怀着遗腹子少康逃脱，少康与浇是势不两立的宿仇。

这两个男人的家国恩怨中间，夹生着一个滴血的香艳人头——女歧首级。

传说中，女歧是浇的嫂子，这绝色嫂嫂当了小叔子的情人。有一天她去看叔叔，留下来缝裳补衣，暖炕过夜，少康派刺客半夜偷袭，黑地里摸到炕上一个人头，砍下就走，天明才发现割错，女歧就这样不明不白成了情人的替死鬼。一个暧昧得如此温暖的缝裳补衣之夜，刹那被美人喷出的颈血湿透，连屈原都叹惜不已，在《天问》中问个不休："惟浇在户，何求于嫂？……女歧缝裳，而馆同爰止。何颠易厥首，而亲以逢殆？"王逸注释做了回答："女歧与浇淫佚，为之缝裳，于是共舍而止宿。少康夜袭得女歧头，以为浇，因断之，故言易首。"

---

[2] 曹植：《上九尾狐表》，见严可均辑《全三国文》，商务印书馆1999年版，第145页。

如果说蚩尤被踢之头是中国首级史第一级,大花狗盘瓠衔来的戎吴大将人头算第二,女歧贡献的这颗首级,该可排第三。又因故事发生在夏世,有太康失国、少康中兴这个比较贴实的历史背景垫底,烟火味与可信度提高不少。女歧首级的经历,也有几分"传"或"送"的戏份——据说夜袭的刺客把头割了就跑,连夜提着去见少康,打起火把细看,才知道原来杀错。

与"狗衔首"沉淀为叙事元素一样,代死失头,也成为复仇故事的一个原型,汉代刘向所撰《列女传》中的"京师节女",就是列女版女歧。京师节女的丈夫像浇一样与人结下死仇,仇人要报仇取头,听说节女很孝顺,先劫持她父亲做人质,胁迫节女做内应。节女左右为难,最后决定当替身自己断头,她假装配合,找仇家约好取头的时间处所,"还其家,乃告其夫,使卧他所,因自沐居楼上,东首开户牖而卧。夜半,仇家果至,断头持去,明而视之,乃其妻之头也"。

图65 汉武梁祠画像石:京师节女的故事 冯云鹏、冯云鹓复原图

图66 九尾狐 汉画像石 徐州睢宁县双沟出土

回到神话谱系中，若稍加寻绎，可以发现女歧与鬼车其实也有着说不清的干系。

如上文所述，女歧或即九尾狐、九子母，而《玄中记》中那位"一名天帝少女"的姑获鸟，"衣毛为飞鸟，脱毛为女人"，"无子，喜取人子养之以为子"，且有"九首"，对应女歧的"九子"，实即九头鸟，鬼车的异体。如此一来，女歧就与姑获鸟——鬼车传说交枝缠蔓，她这颗被错斩的首级，也就此顺带香艳了"首级幽灵船"鬼车上无数中国人头。细看这人头前戏——传首大片的片头，其实暗藏着迷人的八卦和有趣的天机！

斩妲己

商周之际，九尾狐狸精与竿上人头的恩怨，继续在尘世纠缠。

在野史加神怪小说《封神演义》中，九尾狐狸精妲己和她一对同出轩辕坟的妖姐妖妹九头雉鸡精、玉石琵琶精喜媚，受女娲指派下凡迷惑纣王，终于断送殷商天下。周武王攻破朝歌，三妖本想功成归洞，反被女娲抓起来交给姜子牙处置，以塞滔天之罪。九头雉鸡精、玉石琵琶精道行浅了点，被杨戬、韦护监刑斩首。妲己却已修成妖中极品，狐媚功夫无人能挡，"话说那妲己绑缚在辕门外，跪在尘埃，恍然似一块美玉无瑕，娇花欲语，脸衬朝霞，唇含碎玉……娇滴滴地叫了几声将军长，将军短，便把这几个军士叫得骨软筋酥，目瞪口呆，软痴痴瘫作一堆，麻酥酥痒成一块，莫能动履"（《封神演义》第九十七回）。斩了一批失态的行刑刽子手再换一批，仍然不行。姜子牙只好自己动手，排香案，焚香炉，祭起仙人陆压所赐葫芦中的宝贝，这才把妲己斩了。

我小时曾听奶奶讲过另一个民间传说的版本，说是周武王见了妲己不忍杀，姜太公怕她接着迷惑新主，倚着尚父资格逼武王下令处斩。可妲己一笑行刑刽子手就举不起刀，姜太公只得自己出手，拿牦牛尾来回一箍，把眼睛耳朵一并捂紧，祭起玄钺黑斧头，咔嚓一声，把妖姬之头隔空斫了。九尾狐精魂化道银光回洞归山，向女娲娘娘缴令，一段冤孽风月就此了结。

大家注意了，不论《封神演义》还是民间传说，女娲娘娘都是主使。更有意思的是这个妖精团队把九头九尾都凑齐了：九头雉鸡直接对应了《山海经》中仅次于凤凰的九凤，而九尾狐则与女歧——鬼子母——天上尾宿有扯不清的关系。这不，在记载周朝史事的《逸周书》中，九尾狐、九头雉的人头，赫然挂在第一场传首大戏的旗杆上。中国信史明载的首次斩头悬旗和千里传首，在牧野大战后的殷都朝歌和周国宗庙隆重上演。

朝歌祭首

《史记·周本纪》在《逸周书》的基础上重现了当日武王克殷的场景。在司马迁的剧本中，牧野大战，商周迭代，周武王与商纣王国族之间的恩仇怨毒，乃至其所背倚的五帝夏商以来逐步形成的天人观，被折头祭首大片强烈的仪式感和场景性所定格、诗化：

> 纣走，反入登于鹿台之上……自燔于火而死。武王……遂入，至纣死所。武王自射之，三发而后下车，以轻剑击之，以黄钺斩纣头，县（悬）大白之旗。已而至纣之嬖妾二女，二女皆经自杀。武王又射三发，击以剑，斩以玄钺，县其头小白之旗。（《史记·周本纪》）

这是一段极具形象性与戏剧感的诗性描述。箭，是有节奏且对称的三发；剑以轻饰，刺为击易；钺分玄黄，旗悬双白。重点字词有节奏地重复，同一动作变换句式词眼，如此一来，声音、动作、色彩都产生距离化效果，辱死虐尸因精致的过滤而获得音乐性——有那么一刹那，我们恍然忘掉主角当时正在干的什么事！断墙坏壁，明火余烬，恐怖变形的残躯，两个吊死女人理应长长吐出的舌头，乃至箭镞与"轻剑"交加之下的尸无完块，简言之，血腥和焦臭，都被成功地从视觉、听觉、嗅觉中擦去、修复！经过这一系列戏剧化的精心设计与修整，不管是活着曾经"材力过人，手格猛兽"的纣王，还是倾国倾城一双艳姬，现在，他们的尸骸都像药渣被掉倒，而熬制出来的丸药——首级，高高悬挂于鹿台废墟一大一小两面飘扬的白旗上。

两方面信息，在解读这段重要的历史文本时务先明了、辨证。

其一，我以为，周武王斫级悬首的这一整套动作、程序绝非即兴表演，而是以新朝天子加周国诸侯两重身份，以纣王及二妃为牺牲，举行仪式，折首祭天。

春秋楚国大夫观射父回答楚昭王关于祭祖用牲的提问时说："天子郊禘（祭天）之事，必自射其牲。""诸侯宗庙之事，必自射牛，刲羊，击豕。"（《国语·楚语》）周武王对纣王及二妃先射后击，与此大致相符。《逸书书·克殷解》原文为"武王……先入，适王所，乃克射之三发而后下车，而击之以轻吕，斩之以黄钺，折（注意，这儿的提法正是"折"）悬诸太白"。刘师培指出：克射，《周纪》作"自射"。自射、击，与观射父的表述完全契合，也被司马迁采用。斧钺本身就是象征神圣权力的仪式性武器，《史记·殷本纪》："汤自把钺以伐昆吾，遂伐桀。"周原为商之封国，很有可能武王所仗之钺，本来就是纣王先前赐给他父亲西伯姬昌的："纣乃许之，赐弓矢斧钺，使得专征，为西伯。"在西周君臣眼中，在这个征服者甫一攻入旧朝都城即举行的仪式中，纣王二妃已等同于太牢之牺牲。至于白旗，一早就是被赋义的神圣道具。朝歌城破纣王自焚后，武王即"持大白之旗以麾诸侯，诸侯毕拜武王"，入城后宣谕安抚朝歌老百姓，也是以天为名："上天降休"（《史记·周本纪》），这是折首祭天的又一个佐证。但奇怪的是从《克殷解》各家的注解，到《史记》之裴骃《集解》、司马贞《索隐》、张守节《正义》，均没有明确指出武王这套动作乃祭天地宗庙的规定动作，而恍惚其词。主要原因，应该是历来注者多囿于儒家正统观念，自作多情地认为武王"以臣伐君，颇有惭德"（《索隐》），理该低调收敛，甚至有人据此断定《克殷解》是战国时人伪作，因为"三代以上无弑君之事"[3]，以为纣王若不自焚，武王最多仿照前代将他放逐。现在纣王自焚还不放过，竟猴急到马上将其当作祭祀牺牲，情何以堪？

其二，折首悬旗之前，对象已死。折首，纯粹为了取级，悬头，是目的本身，也即折首悬旗已成为献祭中一项规定动作并有力地定格了情景，相应地，首级成为单列的供祭之物。而

---

[3] 黄怀信修订：《逸周书汇校集注（修订本）》，上海古籍出版社2007年版，第347页。

朝歌悬旗，乃中国信史首次记载的人头大祭。至此，人头－首级，第一次作为有独立政治价值和象征意义的道具——符号，进入中国历史语境。后世重放这部大片时，将给出一个精准形象的术语："枭"。例如，十六国时前秦王嘉《拾遗记》："周武王东伐纣……翌日而枭纣，名其船曰蜂舟。"

要感谢仪式！当然，司马迁也非常明白什么叫历史写作，他用充满音乐性与过滤功能的描写改造原有文本，成功强化了距离与仪式感，进一步赋予事件以历史意义。试想，如果没有仪式，屏弃道德和事功的先置条件，即不把这个事件嵌入圣王德政体系建构这个历史目的中来定位、观照、再现，它将马上坠落、还原为一起变态造作的戮尸辱敌闹剧，甚至不免增附几许色情细节或低俗想象，而尽显悲摧、丑陋、猥琐。不妨看看南朝萧衍弑齐废帝萧宝卷（东昏侯为其被弑后贬封之号）后，和一帮亲信功臣如何轻松本色地上演打土豪分田地的狗血剧，他们的战利品之一——萧宝卷那"步步生莲"的第一宠妃潘玉儿落得什么下场：

> 当时东昏侯的宠妃潘玉儿有倾国倾城之色，梁武帝萧衍打算留下来纳为己妾，征求部下张茂的意见。张茂说："使齐亡国的就是这个尤物，主公把她留下来，恐怕要招致物议。"萧衍只得罢手。萧衍手下一个军官田安请求把潘玉儿赐给他做老婆，潘玉儿哭泣着说："昔前我有幸遭遇时主，今日岂能下嫁非类。死而后已，义不受辱。"潘玉儿被缢死后仍然洁美如生。尸体抬出来时，那些军官尉吏们都争相亵渎。（《南史·王茂传》）

信史第一传

殷周易世时上演的首级大祭，朝歌斩首悬旗只是上部，还有被《史记》删而不映的下部：传首周京，献馘祭庙。

比《史记》时代更早更原始的史籍《逸周书》中有《克殷解》《世俘解》二篇。《克殷解》应为司马迁重拍朝歌祭首悬头大戏的底本，《世俘解》续写从朝歌传送纣王及二妃首级到周京献俘祭庙的震撼场面，则为《史记》所不载。朱右曾、郭沫若诸家均一致认定《克殷解》《世俘解》是《逸周书》中"信为周初文字"的篇什，朱右曾断言"《克殷》篇所叙，非亲见者不能"[4]。沈家本虽然一方面怀疑这件事是"战国策士造设之言"，怀疑《世俘解》并非孔子删书时所看到的原文，但他的主要论据仍是儒家正统观点和对圣王形象的维护，未免陈迂无力，而从史料价值的角度，他同样认同顾野王的观点："言枭首者莫先于此事。"[5]《史记》如此取舍，大概以为折首悬示的场面，在朝歌大戏中已经到位并且定格，传首周京献祭宗庙似嫌重复，不说也罢。但太史公没有意识到，把在甲地砍下来的人头送到乙地，正是这出大戏区别于《山海经》以来三皇五帝人神不分的传说时代，诸多人头公案的关键环节或者说组成部分。如果说《克殷解》所言为信史第一悬（枭），则《世俘解》所记，实可谓"信史第一传"，两者合起来构成首级大祭的完整脚本，对后世产生深远影响。《吕氏春秋·古乐》："武王归，乃荐俘，馘于太庙"，说的就是大戏的后半场。话说回来，"传首"这个词至西汉末年尚未定型，后世传首大行，司马迁大概始料未及。

《世俘解》说，公元前11世纪的某一年，周历一月（夏历应为上一年十一月），"王（周武王）乃步自于周"，即离开周

---

[4] 黄怀信修订：《逸周书汇校集注（修订本）》序言，上海古籍出版社2007年版，第2页。

[5] 沈家本：《历代刑法考》，商务印书馆2011年版，第109页。

京再次伐商，二月"接于商"，打到殷都，殷王自焚，二妃自缢，商亡。周人班师回到周国旧京丰都，献俘周庙，已是四月中下旬。不过，我们未可就此论定当日从朝歌提几个首级回到周京，需走上一两个月，因为在此期间，周国的征讨大军当是且战且行，同时分部四出，讨平"九十有九国"，即其他未归顺周侯的商朝方国。征讨大军风卷残云摧枯拉朽，陆续凯旋，每一支部队都带回大批俘虏和被杀死敌人的首级、耳朵（馘），还有彝器、宝鼎、旧玉等，数量非常惊人：

　　馘魔亿有十万七千七百七十有九，俘人三亿万有二百三十。

这个天文数字，引发后来注家一场争论甚至是惶恐。迂儒派如孔晁之，就认为这是写史者在说大话，"武王以不杀为仁，无缘馘亿也"。在他看来，周朝的"新闻记者"就懂得使用"亩产万斤"的夸张笔法造假了。数字准确与否，我们暂且不管，但当日周京那个无比兴奋热烈而又血泪悲摧的场面，一定持续了好多天：旧朝及忠于旧朝的大小方国、封君相次入殡，新朝登基，俘虏一队队从四面八方押到，割下的首级、耳朵等一箱箱一串串搬来，钟鼎宝器一车车驮归，负责清点记录的人整日不歇，献祭前的杀俘折首准备工作想必也天天进行，烟尘滚滚，人喊马嘶，人头落地，血花盛开。纣王和妲己姐妹的首级，甚至可能还包括当日在朝歌斩首悬头用的"法器"如大小白旗，则是专门押送回来的一号战利品。

　　告庙献俘那一天，先是杀了一大批俘虏，血流成河。顾颉刚《世俘解》注云："谓纣共恶臣百人，小子、大师、四十夫家君等，皆为预定行献俘礼时杀戮之对象，令司徒、司马执行之。"然后，告庙献俘仪式正式开始：

武王乃夹于南门用俘，皆施佩衣衣，先馘入。武王在祀，太师负商王纣悬首白旂、妻二首赤帠，乃以先馘入，燎于周庙。庶国乃竟，告于周庙曰：古朕闻文考脩商人典，以斩纣身，告于天、于稷。

这是最关键的一段原文，所以引出。其中数处需重点辨析。

　　第一，当日是否确曾"传首"，即斩首悬旗后纣王与二妃三颗首级是否从朝歌送到周京？

　　绝大部分注家认为这段话表达得很清楚，就是由太师背负悬挂三颗首级的白旗、红旗入庙献祭，然后把旗和首级一起在火中焚烧，而朱右曾认为烧的只是悬挂过首级的旗帜："燎旗非燎首也。"朱右曾百细一粗，没注意到旗的颜色有出入。《克殷解》和《史记》所记朝歌悬首之旗，分"大白之旗"与"小白之旗"，均为白色。周京告庙时，悬挂纣王"妻二首"的旗已经换成红旗，可证此旗非彼旗，既如此，则祭必有首，燎应烧头（"燎"为祭祀的一种仪式或方式）。《新五代史》卷三十七《伶官传》评价后唐庄宗李存勖武功，说他"方其系燕

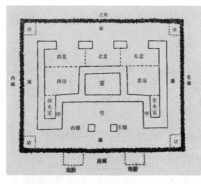

图67　凤翔马家庄秦人宗庙

图68　阿兹特克人用人的鲜血和心脏向神灵献祭

第四章　在路上：传首的过程和环节

父子以组，函梁君臣之首，入于太庙，还矢先王而告以成功，其意气之盛，可谓壮哉！"函敌国君王之首入祭太庙，自是古法。

后世常有将首级悬示并焚毁的做法，尤为暴虐之君所喜，如东吴孙皓曾先后用"烧锯其头"的办法虐杀中郎将陈声、中书令贺邵，或即循此为例。《三国志·魏志·明帝纪》引《魏略》云：司马懿破新城擒孟达后，"焚其首于洛阳四达之衢"。五胡乱华之季，冉闵灭石晋，尽诛石季龙五子及其孙三十八人。当最后一个对抗者石祗兵败被部下所杀，传首到邺城时，冉闵下令"焚祗首于通衢"（《晋书·石季龙载记》）。冉闵以汉人为石季龙养子，颠覆石赵政权后尽杀羯胡，中原汉人赖此稍得苏息。焚首之举，所遵自为汉典。《旧唐书·哀帝本纪》：朱全忠杀蒋玄晖之后，又"委河南府揭尸于都门外，聚众焚烧"，并说这是根据"焚弃之典"追加的戮辱之刑。以典为名，让我们在这一把把烧头大火中，遥遥听见周庙燎祭之柴上欢快燃烧的纣王、二妃人头的哔剥之声。

至于当时远距离传送首级一路如何防腐，我们现在已无法确知，但在那个青铜器都能制作得如此精美的时代，举一国之力传送几个首级，总会有保容防腐的技术和窍门，而且那时正是深冬或初春，中国北方气候较冷。

第二，献祭时扛负悬首之旗的"太师"是谁？确切身份是什么？

太师身份，历来也有不同的说法，一说是姜尚，一说"太师"实为"大师"，即乐师。《周礼·大祝》："大师（王亲征之师）宜于社，造于祖，设军社，类上帝；……及军归，献于社，则前祝。"顾颉刚据此论定"乐师与祝为俦侣，在大典礼中自有其重要职务。武王此举，庆祝功成，命乐师献商王首于周庙，固其所也"。想来也是，让一个年迈的尚父级功臣扛着悬挂人头的旗帜走台，很难说是一种特别的表彰方式，而这两杆悬头大旗显然不轻，"背负"——又或者"负"是献祭规范动作。《左传·昭公四年》记楚王伐吴执庆封，为向诸侯夸耀战功和盟主地位，"将戮庆封……负之（庆封）斧钺，以徇于诸侯"，则似乎提供另一个更不乐观的旁证："负"并非体面的动作。进一步大胆推测，负旗的太师，甚至可能像巫师一样同时兼有"上宾于天"的职责，"燎祭即燔柴""血祭即用人牲"[6]，此负旗太师将与首级一起燔烧，也未可知。联系到古代求雨巫术中有焚烧或暴晒巫师，甚至焚烧统治者的做法，太师的身份及其在献祭仪式中先定的角色或者可能的遭遇，让人担忧。

第三，聝，指战场上杀死敌人后割下的右耳朵。耳朵轻小，易取好捎，在那个交通运输和保鲜防腐手段均非常落后的时代，割耳朵自是比提脑袋更简易可行的办法。之前我们已经谈到，迟至春秋战国，以箭穿耳已成为常见的军刑，割耳计功的办法被普遍使用，可能先于首级计功。后来——至晚到秦时商鞅变法——首级代替耳朵成为最主要的或者说法定的计功单位（标的物），斩杀敌方普通士兵，也要求以首级计功。为什么发生这种变化，应该与只凭耳朵不能辨认面目，更容易发生冒替滥杀有关。不过在实际执行中，耳朵没完全退场，一直作为首级的替代品或者补充方式存在。如《大明会典·军务》仍有规定："斩割耳记一副者，量赏；二副者，给赏；三副者，升署一级，世袭。若耳记二副，又有首级一颗或二颗者，俱升署一级，世袭。"沈从文《辛亥革命的一课》说暴动失败后，"衙门从城边已经抬回了四百一十个人头，一大串耳朵"，更说明割耳的办法陪首级计功一路走到头。

---

[6] 丁山：《中国古代宗教与神话考》，上海书店出版社2011年版，第521页。

第四，当日在征服战争中俘获的商朝大小方国首领，当被杀祭。

商人已经发展出成熟的斩首祭礼，初期可能多是以本族巫师或良民作人殉，后期主要是诛杀战俘。[7]商周祭礼之"血祭即用人牲"，基本已为学界公认。在世界不少古老民族中，被征服部族的首领通常被认为是最好的献祭人牲。《世俘解》说周人在告庙时，"伐厥四十夫家君鼎师"。甲骨文中，"伐"为以戈砍头，顾颉刚注云："四十夫家君，当即四十个小氏族的领袖"，说明周人将众多被征服方国部族的首领押到周京，正是为了用他们的人头或心肝、鲜血告庙献祭。周本为商朝一个属国，周王室实乃殷商王室的旁系[8]，"考修商人典，以斩纣身"，可说明使用人牲献祭乃直承商人传统，斩首献祭应已为商人告庙祭祀的常规内容，所以纣王及其妃子虽已自杀，仍须就尸斫头，取之献祭。追溯更远，夏启征伐有扈氏时，作《甘誓》，谓"用命，赏于祖；不用命，僇于社"，献俘祭社的消息已隐约其中。献俘仪式亦为后世常见，《和林格尔汉墓地壁画》所载汉画像石《宁城图》（图78）描绘的献俘场景，或能让我们间接感受当日周京祭庙的情景。安禄山投唐玄宗所好，就经常用献俘办法来夸耀战功，固势邀宠，如天宝九年秋"献俘八千人于观风楼下"；十一年被俘的九姓首领阿布思及其部族一万多人至长安，"玄宗御勤政楼，执以献"（《安禄山事迹》）。

第五，此番大祭，已明确列出三类对象和场所，周庙祭的是周王祖宗，"于天，于稷"，分别是天地神祇与谷神，即后世的太社与太稷。很多年以后，当南宋小朝廷让太常礼官检索史

---

[7] 郭静云：《夏商周：从神话到史实》，上海古籍出版社2013年版，第186—193页。
[8] 同上书，第355—393页。

上献馘祭礼典故，以最高规格全套处置吴曦首级时，我们可以清晰地听到这次大祭的回响。

第六，"用俘"之用，无疑是杀人以祭。当日四面八方押来的俘虏，是否都杀了呢？"夹于南门用俘"，直译是在周庙南门两边或者是南门之内两侧夹室杀俘虏，取其头颅或血以祭祀。而儒家那专用于清洗血腥与杀戮的"高压水龙头"和"消声器"也由此触发，各家注解，都在有意无意回避或含糊是否杀祭。其实，商周乃至春秋战国，"用俘""用牲"之"用"，明明白白都是杀人以祭。

图69（1—2） 周初饕餮纹双耳垂珥方座青铜簋及内底所铸周武王克商史实的铭文

铭文内容："武王征商，唯甲子朝岁贞，克闻（昏）夙有商。辛未王在阑堆，赐右史利金，用作檀公宝尊彝。"翻译出来就是"武王在征讨商国时，于甲子日的早上占问一年的运势，答案是早晚之间就可以拥有商国。辛未日武王来到阑堆，以铜料赏赐右史利，利用它铸造纪念檀公的祭祀彝器"[9]。

---

[9] 许进雄：《文物小讲》，中国人民大学出版社2008年版，第96页。

以活人祭社，春秋时期仍数见，如《左传·僖公十九年》："邾子执鄫子，用之。"《昭公十年》："秋七月，平子伐莒，取郠，献俘，始用人于亳社。"《昭公十一年》："冬十一月，楚子灭蔡，用隐大子于冈山。"西汉贰师将军李广利投降匈奴后，与卫律争宠，正好单于的母亲阏氏生病，卫律指使巫师降灵传话："先单于怒曰：'胡故时祠兵，常言得贰师以社，何故不用？'于是收贰师……遂屠贰师以祠。"（《资治通鉴》卷二二）匈奴是游牧民族，进化程度较汉族低，故用人牲血祭之俗也持续更长时间。

　　清楚"用"即杀祭，读者的注意力与视界，就会马上被血腥弥漫，整个周庙南门或夹室，立即还原为血流成河的祭台，还原为美洲阿兹特克人的金字塔。人们心目中的周武王恐怕也要多出几个獠牙，这会直接败坏圣王形象和德政说辞！

　　《人类酷刑史》的作者感叹"当我们审视诸如阿兹特克或者其他原始部落所进行的野蛮仪式时，我们很难在原始的仪式、酷刑和牺牲仪式之间划清界限"。这个难题在中国得到巧妙解决，中国历史的书写者和诠释者们，习惯并耽迷于自欺欺人，手中有一块用礼教材料制作的标准化橡皮，往往边写边擦，连写带擦，你写我擦，真擦不掉，则集体无视或遗忘，把血流成河的宗庙，擦成肃穆堂皇的金色圣坛；用圣王们满手满口的鲜血，丹书悬首的大白之旗，在商周鼎革悬首大片中，成功"摄制"并定格了一个杀人成圣的无敌片头："白旗黄钺"。

白旗黄钺无敌记

　　"头，您挂没？"

　　很久很久以前，很久很久以来，这句话可谓标准的"中国人头旗语"。

　　且把话头接到"白旗黄钺"（亦称"黄钺白旗"）上。

　　自从三千多年前周武王在朝歌鹿台的烟烬中击轻剑，举黄钺,竖双旗,悬三首,再经《逸周书》、先秦诸子以至《史记》等一路重演摆拍,白旗黄钺这两件道具的组合,就成为中华帝国"专制游戏"版本中威力无比的"超级武器",与某种神秘力量直接通灵,获天命,得正统,成为后来御用文人烂熟的典故,大奸巨枭掠城窃国的符咒,而被各路神魔争相祭起,以至大家耳熟能详。因为斩过暴君,悬了妖姬,"黄钺白旗"仿佛成为不证自明的正派神器,拥有临阵取级千里摘头的魔力。自周武克殷到汉儒方士把枭鸟——鬼车成功下蛊入罪这段时期,虽也刑戮不断,人头遍地,显戮示众的办法五花八门,对首级的处理各种凌乱,如上节所述的传人、传尸、身首分传、埋首城门等,但都未能取得与"黄钺白旗"接近或同等的地位。"黄钺白旗"最终被历史挑选出来,定格成中国首级大片的片头。这个标准格式和经典语境,与枭悬传首相表里,成功深楔于历史书写与集体记忆中,成为后世模仿的法式,而其情景与意象,也沉淀成一个典故或曰文化密码,被屡屡提及,不断复现。

人们不禁要问:"黄钺白旗"凭啥拥有偌大魔力?

首先,它属"信史首发"。

在此之前,有黄帝踢蚩尤的传说,粗暴简单,不堪细表。其后有舜"乃流四凶族,迁于四裔",又"乃殛鲧于羽山以死"(《史记·五帝本纪》),"殛"准确意义是流放。商灭夏,"汤遂率兵以伐夏桀,桀走鸣条,遂放而死"(《史记·殷本纪》),也是流放。夏禹《甘誓》,只让我们看到献俘祭社的影子。在基本可以确信的传世古史资料中,朝歌悬首与周庙献俘,第一次详细记载了首级"悬—传—祭"的完整过程。

其次,这部大片的演员阵容、道具排场等均臻极致,后世无能过之。

最大反角纣王,已被牢牢钉上恶人柱,成为中国历史上头号暴君。而男一号周武王,则是除三皇五帝及他父亲周文王外,排名第一的圣人贤君。

商纣身后妖姬的九尾狐、九头雉出身，为神话传说与信史时代的耦合，挂上一个意味深长而诡异多向的链接，还"背书"了倾城倾国的情色寓言。

在周武王金色的光芒后面站成高大背景的，则是代表贤明、忠诚与智慧的姜太公们。

这批演员，是中国礼教文化中正邪两派的完璧组合和最强阵容。

排场布景的极富形象声色，也是大片成功的另一个重要因素。朝歌折首本来就是祭祀仪式，而《史记》唯美的、距离化的剪辑加工也功不可没。整段文字的节奏、语气的处理乃至虚词的使用，较之《逸周书·克殷解》尤为精妙，深得纯粹历史写作之精髓。

于是，"武王载斾，有虔秉钺。如火烈烈，则莫我敢遏"（《诗·商颂·长发》），"武王伐纣，左操黄钺，右秉白旄而麾之，则瓦解而走"（《淮南子》）。只要代表了礼义德政的武王太公们一入戏，指挥战争就变成仗钺作法，而敌人的首级无形中成为罪恶的符号，一见白旄招展黄钺举起，就得飞离尔颈，来悬吾旗。"白旗黄钺"的组合，与枭首传头相表里，在后世定格为一道替天行道的符咒，一个无敌天下的片头，或叫格式，使战争变成征伐，斩首乃行天惩，仿佛有叫反动派一见即溃的神功。"黄钺既斩，白旗乃悬"[10]，不管是事实还是意淫，"白旗黄钺"在枭鸟之首正式标上竿头之前，已为"中国首级"拍照定妆。

不仅如此，黄钺还进一步坐实为中国式"权杖"，被纳入秦汉以后历朝礼仪法器，代表帝王或表征其所持有者已权侔帝

---

[10] 何之元：《梁典序》，严可均辑《全陈文》，商务印书馆1999年版，第330页。

王。举凡人臣功高倾主，权威实力大至足以篡位，禅让之类的中国式改朝换代即将上演，例行的前戏，不外总百揆、假黄钺、赐九锡、封王公等。如：

> 周帝拜高祖（隋文帝）假黄钺、左大丞相，百官总己而听焉。（《隋书·高祖本纪》）

> 海口河目，贤圣之表既彰，握旄执钺，君人之状斯伟。（徐陵：《禅位陈王玺书》，严可均辑《全陈文》卷六）

……

二　出十字坡记

寻找一枝花

中国古代人肉生意有多红火，人头资源有多丰足？《水浒传》告诉你。

话说武松大闹飞云浦，血溅鸳鸯楼，杀了张都监一家，连夜逃出孟州城，投东小路走半宿，人倦棒疮痛，望树林里一个古庙扑身便睡，却被四个鸟男女挠索钩去，绑作粽子，拖进一所草屋。武松进门看见灶边梁上挂下几条人腿，心中叫苦，以为这回得死个囫囵，却就惊动了里屋人物，走出来菜园子张青和他那婆娘母夜叉——眼细的看官要奇怪：武松不是早在发配孟州途中就经过十字坡，怎么这会儿反不认门？《水浒》说得明白："原来这张青十字坡店面，却有几处，所以武松不认得。"——吓，十字坡可是连锁企业！这坡有多高？林有多

图 70 母夜叉孟州道卖人肉

深？店有多黑？连那颈系一百单八颗人头顶骨数珠、手持雪花镔铁打成戒刀的八尺头陀，都被母夜叉麻翻，剁做人肉馒头。沙和尚胸前的骷髅也就九个，这厮百零八，什么概念！

说到八尺头陀的顶骨数珠，不免又牵出人头。母夜叉夫妇当日初认武二哥时，张青就无限惋惜说起这事："想这头陀也自杀人不少。直到如今，那刀要便半夜里啸响。只恨道不曾救这人，心里常常忆念他。"张青这惺惺相惜，埋一个伏笔，要应在后来逃出孟州城二进人肉店的杀人者武松身上。武松是天生头陀转世，那八尺大汉遗下行头，给他一穿，如量身定制，于是，在十字坡暗影里销凝多时的一百单八颗人头顶骨串珠，经人肉作坊"下蛊编码"，重新上路。何以见得？日后被宋公明打包卖掉的梁山泊好汉，正好也是一百零八人——天罡出，地煞动！天上，从流沙河回转来的鬼车飞过梁山泊，地上，杀人者武都头胸挂人头顶骨，怀揣和尚度牒离开十字坡，而他也从此头陀附体，成为行者，可不好看煞人也么哥。

人头上路啦！

这一路光景如何，请听我慢慢道来。

殷周鼎革之际这首级大片，横占枭、传、祭三项纪录的信史首发,"黄钺白旗"且为后世定调,的确是中国传首史第一大事。不过这个事件在发生顺序上又可谓特例,因为后世比较常见的情况,是人头在甲地斫下,而悬挂或告庙在乙地甚至丙、丁、戊数地举行,才需传首,因此,传首通常发生在悬示之前,或同步发生,即所谓"徇"。首级"在路上"的常规顺序,是砍头—传送—悬示,特别重要的人头,往往加上告庙献祭。我们在上章已经简要梳理了传首与枭悬的相互关系及其纠缠消长,为叙述方便,本节将在广义层面使用传首概念,即用传首来涵盖首级"在路上"的整个行程和遭际,包括斩首取头、保容防腐、驰驿传送、悬示、献祭、封藏、发还归葬等环节。

勾勒传首的过程并尽可能重现细节,看似容易,实则如戟洗沉沙,修复碎瓷,常有无处着手无可稽考之窘。主要原因,一如我们在梳理"恶鸟说"成因和枭悬与传首刑名关系时所论,是由中国礼教文化的特质决定的。

子不语怪力乱神,刑为盛世所不尚。你可以在历代野史笔记中找到成百上千条唐明皇、苏东坡们的逸事佳话,神鬼奇谈更筐箩车斗,但若要找狱吏笔记、刽子手家谱之类,则片纸难求。一则刑有其实而律阙其名的传首,属官方意识和主流表达所着意遮蔽或习惯性忽略的盲区。二则在中国古代,从当事人角度忠实记录、还原事件的纯纪实性写作本已鲜见,传世更难。如清末《庚子西狩丛谈》,原非作者有意为之,乃是友人据其口述记录;《扬州十日记》只有短短七千字,作者王秀楚生卒年不详,其能传世,虽由屠城巨酷,也属例外之幸。三则中国历朝文化政策,均寓审查删禁于图书的收聚编撰中,《隋书·经籍志》:"其旧录所取,文义浅俗、无益教理者,并删去之。"即使真有哪个好事者曾写过《行刑记酷》或《送头录》《悬首记》之类的"异书",恐也属于"无益教理"之列,避得乱世兵火,难逃官方删削。

刑为盛世所不尚,纪昀明白,历朝的统治者尤其是图书经籍的整理者同样深谙此道。在唐宋两朝《艺文志》中，刑法之书附录于史类之下，《明史·艺文志》始单列。唐志所录，"刑法类二十八家，六十一部，一千四卷。失姓名九家，自《开元新格》以下不著录十三家，三百二十三卷"（《新唐书·艺文志》）。至明代，刑法类也不过四十六部，五百九卷（《明史·艺文志》）。大致言之，刑法类图籍，除律令编敕外，其他内容主要有几类，一类是记录司法部门大事或曹司常务的"行格"，如唐杜易简《御史台杂注》、韩琬《御史台记》、长孙无忌等主编的《留本司行格》，明庞嵩《刑曹志》、刘文徵《刑部事宜》；一类是案例记录或疑案辨析，如宋郑克《折狱龟鉴》、曾旼《刑名断例》等。清代重武功，举凡主要战役或平叛事宜，均命大臣撰写纪略，如康熙朝的《平定三逆方略》、乾隆朝的《平台纪略》，乃至《湘军志》《淮军平捻记》等，兵刑合一，故也归入刑法一类。历代刑法类书籍的作者，基本是朝廷大员、御用词臣，尤以御史台、刑部这类司法部门主官为多，编撰的目的，或释律明例，或夸示武功，鲜少旁及具体操作执行，自更难及传首、枭悬之类的规制和细节。方苞《狱中杂记》能那么出名，一个重要原因，正是因为这个题材以前正统文人极少涉及。中国的文士高官遭遇牢狱之灾的多了去，但他们进到里头，关心、揪心的基本是自己还能不能够出来，历史不过因此留下几封有名的申诉求援信，如江淹、邹阳、任安们的狱中上书或寄人，或增添几声感叹，若干花边，如周勃之叹、亚夫之死、韩安国"死灰复燃"的故事。

死灰无语。

在中国古代，除了据说被行刑刽子手尊为祖师爷的皋陶外，大概就只有司马迁在《史记·酷吏列传》结尾补笔罗列一串在他看来够不上单独成传的三流酷吏时，一句"广汉李贞擅磔人，东郡弥仆锯项"，无意中给挺括的正史留下一个官阶不低的大牌刽子手名字。再有就是像北齐刘桃枝、刘宋王朝开国皇帝刘裕的御用大力士丁旿这类专门以"拉杀"等非常手段锄诛强臣异己的兼职刽子手。今人想凭二十五史、各朝实录或故宫档案写出像法国人那样翔实精彩的《刽子手世家》，没门。

刽子手与厨艺的关系，倒有人关注。

明人谢肇淛《五杂俎》卷十一直接从圣人起话头："脍不厌细，孔子已尚之矣。脍即今鱼肉生也，聂而切之，沃以姜椒诸剂，闽、广人最善为之。昔人所云：'金齑玉脍，缕细花铺'，不足奇也。据史册所载，昔人嗜脍者最多，如吴昭德、南孝廉皆以喜斫脍名；余媚娘造五色脍，妙绝一时；唐俭、赵元楷，至于衣冠亲为太子斫脍。今自闽、广之外，不但斫者无人，即啖者亦无人矣。《说文》：'脍，细切肉也。'今人以杀人者为刽子手，刽亦断切之义，与脍同也。"这段话无意中让皇帝主持的枭羹节上磔鸮醢羹的"枭厨"，与法场上生脔活斩犯人的刽子手形象无缝叠合，还摇曳着上自孔圣下至唐俭等名臣儒士的"刀花脍影"。

《南史·范云传》有个有趣的情节，同样把脍鱼与斩首放置到同一语境中。宋将沈攸之兵围郢城，范云之父范抗入城固守，沈攸之把范云扣起来，让他带信进城，并送二十条"皆去其首"的鲙鱼给负责守城的长史柳世隆，那意思谁都明白。好在柳世隆气度不错，享受了敌人孝敬的美食，没迁怒范云。

走出古人正史笔记，聊聊今人传奇小说。

莫言小说《檀香刑》有一节"赵甲狂言"，号称大清朝第一刽子手的赵甲夫子自道，抖出不少刽子手的行规秘道，让人大开眼界，唯未知其所本，想必十有八九是莫言小时听故事听来的。

莫言在民间传说中穿越。我们虽没这个福气，倒也有个方便法门：带上千两黄金穿越到北宋，进《水浒传》，跟着小旋风柴大官人潜入河北大名府，去秘密采访铁臂膊蔡福与他那当小押狱的兄弟一枝花蔡庆。蔡福何人？大名府两院押牢节级，兼充行刑刽子手。看来这行刑刽子手在中国古代一直人才难得，身份不低，汉代酷吏弥仆亲自锯颈，到大宋朝也还要监狱长兼任来着。《夷坚志·张三店女子》写城隍司派人拘捕作祟的狐娘，"黄衣吏领刽子十人"（《夷坚三志》辛卷第五），排场规模也挺吓人。

说到行刑刽子手，这"在路上"的主角——首级，大多数是从他们的鬼头刀那儿上路的。我们既穿越到北宋大名府，且跟拼命三郎石秀赶去十字街头，看当日玉麒麟卢俊义的人头如何差点儿离颈上路：

> 不多时，只听得街上锣鼓喧天价来，石秀在楼窗外看时，十字路口，周回围住法场，十数对刀棒刽子，前排后拥，把卢俊义绑押到楼前跪下，铁臂膊蔡福拿着法刀，一枝花蔡庆扶着枷梢……人丛里一声叫道："午时三刻到了。"一边开枷。蔡庆早拿住头，蔡福早挚出法刀在手。当案孔目高声读罢犯由牌，众人齐和一声……

那一刻若非拼命三郎从檐上飞下，卢员外十颗首级也断在一枝花手中了。卢俊义先因在梁山泊逗留被告发，这回又因浪子燕青在他刺配路上杀死两个押送差役重新被抓，罪名肯定涉嫌通贼谋反。若他真被斩首，估计这颗人头至少得在大名府悬示，说不定还要到大名府治下各县徇行一周，甚至传送汴京。

法场斩首后悬头示众，属最常规的枭刑。请注意，蔡氏兄弟都是刽子手，在法场上，两人是合作行刑的。因为被石秀喝断，我们只知一人拿头一人掣刀，下一步操作没了着落。更正规或者说早前的斩首，死囚可能是被绑在一根柱子上。《晋书·刘隗传》描述淳于伯冤死，以血循刑柱逆流为依据，居然精确到寸："淳于伯刑血着柱，遂逆上终极柱末二丈三尺，旋复下流四尺五寸。百姓喧哗，士女纵观，咸曰其冤。"关汉卿杂剧《窦娥冤》中窦娥"血溅白练而不沾地"的情节设计，分明受此启发。

又因传首常施之于谋反叛逆等十恶之罪，在实际执行中，先用车裂、腰斩、凌迟或其他酷刑将人杀死，而后再砍头传悬的情况也不少。也有人在交战中被杀，再斫头取首以供传送，如南陈后主之弟陈叔陵谋刺后主不成被攻，"陈智深迎刺叔陵，僵毙于地，阉竖王飞禽抽刀斫之十数下，马容陈仲华就斩其首，送于台"（《陈书·始兴王叔陵传》）。有人已被擒，即于马上斩首的，如南朝宋文帝之子刘浚（《南史·宋宗室及诸王传下》）。另一种情况，是"供头者"已死，过一段时间被清算，开棺出尸，斫首传悬，如上文提到的王敦、张角等人。

有人取首，就有人藏头。周敬王十四年（前506），吴伐楚，楚军战败。左司马沈尹戍三战皆伤，为不让首级落入吴王阖闾之手，在重伤垂死前要求部下死后将自己的人头割下，裹在衣服中逃离战场。沈尹戍义无反顾迎战楚军，且坚决不让首级落入敌手，与田横千里送人头，几可谓首级无双双首级。

人头"到货"，"传首"之旅就该正式启程啦。

在日本女人的手上枕边

若问亚洲哪个国家的女性最性感温柔，日本得票肯定遥遥领先，在打理首级这件事上也不例外，不信，可以到16世纪中期日本战国时期的美浓国去，请阿安出来。

话说当年丰臣秀赖一方的石田三成军队在关原合战中战败后，年方十七的女孩阿安跟随母亲与残兵败将一起逃至美浓国大垣城（岐阜市大垣县）。她口述的在大垣城中的亲身经历，被记录在《阿安物语》中。

下面这段转述《阿安物语》内容的话，出自茂吕美耶所著的《战国日本》：

> 据说，每晚十二点左右，城内总会传出战死男女的诅咒声。阿安的母亲与众武士妻子均在天守阁铸造枪炮子弹，而所有被斩下的敌方头颅也都要送到天守阁，让女人们一个个绑上名牌。当时身份高的人习惯把牙齿染黑，女人受武士之托，还必须负责为头颅染牙。她们于白天为头颅化妆并铸造子弹，夜晚就与这些头颅睡在一起。[11]

"为头颅化妆"——多么温暖而有尊严的表述！更别说头颅们夜晚还能和女人"睡在一起"。除了那位独享蛮族首领一群妻妾抚摸把玩的罗马大头旗手，日本战国时期武士的头颅，肯定比空受百首之祭的唐朝名臣李绛幸福实在。当然，凡事必有例外，明人王琦《寓园杂记》说，京师娼女高三，被昌平侯杨俊狎宠时犹是处子之身，后杨俊被斩，"亲戚故旧，更无一人往者"，只有高三在他人头落地后，"亲以舌吮其血，仍用丝连其首领，买棺敛之"（《娼女高三》）。可惜这杨俊为将封侯，主要是沾了父亲杨洪的光，本人行径并不怎么光彩，多少有负雏妓高三的痴情。

再往上寻，比李绛幸福的人也不止杨俊，姑举数例：

唐朝节愍太子李重俊兵败，头被亲兵砍下来，东宫幕僚没有一人敢近前，却有永和县县丞宁嘉勖不怕死，解下自己的衣服，把太子的头颅包裹起来痛哭。

---

[11]〔日〕茂吕美耶：《战国日本》，广西师范大学出版社2010年版，第141页。

南北朝时，北齐将领王琳被俘，斩于寿阳城外，一个老翁用酒脯设祭，收其血而去。

唐宪宗在位时号称中兴，长期叛乱的藩镇多被讨平。平卢淄青节度使李师道被部将刘悟所杀，函首送至征讨军统帅田弘正大营，田弘正找来李师道故部夏侯澄辨识，"澄熟视其面，长号陨绝者久之，乃抱其首，舐其目中尘垢，复恸哭"（《资治通鉴》卷二四一）。

不过，上述几个幸福的首级主人都是王侯将相，非人头到了天守阁上还需靠漆黑牙齿提高身份的普通武士可比。

那么，在中国古代，一颗头颅离开脖子后，一般情况下会受到怎么样的对待——再进一步，若这颗首级需悬挂、传送，怎样处理？

中国没有严格意义的武士阶层，也未真正建立起尊重战死者的传统。被滥杀乱斩的老百姓，只有委骨沟壑的份儿。在战场上折断的将士首级，若为己方所得，可能得以掩埋甚至厚葬；若入敌手，为计功领赏，想必亦须进行基本处理并做标志，如简单清洗、书写姓名职位，可能还不免穿耳系绳。不管哪种情形，与在日本战国时代关原合战中大垣城天守阁上接受阿安及武士妻子们双手化妆般的安顿整理，肯定有不小差距。再说，历史上为我们留下的战时妇女经典影像，是在杀戮的狂欢之后，剧匪乱兵车上载着掳掠来的民妇，车边挂着刚被斩下来要带回去计功的她们丈夫父兄的人头，所谓"马边悬男头，马后载妇女"（蔡文姬《悲愤诗》）；是在"安史之乱"中回纥铁骑协助官军收复东都洛阳后由唐朝皇帝特许的大洗劫中，人被强奸、织物被抢光的"以纸为衣"（《旧唐书·回纥列传》）的瑟瑟仕女；是老杜笔下的"二十一家同入蜀，惟残一人出骆谷。自说二女啮臂时，回头却向秦云哭"（杜甫《三绝句》）。

而比这残酷百倍的尚大有其事，如《夷坚志》支乙卷五

《张花项》：

> 南宋建炎、绍兴之交，江湖多盗，张花项、戚方尤其凶虐。张花项攻破池州，军队驻扎在教场，聚集了无数从各处掳掠来的妇女。后来官军进攻急迫，（张花项）眼看不得不撤退，又不愿舍弃这批"战利品"，就挑捡出病弱伤残不能行走的八百人，命令部下说："把她们的脚收缴上来。"片刻工夫，这八百个妇女的双足就被活活刎下来叠放在庭中，然后部队才撤退。被刖双脚的妇女没有立即死亡，转徙泣号，经日乃绝。

在八百个妇女瞬时被活活刎脚的血火乱世中，像《阿安物语》那样的战时女性回忆录，不是没出现过，就是情势不同，不可能出现。当然，比起张献忠攻下重庆后刎掉数万士兵和普通市民的手臂[12]，八百双女足，简直小菜一碟。"在日本女人的手上和枕边"，是中国古代普通战死者的头颅无法想象的福利或抚慰。

那么，那些可能被传送的重要头颅，打理它们的，又会是什么样的"手上枕边"呢？

再者，在日本战国时期的美浓城，从城外战场送到天守阁来集中处理的首级，最多存放数日，以资查验计功即可埋掉。日本很小，中国太大，如果需要异地传送，则这颗首级在路上可能动辄十天半月，首先碰到的硬任务，当是保容防腐。

---

[12] 计六奇：《明季北略》卷二十一下《殉难臣民·陈士奇》记张献忠破重庆后，"越日，贼尽取渝民，斫其臂，合三万七千有余人"。同为计六奇所著之《明季南略》卷之十二《粤纪》谓"献忠遂屠重庆，砍手三十余万人，流血有声"。前后数字相差十倍。

帝羓与鬼脯

草民与普通士兵不说，连元帅宰相亦且放一边，这回先拣一个超厉害的说事。他能得到比普通日本女人漂亮十倍百倍的大批美女"手上枕边"的抚慰打理，更有专业的国家级医疗、食品专家"会诊"处置。

这个人是耶律德光（902—947），辽国第二代皇帝。

熟悉掌故的人会马上想起"帝羓"这个颇为奇葩的词，直译就是皇帝咸肉。

五代后唐明宗的女婿石敬瑭割献燕云十六州，认辽太宗耶律德光为父皇帝。耶律德光率军南下，在晋阳城下打败后唐军队，帮石敬瑭建立后晋。可到了晋出帝石重贵，却不愿跟爹叫爷，耶律德光遂再次率军南下，攻入汴梁（今河南开封）。不久由于政策不当遭遇中原各地军民强烈反抗，撤军北归。不过这一次他没能活着回到他的故国，后晋大同元年（947）四月，因患病和纵欲无度，耶律德光走到河北栾城杀胡林（今河北栾城县的西北）时，重病不起，口吐鲜血，一命呜呼。

获报儿子病危的述律太后从辽国都城上京传话过来："生要见人，死要见尸。"当时正是炎夏，要将耶律德光运回北方安葬，且保证途中尸体不腐败失容，谈何容易。文武大臣和太医们束手无策。

一个御厨出主意，把尸体腌成"羓"。

"羓"原意是腌制好的牛羊肉，契丹牧民杀了牛羊，一时又吃不掉，就把内脏掏空，用盐卤上，制成不易变质腐烂的"羓"，相当于"咸腊肉"——更直接地说，类似黄巢之乱时秦宗权军队屠村腌人做成的特种军粮"盐尸"。

耶律德光死在他一生功业的巅峰时刻，被屠被吃这样的倒霉事当然与他无关，不过述律太后的要求更高，"死要见尸"，其实也就等于"传尸",而且是特级保护的"一号专传",在处理并保持面容不败上,要求肯定比罪犯传首高得多。

"帝羓"证明:这种事,盐能办。

辽太宗以一国之君获得"帝羓"待遇,进士杨鼎夫也因职务之便,做了一回"盐里人"。《北梦琐言》逸文卷一有一则故事,杨鼎夫曾渡江触礁覆舟,同船五十多人皆丧命,却有一老人救他上岸,并笑着说:"原里盐里人,本非水中物。"后来他为后蜀权臣安思谦幕僚,主管榷盐院事,遇病暴亡,需回乡安葬,遂用百余斤盐裹束尸体而行,大家这才明白"盐里人"的天机。

水中老人预言了"盐葬",南方的水鬼,也证明这种事盐能办。

宋朝有个叫王行之的人到处州(今丽水)龙泉县做官。他的表弟季生坐船来看他,泊舟江边,半夜水面突然冒出一个怪物,径自上船。此怪长二尺,靛身朱发,走进船舱,跳上季生的床,"冉冉腾上其身,行于腹上"。如果季生是美女,弄不好就此怀鬼胎。活该这是个倒霉鬼,季生不仅强壮,而且胆子奇大,一把将怪捉住,喊醒仆人殴击,水怪不经打,怪叫几声死了,但"形不灭"。第二天,季生将鬼尸"剖其肠胃,以盐腊之,藏筐中"。干什么?显摆:"或与谈及神怪事,则出示之。"这个故事名字叫"鬼巴"(《夷坚志补》卷第十七)。江南的"水巴"与北方草原的"旱羓"隔代问答,南北相和,天生一对。

问君能腌几多盐

"早晨,在营四围的地上有露水。露水上升之后,不料,野地面上有如白霜的小圆物。"

这是《圣经·旧约·出埃及记》的一段话,说的是以色列人逃出埃及后,在沙漠的旷野中挨饿,耶和华显灵,天降食物于地,就是这色白如霜的小颗粒,以色列人称之为"吗哪",意近"是什么东西"。"是什么东西"对以色列人有多重要?《圣经》说:"以色列人吃吗哪共四十年,直到进入有人居住之在,就是迦南的境界。"

而中国首级离开脖子,搭乘"鬼车"开始"出十字坡"的漫长旅程后,也需要另一种"吗哪"——"有如白霜的小圆物"陪伴保护,否则将很快失形落色,腐烂发臭。这种"吗哪"是什么,正史野志或者古代方技医药类著述极少正面交代。幸好,除了耶律德光的"身体实验"和宋朝龙泉县的倒霉水怪,还有南北朝时一个乱世枭雄身后的遭际直接碰响谜底:传首路上的"吗哪",主要原料是盐。

《南史》的撰者洁癖不重口味重,喜欢把有意思的野史、异事、歌谣、逸闻什么的收入囊中。《侯景传》说,当时有个叫通道人的和尚,不知所来,游行混迹人间几十年,平时饮酒吃肉,疯疯癫癫,他说的不少话,开头没觉出什么,久后总会应验,因此百姓都敬信他。侯景也很信通道人,常请他饮酒。侯景将败之前,有一回宴饮,通道人突然在席间拿猪肉醮盐请侯景尝,并问他好不好吃,侯景说:"好吃是好吃,就是太咸。"通道人回答说:"不咸要烂。"

等到侯景被杀,人们才恍然大悟,那是终局大预言哪!侯景兵败之后,从黄浦江下游乘船出海,准备逃往山东蒙山,重回北方。但在京口胡豆洲附近为部下所杀,即"以盐内景腹中,送其尸于建康"。梁将王僧辩再分解处理,"传首江陵,截其手,使谢葳蕤送于齐;暴景尸于市,士民争取食之,并骨皆尽"(《资治通鉴》卷一六四)。

《南史·侯景传》讲得更详细:

侯景被杀后，王僧辩砍下他的双臂送给北齐文宣帝高洋，首级则传送江陵，再用五斗盐塞进腹中，将无手无头的躯体送到建康，暴陈之于闹市。百姓争相屠割，做脍煮羹，吃个净光，连溧阳公主（梁简文帝萧纲小女儿，被侯景强娶为妻）亦分到一份。侯景的骨骸被焚烧扬灰，曾经被他祸害惨毒的人，还把他的骨灰和酒喝掉。侯景首级送到江陵，梁元帝下令将首级枭示于市三日，再煮熟上漆，交给武库封藏。

狂僧通道人在侯景的酒局上用吃咸肉预言侯景将败死，尸体被盐腌渍，"不咸则烂"，暗指以盐纳腹是为保鲜防腐。侯景尸体创下国际分传记录，截送南北两朝，分传东西北三地。其中最重要的首级，西传长江上游的江陵，是因为当日梁元帝萧绎已继位并定都于此。《侯景传》既明确交代把尸体从京口送到建康去时以盐塞腹，可以类推分传江陵和北齐的首级与双手肯定也是用盐腌腊保鲜。19世纪末，一支英国派赴非洲的救援远征队的成员、探险家詹姆斯被指控曾砍下一个非洲人的头，"包在盐里面，并装在盒子里运回伦敦"。还曾"支付了六条手帕的价格"[13]给非洲士兵，让他们在自己的注视下，杀死、肢解并吃掉一个女孩子。这个人头运到英国被制作成标本，保藏在家中。漫长的洲际旅行足以说明腌盐可靠的防腐作用。

中国早从周代起，就有帝王将相死后用多种香料处理尸体，并有用诸如金缕玉衣、黄肠题凑、多重棺椁防腐的记载，也有考古发掘的实物，但中国古人连一张治瘙痒的药方都动不

---

[13] 弗朗西斯·拉尔森著，秦传安译：《人类砍头小史》，海南出版社2016年版，第17页。

动属于祖传,秘不传女,对尸体防腐的具体操作,更从来语焉不详。

相比之下,古埃及人制作木乃伊的技术早就非常发达,有专门的工匠和工场,而且办法公开,希罗多德《历史》有非常详尽的记述。

中档处理,是"先把注射器装满杉树制造的油,然后把它注射到尸体的腹部去",再埋入硝石。

高级制作,大致包括尸体的内脏处理,使用多种香料、树胶并"在硝石当中放置七十天"。

使用"最完美办法来加工"的尸体,则是先处理头颅:"他们首先从鼻孔中用铁钩掏出一部分的脑子,然后把一些药料注到脑子里去清洗其他部分。"

希罗多德同时详细介绍住在黑海周围的斯奇提亚人在战争和本族决斗中处理敌人头颅的办法,包括如何摇下头盖骨、剥取头皮揉成手巾,如何把非常仇恨的敌人头盖骨包上生牛皮或镀金做成酒杯等。"住在秃头者以东的地区"的伊赛多涅斯人也有类似的处理头颅风俗:"当一个人的父亲死去的时候……则他们把他的(头)皮剥光,擦净之后镀上金;他们把它当作圣物来保存……"[14]

美洲、大洋洲的土著部族也分别"展示"了他们保存人头——骷髅的处理制作方法。美洲的土著部族舒阿尔人有猎头风俗,他们制作干缩人头的办法也与众不同:"先把颅骨及所有脂肪和肌肉组织与皮分开来,然后反复填充滚烫的卵石和沙子,直到它只比人的拳头大那么一点点。"而大洋洲土人猎得人头后,"让颅骨依然在头皮之内加以保存。专门的行家常

---

[14] 希罗多德著,王以铸译:《历史》,商务印书馆1959年版,第145—146页、第275页。

常是部落的酋长，他们取出脑髓，用亚麻填充鼻孔和颅骨，然后用滚烫的石头埋起来，以便逐渐把它蒸干或腌干。这些 toi moko（毛利语：干头）通常就挂在部落酋长宅邸周围的短木杆上展示"[15]。

不过，揣之情势，中国古代的香料防腐、古埃及的木乃伊制作、希罗多德在《历史》中所搜罗记录的人头加工法，都难以成为"传首"时对首级防腐保容的通用做法。斩首往往发生在战场上，既难逆料，也难以想象那时普通的军队，能够常规配备擅长首级保容防腐处理的军医与专门药料。

被传首者身为敌人或罪犯，一般不会使用贵重的香料和精细的技术来处理首级。

再者，别说在战场上斩获重要首级，就是平时在甲地行刑而后传首乙地，传首队伍也需马上启程，一般情况下，不容许花长时间来像埃及人制作木乃伊那样慢慢处理，更不可能先在冰窖或弄个硝石池藏上一段时日。干缩或烘干人头的办法，中国古籍也未见记述。

综此，可以推论盐和硝石应该是传送首级主要和常用的防腐材料，尤其是盐，但也不排除在处理特别重要的首级或在特殊条件下，辅用其他材料或药物。如《南史·梁本纪》说南齐废帝东昏侯萧宝卷为部下所斩，当夜以"黄油裹首"送到萧衍军营。鉴于当时情势，黄油的主要作用可能是遮盖伪装。

蜡在古代也常被用于尸体防腐。大臣去世，朝廷所赐助办丧事诸物中，常有蜡，如《晋书·谢安传》谓赐"……布千匹，蜡五百斤，以供丧事"，《晋书·桓温传》赐"布二千匹，蜡五百斤"。王敦死，其养子王应"秘不发丧，裹尸以席，蜡

---

［15］弗朗西斯·拉尔森著，秦传安译：《人类砍头小史》，海南出版社2016年版，第4、11页。

涂其外，埋于厅事中，与诸葛瑶等恒纵酒淫乐"（《晋书·王敦传》）。据此，蜡的主要作用是用于将尸体与空气隔绝开来，并非直接涂到尸体上，若用于首级伪装或防腐，或会因热导致毁容，技术上不好处理。

经过腌制处理的首级，在防腐特别是在保护容颜方面的效果，应该比较理想，起码达到可辨认的程度。不妨借用一个很文艺的表述来侧面证明："沾巾雨袂，痛可识之颜，回肠疾首，切犹生之面。"这非常忧伤的话，出自王琳的旧部朱瑒写给陈朝尚书仆射徐陵的信，请求发还老上司那已经藏入建康武库的首级。

还有一个更钻牛角尖的专业问题，只是现在很难进一步弄清，即通常使用哪种盐作为首级防腐用盐呢？我猜想，十有八九不是我们现在使用的白色食盐。古代的盐，由于产地、所含矿物质、提炼结晶技术不同，名色各别，品相大异。南朝刘宋时，北魏拓跋焘大举南犯，两军对垒，大概是要夸耀北土物产丰饶，生活精致，而盐又正好足跨奢侈与民生两界，拓跋焘于是开展盐品外交，派人给宋军主将送来毡和九种盐。《宋书·张畅传》细说此事：

> 焘又送毡各一领，盐各九种，并胡豉："凡此诸盐，各有所宜。白盐是魏主自所食。黑盐治腹胀气懑，细刮取六铢，以酒服之。胡盐治目痛。柔盐不食，治马脊创。赤盐、驳盐、臭盐、马齿盐四种，并不中食。"

中国元以前盐的主要来源为井盐、池盐，北方内陆为主要产地，元朝泰定二年，朝廷还遣使到解州（今山西运城市解州镇）祭祀盐池神。盐的品质与成分，随所出盐矿而多有不同，沈括《梦溪笔谈》卷十一《盐品》条谓"盐之品至多，前史所载，夷狄间自有十余种,中国所出亦不下数十种"。又解州之盐"卤色正赤,在版泉之下,俚俗谓之'蚩尤血'",显非白盐。《明史·食货志》所载,云南有黑盐井、白盐井。

南北朝时北魏盐矿品种分明远较南盐多,可以炫。多到九种,也足观瞻,但其中不中食的药用盐多达一半以上,尸体防腐应属药用范围,按现代的分类,该属"工业用盐"。刘宋朝与侯景之乱的梁陈之交同属南朝,时间相去不远,盐的加工应用情形变化不会很大。中国历史上啇食人肉群体事件频发,当日侯景被剁手去头送到建康的那部分躯体,应该早就准备做战后点心以舒民愤,虽不一定用上好白盐,至少是食用盐。而腌制准备北传北齐的双臂与西传江陵仅用于展示的首级,则有可能使用驳盐、臭盐之类的"工业用盐",可能这才是最常用的"十字坡"牌"吗哪"。如此说来,这人头"吗哪",也不见得一定雪白了。

除了盐,《侯景传》的这条材料还告诉我们,首级在枭悬之后,入库之前,要享受两种"待遇":煮熟、上漆。

煮,有清洁消毒的作用,但怎么煮还大有学问。"更经常的情况是,叛国者的头颅被涂上沥青,或者煮得半生不熟,以减缓腐败。煮得半生不熟是几百年来最常见的做法,特别是对著名叛国者的头颅,因为这样做延长了它们的使用寿命。"《人类砍头小史》作者在介绍英、法等国在古代处理人头时,特别指出煮的程度是"半生不熟"。我们不是常说"烂熟"吗?"不咸则烂",全熟也然。漆呢?

大家还记得那位在金凤台上放生"飞人"并亲自给太子上砍头课的北齐文宣皇帝高洋吧?早年他哥哥高澄因虐待仆从被厨子兰京等暗杀,高洋平乱之后,他第一件事就是手刴六个同谋,并把他们的头砍下来上漆——不错,臧质首级处理方案中援引王莽故事,也说得很明白:漆其头首。

漆头记

"漆"来话长。

希罗多德《历史》记述住在黑海周围的斯奇提亚人和"住在秃头者以东的地区"的伊赛多涅斯人处理死者头颅的办法,是包上牛皮或镀金。《史记·大宛列传》记匈奴杀大月氏王,仅谓"以其头为饮器",制作办法不详。春秋战国之交赵襄子处置智伯人头,则说得非常清楚:漆。其后自晋至唐有弥俄突、徐嵩、王平、杜岸、谢祐等的人头器,均被漆。

根据古文献记载,中国是世界上第一个种漆、用漆的国家。先民很早就发现用漆树汁液制成的天然漆做涂料,能大大增加物品的强度与寿命,有效保护、装饰物器。大约在七千多年以前,我们的祖先就能够制造漆器。浙江余姚河姆渡遗址已发现了木碗和朱漆筒,史料也记载大禹使用漆髹祭器。战国出土的文物有不少精致漆器,如随州曾侯乙墓出土的漆几。不仅木、竹之器用漆,"近年考古发掘中所获得的春秋至战国时期的皮甲实物资料,时代较迟的标本,往往是合甲(两面都是牛皮平滑恒温层的甲),表面还髹漆"[16]。《考工记》说,这种合甲,是由"函人"制造的。正因为漆在中国古代应用这么早,用途这么广,所以很早就是重要经济作物。《史记·货殖传》谓"陈、夏千亩漆;齐、鲁千亩桑麻;渭川千亩竹……",可见西汉时漆树的种植规模已经很大。

首级涂漆,应兼具实用与观念两方面因素。

对活人,漆,可致癫或毁容。

对死人,漆除了防腐,通常还有很强的侮辱意味。

---

[16] 闻人军译注:《考工记译注》,上海古籍出版社2008年版,第61页。

上文提到，高澄被杀后，高洋抓获兰京等六个同谋者并亲自动手将他们活剐漆头。当时事起仓促，高氏尚未正式篡魏建齐，高洋为防止元魏皇族和其他政敌趁势翻盘，好长时间秘不发丧，当然也不可能大张旗鼓地将兰京们悬首示众，此处漆头，泄愤侮辱的成分显然较大。

智伯死后，门人豫让为躲避追捕，方便行刺，"漆身为厉，吞炭为哑，使形状不可知"（《史记·刺客列传》）。徐达的女儿嫁给朱元璋第十三子朱桂为妻，性娇妒，曾将两个漂亮的侍女全身涂漆，让她们变成"癞"——麻风病一样的皮肤病人。前述侯景、臧质等人的头颅，是在悬示后入库前上漆的，似乎说明首级一经油漆，面目将狞厉变色，在某种意义上是对活人毁容的延续。但也有相反的例子，明人冯梦龙《古今谭概》中有个"恶僧"的故事说：恶僧慧林迫奸孀妇不从，斩其头逃去，一个多月后破案，"搜其囊，得妇首，漆而与俱，每兴至，则熟视"。此僧前后已杀女子五十人，被漆的美妇首级既然仍可供色魔深夜过眼瘾，理当美貌未失。

如保护其他器物一样，漆形成一重阻隔空气的保护层，能防止腐败保护首级。将漆的应用从一般器物的装饰防护发展到人头包括尸体防腐，堪称中国古代医学一个创举。从智伯被"漆其头"，到将臧质"漆其头首，藏于武库"，侯景首级"煮而漆之"，漆首之法，起源肯定很早，历代相沿。

腌、煮之法比较直观，盐、水也非奇物，似乎大家都懂。漆首之法，可能为中国特有，而填沙、烘干则为美洲、澳洲土著制作干缩人头秘法，欧洲人除了煮头火候老到，另有一种办法，就是用沥青浸人头。1746年，英国保皇党军队指挥官弗朗西斯·汤利被绞死，之后挖出内脏并肢解，他的头颅在沥青里浸了一下，然后被钉起来展示。沥青是一种防水防潮和防腐的有机胶凝材料，考古研究发现，早在前1200年，生活在美索不达米亚地区的苏美尔人就开始用天然沥青覆盖在器皿和船的外面。18世纪煤焦沥青、石油沥青尚未出现，浸泡人头使用的只能是天然沥青。沥青浸头，与上漆颇有异曲同工之处。

此外，漆也用来给首级标志题名。

漆一直是中国古代重要的书写材料，传说孔子"漆书壁经"。入库保存的首级，用漆书写姓名，史料多有提及，于是就有类似"二十四孝"这样的"新化学事迹"发生。《南史·袁昂传》说，雍州刺史袁顗被宋明帝所杀，"传首建邺，藏于武库，以漆题顗名以为志"。十五年后宋明帝驾崩，袁顗的首级终于得以发还亲属，合尸归葬。他的儿子袁昂对着父亲的头颅"号恸呕血，绝而复苏，以泪洗所题漆字皆灭，人以为孝感"。

关于对死囚身体或首级做标识留记号的具体操作，这种事同样很难从中国的正史或官方档案找到记录，幸好还有传奇志怪透露些许消息。《夷坚丙志》卷一有个故事叫"九圣奇鬼"，写山魈古尸作乱，天神来镇压。第一轮剿鬼之战："火轮石斧交涌云际，凡俘鬼二十一，皆斩首。其十五尸印火文于背，曰：'山魈不道，天命诛之。'其六尸印文称：'古埋伏尸，不著坟墓害及平人者，竿枭其首以徇。'"还有一大群被活捉的大鬼，则分别被处以天雷击死、凌迟、斩首诸刑。有趣的是小说还细写行刑之前的准备工作，把人间官府的套路、器具搬到鬼域去：

> 甲卒以木驴、石砧、火印、木丸之属列廷下，吏具成案，律书盈几，呼军正案法。

这里的木驴，据小说后文交代，可知是对罪犯执行凌迟酷刑时绑钉身体的刑具。木丸则用于塞口使不能叫喊。木丸的起源还有一段故事，唐垂拱年间，太子通事舍人郝象贤为武则天所杀，这家伙是个刚烈政治犯，"临刑极口骂太后，发扬宫中隐慝，夺市人柴以击刑者"（《资治通鉴》卷二四〇），着实大出一回武则天的丑。有了这个教训，"自此法司每将杀人，必先以木丸塞其口，然后加刑"（《旧唐书·郝处俊传》）。

　　火印应即所谓烙印，是用烧红的带图案或文字烙铁在半易燃物上留下印记。由此可以推知古代标志首级，除漆书外，或许还会有火印烙字等办法。火印内容，当类犯由牌或插背朱标，列明姓字、籍贯、罪名等项。日本战国时期川原合战中大桓城天守阁上的女人给首级化妆，也须标姓书名，不知是否用漆？虽然我们"煽动"中国首级东渡日本享受"手上枕边"的温柔待遇，但就历史渊源推测，日本人处理首级的办法，肯定少不了学习模仿中国。即使在首级处理这种事上，也可略见中国与日本在文化上的渊源。

筐：春秋大花篮

　　人头上路传送，或者入库封藏，都得有个筐箩箱匣什么的装着裹着，提着放着。我们接着钩沉首级的包装。

　　别小看这个环节，它花头不小，颇费工夫，下面我将用数小节的笔墨来考古。

　　《刽子手世家》告诉我们，法国断头铡前放着铺上木屑的柳条筐，用于承接滚落的人头。

　　《人类砍头小史》则补充说明，人们后来对断头机进行了旨在减少死者痛苦与恐怖程度的改良，其中一项是在断头机底部放置了一个很大的锌条篮子，以便接住死者的尸体，而被砍下的头落进一个更小的篮子或桶里。

　　1683年10月，因为对维也纳战役的失败负有指挥责任，奥斯曼帝国的军事领袖、大维齐尔卡拉·穆斯塔法被绞死，头颅被装进一个天鹅绒袋子，送回首都交给苏丹。

图 71　奥斯曼帝国鲁米得亚地区的统治者阿里帕夏的头被送到苏丹面前

筐箩袋布这类玩意儿，中国都有，而且更复杂有趣。

前484年春，齐国伐鲁。不久遭到报复，吴王夫差为争霸，率军北上，吴鲁联军进攻齐国，在艾陵（今山东莱芜钢城）打了一场恶仗，齐国大败，几乎全师覆没，中军主帅国书等多名将领战死。

战役结束之后，鲁哀公派太史给齐国送来一个精心装饰的"大花篮"，准确地说，是一只竹或藤编的小箱子：

> 公使太史固归国子之元，置之新箧，裹之以玄纁，加组带焉。置书于其上曰："天若不识不衷，何以使下国？"（《左传·哀公十一年》）

按《国语·楚语》所述，艾陵之战后吴王夫差派出行人（官名，即外交节使）奚斯给齐国递话，末了责备国子带兵抗拒吴军，而以反问作结："天若不知有罪，则何以使下国胜？"与箧中书信同一声口。想来当日真实情形应该是吴派出行人、鲁派出太史一起归国子之元于齐国，吴为强国，理当领头。自称"下国"，于鲁、吴两家都合适，盖鲁国在中原诸侯国中为小国，历来服事霸主之国如晋、齐、楚。而吴国原来远在南方，中原诸国视之为蛮夷。在这里，我们看到一个有趣的事实，这件本来是两国一起办的事，在各自的国史记录中都把合作者给"闪"了（《左传》所据，原是鲁国《春秋》即鲁之国史）。

这段记述很好看，充满历史感、仪式感。如前所述，春秋时期上层社会的人文修养和贵族气息相当浓，在政治外交活动，甚至日常交往和生活中很讲究揖让礼仪。诸侯国的军队主要由公室、世族成员组成，贵族任将领，甲士基本是"国人"中的士和农。称敌方将领的人头为"元"，包含了贵族之间的互相尊重，"国子之元"就是一例。太史的特殊身份，与象征天地的玄纁二帛、首级上的组带、书信共同赋义，使这个大花篮一样的华丽人头箧，成为代表天地神灵传达警戒的特殊道具。竹或藤编的箱子，是较早成熟的工艺和当时常用的包装，如鲁昭公十三年（前529），"卫人使屠伯馈叔向羹与一箧锦"（《左传·昭公十三年》），用的也是箧。

"国子之箧"，大约可以视为信史明载的第一件官方正式送头装置。中国首级"包装"史以这么一个漂亮讲究的"大花篮""大礼包"开场，完胜法国柳条筐。不过此事在先秦还是特例、个案，送头目的也非悬示，未可就此论定藤箧竹箱为传首送头的第一代常规包装。

函：顾荣的幻视

306年，"八王之乱"接近尾声。在洛阳，晋惠帝被毒而死，怀帝即位，五胡乱华的潘多拉盒子已完全打开，西晋将亡。

南方也不安宁，右将军、广陵相陈敏趁晋室无暇东顾之机，在历阳（今安徽和县）起兵反叛，作"孙氏鼎峙之计"（《晋书·顾荣传》），想重新割据江东。好不容易从北方逃回吴地的顾荣，被陈敏任命为右将军，委以重任。

陈敏重用顾荣，主因是顾氏乃当时江东最有影响的望族。顾荣祖父就是东吴名相顾雍，他本人与陆机、陆云并称江东"三俊"，吴亡后北上洛阳。二陆兄弟早已被"八王之乱"的绞肉机了结，头断铜驼街。顾荣为人厚道，见机早，运气也不错，几次死里逃生。

但顾荣不看好陈敏，他认为陈敏才能平庸，刑政无章，且天下大势不容江东旧族再度割据，若不及早考虑后路，等到失败成擒，就是叛臣，要砍脑袋诛三族，"头行万里"。

权衡再三，顾荣决定策反当时被陈敏委以军权的甘卓。他先分析各方面形势，推断陈敏必败，末了，忧心忡忡地把甘卓的目光带进两人首级一起被函封传送的幻视之中：

> 事败之日，使江西诸军函首送洛，题曰逆贼顾荣、甘卓之首，岂惟一身颠覆，辱及万世，可不图之！

顾荣的幻视不是孤例，函首辱身的预期屡屡再版。南北朝后期，北魏丞相高欢专权，孝武帝元修不愿当傀儡，逃往关中投奔关陇军阀宇文泰，北魏分裂为东魏、西魏。东魏秦州别驾薛善是刺史薛崇礼的族弟，一起镇守战略要地蒲坂城，他认为高欢逐君不忠，劝薛崇礼献城归顺西魏，说辞与顾荣同一声口："一旦城陷，函首送长安，署为逆贼，死有余愧。"（《资治通鉴》卷一五七）

函首、题名、传送，加上侯景首级"枭于市三日，然后煮而漆之，以付武库"的处理中提及的展示、煮、漆、入库诸环节，在广义上接续"传首"的完整过程。而"函首"二字牵出的，则是被传送的首级拿什么器具盛放、封藏。此事虽细，却也是传首的一个重要内容和环节。

"国子之箧"包装讲究，非常隆重，当属例外。另一样盛头神器，当推丝囊。不过此丝非蚕丝，说出来吓你一跳：蜘蛛丝。

唐人裴铏《传奇》中有个叫"金刚仙"的故事，描述了一场发生在深山峻谷的蛇蛛恶战。长着两个头的巨蛇[17]，最终不敌毒蛛，挺尸了，胜利的蜘蛛咬断一双蛇头，"俱出丝而囊之，跃入穴去"。

---

[17]《尔雅·释地》列举"四方中国之异气"时说："中有枳首蛇。"枳通枝，岐出。郭璞注："岐头蛇也。或曰：今江东呼两头蛇为越王约发，亦名弩弦。"枳首蛇即两头蛇。

蛛丝织囊属特殊材料、魔界手作,想来必得千年蛇妖方有机会享受。战场失手,仓促落头,或凡间平民百姓不幸做了断头鬼,有个布囊自己提着上路,也就不错了。

春秋时卫国发生华氏之乱,华登带着吴国援军进攻卫元公,眼看国君方面快顶不住,卫国大夫厨人濮用布包裹着一个人头从阵前跑过,高喊"华登被斩了"!敌人信以为真,军心动摇,以致溃败。楚国名将沈尹戌战败,不愿自己的人头落入吴王阖闾之手,他的部下也是用衣裳包着他的人头逃离战场。最不待见的是桓玄的人头,他篡晋称帝,旋为刘裕所败,在江陵枚回洲被杀。《续齐谐记》云:"荆州送玄首,用败笼茵包之,又芒绳束缚其尸沈诸江中。"

在唐人牛僧孺所著传奇《玄怪录》中,经常出现阳间新死鬼通过奈何桥走向阴间的情景,行列中总少不了头颅被砍掉的倒霉蛋,如《吴全素》:"见丈夫妇人,倅之者,曳倒者,枷杻者,锁身者,连裾者,僧者,道者,囊盛其头者,面缚者,散驱而行者,数百辈,皆行泥中。"《崔环》:"同到之人数千,或杻,或系,或缚,或囊盛耳头,或连其项,或衣服俨然,或簪裙济济,各有惧色,或泣或叹。""囊盛其头"不就是自己的人头吗?看来这"提头来见",不仅是阳间流行语,也是黄泉路上寻常事。

山东省嘉祥县武宅山汉画像石《北斗君》中,跪在北斗君前面的人,"下面滚落着一颗没有结发的人头,跪着的死者应该是被叫到这位神的面前,要求出示证据来说明这颗头到底是怎么回事儿"[18]。该头完全没有包装,可谓阴间裸头。

曹操破袁绍后,谋士许攸在冀州城门口遇着大将许褚,炫

---

[18] [日]林巳奈夫著,唐利国译:《刻在石头上的世界》,商务印书馆2010年版,第195页。

功辱众,"褚大怒,拔剑杀攸,提头来见曹操"。《大唐新语》说,窦怀贞为巴结韦皇后,娶了韦后那出身蛮婢的乳母。后来韦后被杀,窦马上反应过来,"遂斩其妻,持首以献"。许谋士与蛮乳母这一对无包装人头,成了阳间裸首。

最干脆的是将整个人头化水,像李舟之弟喝下乌蛇酒,骨蚀形销。

中国多乱世,世乱多刺客,女歧颈上物就是睡小叔时被刺客割走的。春秋战国时期,专诸聂政们纷纷走进太史公《刺客列传》。战国末期秦王听李斯之计,"阴遣谋士赍持金玉以游说诸侯。诸侯名士可下以财者,厚遗结之;不肯者,利剑刺之"(《史记·李斯列传》)。汉初承战国余烈,游侠之风甚盛,侠以武乱政,急义报仇少不了养刺客。北周大将韦孝宽亦以养谍用间出名,能在两军对峙的前线派刺客直入敌城轻取叛将首级。中唐以后藩镇割据,节镇军阀大都豢养刺客,刀光闪闪,剑影横斜,延至五代,一直是刺客高产期。流风所及,在北宋与辽、金、西夏等游牧民族对峙争战中,刺客的身影也不时闪现,韩琦的脑袋,就差点被元昊派来的刺客斫去。到了清朝,我们还可以读到年羹尧派盗马贼跃入山上敌垒,径取敌酋首级,并以首级招降其部众的神奇故事(《柳狐·年大将军》)。

在处理首级上,刺客与周武汉高们有个根本区别,后者代表合法政权,砍头是替天除逆,要聚众围观,传首悬级,大加宣传,响动越大越好。在刺客那里,首级则往往是证据和累赘(主使者要求提头来见的除外),因此,一种刺客专用的"化头药",在唐宋传奇中被"发明"出来。裴铏《传奇》说,聂隐娘能以药娑摩首级而化之为水;在宋人吴淑笔记《江淮异人录》中,洪州书生斩了恶少首级后,"乃出少药傅于头上,捽其发摩之,皆化为水"。销头化骨以灭尸毁迹之事,正史亦早有记述。西汉本始四年(70),广川王刘去坐私刑杀人后,"并毒药煮之,令糜尽"(《资治通鉴》卷二四)。唐代宗派人假装成盗贼暗杀专权的宦官李辅国,这种案当然破不了,头也找不回来,只得雕香木为人头与其尸身合葬。李辅国的人头上哪去了?《新唐书·宦者传》给出的答案很悲催:"抵其首溷中"——扔粪坑了。叫"聂隐娘牌化头药"摩化成水的福气,李"亚父"没有。

函:从丝囊到马颈

蛛丝囊头,属两头蛇殊遇;落花流水,乃聂隐娘秘方。要给被传送的首级找一顶好花轿,寻一处实在的居所人家,还得顺着顾荣涣散在天际的目光,寻函去。

先看英雄尝鲜,马颈系头。

若真如日本学者林巳奈夫所推测,汉画像石《北斗君》中摆在跪者脚边地上的人头是阴司对簿公堂的证据,那么这阴间裸头大概还有申冤报仇的机会,画像石上更常见的一类阳间裸头,则只有悲摧的份儿。山东平邑所出皇圣卿西阙第二层南面石上画像是胡汉交战和献俘图,"上半部描绘悬吊四个首级的架子,架子下面有横卧在地无头的尸体三具"。另有一块出自山东滕县龙阳店的画像石,右端为交战图(图76),可见"三个悬着的戴尖帽的胡虏首级"。台湾学者邢义田列举汉代画像石中胡汉战争图的元件和构图形式,其中就包括"以胡人首级悬于架上"[19]。这些头是战争中被杀的普通士兵之头,也是首级计功的基本单位,相当于先秦所谓"甲首",只有被以绳穿耳成批裸悬到架上的份儿。

架上的人头,该属从战场上砍下来后,上交计功的战利品。顺着这个线索,现代人会继续好奇,短兵相接,或者两马

---

[19] 邢义田:《画为心声——画像石、画像砖与壁画》,中华书局2011年版,第333、350、338页。

相交，砍下人头怎拎？挂哪？搁哪？腾得出手吗？艾陵之战前，尽管因为吴国军队强大的战斗力使失败成为齐国将领的普遍预期，但齐将公孙挥却斗志昂扬，对部下说，吴人头发短，你们每人准备一根八尺长的绳子，穿起他们的首级来方便。相反的例子也有，北魏军阀尔朱荣在与葛荣军队决战时，为怕影响军队战斗力的发挥，申令士兵只管杀敌，不取首级。

这样的疑问，听起来蛮在理，但面对潞河铜匜线刻画（图35）所呈现的东周时期南方吴越一带部族的战争场面，现代人的杞人之忧不得不为历史图像让路。在那里，酣战并不影响对被杀敌兵割级折首，头颅甚至被立即挂到正在刺击的戈杆上。线刻画正中那个战士双手平握长戈一类的武器追击敌人，杆头就悬挂着一颗首级，而竟不担心这样会降低战斗力。这还不够，他左手肘间也用绳子拴着另一颗人头。这位身提双级追击敌人的战士，显然被认为是最勇猛善战的英雄，折首取级的榜样，大概也因此被画在图像中间的显要位置。在他的左上侧，另一个战士右手疑似握着用来折首的短武器，左手提着一个首级，似乎正准备将首级挂到一根插在地上的长杆上。

在《南阳汉代画像砖》144—147，胡汉战争画像砖（图79）图案中部，三个骑在马上的汉兵右手都提着一个首级，正往回奔，后面有一个汉兵向后放箭，似乎是在掩护获级者。

同样，在前述南越王墓出土船纹铜提筒刻画图像那顺风急驶的战船上，折首割级、耀功献祭之事也已经开始。

潞河铜匜线刻画攻战图的战场上没有马，从装束上看，大概也还是吴越一带断发文身的蛮族轻装战士［吴越之人懂得使用战车，乃是楚国叛臣巫臣所教，要迟到鲁成公七年（前584）以后］，折下首级非拎手里，即挂枪杆。在南越王墓出土的船纹铜提筒刻画上，首级被特意悬挂于战船船头前下方。先秦中原诸国战争原以战车为主，大概割了脑袋可以往车中一扔。战国后期已出现重装甲的步兵，装甲的合适部位，可能设计有专用的挂头钩。之前我们提到加拿大安大略博物馆藏有一个鎏金青铜人头，长发被束成尖状把形，后面有小钮缝在衣内。该馆还藏有一件年代为晚商的戴羽冠人头形玉佩，而江西新干也曾出土晚商时的戴羽冠人头形玉佩（图33），许进雄先生认为，三物皆用于杀敌报功，为曾有折首之功的勇士所佩戴。从这里也许可以猜测袍甲某个部位或腰带上会有预设的挂头装置。不过万法不如无法，杀头这事，勇力最重要，如《史记·张仪列传》所言，让东方诸国丧胆的秦军，经常是"虎贲之士跿跔科头"，赤足袒臂拼杀，直接把重装甲的齐卒魏士撂倒，割下脑袋拎走，一个个十字坡上活头陀。如上述《南阳汉代画像砖》胡汉战争图中的士兵更省事，斩了首级就直接用手提着飞马驰回，简直像上市场买海鲜。

　　骑兵成为主要兵种后，战马颈下鞍旁，自然成为悬头挂首的好去处。《三国演义》写关羽劈倒颜良，"忽地下马割了颜良首级，拴于马项之下，飞身上马，提刀出阵，如入无人之境"。第二十七回廖化出场："只见一少年，黄巾锦衣，持枪跨马，马项下悬着首级一颗……飞奔而来。"《后汉书·陈龟传》说，陈龟为度辽将军，临行上疏，形容匈奴侵边杀掠之酷，有"战夫身膏沙漠，居人首系马鞍"之语。《三国志·武帝纪》注谓曹丕与曾经吃过人的王忠出游，"令俳取冢间髑髅系着忠马鞍，以为欢笑"。小说与正史的材料都说明古代战马项下或鞍间，配备有专门用来悬头的装置，或者说可以悬首挂级。一幅清代早期唐卡所绘佛教密宗神祇大飞天，其马项和马鞍都悬挂着人头（图72），则为我们提供了图像方面的证据。

　　盛弓箭的鞬有时也兼职寄放首级。《三国志·庞德传》说，庞德临阵斩袁谭部将郭援，置头鞬中。战罢，大家都说郭援被斩，但找不到首级，庞德拿出鞬中人头，钟繇一看泪奔，因为郭援是他外甥。董卓部曲攻破长安，吕布巷战不胜，"将数百骑以卓头系马鞍而走"（《资治通鉴》卷六十）。董卓被杀于初夏四月，六月长安城破，若董卓首级当初未经相当有效的防腐保容处理，时隔两月，又是炎夏，必然腐臭不堪，如何携得？当然答案也许完全出乎你意料，《奥斯曼帝国闲史》曾介绍说，以抢劫和买卖大宗奴隶出名的克里米亚的鞑靼人"用一种臭名昭著的方式腌肉：塞在马鞍下，用马汗腌渍"，不知道鞑靼人是否曾用马汗腌渍过首级？

腰后拴头，马颈系首，只适用于战场探囊斫级。正式传首，可就非装箧入函不可了。

图72　清代早期唐卡中的大飞天，其马项和马鞍都悬挂着人头

函：从《考工记》到《燕丹子》

"函"是个古老的多义词，原字作"圅"。《说文》：圅，舌也，这是"函"的本义。《国语·楚语》："若合而函吾中"，就是舌头含在口中之意。由此引申出多个义项，其一为钱币术语，指钱的方孔或者圆孔，可穿线而系之；其二指铠甲，函人就是专门制作皮革铠甲的工匠，《考工记》云："函人为甲"；其三指盒子，或将物体入匣封缄，此义项的较早用例，即与首级有关。《战国策·燕策》：秦将樊於期逃亡到燕国，秦王以金千斤、邑万家悬赏其首级。荆轲为接近秦王，私说樊於期自杀献头，"太子闻之，驰往，伏尸而哭，极哀。既已，不可奈何，乃遂盛樊於期之首，函封之"。

正是在战国末期至秦汉期间流传甚广的荆轲刺秦王故事中，"函"成为存世史料中仅晚于国子之簠，而与首级发生直接关系的盛首传头容器。荆轲本事，除《战国策·燕策》外，还见于无名氏所著《燕丹子》和《史记·刺客列传》等。《燕丹子》谓荆轲"遂函盛樊於期首与燕督亢地图以献秦"，《史记》行文略异："乃遂盛樊於期首函封之。"

后世对《燕丹子》成书时代及其与《史记》文本的关系多有争论。孙星衍断《燕丹子》为先秦古书，有人甚至认为《史记》的文本是在《燕丹子》的基础上删削而成。另一派意见相反，如胡应麟认为《燕丹子》成书当在东汉王充之后至唐以前，不过胡氏同时认为《燕丹子》必据《汉志》所载《荆轲论》五篇撰成，则所本也古。[20]《史记》成书于汉武之世确凿无疑，《战国策》当然更早，大致成书于东周战国时代。这几条材料互相

---

[20] 参阅程毅中点校：《燕丹子·点校说明》，中华书局1985年版。

发明，是我们今天考证先秦时期盛放、传送首级所用容器的第一手文字材料。

联系到"函人为甲"，最初的"函"，或是用皮革做成的袋状容器，其后或与木、石、铜、铁等硬质材料结合，渐至脱离皮革，而以木、石、铁为主，也相沿称"函"。木、石为"函"，当以方形匣状为常见。随州曾侯乙墓出土的战国鸳鸯盒、秦代彩绘鸟云纹盒，均为长方形容器，可见匣式是那时陶瓷、青铜器之外储物容器的主要制式。冶铁技术发达后，铁制之匣也随之出现。《新五代史·温韬传》说军阀温韬盗掘唐朝诸陵，在唐太宗昭陵墓室石床上发现一个石函，打开石函，内藏铁匣，匣中封存王羲之、钟繇书法真迹，即一例。苏州虎丘云岩寺佛塔出土两函，一铁一石，制式俱为长方体顶部略收，此为五代之物，用于储藏舍利，应不同于常用之函。

《战国策》写荆轲刺秦王，两次出现"函"字。第二次是在荆轲见秦王时："荆轲奉樊於期头函，而秦武阳奉地图匣，以次进。"这就引出新的问题：函与匣的区别。

"函"与包括匣在内的其他容器最重要的区别，似乎就在正规、重要，常用于传送公文和重要物品，并需加上封缄（由此引申出公文文体或信件之意）。托名为东方朔所撰的《海内十洲记》说，汉武帝时西胡月氏王遣使献异香，烧之能使死者复活，汉廷于是"秘录余香，后一旦又失之，检函，封印如故"。考之正史，函为名词，初始当指带封缄的匣，名词动用，则指对重要物品或信件加缄封泥。汉武帝时车千秋请缨征讨南越，"越以兵击千秋等，遂灭之。使人函封汉使者节置塞上"（《史记·南越列传》）。《汉书·西域传》：王莽时"遣中郎将王骏、王昌，副校尉甄阜、王寻使匈奴，班四条与单于，杂函封，付单于，令奉行，因收故宣帝所为约束封函还"。前云"函封"，后谓"封函"，说明凡函必有封。而《史记》与《燕丹子》的表述不同之处，正在特地点出"函封"。"封"当包括锁锔和印检封泥。

函：从画像石到韩侂胄

"樊於期头函"该是啥模样，有汉画像石可参证。

荆轲刺秦王是汉画像石一个常见题材，多处出现（图73、74），如山东省嘉祥县南武宅山武氏祠左石室、前石室和武翟山（旧称紫云山）武梁祠画像石均有荆轲刺秦王图。这三幅图，在荆轲与秦王中间的柱子右下方，即靠近荆轲这一边，都放着一个顶盖半开的方形匣子，露出首级的侧面，匣盖有梯形状拱起，顶平，非常显眼。在武梁祠画像石中，匣子右上方还有榜题"樊於期头"。台湾学者邢义田系统研究比较上述三幅图像，特别指出"画像较突出的是一个盛有头颅的盒子……"，并推测"荆轲的故事在汉代应曾有不同的传本。在这个不同的传本里，盛樊於期头的盒子也许才是关键（匕首藏在盒子里？）"[21]。当然，画像石作于汉代，既可能是战国的摹本，有留传下来的实物可临写，也可能是汉人由汉物上推战国之器，故不能说绝对原样，但至少说明迟至汉代，长方体的函已普遍使用，函的顶盖弯曲拱起，可能是受青铜器顶盖大都为半弧形的影响，而那时在木工工艺上也已能实现。

邢义田猜测匕首可能藏于函首之匣而非地图轴中，并进一步猜测画像石所据刺秦王故事另有所本，因为在上列三块画像石的刺秦王画面上，地图这个道具几乎找不到。想想也是，鉴于防腐保容的需要，首级函中理应填满盐或硝石之类药料，匕首埋藏在头下盐间，当然比卷在地图中更好携带且不易发现。

---

[21] 邢义田：《画为心声——画像石、画像砖与壁画》，中华书局2011年版，第109、130页。

再者，比起地图，秦王第一时间想瞧，而且很可能会近距离俯身低头来瞧的，也该是叛逃者的人头。

首级函用什么材料制作呢？木材应该是首选。在荆轲的故事中，"樊於期头函"既可由一人捧着走上大殿，理当为重量较轻的木或革木制品。徐乾学《读礼通考》卷五十六引《汉旧仪》曰："（汉高祖）已葬，收主。为木函，藏庙太室中西墙壁埳中。"木函殓首，见《旧唐书·李憕传》：安禄山攻陷洛阳，杀东京留守李憕、留京御史中丞卢奕、判官蒋清，"禄山传三人之首，以徇河北。信宿，至平原，太守颜真卿斩其使，浴其首，殓以木函，祭而瘗之，以闻"。这两个木函，前者是藏神

图73 武氏祠左石室荆轲刺秦王图

图74 武氏祠前石室荆轲刺秦王图

在这两幅汉画像石刺秦王图中，装首级的函均为长方形，盖顶拱起，与曾侯乙墓二十八宿漆箱的形制类似。由发现于阳关城外的胡杨木婴儿棺（图75），也可证刳剖木料以制成半筒状在西汉已是成熟的木工工艺。可以猜测这是一个将顶盖木料刳剖成拱形以增大容量的木制漆箱，乃战国至汉代比较通用的木制容器主要制式。

主用的，后者相当于给首级准备的小棺材，都非传首专用。

《三国志·甘宁传》注引《吴书》："初，权破祖，先作两函，欲以盛祖及苏飞首。"祖即江夏太守黄祖。《三国志·诸葛诞传》注引《世语》说，诸葛诞袭杀魏扬州刺史乐綝后，上表谓"以今月六日讨綝，即日斩首，函头驿马传送"。安禄山未反之时，就经常诱骗奚、契丹等部人宴会，"酒中实毒，鸩杀之，动数十人，斩大首领，函以献捷"（《安禄山事迹》卷上）。元和十三年（818）二月，淄青节度使李师道为刘悟所杀，刘悟"函师道父子三首"（《资治通鉴》卷二四一），送给唐朝征讨军统帅田弘正，但没说明首级函是用什么材料做的，也无从了解形制工艺。[22] 倒是《三国演义》记辽东太守公孙康斩袁绍二子，孙权送黄祖首级回江东祭亡父，东吴送关公人头与曹操，都明写"用木匣盛贮"，可惜《三国演义》毕竟是小说。说起来，古典小说中用来盛放首级以供传送的器具也有非常简陋不专业的，《说唐全传》第四十八回中，刘武周替身的首级被盛放在一个木桶中，由乔公山提去见尉迟恭。木桶好歹配了个盖，尉迟恭"把木桶盖一开，只见鲜血淋漓，一颗刘武周的首级在内"。

石函在汉代应已普遍使用，《后汉书·祭祀志》提到用石函盛放神主。石函也可能被用于盛放保管重要首级。北宋政和年间，长安有人发掘出一个写着"韩信首级"字样的石函，里

---

[22] 张鷟《朝野佥载》说：唐高祖驸马柴绍有个弟弟，能飞檐走壁，取物如拾芥。唐太宗想试他身手，"遣取丹阳公主镂金函枕，飞入内房，以手拈土公主面上，举头，即以他枕易之而去。至晓乃觉"。又云："唐太宗尝赐长孙无忌七宝带，直千金。时有大盗段师子从屋上橡孔间而下露，拔刀谓曰：'公动即死。'遂于枕函中取带去，以刀拄地，踊身橡孔间出。"枕以函名，反过来可说明函状如枕，且枕中空可藏物，则也兼具了函的功能。如此，则唐时之函，或大抵似枕，中低边高，不似秦汉时物矣。

面是空的(《韩信首级》,《夷坚志》乙志卷十二)。若属实,则西汉已有用石制之函盛放首级的做法。《酉阳杂俎》有个故事叫"石函中人",也是掘地得函,一打开,出来个活人:

> 上都务本坊,贞元中,有一人家,因打墙掘地,遇一石函。发之,见物如丝满函,飞出于外。视之次,忽有一人,起于函中,披发长丈余,振衣而起,出门失所在。其家亦无他。前记中多言此事,盖道太阴炼形,日将满,人必露之。

不只神道炼形,佛偶尔也通过人头与石函发生关系。唐贞观年间,玉润山悟真寺僧人,在蓝溪边听到地下传来诵读《法华经》的声音,循声掘地,"得一颅骨在积壤中。其骨槁然,独唇吻与舌鲜而且润,遂持归寺,乃以石函致于千佛殿西轩下"。后被寺中新罗僧人窃去,等发现时,新罗僧"已归海东矣"(张读《宣室志》)。《坛经》说,六祖示灭之前,预言将有人要来偷他的头颅,多年后发生一宗囫囵案,有个孝子进塔偷头,据说是受新罗僧人指使。佛头僧首,几可成为新罗与中国佛教交流史上一个专题,足为莞尔。石函重,但坚固不怕蠹蚀,揆之情理,可能在首级传送悬示结束后,封藏到武库太庙一类地方时换用。总之,"函首"后来成为一个固定词组,宋代以后更是频仍出现,乃是不争的事实。

李攸《宋朝事实》卷十六一条材料,无意中证明宋代皇帝已备有传送首级的专函。宋太宗曾因受外戚李继隆蒙蔽,误以为转运司供应不力贻误军情,大怒,"立召中使一人,付三函,令乘驿取转运使卢之翰、窦玭及某人首"。

人头函由皇帝下旨直接发付,而且一批三个,足见为专备之器。可惜没有实物传下来,不然也足以和唐昭宗赐给钱王的免死铁券一样，成为中国国家历史博物馆的明星展品。宋太宗一怒就发出三个人头函，天威赫赫，何等厉害！可惜这么专业的人头函，到他的不肖子孙那儿，却函送出史上最窝囊失格的首级。

辽将张觉（张毂）先降金，又叛金归宋，宋受其降。后张觉兵败，宋因惧金，竟"遂杀觉函其首以与金人"（《金史·张觉传》）。张觉被杀时，驻守燕京的原辽国降宋部队常胜军将士皆哭，主将郭药师深为寒心："若来索药师当奈何？！"从此与宋离心。其后郭药师与金人一战而败并投降，为金人南侵当向导，报应昭然。

北宋送头失国的教训，南宋不但没有引为大耻深戒，反而更屈辱下作。韩侂胄为相，发动北伐失败，南宋为尽快求和，在割地赔款之外，答应金人的要求，把韩侂胄、苏师道两人的脑袋割下来，传首两淮，函送金人。有大臣提出这样干"有伤国体"，马上被贬（《宋史·倪思传》）。叶绍翁《四朝闻见录》中有一则《函韩头》，详叙函送韩头时朝议的情形，读之令人扼腕无语。

特殊情况下发生的割头送首，则往往无法拘于常例，多所变通，彭宠夫妇就是典型。

东汉初年，彭宠反于渔阳，后被仆人子密暗杀。子密迫逼彭宠夫人用缣帛缝制两个布囊，然后将夫妇两人的首级割下，盛于缣囊中带出渔阳城。缣，按《说文》释义，是双丝的细绢，非常密致，可不漏水。两汉缣帛多连称，常用来写字绘画，是比较高级的书写载体，故曰"书之竹帛"，马王堆出土的帛书就很出名。缣帛不漏水，也就不漏血，用来盛人头，当不输奥斯曼帝国的天鹅绒袋子。彭宠夫人不仅手工缝制缣帛布袋，还和丈夫一起，用自家的颈血直接"书于竹帛"。

传首简上楼兰王

"吗哪"足,"头函"备,首级该上路了。

人头上路,是为传首。首级如何传送,史料同样"语焉不详"。

如前所述,"传"乃中国古代邮驿制度专用语,西汉一朝正史关于首级传送的记述,有两处使用"驰传"。《史记·吴王濞列传》:"盛其头,驰传以闻。"《汉书·西域传》:"介子遂斩王尝归首,驰传诣阙,悬首北阙下。"此处"驰传"应指乘传规格,区别于"置传""轺传"。邮驿制度代有沿革,后世"驰传"使用频率较高,疑因此说法较文艺生动,因而喜用习见。

中晚唐可谓传首高发期,"安史之乱"一刀斩断开元天宝以来持续多年的安定繁荣,其后藩镇割据、宦官专权、党争不息,天下无一日之安宁。唐末黄巢起义,朱温、李克用辈继起争雄,天下大乱,黄尘滚滚,千里驿道,首去头来。虽然《唐律》不会因此修订,把传首列上去,不过在《唐大诏令集》中,还是有数道诏书直言"传首""函首",如《平潞州德音》:"载驰驿骑,传首上闻。"《平李迺诏》:"就缚军中,传献阙下。"《破淄青李师道德音》:"渠魁就歼,枭獍同戮,载驰驲骑,函首上闻。""载驰"之于唐人,与所谓"驰传""驰驿"等一样,应属文艺式官腔,非如汉代严格对应乘传的某种规格,我们难以从中获得其时传首在邮驿配置方面比较具体准确的信息。

天无绝人之路,我在居延汉简中发现了一支记录傅介子传送楼兰王首级的简文,从这支可能是目前发现的唯一"传首"简中,我们可以了解早期传首的一些具体操作。

这条简文收录在劳干《居延汉简释文》(商务印书馆本)三页八行:

诏夷胡候章发卒日,持楼兰王头诣敦煌,留卒十人,女译二人,留守证。

陈直先生《居延汉简系年》将此简年代定为汉昭帝元凤四年,正是傅介子诈杀楼兰王之年。陈直并为简文作注:

直按:夷胡为候名,章为人名,事在昭帝元凤四年,《汉书·傅介子传》及《西域传》并载其事。《介子传》云:"楼兰王贪汉财物,见使者介子与坐饮陈物示之,饮酒皆醉。介子谓王曰,天子使我私报王,王起随介子入帐,屏语,壮士二人,从后刺之,刃交胸立死,其贵人左右皆惊走,遂持王首诣阙。"本简所记,即其事也。[23]

候,即候官,是汉代西北边境线上的军事单位。汉制,边境各郡由烽燧连接成边防线,一郡设数都尉,都尉下设候官,候官下辖候长、燧长。相对应的军事设施,则百里必有一小城圈,三十里有一堡,十里有一墩,均驻扎戍卒。此简当为楼兰王首级传送过程中,由夷胡候官传到敦煌这一站的传信简或记事简,为我们保存了几方面重要信息,并可还原一些细节:

一、表述方式的变化

"传"与"首"在西汉虽已经常相伴出现,但由简文可证至汉昭帝时"传首"尚未成为约定俗成的称呼或官方文书的法定用语。与此相应,《史记》中有关送头取级的表述,基本上是用口语化的方式直述其事,绝未及"传"。

不妨与战国晚期的一份语言样本做个比较。范雎前在魏

---

[23] 陈直:《居延汉简研究》,中华书局2009年版,第185页。

国,为魏齐殴辱几死,后入秦为相,誓报此仇,秦昭王也想替他出气,《史记·范雎蔡泽列传》如此记录这段关于魏齐首级的外交交涉。

第一次,范雎对魏国使者须贾说:"为我告魏王,急持魏齐头来!不然者,且屠大梁!"

第二次,秦昭王听说魏齐跑到赵国,藏在平原君家,假装仰慕平原君高义,请他入秦"为十日之饮",喝高了摊牌:"范君之仇在君之家,愿使人归取其头来;不然,吾不出君于关。"

第三次,走投无路的魏齐最终自杀,"赵王闻之,卒取其头予秦"。

前两次为对话,第三次是事件陈述,共同点不仅均言不及传,连首级也嫌拗口,直称"头"。与居延传首简"持楼兰王头诣敦煌"比较,两者在句式、用词、语气上都非常相似。前者为战国时事,见诸正史,后者出现在西汉中期基层案牒往来这种半口语的官方应用文书中。《史记》乃书面语言,撰成于西汉早中期;传首简以当时人记当时事,属应用文书,近民间口语。一般来说,正史的表达经过提炼加工,且时间上有个滞后,两者相似,正好证明我们的观察。

《汉书》则体现了两种表达的并用与含混过渡。

《汉书·张骞李广利传》说,汉武帝派贰师将军李广利拓西域求名马,在大宛城下击败宛兵,宛人大恐,自杀其王毋寡,派使者"持王毋寡头"到汉营谈判,愿向汉朝贡献好马,请求罢兵。这边李广利与部下商议,"计以为来诛首恶者毋寡,毋寡头已至",同意和谈。这种表述,与《史记》及居延汉简基本相同。但在另外一些地方,如《汉书·冯奉世传》,全新的表述如"传其首"开始出现。随着修饰与水分渐渐挤去,正史中"传首"的第一次直配,终于在西汉的尾巴——王莽新朝的风口上问世:《汉书·王莽传》谓"尤(严尤)诱高句丽侯驺至而斩焉，传首长安"。

西汉冯奉世斩莎车王这一事件，则为我们提供了更有意思的语用对照标本。同为一事，东汉人复述前朝事迹，仍称"传其首"。编撰《后汉书》的范晔生年已在南北朝，他可没那么耐心循古，下笔直称"传首"："发兵五千人击莎车，杀其王，传首诣长安。"（《后汉书·冯奉世传》）同一件事在不同年代的异文，形成有力印证。

二、队伍规模、人员配置和首级传送过程中的交接协作

传送楼兰王首级的队伍可能是多至几十人一支小部队，不然不能说"留卒十人"。

首级传送过程中的交接与协作，未见史料正面说明，不妨再找一则汉初传送实物的简文来比照。松柏汉简"令丙第九献枇杷"简文如次：

> 丞相言：请令西成、成固、南郑献枇杷各十，至，不足，令相备不足，尽所得。先告过所县用人数，以邮、亭次传。人少者，财助。献起所为檄，及界，邮吏皆各署起、过日时，日夜走，诣行在所司马门，司马门更取（？）大官，大官上檄御史。御史课县留稚（迟）者。御史奏，请许。制曰：可。孝文皇帝十年六月甲申下。[24]

西成、成固、南郑是县名。简文对沿途各县应提供人员，传送过程中各处邮亭交接办法和时间要求，中途耗损如何补充，送达行在（长安？）验收的具体地点、部门等，均有详细交代，还特别规定对稽迟者要由御史检举查处，足见当日传送实物已

---

[24]《荆州重大考古发现》，转引自曹旅宁《松柏汉简"令丙第九献枇杷"与秦汉律令体系的复原》，《读书》2011年12期。

有成熟制度。实际执行的情形,当如《后汉书·孝和孝殇帝纪》所言:"旧南海献龙眼、荔枝,十里一置,五里一候,奔腾阻险,死者继路。"一颗首级既达到千里传送的级别,重要性肯定大逾鲜果,何况除了防腐保容,可能还有提防截劫等问题,当更严格细密。

"留卒十人,女译二人,留守证",字面的意义,应该是夷厉候官派出的这支护送首级部队抵达敦煌郡后,还要留下十个士兵和两名翻译,任务是"留守证"。楼兰属西域,语言异于汉,需要翻译。翻译应是楼兰国人,或是傅介子使团的随团译员,亲历斩杀楼兰王场面,足以向长安的御史大夫证明所传之首如假包换,即所谓"证"。因此,这支小队伍尤其是"女译二人",很可能需要一路跟到长安。

这就又引出一个传首前后必须解决的核心技术问题,即首级主人身份的辨别与确认,包括交接。

图75　木制婴儿棺　汉

此棺长50厘米,宽30厘米,高50厘米,发现于阳关去西域南道一残破烽燧近旁。棺分盖、底两部分,系以胡杨木剖剖制成半筒状,两端镶扣挡头木。从这件做工粗糙却不失精巧的准匣式木作中,我们也许可以感受到汉代木函的工艺与大致形貌。

曹猪头·冯猪头

　　本书第三章第二节讨论首级一词的缘起与首级计功制度，曾举《睡虎地秦墓竹简》爰书中两个争夺首级的案件，前者是甲抢夺丁所获首级，后者是甲与丙两人都说首级是本人所斩。第一个案件审理中，即有"诊首"的步骤。第二个案件中，审案人员查验了首级头部剑伤与断颈刀口，仍无法断案，只好"以书谶首"，"遣来识"，即贴出布告，让人来辨认。这就引出首级计功制执行中一个关键环节，也可以说是一直困扰首级计功制公平、有效执行的核心问题：首级数量、来源、身份的查验确认。

　　谁斩获的首级？有没冒滥攘夺？一场战斗下来共斩首几何？这关系到下自士兵上至将军的功赏，以及对一次战役一场战斗的评价，关系到赏罚的公平与军法军纪，也可防止滥杀。

　　《商君书·境内篇》已虑及此，并设计了首级公示制度："以战故，暴首三，乃校，三日，将军以不疑致士大夫劳爵。"大意是停战之后，要把所获敌人首级示众三天并加以核实。三天后，将军对确认无误者按功级赏给爵位。

　　汉朝的做法与此相仿而更细密。《史记》卷一百二《冯唐列传》记述冯唐就云中太守魏尚击破匈奴，但因上报获首功级相差六级被下吏削爵之事向汉文帝进言，《史记集解》引如淳注："《汉军法》曰吏卒斩首，以尺籍书下县移郡……五符亦什伍之符，约节度也。"《史记索隐》进一步说明："尺籍者，谓书其斩首之功于一尺之板。伍符者，命军人伍伍相保，不容奸诈也。"一是计功文书有标准化格式，二是在秦的做法上增加了互保连坐的制度。后世的做法大致在此基础上不断发展、细化，如《大明会典·军务》："嘉靖十八年题准，领军部下斩首功次，务要审实千把总的确职衔，及各官领军数目，地方斩首功次、年月日时，各查明白。造册送部，仪拟升赏。"信息就详细多了。

辨首认头的第二个任务主要针对重要人物、特定对象，有类后世的"验明正身"。在没有摄影技术和DNA比照的古代，那些上了赏格的重要头颅被砍下来首先要确认，异地传送要核验，怎么办？《宋史》卷四百六十六《宦者传》谓宋太宗时，宦官王文寿带兵平乱，御下严急致士卒造反，"（文寿）一夕卧帐中，指挥使张嶙遣卒排闼入，斩文寿首以出。会夜昏黑，嶙犹疑其非，然炬照之，曰：'是也。'"。这是现场辨认，好办。异地传首，到达目的地后当然有个交接核对的问题，情况就比较复杂了。证人当属最可靠，传送楼兰王首级队伍中的女译二人，应该就担负着这样的任务。田弘正接到刘悟函送的李师道首级，"疑其非真"，校验的办法就是找李师道旧部夏侯澄来辨认。南宋四川宣抚副使吴曦反叛被杀，传首至临安，朝廷举办大规模献祭仪式，奏献之前的一个重要环节，是"殿前司差甲士二百人同大理寺官监引赴都堂审验"。此举兴师动众，各方面条件限制大，难为定式，得有更简易可行的办法。如《大明会典·军务》载："万历十二年题准，以后斩获达贼，巡按御史详加查核。如真正闻名夷酋头目，方准照例升赏。"这个规定把核查权上交到巡按御史一级官员，如何"审实""查核"，当需另有细则，比如指定相关官员负责现场查验函封，或由若干证人在获级文书或人头函的封印上，用题名或按手印之类的方式来证实担保，甚至可能如《九圣奇鬼》所言，直接在首级上烙火印。

用画像悬赏并比照确认，当也常用，至少是主要的辅助办法。

中国古代至晚明以前，艺术意义上的人物画一直不发达，高居翰谓"从宋代到晚明期间，几乎没有任何重要的人物画著作可言"〔25〕，但肖像画或曰写真却发育很早，一枝独秀。因为图形写真是实用性很强的技艺，自帝王画像、宫嫔选美、图形功臣庙至祖宗祭拜、悬红缉犯等，都有刚性需求，历代宫廷专业或兼职画师的写真水平也应该较高。若传说可以信实，则早在前1200多年商朝第二十三任君主武丁时期，宫廷的肖像画师已达到非常高的水平，能根据武丁口述，准确描画出他梦中遇上的贤人傅说肖像，并据以寻人启事，但这显然不可能。〔26〕《国语·越语》谓勾践灭吴后，范蠡辞官归隐，"王命工以良金写范蠡之状而朝礼之"。画得像否且不论，专业的画工已经现身。

汉朝有一批宫廷画师很悲剧，给别人画像，杀自己人头。

据说，汉元帝因宫人太多，让宫廷画师给每个人画像，看图临幸。宫人都行贿画师，唯王昭君不肯。后来南匈奴单于求和亲，元帝想挑个丑的敷衍，翻画册选中王昭君，临行一看真人，被惊艳到，又不能反悔，大怒，"乃穷案其事，画工皆弃市，籍其家，资皆巨万"（《西京杂记·画工弃市》）。这批画工当是其时最出色的人物画家。《三国志·曹休传》注引《魏书》："休祖父尝为吴郡太守。休于太守舍，见壁上祖父画像，下榻拜涕泣，同坐者皆嘉叹焉。"王敦乱平后，温峤为江州刺史，"在镇见王敦画像……命削去之"（《晋书·温峤传》）。江州官廨之所以有王敦画像，乃因其曾镇江州。这两个例子说明当时图画历任守令之像于官廨，乃是惯例。

后世宫廷画师绘制人物写真的水平不断提高。陈叔宝听

---

〔25〕 高居翰：《山外山——晚明绘画》，生活·读书·新知三联书店2009年版，第273页。

〔26〕 《国语·楚语上第十七》："（武丁）使以象梦旁求四方之贤，得傅说以来，升以为公……"韦昭注："思贤而梦见之，识其容状，故作其象，而使求之。"王念孙也持相同意见。见徐元诰：《国语集注》，中华书局2002年版，第503页。

说隋文帝杨坚相貌异于常人，曾命善画的使者趁出使之机画像而归，陈后主一见被吓到，赶紧让人收起来（《资治通鉴》卷一七五）。辽兴宗曾经将他本人和辽圣宗的画像二轴送给宋仁宗，要求交换宋真宗和仁宗本人的画像，宋朝起初答应，后来赖账。西夏太祖李继迁起兵反宋，为号召族人，把祖父李思忠的画像拿出来给大家看，结果族人都哭泣下拜，从者日众，遂成建国大业。可以想见这幅画像颇为神似，不然无从引发族人如此强烈的忆念与共鸣。

缉拿犯人，图其肖像于赏格，张贴各处关隘，自是常法。曹操行刺董卓不成逃到陈留，鲁达拳打镇关西，逃亡到山西，都迎头撞见赏格上自己的画像。但这类画像多出自民间画工之手，那时又没照片可临摹，凭道听途说或记忆，实际效果自难恭维，竟有被通缉者因此强烈不满，现身纠正。话说南宋绍兴三十年，下级军官出身的悍匪吴皋从楚州（今江苏淮安）越过南宋与金的边界，到金人占领区盱眙劫盗富室。南宋迫于金人压力，在边境各处州县悬赏抓人，但是赏格上的画像实在太离谱，大概是又丑又不像，吴皋很不满意，带同党大摇大摆入城，"呼画工赵四者，指图语之曰：'汝所画全与我不类，宜易之。'"（《夷坚志》支甲卷二《吴皋保义》）。

明清时期，可能与西方的透视写实画法东渐有关，民间出现了一批善画人物且以酷似知名的画家匠人，笔记多有记述。

冯梦龙《古今谭概》："陶成……少时从师，见师母，图其像，次又见女，又图之，皆逼真。师怒，逐去。及师母死，传神者皆弗逮，卒用其所图像焉。"

谢肇淛《五杂俎》：戴文进曾到南京做客，行李为佣夫挑走，他"乃从酒家借纸笔图其状貌，集众佣示之。众曰：'是某人也。'随至其家，得行李焉"。谢肇淛还介绍说，他家乡福建莆田出了不少精于画像的画师，"写真大二尺许，小至数寸，无不酷肖",因此致富。更厉害的是有个刻木像者,只需粗略看过人,隔天就能刻出来,"大小惟命,色泽姿态,毫发不爽,置之座右,宛然如生"。而从传世的一些当时的要人如李鸿章、刘永福等人画像看,写实几近照相,若以这种水平画赏格,真凶断不敢在自己的通缉令前现身。

尽管历朝均有一套辨首认级的办法和制度,顶包、造假或弄错之事,至清代仍屡屡发生。

顶包的一个常用办法,是利用生理缺陷或特点。南朝竟陵王刘诞为孝武帝刘骏所忌,据广陵起兵,孝武帝派沈庆之、垣护之包围广陵。司州刺史刘季之是刘诞故吏,想去投奔旧主,半路被杀,沈庆子把刘季之人头送进广陵城。刘诞接着人头却对大家说,垣护之被斩了,看,这是他的首级。刘诞凭什么瞒天过海?因为两人都龅牙。

明显的缺陷或特点可以忽悠观众,隐藏的生理特点如瘤、痣之类,则往往导致穿帮。《说唐全传》中,尉迟恭乍看唐军送来的木桶中人头,以为主公刘武周完蛋,马上泪奔,但一摸人头脑后没有鸡冠,破涕为笑。

嘉庆年间,清朝派浙江水师提督李长庚征剿福建海盗蔡牵,福建提督阿林保受蔡牵巨贿,不仅不配合,反而多方牵制,为其开脱。在一次宴席上,阿林保竟向李长庚建议:"大海茫茫,海上的战事容易掩饰,如果阁下弄一个蔡牵的假首级送来,我就马上飞章朝廷,露布报捷,不仅阁下居首功,我亦可以一起受赏赐。"明清流寇海盗特别多,阿林保身为朝廷大员敢这样说话,说明这种事在那年头并不少见。

有个叫冯猪头的则因名字触了霉头。清雍正三年(1725),年羹尧派兵查剿郃阳(今陕西合阳)盐枭,半夜围堡,无辜平民死伤八百多名,一个叫冯猪头的良民,被错当盐枭曹猪头,抓起来杀头。

冷兵器时代多无头公案，寻首辨级成为破案的关键步骤和证物，因此倒迫出不少让人啼笑皆非的冤假错案，而一些冤案得以昭雪，也靠人头现身，首级说话。《喻世明言》所收短篇小说《沈小官一鸟害七命》根据一宗发生在杭州的命案写成，可谓典型。

三 何处是归程

鬼车航线

1683年10月初的一天，贝尔格莱德。

嘚，嘚……奥斯曼帝国的军事领袖、大维齐尔卡拉·穆斯塔法听到一阵马蹄声由远而近。他知道，自己死期到了。

几周前，由于他的麻痹轻敌指挥失误，奥斯曼军队在围攻维也纳的战役中与胜利擦肩而过，一路溃败至贝尔格莱德，这是奥斯曼帝国在与基督徒对手的交战中第一次丧师失地。现在，苏丹的使臣终于来到他面前。

"卡拉·穆斯塔法还没有拜读圣旨便问：'我要死了吗？''那是必须的。'使者回答。'好吧。'他回答，然后去洗了手。他低下头，让刽子手把丝索套上他的脖子。根据传统，卡拉·穆斯塔法的头颅被装进一个天鹅绒袋子，送到苏丹手上。"[27]

这一年，遥远东方的中华帝国的时间，是清朝康熙二十二年，施琅收复台湾，郑成功之孙郑克塽投降。此前一年，"三

---

[27]〔英〕杰森·古德温著，罗蕾、周晓东、郭金译：《奥斯曼帝国闲史》，江苏人民出版社2010年版，第207页。

藩之乱"彻底平定，清朝对叛臣可不留情面，将兵败投降的耿精忠在这时凌迟并枭首示众。如果郑克塽坚持抵抗，中国传首的线路——古老的"鬼车航线"，就可能首次越过台湾海峡，把他的首级北传几千里外的紫禁城，去献社祭庙，让耿精忠作陪。收复台湾是比平定三藩更重大的胜利，也难保康熙不会为炫耀武功，下一道夸张的圣旨，叫郑克塽的脑袋多拐几个弯，在东南沿海至全国各地"徇"上一圈。不是没有这样的"后例"：太平天国失败后，清廷就"命戮洪秀全尸，传首各省"（《清史稿·穆宗本纪》）。

之前我们介绍过奥斯曼帝国特殊的奴隶培养和使用制度，知道使者不过将大维齐尔或者帕夏（总督或将军）的首级送达首都，交到苏丹手中就完成使命。中国传首的主要目的，则是为了悬示儆众乃至告庙献祭，甚且张大其事一站站"徇"过去，所谓"头行万里""传首九边"，何处是归程，没那么明了直接。"天血使者"和"天帝少女"这对被妖魔化的"野枭夫妻"驾着满载人头的滴血鬼车入雍州，临长安，过通天河……在中国历史的深空继续着为"礼"作伥的漂泊之旅，而项挂一百零八颗人头，顶骨数珠的武行者也从十字坡人肉分店重新上路……我们不妨把传首的路线，称为"鬼车航线"。

如前所述，受传首与枭悬后面的隐喻机制及两者的互动与衍变所牵引，并依托基于交通运输持续改善基础上邮传制度和驿递组织的不断发展完善，自然也包括防腐保容技术的逐渐提高，自汉迄清，鬼车航线呈现由短渐长、由直而曲、由专线直达向多站停靠调整变化的趋势。

先说短线和特例。

十六国后赵皇帝石虎之子石邃虎荒酒淫色，骄恣无道，曾"妆饰宫人美淑者，斩首洗血，置于盘上，传共视之"（《晋书·载记第六》）。开个残酷的玩笑，这可算最短距离传首。

杜甫《前出塞》："虏其名王归，击颈授辕门。"老杜博通坟典，"击"字直从春秋战国以戈击喉斩首的古法出笔，其力千钧。这方面的实例不少，如：

东汉李恂设购赏斩北匈奴统帅之头，"悬首军门"（《后汉书·李陈庞陈桥列传》）。

南朝梁武帝萧衍起兵灭齐，"豫州刺史马仙琕拥兵不附衍，衍使其故人姚仲宾说之，仙琕先为设酒，乃斩于军门以徇"（《资治通鉴》卷一四四）。

明朝弘治年间，两广总督潘蕃平定广西思恩州知府岑濬之乱，"濬死，传首军门"（《明史·潘蕃传》）。清以前军门即军营的大门，清代成为对提督的尊称。

上举三个例子，出现三种表达："悬首""斩……以徇""传首军门"，按时间顺序为东汉、南朝、明，既说明悬首军门之前，照例会先在军营内外"徇"上一遍，而即使这么短的距离，至明代亦直称传首。

在一个真人搞笑版中，苑囿之门也来凑热闹。

南齐废帝萧宝卷即位前，经常挨他皇帝老爹教训，忍了一肚子晦气。即位后荒淫成性，游乐无度，有一天进乐游苑门时马受惊，问原因，一个号称能通鬼神的近侍，大概想借他父亲劝谏，便回答说："这是先帝生气了，不准陛下经常出宫游猎。"萧宝卷一听大怒，用菰草缚成他父亲的人形，再把草人的头斩下来，悬挂到苑门上。

战争中为有效威慑敌人，斫得敌酋首级，甚至反传敌营，而也径称"传首""送首"。春秋时鲁、吴送"国子之元"给齐国，就属于这种情况。之前我们还举过三个传首特例：西晋巴蜀流民武装李特杀晋将而传首晋营；安禄山传唐朝大吏之首到平原；元军传宋将赵文义之首入鄜州。这种"反传"的用例虽不雅驯，欠规范，也可说明人们对"传"的偏爱。

特定的人，通常是敌对阵营中一方的首领或主要关系人，可以成为传首"收件人"。如：

东晋甘卓为部下襄阳太守周虑诈杀，"传首于（王）敦"（《晋书·甘卓传》）。

北魏孝庄帝刺杀权臣尔朱荣后，其弟尔朱兆带兵攻入洛阳，阳城王元徽逃走，其旧部洛阳令寇祖仁"使人于路邀杀之，送首于兆"（《资治通鉴》卷一五四）。

宇文化及在江都弑隋炀帝，后兵败被窦建德所杀。当时隋义成公主和亲于突厥，窦建德为取得突厥支持以对抗李唐，"传宇文化及首以献义成公主"（《资治通鉴》卷一八七）。

李密是李勣的旧主。李勣随李密降唐，驻守黎阳。其后李密叛唐被杀，李渊特意"遣使以密首示之，告以反状"（《资治通鉴》卷一八六）。在当日语境中，这个动作，主要是表示对李勣的尊重。

从"枭于阙下"到"传首九边"

大概可以宋朝为分界，"鬼车航线"的设计、形式出现一些重要的变化。

宋以前，长途传首的目的地一般只有一个，路线的设计也以直接快捷为主。

都城，或者皇帝（最高军政首领）驻跸之地，即"行在"，是最多见的传首目的地。如《汉书·王莽传》谓严尤诱斩高句丽侯骚，"传首长安"。刘裕军队平定卢循之乱，"刘蕃枭徐道覆首，杜慧度斩卢循，并传首京都"（《晋书·天文志》）。《旧唐书·僖宗本纪》：宋威杀王仙芝，"传首京师"。《宋史·高宗本纪》："刘忠为部下王林所杀，传首行在。"杨玄感叛隋，后兵败，隋将宇文述"斩其首，传行在所"（《北史·宇文述传》）。又因皇帝居于宫阙，"京阙""阙下""北阙"（臣下奏事之处）

等也可指代帝都宸居。宋朝追斩童贯于赴贬所路上,"函首赴阙,枭于都市"(《宋史·宦者列传·童贯传》)。阙之所在,当然是北宋的首都汴京。

另外,一朝设两都甚至多都(陪都)的情形,中国古代常见,如唐有西京长安、东都洛阳,明有北、南两京,重要首级或至传首两京。唐朝有传首洛阳而不传长安,更有在西京长安发案斩下的头,特地传到东都洛阳去。唐太宗的儿子越王李贞谋反被杀,"传首东都,枭于阙下"(《旧唐书·太宗诸子传》),这大概与当时武则天经常驻跸洛阳有关。唐玄宗时长安发生梁山之乱,乱平后,"斩梁山,传首东都"(《旧唐书·玄宗本纪》)。

一些次要人物的首级,则可能只传送所在区域的政治中心,如州治、郡治。北宋益州曾发生兵变,乱平后,叛军首领王均传首成都,枭于都市,即是。

也有例外,如吴主孙皓曾因"会稽太守车浚、湘东太守张咏不出算缗,就在所斩之,徇首诸郡"(《三国志·吴志·孙皓传》)。此举已直接继续先秦"徇"的传统,并遥遥呼应日后出现的"传首各省""传首九边"。

宋、辽、金时期,"鬼车航线"开始呈现多元复杂的变化。
一方面,宋初开国二帝惩残唐五代法苛诛重,弛刑宽政,力倡斯文,以不杀柴氏后人、不杀大臣、不诛谏官,为子孙继位者必守之戒,人心也自思定,社会于休养生息中复苏繁荣。北宋初中期,枭戮之类的酷刑和传首送头,都相对少发,较之明、清两朝,有如强风暴前的宁静。另一方面,专制集权与礼教文化结合的发展路径与逻辑,不可避免地在下行中继续浸润、强化。自宋太宗至徽宗期间,宰相更迭如走马灯,相权一路旁落,皇权于无形中不断集中,只此即可瞥见回清倒影下面湍流暗涌、不舍昼夜的基本趋势。与此相应,传首的方式、目的、路线在酝酿并逐渐呈现新的变化。宋律虽废枭磔之刑，实际执行仍时时有之，特别是对谋反叛逆之罪。"传首四方"的说法和动议，亦在北宋末出现，太学生陈东率众上书，倡言"宜诛六贼，传首四方，以谢天下"（《宋史·忠义列传》）。

在北方，辽朝末代皇帝天祚大兴酷刑，至有"分尸五京"之举。耶律章努反叛兵败，"腰斩于市，剖其心以献祖庙，支解以徇五路"（《辽史·天祚皇帝本纪》）。建炎、绍兴年间也即南北宋之交，天下大乱，金兵所在摧破，盗贼四起，官军纵掠，不论是金宋混战、流寇摧城还是官军剿匪，兵败不屈的忠臣或者落入敌手的倒霉蛋，动辄被脔磔酷杀。此后从北到南，频现多地传首乃至传尸。金处置叛臣窝斡，"枭首于市，磔其手足，分悬诸京府"（《金史·叛臣·移剌窝斡传》）。南宋这边，韩侂胄被枭传两淮间。至于元朝，早中期虽然刑措宽纵，但对谋逆为首者同样不留情，"磔裂以徇"，几成惯例。

两种情形尤须注意：

一是自北宋中期即已在"捉贼平寇"的便宜处置中开始的死刑基层化、随意化、规模化趋势，至南宋更为严重，相关情况上章已经详述。

二是"以头谢天下"这样一种表达至北宋末被喊成口号，其后几成士人臣子的口头禅。

东汉末年宦官专权，张钧上书谓"宜斩十常侍，县头南郊，以谢百姓"（《后汉书·宦者列传》）。孙坚讨伐董卓，发誓要"夷汝三族，悬示四海"（《三国志·孙坚传》）。南朝宋文帝北伐失败，太子刘劭说："不斩江湛、徐湛之，无以谢天下。"（《南史·宋宗室及诸王传下》）因为这两人当初极力赞成北伐。北周军队包围梁元帝于江陵，"阉人朱买臣按剑进曰：'惟有斩宗懔、黄罗汉，可以谢天下。'"（《南史·梁本纪》）。因为这两人当日力主梁元帝建都江陵。隋军跨江平陈，抓了施文庆、沈客卿、慧朗、徐析、暨慧这几个倒霉蛋，说他们是蠹害百姓的贪官代表，"斩于石阙下，以谢三吴"（《北史·隋本纪》）。不过都还没把这口号喊响。北宋末年太学生运动中，领头的陈东高喊"以头谢天下"，其后此言大热。

胡铨《戊午上高宗封事》要求"请诛秦桧以谢天下，请竿王伦之首以谢桧，斩臣以谢陛下"。后来有一个年方十四岁的小孩，居然在书塾学着皇帝的架势像模像样作"御批"："可斩秦桧以谢天下。"

宋宁宗时，蒙古兵锋已锐，淮西转运使乔行简上书朝廷，建议继续给金国提供岁币助其抗元，以免唇亡齿寒。史弥远觉得有理，想采纳他的意见，又是一群太学生出来闹事，"同伏丽正门，请斩行简以谢天下"（叶绍翁《四朝闻见录》）。

明朝也很热闹，不断有人在上疏、言论中直搬宋人声口。如监察御史韩宜可弹劾丞相胡惟庸、御史大夫陈宁、中丞涂节方，"乞斩其首以谢天下"（《明史·韩宜可传》）；赵镗："乞陛下睿谋独断，枭群奸之首以谢天下，即枭臣之首以谢群奸。"（《明史·仇钺传》）蒋钦："陛下……幸听臣言，急诛瑾（刘瑾）以谢天下，然后杀臣以谢瑾。"（《明史·蒋钦传》）正德年间，内阁大学士焦芳勾结宦官刘瑾，擅权贪污，天下共愤。赵镗起义，攻破焦芳家乡河南泌阳，"求芳父子不得，取芳衣冠被庭树，拔剑斫其首，使群盗糜之，曰：'吾为天子诛此贼。'镗后临刑叹曰：'吾不能手刃焦芳父子以谢天下，死有余恨！'"（《明史·阉党列传》）。朝廷不急强盗急，急起来俨然士大夫口吻，可见这口号深入人心。赵镗死后，皮被剥下来做了正德皇帝的马鞍，他生不能为天子诛贼，死后好歹还有机会垫皇帝的屁股。

总之，传首四方、枭首以徇、尸首分传这些将在明清大行其道的"花式品种",已在宋、辽、金、元那儿结苞吐蕊,纷纷欲灿。明代以后封建集权进一步强化,社会矛盾更形激烈复杂,两方面因素冲激摩荡,终于迎来酷刑虐杀的井喷式反弹。尤其是明、清中后期,外患内乱交至,流民盗贼蜂起,死刑、酷刑的基层化、规模化、随意化日益严重,一个新词"寸磔"(一寸一寸活剐)应运而生并高频出现,传首枭悬也进入全盛期。如明朝隆庆初年,征蛮将军李锡征剿广西少数民族反叛,"巡按御史唐炼言锡一年内破贼二百一十四巢,获首功一万二千余级,宜久其任"(《明史·李锡传》)。一年杀一万多人,听起来已经不少,可比起清朝乾隆元年贵州巡抚张广泗平定贵州苗族暴乱,一次"枭示者"即多至"一万一千一百二十余名",就弱了。

在这个大背景下,"鬼车航线"出现几方面明显的变化或者说分化:

一是长途、超长途传首大大增加,甚至成为常态。

明中后叶动辄"传首九边",从军政大员如熊廷弼、袁崇焕到叛将毛承禄等均"享受"过这种待遇,熊廷弼罪名完全无关谋反(北宋仁宗朝已有边将黄德和因退怯诬罔被处腰斩并枭首延州城下的先例)。"九边",即明朝在北部边塞设立的九个军事要镇,包括辽东、宣府、蓟州、大同、延绥、山西、固原、宁夏、甘肃,横跨西北边境。三国至南朝时,人们经常挂在口头的"头行万里",至此坐实。"传首九边"何止万里,而且是一地一悬,边传边悬,"巡航"变"徇航",完全是先秦在把人车裂后"徇"于四境的换代升级,变本加厉。清朝也不弱,如吴三桂被"析骸,示中外"(《清史稿·圣祖本纪》);洪秀全传首各省。

二是"支线航班""地方航线"频频出现,连"海上航线"也开出来了。

与有全国影响的重要罪犯首级由"帝京游""行在游"扩大到"巡边游""各省游"相映照,"地方航线"甚至"超短航线""临时航线""专属航线"纷纷出现,传送与展示更密切结合,多点枭悬、沿途展示的作用被强化,甚至出现按威慑或安抚的特定对象与地区设计的传首线路,同时传首送头也变得更加随意。

《清史稿·姜晟传》说,洞庭湖大盗董舒友等积年劫掠往来商旅,后被抓获,"传首湖干,盗风以靖"。又道光二十七年(1847)处置唐帼通、张老二等人会党案,刑部"按律拟斩立决",道光谕旨:"该犯等结盟拜会,胆敢将旧有违逆字帖,肆行刊布,情节尤以为重,应加枭示。"并"戮尸传首犯事地方示众"(《大清实录(道光朝)》卷四百四十七)。此二例均可视为特定区域的传首。

明成化十七年(1481),皇帝派中官王敬同奸徒王臣往湖湘、江右、江浙、京东诸郡采药。这二人以地方无赖二十余人跟随,大扰吴越,公然括人金宝,以致市人"空肆而匿",郡县或闭门不敢治事,险激民变,后被杀并传首。王琦《寓园杂记》记此事,说是"函其首,历示所害之地方"。《明史·王恕传》则说王臣被"传首南京"。两相佐证,可知此乃特定区域的沿途枭示与传首京都两者的结合。

至如清将王文雄为马应祥所杀,贼平后,官方特事特办,"传(马应祥)首就其家致祭",则已堪称定点传首,类似做法,明清常见。

明英宗正统二年(1437),中国人头第一次传首海上,"出口"海外:"先是,洪熙时,黄岩民周来保、龙岩民钟普福困于徭役,叛入倭。倭每来寇,为之乡导。至是,导倭犯乐清,先登岸侦伺。俄倭去,二人留村中丐食,被获,置极刑,枭其首于海上。"(《明史·外国列传·日本》)周、钟两位,大概要算最早被日本人抛弃的汉奸了。

万历二十二年(1594),有个叫张嶷的作死,动议官府派人往吕宋开采金银矿山,吕宋酋领因此怀疑当地华人与明廷通谋,设谋残杀华人数万。明廷以"欺诳朝廷,生衅海外"的罪名,下诏将张嶷"枭首传示海上"(《明史·外国列国·吕宋》)。

上述诸方面演变,既从一个侧面证明"传首"至明清一直未有严格的官方操作规定或限制,而也表明此类事件经不断重复,已经深入人心,几成惯例,自有定式。

长短亭上走台记·门与阙

"何处是归程?长亭更短亭。"不管"鬼车航线"如何变化,首级在旅途的"长短亭"上,免不了要"走台"——面对观众,悬挂展出。

首级何处悬挂,如何展示?

不妨再借伍子胥起话头。

中国历史上有名的翻盘复仇故事,伍子胥占一个。除了逃亡路上一夜头白、掘墓鞭尸等,伍子胥最叫人印象深刻的,是他抉目浮江的悲剧结局。《国语·楚语》说他自杀前让人将自己的眼睛抉出来悬到姑苏东门上,要亲眼见到越兵进城,简单地说就是要看吴王夫差怎么死。夫差听说暴跳如雷,"乃使人取申胥之尸,盛以鸱夷(革囊,口小腹大,形如榼,可以盛酒),而投之于江"。

流尸于江,或曰沉尸于水,自古有之,后也多发。三国吴主孙皓在宫中挖条水渠通大河,杀了人直接扔渠中冲走。前赵皇帝刘曜诛斩涉嫌谋反的巴族头领徐库彭等五十余人,"尸诸街巷之中十日,乃投之于水"(《晋书·刘曜载记》)。南朝宋明帝"忿(袁)顗违叛,流尸于江"(《南史·袁昂传》)。唐末朱温在滑州白马驿(今河南滑县境)尽杀唐朝大臣三十多人，并按李振建议，投尸于黄河的"浊流"之中。北齐建都于邺城，城临漳水，暴君高洋更"大气"，直接把漳水当作流尸之河。他杀高隆之二十个儿子，全部投尸漳水。后来尽诛西魏王室，"皆斩于东市，其婴儿投于空中，承之以槊。前后死者凡七百二十一人，悉弃尸漳水，剖鱼者往往得人爪甲，邺下为之久不食鱼"（《资治通鉴》卷一六七）。辽太宗"讨叛奚胡损，获之，射以鬼箭。诛其党三百人，沉之狗河"（《辽史·太宗本纪》）……

伍子胥也有好学生。五胡十六国时，汉赵将领呼延实被秦州刺史陈安所俘，陈安劝降，招来一顿痛骂："狗辈！我担心你的人头不久就要挂到上邽城的通衢大街示众！可速杀我，把我首级悬挂到上邽城东门，让我看到我们的大军入城。"呼延实这一骂，抖出惯常悬首的两大主要地点：通衢、城门。

先说门。

在古代，门是充满神秘和灵异色彩的地方，有门神把守，大到国门、宫门、城门，小到家门，常成为作法施术的场所和对象。古籍记载救日之法，《谷梁传》："大夫击门，士击柝，言充其阳也。"《宋书·礼志》介绍说，晋代"若日有变，便伐鼓于诸门上"，门成了"阳光加油站"。

门与首级直接发生关系的历史也很早。

世界不少地方的野蛮民族有将人头悬挂在门上或住宅周围的习俗，如新西兰的毛利人在部落间交战时猎取人头，在对人头进行蒸、腌等的处理后，"通常就挂在部落酋长宅邸周围的短木杆上展示"[28]。

北魏末期，斛斯椿袭杀尔朱世隆而降高欢，"椿入洛，县

---

[28]［英］弗朗西斯·拉尔森著，秦传安译：《人类砍头小史》，海南出版社2016年版，第11页。

世隆兄弟首于其门树"(《北史斛斯椿传》)。

前面我们曾提到，春秋时鲁、齐两国打败狄人，分别抓获其首领长狄侨如和长狄荣如，前者"埋其首于子驹之门"，后者"埋其首于周首之北门"。两国的做法不约而同，盖非偶然。史前到商周时期考古遗存曾见以人头骨奠基者，此属人头崇拜与巫术厌胜的一种表现方式。门属于建筑的组成部分，埋头于门，应受此风习影响。

后世鲜有埋头城门之事，也极少见悬头家门之前，但公共建筑上的各种门，特别是城门、宫门、军门等，却成为悬首的"热门"。"悬首×门"，甚至成为一种带有预期、诅咒、声讨性质的固定表达，如《晋书》的作者就曾恨恨地表示，以吴主孙皓之惨酷无道，结局理该"悬首国门，以明大戮"(《晋书·孙皓载记》)。历代被高悬于门的首级，也确实不胜枚举，如"枭首西门"(《元史·忠义传》)；"传首京都，枭于朱雀门"(《晋书·杨佺期传》)；"皆枭首于安福门外"(《旧唐书·中宗本纪》)；"遂斩虏帅，县首军门"(《后汉书·李恂传》)；"集隋文武官，对而斩之，枭首辕门之外"(《旧唐书·窦建德传》)，等等，不胜枚举。小说也是一样声口，杨修被斩，首级"号令于辕门外"(《三国演义》)。

一些门甚至因为隔三差五枭头悬首，而名气大增，如南朝首都建康的朱雀门。

级别最高的门当属皇宫之门楼，通常称为阙。

阙，本义是皇宫大门前面两侧供瞭望护卫的楼。皇宫四面有门，首级该悬哪一边呢？西汉时，傅介子斩楼兰王，"悬首北阙下"。原来萧何规划长安皇城，特设北阙，颜师古注："未央宫虽南向，而上书、奏事、谒见之徒皆诣北阙。"就是说北阙是未央宫屁股方位的门，属后门，上书、奏事、谒见等行政事务的处理从这个门进出，不知是否出于君尊臣卑的考虑。汉宣帝时，司隶校尉盖宽饶不愿下狱对吏，就是在北阙下引刀自刭的。献俘送首之事，自然更应该到"屁股"上干，所以悬头的地点通常在皇宫北门，后世所称"阙下"，想必也应是北阙或相当于北阙的方位。唐代即多称"阙下"而无明确方位，如"麹崇裕斩贞父子及裴守德等，传首东都，枭于阙下"（《旧唐书·太宗诸子传·越王贞》）；"斩贼将周万顷，传首阙下"（《旧唐书·郭子仪传》）。其他如突厥默啜、仆固玚、史朝义、梁崇义等大佬的首级，都是传首长安，"枭于阙下"。献俘仪式也经常在此举办："就缚军中，传献阙下。"（《唐大诏令集·平李通诏》）有唐一代，长安皇城门楼前的人头竿热闹非常，新品不断。

长短亭上走台记·东市与南桁

根据"刑人于市，与众弃之"的原则，闹市通衢，经常成为临时或固定的刑场，能充分发挥枭悬作为侮辱刑的作用，突出首级的符号与隐喻功能，自然也是悬头戮尸办展览的风水宝地。为强化悬示效果，官方经常"聚众观之"。

根据《周礼》的说法，捕获敌人间谍或临阵杀敌，也要暴尸于市或城上，叫"膊"或"磔暴"。春秋时，齐国包围鲁国的龙城，齐顷公的宠臣卢蒲就魁攻打城门时被龙人俘虏了，龙人"杀之膊诸城上"（《左传·定公二年》）。晋国攻打曹国，开始打得不顺利，强攻死了不少人，"曹人尸诸城上"（《左传·僖公二十八年》），就是把尸体在城堞上堆起来让城外的敌人看，这大概也可算京观的一种。

《三国演义》中，董卓尸首被号令通衢，"百姓过者，莫不手掷其头，足践其尸"。

汉武帝时期，丞相大都不得好死，刘屈牦尤其悲摧，他自己被"厨车以徇，要斩东市"，其妻罪名是诅祝，涉嫌谋反，

图 76　胡汉交兵画像石，东汉　滕县（今滕州）冯卯万庄出土

图 77　胡汉交战画像石（局部）　滕州龙阳店出土

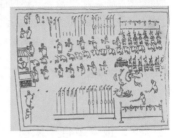

图 78　《宁城图》

图 79　胡汉战争画像砖，南阳汉代画像砖

在上列四幅汉代画像石（砖）胡汉交战图中，首级均不可或缺。

图 76 上列中间偏左有一个门楼，上立两人，手持首级，当为悬首阙门。台湾学者邢义田注意到立柱、楼阙、桥等建筑在汉画像石中常成为背景，它们"在胡汉战争画像的脉络里，则比较可能象征官司寺和官寺所在的城。如果城或官寺在画面中只以阙或门楼象征，会造成得以铺陈献俘场面的空间减少，如此就只能简单地以几颗悬挂的首级来示意了。……无论军门、蛮夷邸或廷阙，应该就是汉画中这类于门阙上悬胡人首级画法的来源"（邢义田《汉代画像石胡汉战争图的构成、类型与意义》）。在图 77 中，"左端画像漫漶但可看出有一建筑，建筑前有戴尖帽的胡人朝左跪拜，上方有三个悬着的戴尖帽的胡房首级"（邢义田，同上）。类似的例子颇常见，如山东滕县万户庄出土的胡汉交战画像石，"在画面中央有楼阙。楼上及楼下都有人，楼上右侧甚至有悬挂的胡人首级"（邢义田，同上）。

从汉画像石胡汉交战图可以看出，首级的陈列方式多种多样，视情况而异。图 78《宁城图》表现胜利后的献俘场面，除了一队低头缩腰的胡房被持兵器的汉兵押着走向官员踞坐的楼阙前，右下方列戟旁边，摆放一个上下二桁的长木架，上面挂满首级。从制式来看，这个木架显然是专门用来悬挂战争中所斩获的胡兵首级。图 79 所描绘场面与情节则更紧张连贯，交战与斩获是在连续时间中发生的事件，右端比例大出士兵许多的汉军将领做拔剑而起状，斩获的几个人头，大概还来不及悬架，直接搁在跪着向他报告前线战况的吏卒脚边地上。

第四章　在路上：传首的过程和环节

图80　塞提一世（古埃及第十九王朝法老，前1318—前1304在位）在叙利亚与赫梯人战斗
　　将此图与汉画像石中的胡汉交战图比较，一个非常明显的差异就是埃及人看来没兴趣对溃败的敌人斩首取级。

更严重，被"枭首华阳街"（《汉书·刘屈氂传》）。因为是在长安就地处死，免去传首劳顿。

王莽摄政，翟方进之子翟义举兵讨王，旋即失败，牵连亲属二十四人，皆被"磔暴于长安都市四通之衢"（《汉书·翟义传》）。"磔"是裂体而死，"暴"是死后暴尸或悬首，这与刘屈氂妻子一样，可谓处死悬示一条龙。

西晋陆机兵败被杀，悬首洛阳铜驼街。铜驼街以道旁曾有汉铸铜驼两枚相对而立得名，当时是洛阳城中的繁华街区。

罗艺举兵反唐失败被斩，"传首京师，枭之于市"（《旧唐书·罗艺传》）。武则天男宠张易之、张昌宗被杀后，悬首天津桥南。唐天津桥在东都洛阳，连接洛河两岸的通衢大道，十分繁华。北宋末童贯被杀，函首赴阙，枭于都市。

根据枭悬的目的与要求，上至京都下至州府县治，都会选择一些比较固定的地点来做悬头示众的场所。地点的选择，乃是根据视觉效果最好、影响最大化的原则，综合考虑城门要道闹市诸因素。以国都为例，东晋定都建康，建康朱雀门及门外大航，成为主要的悬首之所。

大航又称大桁、朱雀航、朱雀桁、朱雀桥，是建康南门、朱雀门外横跨秦淮河的浮桥，三国吴时称南津桥，晋改名"朱雀桁"。桁以连船缀成，长九十步，广六丈，因在台城南，又称"南航""南桁""大航"。这地方选得好：一、在朱雀门外，占了城门的元素；二、在出城门的跨河浮桥上，风景好，形势险，是通衢要道，紧倚中央政府机构所在地台城，又沾上几分"阙下"威严。在桥头用高高的大橹长竿把人头挂起，效果没得说。杨佺期被杀，"枭于朱雀门"（《晋书·杨佺期传》）。王敦被出棺斫头，也是"悬于南桁"（《晋书·王敦传》）。《南史·宋宗室及诸王传》：宋文帝二子刘劭、刘浚及其子"并枭首大航，暴尸于市"。南齐名将陈显达被杀，"枭首朱雀而雪不集"（《南史·陈显达传》）。在古代，英国伦敦桥、威斯敏斯特宫、伦敦塔、都柏林城堡、革命广场等都曾成为陈列被处死叛逆者头颅的地方，效果想必与建康城的朱雀航相似。

另有一些特殊的枭悬地点，或者针对特定对象，或者属于特殊情形下的处置。陈汤斩郅支单于，建议悬挂郅支首级于"槁街蛮夷邸间，以示万里，明犯强汉者，虽远必诛"（《汉书·陈汤传》）。槁街是汉代长安外国使节和商人集中居住的地点，因此成为斩获异族酋领后悬头示众的一个首选去处。《后汉书·张法滕冯度杨列传》有个笼统的说法："前代陈汤、冯、傅之徒，以寡击众，郅支、夜郎、楼兰之戎，头悬都街。"都街，也指外国使节居所和外国商人旅邸馆舍集中的街区。武则天时，契丹大贺氏部落联盟首领孙万荣反唐兵败，为其奴所斩，枭之四方馆门前；唐开元四年，突厥默啜可汗被斩，悬其首于广街。四方馆与广街，都是唐朝首都接待安置外国使节、商人的地方。

都亭驿馆偶尔会成为杀头悬首之地。古代的城市和乡间，按一定距离建有供行人休憩、住宿的传舍，称为亭。秦法，十里一亭，郡县治所则置都亭。都亭设在大邑，必临大路，同样也能起到集众观之的作用。西晋修律，张华建议"抄《新律》诸死罪条目，悬之亭传，以示兆庶"。《后汉书·窦何列传》："武、绍走，诸军追围之，皆自杀，枭首洛阳都亭。"五代后唐明宗即位后，以唐庄宗李存勖为宦官所误致败，下诏各地捕杀宦者，其中逃到太原的有七十多人，全部被处斩于都亭驿，血流满驿馆台阶。

与悬首军门、辕门以直接对敌宣威类似，边境某地甚至是边境线也可以成为传徇枭示之处，如《左传·襄公二十二年》谓楚"遂杀令尹子南于朝，而辗观起于四竟"，竟通境，即边境。后世这种情况往往发生在处于战争状态的敌国之间，军事意味更强。金人占领中国北方后，扶植刘豫建立傀儡政权大齐，唐佐虽在伪齐为官，却秘密组织了一个间谍网，传送不少情报给南宋。事发后，"（刘）豫怒，斩唐佐于境上，下令曰：唐佐联结江南谋反，斩首号令"（《续资治通鉴》卷一一一）。斩首的地点是边境某关隘无疑，后面还有号令二字，号令即徇、传的通俗的说法，当日唐佐的人头是否会在伪齐与南宋对峙的前线若干个重要关隘甚至全线巡展一遍呢？如此，则他可以和楚国的观起一道，当"传首九边"的老祖。

还有一个问题，一场暴尸悬头的展览要办多久？

标准规定，是三日。唐会昌四年《刘从谏剖棺暴尸诏》"宜令剖棺暴尸，就潞州市号令三日"；南宋平定四川吴曦之叛，"传首诣行在，献于庙社，枭三日"（《宋史·宁宗本纪》）。三日之制，始自先秦，《周礼·秋官司寇》："狱讼成，士师受之。协日刑杀，肆之三日。"郑玄注："肆，陈也，杀讫陈尸也。"

但这个规定在实际执行中一直比较随意，尤其在严刑峻法之世，五六日乃至十日以上都有，好像主要看国君或执政者的心情。加长版，如汉初"数囚于京兆之夜，五日于长安之市"(《晋书·刑法志》);超长版,如《北齐书·上洛王思宗传子元海附传》:"暴思好尸七日,然后屠剥焚之";特长版,如十六国后汉皇帝刘曜杀巴酋库彭等数十人,"尸诸街巷之中十日"。但这世界什么奇事都可能发生,日子长未必就更悲剧,《左传·宣公八年》:"晋人获秦谍,杀诸绛市,六日而苏。"就是说这个被处死并暴尸在绛城坊市的秦国间谍六天后又活回来了,如果三日而埋,就没机会了。这个例子,也间接说明先秦所谓"杀"乃是笼统说法,不一定非腰斩即砍头,也可能采用绞、陨(土壤压身)、扑(投掷)等其他办法,否则腰首已断,六百日也不可能复活。

缩短版也是有的。辽朝刑法多参照魏晋旧律,辽圣宗即位,为示天下以宽大,特意缩短陈尸时间:"旧法,死囚尸市三日,至是一宿即听收瘗。"(《辽史·刑法志》)

至于被制成酒器夜壶之类特殊器物,以供涉愤、夸炫,或者当作祭器、用于会盟的首级,如大月氏王和智伯的人头,西夏元昊用以共饮血盟的骷髅,要问它们什么时候"下架",大概只能用"不知所终"四字囫囵了。

上述枭悬,属针对重要人头举办的个展。战争中失败一方成千上万的无名人头,则可能被垒在一起集体展出,是谓"京观"。京观是战胜者用敌方士兵或平民的人头或死尸在露天垒出来的"死亡建筑"。

京观:有图有真相

说"京观",有大观。

一将功成万骨枯。失败的英雄、枭雄们的首级常被传送、展出、封藏,而无数普通士兵乃至在战乱中被无辜斩杀的老百姓,尽管他们的头颅一般免于传送,却也常常无法入土为安,要被堆在露天集体展出。征服者、胜利者为扬功威敌甚至只为施虐泄愤,屠城杀俘。将普通兵士乃至平民的人头、尸体垒叠封筑起来,常见于古代战争,中外皆然。奥斯曼帝国苏丹拜亚齐一世的儿子苏莱曼王子,曾经用三个营的塞尔维亚士兵的尸体摆成一张宴会桌;1402年,帖木儿夺取伊兹密尔(位于今天土耳其的爱琴海边,是仅次于伊斯坦布尔的第二大港口城市,当时是圣约翰骑士团在安纳托利亚西部的基地),"在那里,帖木儿觉得用守城士兵和居民的脑袋垒起的金字塔还不够大,便下令一层人头一层泥土,把脑袋重新堆起"[29]。春秋秦晋崤之战中,秦军被全歼于晋国崤山(今河南省洛宁县东宋乡王岭村交战沟)隘道中,无一人得脱。秦穆公责己用仁,孟明视等旧将卧薪尝胆,四年后秦军再次伐晋,晋军不敢当其锋,秦穆公"自茅津渡河,封崤中尸,为发丧,哭之三日"(《史记·秦本纪》)。这说明晋人当日全歼秦军后,暴尸积骸于野以扬威,实质上就是筑京观。这京观一筑就是四年,若秦军无法反攻,则收埋无期。

京观,也称武军、武丘、鲸鲵等,溯其由来,悠谬久远,其出处和原意,颇难说清。

《左传·襄公二十三年》说,齐军趁晋国内乱,起兵伐晋,"取朝歌……张武军于荧庭,戍郫邵,封少水,以报平阴之役,乃还"。"张武军于荧庭""封少水",都是指收晋军尸体筑京观(前句有注家认为是指筑营垒)。同一事而提法不同,说明京观自古有多种表达或曰名称。

《左传·宣公十二年》载:楚国军队在邲(今河南武陟东南)打败晋军,大臣潘党向楚庄王说:"君上何不筑一座武军,把晋人的尸体垒起来?我听说打败了敌人就要使子孙知道,以不忘记先祖武功。"头脑清醒的楚庄王拒绝了,理由也来自于

---

[29] [英]杰森·古德温著,罗蕾、周晓东、郭金译:《奥斯曼帝国闲史》,江苏人民出版社2010年版,第25页。

他对"武"的理解。他引用一通古人关于武德、武功内涵与标准的表述,其中讲到京观的由来:"古代圣明的君王讨伐不敬,把凶恶的敌人(鲸鲵)尸体封筑起来,叫作大戮,于是才有了京观,用来惩戒凶肆邪恶。"不过这段话究实讲的是京观的性质和作用,未解答得名由来。

楚王理智地拒绝潘党筑京观的建议,传为美谈;三国魏朝的傀儡皇帝曹髦却不得不主动替权臣立武丘。司马昭继诛灭保皇派王凌、毋丘俭后,又在丘头(今河南沈丘东南)全歼企图复兴魏室的征东将军诸葛诞及吴军近二十万人。为扬威记功,他挟曹髦颁下《改丘头为武丘诏》,开头照例简要诠释一番京观之义:"古者克敌,收其尸以为京观,所以惩昏逆而章武功也。"并援引汉帝改桐乡为闻喜、新乡为获嘉之例,将丘头改名武丘:"克敌之地,宜有令名,其改丘头为武丘,明以武平乱,后世不忘,亦京观二邑之义也。"(《三国志·魏志·高贵乡公纪》)曹髦被杀后,继位的魏元帝曹奂还得继续用京观来替篡夺者贴金,在《策命晋公九锡文》中夸司马氏战功卓著:"俘馘十万,积尸成京。"(《全三国文》卷十二)历代枭雄帝王们酷爱京观,于此可见一端。

那么,"京观"这个听来很雅的名字出处何在?

《左传·庄公二十二年》载占卜之辞:"八世之后,莫之与京。"京即光大、盛大之义。在《尔雅》中,京有两个互相联系的义项,一释为大,一曰"绝高之为京"。按郭璞的注解与《尔雅》中"京"与"丘"的区别,应该理解为人工建成的高大土山称"京",自然形成的叫"丘"[30],但也有些用例不支持这个区别,如《左传·襄公二十五年》谓楚人在国内进行资

---

[30] 管锡华注:《尔雅》,中华书局2014年版,第4、437页。

源普查登记,"……度山林,鸠泽薮,辨京陵,表淳卤……"。京陵应是泛指各种高地。至于"京"的更原始词义或者说何以用"京"来指称人筑之丘乃至人头堆,则未与置论。在具体应用中,京、丘经常连称,《吕氏春秋·禁塞》说自商纣至夫差七位暴君所残杀无罪平民百姓以千万计,以致死者骸骨堆满原野,"为京丘若山陵"。高诱注:合土筑之,以为京观,故谓之京丘。但《吕览》原文未提到京观,而高诱为东汉人,他的说法也很笼统。

丁山《中国古代宗教与神话考》专立"禹京与义京"一节,考证义京神话演变,推论禹京即禹强,为北海大神,亦即冬神玄冥、玄英、女英,而娥皇、女英合称娥英,在甲骨卜辞中写作"义京"。义京为商代大神,"殷商民族繁殖于北海(今之渤海沿岸),故祀北海之典最隆,观于卜辞屡次'宜于义京',至于殪人十余……可以想见其祭祀之崇"[31]。宜,即杀人献祭。在同书"月神与日神"一节中,丁山又考证"义京"就是姜嫄神庙,这给我们提供了一条梳理解读"京观"由来的线索。我猜测,"义京"可能是"宜京"的音转或"宜于义京"的简称,即"宜于京"——在姜嫄祖庙用人牲杀祭,之后将被杀祭者头颅或者尸体垒起来,也就叫"京观",这或者就是"京观"一词原始的由来吧。

绕这么一大圈,落到实处,有图有真相,也许还是《三才图会》对"京"的解释最接地气:"京,仓之方者。广雅云:字从广,庚仓也;又谓四起曰京。今取其方而高大之义以名仓,曰京,则其象也。"《三才图会》谓谷仓之圆者为困,方者为京,推广其义,"京观"也就是方形人头堆。

---

[31] 丁山:《中国古代宗教与神话考》,上海文艺出版社1988年版,第66页。

王莽的火柴盒：从骷髅台到最冰雕

王莽曾亲自设计过一组火柴盒式的超扁京观。

王莽平定翟义后，以遵古法周为口实，采取一系列污辱性措施进行残酷镇压，包括污宅、掘坟、烧柩，并以荆棘、五毒与人同坑，活埋翟义三族。又下令在叛乱的几个主要发生地用被杀者的首级各筑五座武军，并自当设计师，下诏规定武军——京观的规格为"方六丈，高六尺"，"装修"的具体要求是"荐树之棘，建表木，高丈六尺，书曰'反虏逆贼鲸鲵'"（《汉书·翟义传》）。按新莽朝的计量单位，一丈约等于2.3米，一尺长23厘米，那么"王莽牌京观"当是一个边长13.8米而高仅138厘米的超扁巨型火柴盒，饶是如此，若用人头填满，而且不止一处，所需首级也不是小数目。

王莽用几个很宽却很矮的人头火柴盒虚张声势，前愧古人，后贻来者，当然没能成为标准制式。有人考证长平坑卒三十万之"坑"，其实是排土筑尸之意，则秦将白起就是帖木儿的祖师爷。蒙古人把人头山从中亚、西亚一路筑到欧洲，可成吉思汗知不知道一千多年前的秦帝国，除了白起坑卒，据称还筑过睾丸山："秦始皇时，隐宫之徒（因罪被处阉刑的男子要在荫室中隐养一百日才能痊愈，故称。）至七十二万，所割男子之势高积成山。"[32] 秦始皇未统一中国前，还曾筑过一个"最天文京观"。他发现母亲与嫪毐私通并育有二子后，攻屠嫪毐，扑杀二弟，幽禁其母。"下令曰：'敢以太后事谏者，戮而杀之，断其四支，积之阙下！'"已杀二十七人，齐客茅焦接着进谏，秦王问他：你没看见阙下积尸吗？茅焦淡定地回答：

---

[32] 佚名著，张澍辑：《三辅故事》，三秦出版社2006年版，第77页。

"臣闻天有二十八宿，今死者二十七人，臣之来固欲满其数耳。臣非畏死者也！"(《资治通鉴》卷六)

五胡乱华时，前赵军队攻陷西晋首都洛阳，"害诸王公及百官已下三万余人，于洛水北筑为京观"(《晋书·刘聪载记》)。这与石勒在苦县之役中尽杀随军的西晋王公大臣数千人，北魏河阴之变时尔朱荣尽杀元魏王朝之鲜卑贵族与汉人官员数千人，都是以摧毁中原汉族文化与社会精英为目的的大屠杀，可称为"最精英京观"。

最残忍嗜血的京观，当属屠城所筑，因为被杀的大部分是平民百姓。典型的例子，是司马懿征辽东，城破之后，"男子年十五已上七千余人皆杀之，以为京观"(《晋书·宣帝本纪》)。南朝宋孝武帝攻克广陵，杀了揭露他不少宫闱丑事的亲兄弟，尚不解恨，屠城起京观。劫后广陵（今扬州）几为鬼城，鲍照《芜城赋》中的芜城，即是。

最喜筑京观的暴君，当推十六国时大夏国的缔造者赫连勃勃。他一生筑过多个京观，还给京观起了个直观通俗的外号："髑髅台"。

唐高祖李渊射得一手好箭，他任隋朝山西河东慰抚大使时，"击龙门贼母端儿，射七十发皆中，贼败去，而敛其尸以筑京观，尽得其箭于其尸"(《新唐书·高祖本纪》)，此可谓最具回收价值的京观。唐玄宗手下的宦官杨思勖，也是个杀人如麻残忍至极的"京观王"。开元初，他率军平定安南首领梅玄成叛乱，"尽诛其党与，积尸为京观而还"；开元十二年，平五溪蛮，"斩其党三万余级"；开元十四年，平定邕州贼帅梁大海之叛，"斩余党二万余级，复积尸为京观"；开元十六年，开定泷州首领陈行范、何游鲁、冯璘等叛乱，"斩其党六万级"。不仅如此，他抓到俘虏，"多生剥其面，或劚发际，掣去头皮"。可这么一个"残忍好杀"(《旧唐书·杨思勖传》)的人居然没遭报应，活到八十多岁，寿终正寝。

效果最好的京观，也出现在十六国这段大乱之世中。

后燕建兴十年（394），后魏开国皇帝拓跋珪在参合陂（今内蒙古凉城东北）全歼后燕太子慕容宝带领的六万鲜卑精锐，就地筑京观。一年后，后燕成武皇帝慕容垂亲率军队再征后魏，无功回师，行经参合陂时，"见往年战处积骸如山，设吊祭之礼，死者父兄一时号哭，军中皆恸"〔33〕。哭声像满天乌鸦一样从无数鲜卑壮汉抽搐的喉结决堤而出，天昏地暗，日月失色，只有如山的尸骸依然沉默、死寂……他们早已在刀箭交下的钻骨疼痛中咽下最后一口气，年轻生命殒于金戈铁马，肉身也已被鹰鹫狐鼠风霜雨雪啃光腐尽。他们的亲人即使哭得昏厥，死者也不能复生。慕容垂受不了这强烈刺激，在无法排解的忧愤和无地自容的自责中，吐血病倒，回国不久就死了。

哭京观不是孤例，北周将领陆腾镇压巴峡一带的信州蛮人起义，攻克其据点水逻城，斩首万余级，"积骸于水逻城侧为京观，是后群蛮望之，辄大哭，不敢复叛"（《资治通鉴》卷二六〇）。京观在摧毁族群意志方面的力量，还真不可小视。

唐朝军队梁田陂之役中歼灭黄巢主力，"僵骼三十里，敛为京观"（《新唐书·黄巢传》），大概称得上长平之战后中国历史上最大规模的京观了。

辽、金、元等游牧民族也喜欢筑京观。辽宋沙河之役，"宋师望尘奔窜，堕岸相蹂死者过半，沙河为之不流。……休哥收宋尸为京观"（《辽史·耶律休哥传》）。

谷应泰《明史记事本末》卷七十八"李自成之乱"说李自成军队攻城略地，"望风降者不焚杀，守一二日杀十三四，或

---

〔33〕 汤球：《三十国春秋辑本》，天津古籍出版社2009年版，第65页。

五六日不下,则必屠矣。杀人数万,聚尸为燎,名曰'打亮'"。此可谓最明亮的"热京观"。

有热就有冷,再补充一个最神话最工艺的"冰京观"。

话说天宝初年,西域小勃律屡劫安西诸蕃所贡五色玉,唐玄宗派王天运带四万唐军和诸番部士兵远征勃律城,勃律君长恐惧请罪,悉出宝玉,愿每岁贡献,但王天运利其宝货,屠掠而归。勃律国中一个善于术数的人预言唐军无义必遭天殃。果然,大军在离开勃律国仅数百里小海处,即遇惊风暴雪,"风激小海水成冰柱……四万人一时冻死。唯番汉各一人得还"。老天放两个活口回来干吗?报信。唐玄宗大惊,马上派两个宦官随赴现场查验,"至小海侧,冰犹峥嵘如山,隔水见兵士尸,立者坐者,莹澈可数。中使将返,冰忽消释,众尸亦不复见"(《酉阳杂俎·五色玉》)。此事若真,这座活冻了四万人的"最冰雕",显然是上天故意"显摆"来惩戒贪婪残酷的唐朝天子与侵略军的"冷京观"。

也许与社会文明程度的提高有关系,到了明代,筑京观的事已经很少发生。明天启年间,赵彦以右佥都御史巡抚山东,平定徐鸿儒之乱,筑京观,因此被劾,京观亦毁。清朝"就地正法"大行,但"人头山"倒是基本退出历史舞台。

虽然不兴筑京观,但明清地方不靖,流寇遍地,局部尤其是偏远地区叛乱不断,一次戡乱平寇,成杀致死无数,往往积尸成堆,枯骨累累,可谓"自然京观"。如嘉靖七年(1528)王守仁派兵进剿广西断藤峡叛军,"远近岩峒之中,林木之下,堆叠死者男妇老少大约四千有余。盖各贼仓卒奔逃……故皆糜烂而死"(王守仁《八寨断藤峡捷音》)。

筑京观,在中国历史上留下一个个天死地寂的血色黄昏。

有筑,就有毁,不然,人间将到处堆满前朝留下来的枯骨堆。每逢天下板荡,英雄逐鹿,总是血沃中原,遍地京观,处处积骸，所谓"季叶驰竞，恃力肆威，锋刃之下，恣情剪翦。血流漂杵，方称快意，尸若乱麻，自以为武。露骸封土，多崇京观"（唐贞观五年《划削京观诏》）。一朝尘埃落定，天下一家，新朝总要忙不迭发布平毁京观，掩埋骸骨的诏令，与世更始，春华重发。上述唐朝贞观五年唐太宗所颁《铲削京观诏》，就明确要求各州有京观处，无论新旧，都要全部削平铲除，将枯骨遗骸掩埋起来，"仍以酒醑致奠焉"。再以宋为例，乾德三年，宋太祖发布《收瘗伪蜀将士诏》《瘗剑南峡路遗骸诏》；至道元年，宋太宗发布《收瘗遗骸诏》；咸平二年，宋真宗复颁《敛瘗遗骸诏》。三任皇帝多次专为此事发布诏书，可见五代乱后，"白骨露于野"的景象，处处都可碰上，经数十年掩埋仍远未清净。

京观的筑、毁，有时直接是外交事件，标志着国力盛衰。

隋炀帝征高丽失败，高丽将隋朝阵亡将士筑成京观；其后再战失利，又丢下一大批士兵骸骨。唐太宗时，唐朝国力全盛，远人附服，遂令高丽平毁京观；贞观十九年，唐太宗又专门发布《收葬隋朝征辽将士骸骨诏》。前朝死难将士，在异族他国的"京观"这座特殊的长短亭中待过改朝换代，等到新朝第二代天子任上，才得以"归国回家"，入土为安。

藏头·死驿

风吹血花上树易，刀过头落入土难。被筑在京观中的人头，虽旷日经年甚至跨朝越代暴露于野，一旦平毁，自可稍得掩埋，入土为安。而其实天下之势乱久必治，骸骨满野终非太平景象，存在时间一般倒也不会太长。

"名头"的情况，则往往复杂得多，首级在一地枭悬的时间，虽通常不过三天，鬼车的漂泊之路，却并不一定到此为止。

以南朝臧质首级处置方案为标志，前此大多止于枭悬，悬完就听任收葬。汉诛彭越，"已而枭彭越头于雒阳下，诏曰：'有敢收视者，辄捕之。'"(《史记·季布栾布列传》)。特别禁止收埋，正好说明本来不禁。其后漆头藏库渐成惯例，如南齐大臣王敬则被杀，"朝廷漆其首藏在武库"(《南史·王敬则传》)。既成惯例，发还首级反成宽大之举，需要特别提出。唐朝名将李怀光因大臣离间遭忌，后反叛，兵败被杀。鉴于李怀光之前匡扶唐室战功卓著，为示恩信于天下，《诛李怀光后原宥河中将吏并招谕淮西诏》特示宽宥："宜以怀光一男为嗣，赐庄宅各一所，听住京城。仍还怀光首及尸，任便收葬。"〔34〕

藏头之所，宋以前通常是武库，其次是太社、太庙，南宋以后武库似不单设，军资库、甲仗库、军器库等名目繁多，而大理寺也自有库，头藏何库，时或难辨。

人头一旦入库封藏，何时重见天日，可不好说，王莽的人头不是在武库中一待数百年吗？当函首藏头渐成惯例，一个被千里传送的首级，经过长途颠簸，三日悬示之后，一般不得就此掩埋或归还亲属，与骸骨合葬，更漫长的"无期徒刑"在等着它：经进一步的处理如腌制、洗煮、上漆、题名之后，它被装入木匣石函送到武库、太庙等处某间密室，沉重的大门咿呀一关，就隐入浓黑，算是投宿到入土回家半路上一处死寂之驿。在这个特殊的投宿处，可能得待上很多很多年，直到被人遗忘，甚至连禁锢它的建筑一起颓倒损毁，或因改朝换代被平反，才有机会出库收葬，永归尘土。

那么，藏首武库，始于何时何人？

洛阳武库那场烧天大火，烧出传世国宝，虽间接让王莽人

---

〔34〕 宋敏求编：《唐大诏令集》卷一百二十一，中华书局2008年版，第647页。

头成为正史记载中可以确证的第一个入藏武库的首级，却无法证明在王莽之前，也即自西汉至王莽新朝这段时期，武库从未成为藏头之所，或者说藏头的做法未曾有过。

一则出自《夷坚志》的故事《韩信首级》(《夷坚乙志》卷十二)记述说：席晋仲在北宋政和(宋徽宗赵佶年号，1111—1118)年间为长安军政首脑，"因公使库颓圮，命工改筑，于地中得石函一，其状类玉，盖上刻'韩信首级'四字，乃篆文也，其中空无一物"。为了增加这件事的可信度，洪迈在结尾特别说明，这事是他听朝奉郎郑师孟说的，而郑师孟与席晋仲是儿女亲家。可惜公使库位于长安城中什么方位这个非常重要的信息缺失，否则，现在我们还真可以将其与已经考古发掘确认的西汉长安武库遗址位置做个比较，以判断发掘出韩信首级石函的地方，是否就在遗址范围内。

西汉长安武库，是在汉高祖迁都长安时，由丞相萧何主持规划营建的皇城主要建筑之一，位于长安城东南部，夹在未央宫与长乐宫之间，即今陕西省西安市西北郊大刘寨村东面的一块高地，20世纪70年代中期已经全面考古发掘，并证明其正好毁于王莽时期。可惜考古发掘没有发现类似《武库永始四年兵车器集簿》那样的藏物清单，若有，也可知西汉长安武库藏品中是否已有首级。若韩信首级石函不虚，且能证明出土之地的确是长安武库遗址，则中国武库第一头应上推到韩信脖子上，王莽也要叫他韩老大。再说了，不管韩信本人的首级是否第一个入藏武库，他以诸侯王身份亲自"传首"，则史有明载。楚亡后，刘邦追捕楚将钟离眛，钟离眛原来与韩信有旧交，躲到韩信处。汉高祖六年，刘邦以巡狩为名要求诸侯赴会，韩信迫钟离眛自杀，"信持其首，谒高祖于陈"(《史记·淮阴侯列传》)。

《武库永始四年兵车器集簿》是1993年出土于江苏连云港

市尹湾汉墓的汉成帝时简牍,为迄今所见有关汉代武库最完备的物品清单。集簿记载的乘舆兵车器和库兵车器两项合计"凡兵车器种二百四十物二千三百二十六万八千四百八十七"。据初步研究,这么大数量的武器,足可装备五十万人以上的军队。关于此武库为长安武库还是楚国武库,或汉时设在东海郡但由中央直辖的武器库,李均明、邢义田、李成珪、袁延胜等学者已多有辨析。[35]袁延胜认为该武库原来应该是楚国自设武库,七国乱平后管辖权收归中央,似更精当。盖因汉初分封诸侯国多境阔、权大、位重,财税军事均高度自主,以致齐楚等大国迅速坐大,势侔中央,激成叛乱。在这种情势下,诸侯国中一些大国刚开始很可能拥有自己的武器库,并亦将其命名为武库。七国乱平,中央削藩收权,原则上只有长安、洛阳两地可设武库。可能因为吴楚一带远离中原,原来楚国武库已具相当规模,又没被战争破坏,因此作为特例保留,转成中央设在东南地区的分武库。

与"武"字对应,带有特殊意义的藏品同样在《武库永始四年兵车器集簿》中出现,一宗是"乌孙公主诸侯使节九十三",另一宗便是"郅支单于兵九",后者让我们触碰到武库与首级的联系。

陈汤击斩郅支单于的事迹,前已介绍。郅支单于的人头,是西汉一代在对外战争中斩获的最值得骄傲的敌酋之首,至今仍保持着中国历史上传首距离最远的纪录。郅支所用兵器,肯定是陈汤破康居单于城所获。作为被征服者的武器,它显然被赋予特殊意义而入藏武库[这让我们联想到罗马王政时代(前

---

[35] 参见谢绍鹢:《江苏尹湾汉简所见的武库与使节辨析》,《西域研究》2009年第2期;袁延胜:《尹湾汉简〈武库永始四年兵车器集簿〉所见西域史事探微》,《西域研究》2008年第1期。

753—前509）七王中的第一任王罗慕路斯打败凯尼人并杀了他们的王和将领后，"把被杀敌将的战利品（武器）挂在特制的框架上带上卡皮托尔山"，并"把它们放在对牧人来说是神圣的橡树旁"[36]，还在该地建造了用于献祭的朱庇特神庙。《左传·僖公二十二年》说邾国军队打败鲁人，缴获鲁公的头盔，"悬诸鱼门"。《说唐全传》第二十三回说，靠山王杨林在马鸣关杀了秦琼的父亲秦彝，将他的盔甲与虎头枪藏起来。后一例虽属小说，与大汉王朝封藏郅支兵器，也正一理］。虽然这份清单上没有郅支单于的人头，但我们完全可以做进一步的推想，不管这个武库是中央设于东海郡的分库还是楚国自设武库，长安、洛阳都有更大规模的国家级武库，既然连郅支单于的武器都特意入藏分库或地方武库，以理推之，在长安或洛阳的武库中，就该封藏着更能彰显武功且曾特意在"槁街蛮夷邸间"悬示过的郅支单于首级。

不过，王莽本人在生前从未提及或者干过藏首之事，却又是个不利上述推测的小旁证。

众所周知，王莽喜沽名钓誉，镇压政敌极其残酷，却能无

图81（1—2）　楚武库印　徐州北洞山楚王墓出土

---

[36] 李维：《建城以来史》，上海人民出版社2005年版，第45页。

酷不古。他把各种酷刑如辘磔活剖、火烧、污宅、五毒投棘乃至传首、传尸到筑京观基本使遍，酷刑的来历，则照例直接上挂到三皇五帝周文周武，顺带给上古三代来个血腥大起底，可偏偏少了藏头武库这一招。严尤诈杀句丽侯骓，"传首长安"，王莽乐开了花，特地发布诏书，大炫一番武功，而后也不过宣布将高句丽贱称为下句丽，没有下文。若说真是因为没有先例，而王莽也的确没想到枭首示众后可以把人头藏起来当展品，则是调皮的历史在王莽已经变态得相当丰富的想象力之外，再和他开个玩笑，让他的人头来破藏首武库的纪录，以惩其创意之不足。再寻绎开去，王莽人头历经两汉之交、汉末至三国等多次改朝换代大战乱，辗转宛城、洛阳、长安、许昌等地，前后数百年间没有毁坏丢失，自属一大奇迹。这个奇迹得以产生，端赖历朝将其视为黑色国宝，藏首武库。

再说武库，兼及庙社

第二个问题，武库为什么会成为藏头首选之地？答案落在"武"字上。

先从一辆惹人命的靓车说起。

《左传·隐公十一年》说：前712年，郑、齐、鲁三国准备讨伐许国。五月底的一天，郑国在祖庙向准备出征的将士颁发兵器装备（"授兵于公宫"），分配战车时，两个大夫——子都和颍考叔看上了同一辆车，争执起来。颍考叔身手敏捷力气大，把车辕（车前套在马身上的两根直木）扛起就跑，子都气疯了，拔戟追去，没赶上。两个月后，郑国军队包围许城，颍考叔挥舞着大旗第一个登上敌人城墙，不料子都从后面给他一冷箭，正中后心，从城墙上跌下来，死了！这位颍考叔就是《左传》一开篇用巧妙方式劝谏郑庄公与他母亲姜氏恢复正常关系的孝子纯臣，第一个登上敌人城楼又肯定是大勇士，但这个双料好人却死于自己人——郑庄公宠爱的美男子都的暗箭，而后来郑庄公竟装聋作哑不了了之，真让人唏嘘不已。

攘夺凶杀不是本书关注的重点，引述这件事，只是要大家注意一个现象：出兵打仗前，国君在祖庙向主帅颁布命令，向军队颁发武器装备，是春秋时期通行的做法，如《左传·庄公八年》谓鲁庄公"治兵于庙，礼也"。《左传·闵公二年》："帅师者受命于庙。"狄人攻打卫国，卫国"将战，国人受甲"。

如我们在本书开头所讨论的，那时各国是否已专设武库，不清楚，但"国之大事，在祀与戎"，军事—武备一开始就被提升到非常庄严神圣的地位，却是不争的事实。后世五行星相学说逐步完善，地上的武库也和天上星星配上对。以《隋书·天文志》为例，二十八宿之西方第一宿就被直接划归武库："奎十六星，天之武库也。"不仅如此，天子所居的紫微垣内，也有武备一席："天枪三星，在北斗杓东。一曰天钺，天之武备也。"《史记·天官书》："紫宫左三星曰天枪。"联系到历朝武库往往设在皇城内离皇帝居住和办公不远的地方，天枪的位置正好。

在以礼治天下的古代中国，官方的一切设施措置，都会"天人感应"地烧上一层"德政礼乐"的釉彩，而古汉语的语义系统，也在形而上层面与之隐伏呼应。武库之于专制王朝，乃专指国家级的武器装备库。但在专制政权实际运作和中国古代文化政治语境中，武备与战争，不过"武"之垢骸，形而下也。在形而上的本体层面，"戎"与"祀"对举，"武"与"文"相对，一起构成中国古代社会最基本的一对抽象概念。"礼"如X线，把"武"照射成一个十全大补的"超级统治软件"，负担着一大堆社会职能。"夫武，禁暴、戢兵、保大、定功、安民、和众、丰财者也。"[37]《逸周书·谥法》曾给出"武"的标准含义：

> 刚强理直曰武。威强睿德曰武。克定祸乱曰武。刑民克服曰武。大志多穷曰武。……施为文也，除为武也。

"武"既如此神圣威武，武库自然也不能仅仅是堆放刀枪袍甲的普通仓库。"武库者，帝王威御之器所宝藏也。"(《晋书·五行志》)用现在的话来说，就是统治阶级的"武功治绩"博物馆、藏宝室，也即王朝显示实力、炫耀武功、展示其杀戮征服的战利品并借以宣示正统地位的"黑色档案馆"，即所谓"除为武也"。于是，被枭悬的恶逆者首级，征战中取得的敌国君主将领们的人头、武器等物，就成了最适合在武库展示、存放的帝国藏品。

出于同样的原理，尽管后世出兵已不一定要在太庙举行仪式，也不再在那儿发放武器，但太庙、太社有时会兼职封藏首级。太庙是皇帝的宗庙。太社则是古代天子为群姓祈福、报功而设立的祭祀土神、谷神的场所，班固《白虎通·社稷》："太社为天下报功。"首级被送到太庙、太社，目的是要向天地祖先献祭报功，但一般不就此歇脚。南宋叛臣吴曦被杀，"传首诣行在，献于庙社，枭三日"(《宋史·宁宗本纪》)，但枭后藏首之所，不在庙、社。唐太子李重俊被"枭首于朝，又献之于太庙"(《旧唐书·高宗中宗诸子传》)，至于献祭后是否藏在太庙，不明，若亦藏首太庙，应与其太子身份有关。辽末奚国皇帝萧干被杀，传首宋都汴京，藏于太社。萧干的首级藏到太社，是因为他曾称帝。至于吴曦，对不起，级别不够，热闹完，交

---

[37] 于右曾注《逸周书·谥法》，引《春秋传》之语，见黄怀信修订：《逸周书汇校集注修订本》，上海古籍出版社2007年版，第638页。

大理寺封藏去。

在某些朝代，太社、太庙有可能取代武库成为常规的或者说主要的藏头之处。923年，后梁末帝朱友贞在后唐军队攻陷汴京时自杀，唐庄宗李存勖命"藏其首于太社"。二十几年后，石敬瑭灭唐建晋，"诏太社先藏罪人首级，许亲属收葬"，朱友贞的首级这才得以出社，和他一个姓郭的妃子合葬（《新五代史·梁家人传》）。"罪人首级"一非特指，二可以是复数，这件事从侧面说明后唐太社藏首数量可能是一批。太社祭的是土神、谷神，不因天下易主而毁变，后唐的做法或承自朱梁，而亦可能为其后的晋、汉、周各朝所遵循。

盔甲厂爆炸事件

宋代以后，武库设置的情况稍有变化，比较复杂。

宋代职官设置虽仍有武库令，但《文献通考·职官考》却谓"凡武库武器，并归内库及军器库"，疑武库在北宋中后期开始被甲仗器、军器库之类所分流或取代。不过《宋史·兵志》又曾引宋徽宗的话："以武库当修军器近一亿万，其中箭镞五千余万，用平时工料，须七十年余然后可毕。"似至徽宗时汴京仍有武库。《宋史·徽宗本纪》另有一条材料，说晏州、沅州、定边军几个盗首伏诛，"诏函首于甲库"，则又应是当时汴京已设甲仗库，读来使人糊涂，当然也可能一库两名。

南宋储藏武器的主要仓库已改名甲仗库，则基本可以肯定。现存南宋都城临安的地图（图82）上只见甲仗库和临安府的军资库（宋代州一级设军资库，已经成为储存日常经费和物品的综合仓库[38]）。此后武库不为仓库实名的情况，可能延续至明

---

[38] 参阅苗书梅：《宋代军资库初探》，《河南大学学报（社科版）》1996年11月。

清。明人所编《三才图会》中的《南京官署图》(图83)上，储藏武器的分别有火药局(在通政局、锦衣卫旁)、军器局(在神策门边城墙根山脚下)，不见武库。《明史·五行志》记录过一次爆炸事件：万历三十三年九月，"官军于盔甲厂支火药，药年久凝如石，用斧劈之，火突发，声若震霆，刀枪火箭迸射百步外，军民死者无数"。若当时北京设有武库，盔甲、火药等物都应储入武库，不应再有盔甲厂这样一个名目出来。从西晋的积油万顷引发大火，到大明的火药凝结惹出爆炸，也说明随着时代发展科技进步，军备兵器名品之繁多、技术之复杂，绝非汉晋可比，从制作、存放到使用都要细分，这可能也是宋以后武库职官之名不废而实际的仓库则另有专名或分设的主要原因。

元末一块狗头陨石，亦无意间显示出武库名实之间的含混不清。

元至正六年(1346)，司天监奏天狗星坠地，将血食人间五千日。不数年，方国珍、刘福通、徐寿辉、郭子兴等就相继起事，天下大乱。正在王朝风雨飘摇之时，至正十六年冬天，一颗彗星堕地。这块陨石"青黑色，光莹，形如狗头，其断处如新割者。有司以闻，太史验视云：'天狗也。'命藏于库"(《续资治通鉴》卷二一三)。什么库？武库还是甲仗库，《元史·顺帝本纪》也语焉不详。这事若发生在西晋元康大火之前，这块从天而堕的陨石肯定会为洛阳武库添一"狗首"，正好在王莽人头边替孔子压草鞋。那一年秋天，"天狗星"的真身朱元璋在建康被诸将拥立为吴公，帝业将成，星光大旺，这个狗头陨石，显然是天上掉下来的赝品。

另一个变化，是宋代以后尤其明清，传首之事虽较前代频仍，却很少提及传悬之后的封藏及相应处所。这两个变化之间是否存在内在关系？根据现有史料难以扪摸。那么，是明清以降首级传示后一般不再封藏，或者史书对此种"细事"已失去

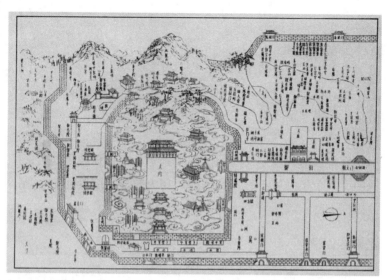

图 82　南宋临安皇城图

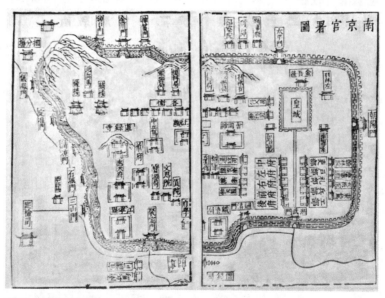

图 83　明朝南京官署图

第四章　在路上：传首的过程和环节

兴趣不屑记拾？抑或枭悬太多，特地藏首已经失去意义？又或存在另一种可能：在动辄"传首九边""传首各省""函其首，历示所害之地方"的年头，多数被斩大佬都要"头行万里"传个不停，那颗可怜的人头其实一直"在路上"，没等传完，早已枯朽不堪甚至毁损殆尽，遑论回收藏埋！

"传首已逾三年，收葬原无禁例"，在明朝大臣请求发还熊廷弼首级的奏疏中，我们仿佛听到寒烟落日孤城闭的边塞悲风中，一个早已风干破损的骷髅，在大同、宣府等处城楼高高的旗杆上啄响满天鹰鹫。

还首·回家

韩侂胄、熊廷弼、袁崇焕、洪秀全……比起宋世以降尤其是明清这批累月经年在传首路上、断竹竿头独颠孤悬的首级，早早被封藏到武库太庙之类"死驿"中的前辈如臧质、王敬则们的首级，反而该算比较幸福、安稳、有尊严。那么，在什么情况下，中国首级才能离竿出"驿"，入土合葬，走完这"在路上"的最后一程呢？

接着讲熊廷弼的遭遇。

明末名将熊廷弼以兵部尚书衔经略辽东，因与巡抚王化贞意见相左，为其所误而终至兵败，加上他得罪了当权大阉魏忠贤，遂以失陷封疆之罪，于天启五年八月被处斩，传首九边，天下冤之。三年后，崇祯皇帝即位，魏忠贤被清算，熊廷弼之子上书朝廷，请求发还父亲遗骸，工部主事徐尔一、大学士韩爌等也先后上疏为熊廷弼申理鸣冤。韩爌在上奏中特别提到熊廷弼首级与遗骸归葬之事："廷弼遗骸至今不得归葬，从来国法所未有。……而传首已逾三年，收葬原无禁例，圣明必当垂仁。"崇祯皇帝这才"诏许其子持首归葬"（《明史·熊廷弼传》）。

南朝袁颛因拥立宋孝武帝儿子刘子勋反对宋明帝刘彧，兵败被杀。宋明帝将他的身首分别处理,"流尸于江",而"传首建邺,藏于武库"。有个门生(一说是他侄子)冒着生命危险偷偷把他的尸体打捞起来,葬到石头城后山的乱坟岗里。袁𫖮的首级在武库中待了十五年,直到宋明帝死后,才得以还头亲属,合尸归葬。

袁𫖮的例子,和熊廷弼有些类似。所谓一朝天子一朝臣,虽非改朝换代,却都是在老皇帝死了,新天子登基,政治形势发生大的转变之后发生的,类似特赦洗雪。

上节所述梁末帝朱友贞的例子,则属因改朝换代而成批发首还头。梁末帝的首级从梁亡之年即923年藏入太社,到后晋天福三年(938)获准出库收葬,仅隔十五年。为什么能这么快?因为灭了朱梁的后唐王朝更短命。后晋皇帝石敬瑭虽是唐明宗李嗣源的女婿,可他的天下就是从老婆的兄弟手中抢来的,哪里还会去理会前朝的世仇?新朝初立,与天下苏息要紧,发还太社所藏人头,大概成为一项措施。后晋天福三年发还太社所藏前朝罪人首级的诏书,与发还袁𫖮、熊廷弼首级这种带权宜性质的个案不同,可能是成批发放首级的公共事件。

发还首级也可以成为外交事件。538年冬天,西魏将战败被杀的东魏名将高敖曹、窦泰、莫多娄贷文三人首级归还东魏,其中窦泰于上一年春天战败自杀,他的首级已在西魏武库待了近两年。而其他两人都是在当年8月的邙山大战中阵亡,首级上的漆味估计还没散尽(《资治通鉴》卷一八五)。

王敬则人头的出库,则结合了改朝换代与故吏请求两个因素。他死于南朝齐建武五年(498),"至梁天监元年(502),其故吏夏侯亶表请收葬,许之"(《南史·王敬则传》)。天监元年是萧衍以梁代齐的第一年,特意说明由于故吏请求,可知改朝换代并不一定会成批发还前朝所藏罪人首级,即后晋天福三年的还首诏应非惯例。

第四章 在路上:传首的过程和环节

同样由于故吏请求，另一次成批还首的事件，发生在南朝末年，而且在南北朝野弄出较大响动。

有史可稽入库时间最短的首级，大约该算王琳。南朝陈太建五年十二月朔日（574年1月8日），陈宣帝颁下《还王琳等首诏》：

> 自古以来反叛谋逆的人，都是要杀头灭族的。杀头之后把首级藏起来，目的是警诫后人（本朝比较宽大仁慈）。早前诛戮逆贼，都只刑及本身，子孙后裔或许还活着，他们的人头也已经枭悬过了，不需要长久存放在武库，消耗保管的费用。而且人皆有恻隐之心，朕作为仁慈的君主，实在有所不忍！熊昙朗、留异、陈宝应、周迪、邓绪以及刚刚入藏武库的王琳首级，都发还亲属，以弘示宽大仁宥。

当时的中国，南北朝长期分裂已经接近尾声。北方，宇文邕刚刚建立北周，而南方的最后一个帝国陈朝，则建国已有十七年。诏书前面提到的熊昙朗、留异、陈宝应、周迪、邓绪，都是在侯景之乱及由此导致的南朝齐、陈政权更迭中，或因联结侯景、北齐，或起家地方豪强，对陈霸先始附而后叛，最终兵败被杀的枭雄大佬。王琳原为梁朝将领，梁亡入北齐，镇守寿阳。太建五年，陈朝大都督吴明彻带兵北伐，十月十三日攻陷寿阳城，王琳被俘，斩于城外，传首建康。王琳的旧部朱瑒也上书陈朝大臣徐陵，恳求发还王琳首级，吴明彻也经常梦见王琳向他索头，为政以宽的陈宣帝顺水推舟，索性给武库的"首级陈列室"来个大清仓：回应从未有过的快，距王琳被杀不到三个月，《还首诏》颁布。应该说，自首级枭传而后入藏武库成为惯例以来，除非马上碰上改朝换代城头易帜，一颗头颅仅在武库封存几个月即发还,史无前例。而陈朝成批还首,既非改朝易主,也非雪罪理冤,是比较纯粹的宽政恤刑之举。在这个意义上,它也可算文明的一个小小的进步。

这一年,距隋将韩擒虎进入陈朝都城建康,《玉树后庭花》曲终美人殒也正好十七年。后主陈叔宝"闻兵至",先入井,后投降,杜牧《台城曲》专咏此事:

整整复斜斜,隋旗簇晚沙。
门外韩擒虎,楼上张丽华。
谁怜容足地,却羡井底蛙。

幸福"大青蛙"

北上长安的陈叔宝,包括跟他一起归降入隋的陈朝皇室百官在北方过得还不错,史言"陈叔宝与其王公百司发建康,诣长安,大小在路,五百里累累不绝。(隋文)帝命权分长安士民宅以俟之,内外修整,遣使迎劳;陈人至者如归"。后来杨坚"以陈氏子弟既多,恐其在京城为非,乃分置边州,给田业使为生,岁时赐衣服以安全之"。算是照顾得挺周全了。陈叔宝本人则完全想通,日日醉酒。后来有人提议让他当令史,隋文帝马上否决:"叔宝昏醉,宁堪驱使!"(《资治通鉴》卷一七七)他就这样在长安度过十七年的昏醉岁月,五十二岁死在洛阳,寿终正寝,身首完整入土为安。相比之下,北周对待北齐后主与皇室大臣,可就残酷得多了。除去其他原因,陈朝几位皇帝一向的宽大为政多少积了福,而陈后主本人虽然昏庸,距离暴君却还远得很。

那一年,隋文帝杨坚被儿子杨广所弑,也走到了生命尽头。

陈叔宝是病死的，当然比杨坚在病危时被弑舒服，因为那时已没人惦记他了。如果当初他选择抵抗到底，或自刎以谢祖宗，则不仅自己照例要"头行万里"，成为当时长安武库中的"男一头"，恐怕还得拖带陈朝皇族忠臣一火车皮人头一道北上展示、入库，如上千年前西汉陈汤从康居押回四位数以上的郅支单于的老婆和匈奴名王们的人头。

从建康城破，到隋朝的第二任皇帝隋炀帝杨广登基，正好又是一个轮回：十七年。

史上，新朝开国或新主登基，照例会大赦天下，但从来赦活不顾死，发还首级这样的事，一般不列入赦令，沈家本《历代刑法考》专列"赦考"十二卷，举凡历朝赦令均收入其中，而以发还首级为内容的，仅陈太建五年诏书见录，且编于卷六之"别赦"。假如十七年前陈后主的头颅离开脖子北上入库，以隋炀帝杨广的残忍喜杀，是不会因为武库多了个南朝的"男一头"而再下一道还首诏的，老陈的首级，也许会跟着隋炀帝从长安迁都洛阳而一道移居洛阳武库，顶王莽的位子，或者继续闷在长安也未可知。那就至少要再等二十九年，到李渊攻破长安，才有可能离库"出驿"。只是那时节兵荒马乱，还有谁会来认领一个前朝的大骷髅？他怕就得永远身首异处在回家半路的某处"死驿"中了。

另外需要特地声明，把陈后主称为"大青蛙"，完全是顺着杜牧的话头调侃，没有轻薄的意思。陈后主可不是一个颈上没挨过刀的人。挨过谁的刀？他的亲兄弟。太建十四年（582）正月，陈宣帝驾崩，陈叔宝的二弟陈叔陵趁父亲入殓行礼，"后主哀顿俯伏"时，突然发难，"以剉药刀斫后主中颈"，太后来救，也被"斫数下"（《南史·陈宗室诸王传》），幸好后主乳母和他强壮的四弟陈叔坚及时出手，陈叔宝才幸免于难，但也在病床上躺了一年左右，到第二年即至德元年二月才完全康复，

"创愈，置酒于后殿以自庆"（《资治通鉴》卷一七五）。说明这一刀挨得深，命是捡回来的。可惜陈朝的太医如何疗救后主颈伤不见记录，否则这将成为中国历史上颈部外伤处置术第一份珍贵资料。脖子已挨过一刀的人，天地神灵允许他不挨第二刀，包括投井可以不死。再其实，中国古代的井，虽历来是城破遇贼时节烈女眷们集体自杀的死亡区域，可也有不少是事先在下面挖了秘道暗穴可供匿身逃命的"活井"。后主所投，即为此井。

正可谓：陈宣帝宽宏还首，算是必积阴德；叔宝兄入井避兵，想来并非自裁。

活着，不错。

结语：晃动的镜头：鸱夷热辣

南宋开禧三年（1207），四川宣抚副使吴曦反叛，僭称蜀王，向金称臣，发兵顺嘉陵江而下，宣言进攻襄阳，朝野震动！

但吴曦根基太浅，天意不顺，好景难长，称王四十一天后，合江仓官杨巨源与安丙、李好义等密谋袭杀吴曦，分裂其尸，传首临安。

这个天上掉下来的脑袋，让积弱偏安的南宋小朝廷好不兴奋，更让正不知如何收拾北伐失败残局的宰相韩侂胄抓到一根粗稻大草，一场"满汉全席"的传首献祭大戏隆重上演。

《宋史·礼志》详细记述了吴曦首级传送临安的处置情况：

开禧三年三月，四川宣抚副使安丙函逆臣吴曦首并违制创造法物、所受金国加封蜀王诏及金印来献。四月三日，

> 礼部太常寺条具献馘典故，俟逆曦首函至日，临安府差人防守，殿前司差甲士二百人同大理寺官监引赴都堂审验。奏献太庙、别庙差近上宗室南班，奏献太社、太稷差侍从官。各前一日赴祠所致斋，至日行奏献之礼，大理寺、殿前司计会行礼时刻，监引首函设置以俟。奏献礼毕，枭于市三日，付大理寺藏于库。

临安府是南宋首府。此事牵动礼、刑二部，临安府、殿前司、宗室南班、侍从官都要出动。礼部第一项任务，是查找历史上相关的"献馘典故"。太常寺的"政研专家"和"档案学者"，会把前此的中国首级枭传史理上一遍，至少完成《历朝枭悬传首献祭考》，开篇想必首叙黄帝踢蚩尤，次及武王举黄钺。这样的工作，之前偶尔也有人做，东晋大臣关于王敦首级处置的讨论言犹在耳，而倒霉的臧质——浔阳南湖荷花塘中那支被掐断脖子的人头荷花，也还血色依稀。

然而，这则材料的重要性，仍然超过以往相关的记录。

其一，"条具献馘典故"，可旁证"传首献头"之法，至宋代仍为律例所不具文，南宋太常寺的官员依然面临南朝刘宋大臣讨论臧质首级处置时同样的困境，并采用类似的方法：效法前朝典故，根据惯例制定新的实施个案。

其二，这个方案完整设计并详细规定了首级传送目的地后交接、审验、献祭、枭悬、入库整个过程的各环节，包括分工负责的部门和具体参与人员，真正称得上"十全大补"。例如第一步审验真伪设在都堂，由大理寺主持；奏献之礼则由殿前司、大理寺两个部门协同负责，要求严格校准时刻；枭悬安排在献祭之后，时间是三日；枭示后由大理寺藏首，等等，基本是遵古法制。

其三，此事详载于《宋史·礼志》而非吴曦本传，说明南宋朝野与《宋史》撰者对此事的定性、定位与高度重视。也正因此，太常寺的官员倾全力设计的重头戏祭献大礼，能得到前所未有的详细记述。史上不缺同时奏献太庙与太社的先例，如甘露之变，宦官集团用李训的首级导引，押送王涯、王璠、罗立言、郭行馀、贾𫗧、舒元舆、李孝本等一干大臣"献于庙社，徇于两市"，而后腰斩于独柳树下。但在吴曦个案中，"庙社"得到细化：太庙之外有别庙，太社之外有太稷。何谓别庙？太庙之外另立的庙，《宋史·太宗纪》："又以懿德皇后符氏，淑德皇后尹氏祔别庙。"太社祭土地神，太稷祭五谷神。太庙、别庙均属宗庙，因此奏献时安排一大群在京的赵氏宗室到场。太社、太稷属天地神祇与谷神，则由皇帝侍从官参与。

中国传首枭悬的历史，自商周肇端，至唐宋而规制大备。如果说近千年前浔阳南湖荷塘中露出的臧质脑袋还只是个牛鼻子，现在吴曦一颗首级牵出来的，已是大青牛。

那么，南宋以降到最后一个专制王朝大清帝国，这条大青牛又有何神怪惊世呢？除了"传首九边""传首三省""析骸各省"之类片言只语的记述外，再也难以在史籍中找到如吴曦首级处置一样记录完整的案例。原因之一，也许是鲜有非常重磅的新人头在王朝大厦将颓时突然进账。借着吴曦的脑袋，南宋官方也整理完善了传首祭献整个程序与仪式。二十七年后即宋理宗端平元年，南宋小朝廷毫不汲取当年与金联手灭辽，随后即被金人吞掉半壁江山的教训，又与元军合围金哀宗完颜守绪的最后一个据点蔡州（今河南汝阳）。金哀宗自杀焚尸，部分骸骨被函送临安。这回《宋史·礼志》终于可以非常轻松地一句带过："差官奏告宗庙社稷如仪。"此后元、明、清各朝，再未见对同类事件如此"条具献馘典故"并详尽记述，因为礼官们只需向南宋的同行致敬，并一直"如仪"。

还有，这段非常详细的记叙，偏偏在最后一个环节模糊并留下悬疑：吴曦首级在枭示三日后，"付大理寺藏于库"。哪个库？我们提前碰到与元末断头天狗星收藏处所类似的模糊问题。

宋朝官设仓库种类名目繁杂，以州府一级为例，各种仓库即近二十种。吴自牧《梦粱录》卷九专叙南宋临安皇城内廷和中央各机构建置掌故，其中大大小小各种仓库数十，命名标准不一，如煎蜜库、内司备内库、道场库，今天读来，颇感烦细奇怪。与前代武库相关之库，则皇城司所辖有御前军器库、内军器库，殿中省所辖有甲仗库、法物库等，武库之名无疑已废，其功能被割分。

大理寺名下，未见有直掌之库。

联系到《宋史·徽宗本纪》曾记数名由各州捕斩的盗魁被"函首于甲库"，吴曦人头理该同样存入甲库。可叶绍翁《四朝闻见录》的记述，又横斜出一个旁枝："上（宋宁宗）以（吴曦）首付棘寺，伪服与印付临安府军资库。"这后半句，让我们知道当日被封藏之物，还有吴曦称王所用服饰印信，因其重要性不及首级，故与首级分置，降格藏于临安府的军资库（联想到西汉把郅支单于九件兵器藏到东海郡武库的做法，这个材料正好反证当日郅支单于首级也应被藏到规格更高的中央武库）。军资库是宋代州一级最重要的仓库，虽军字当头，实已变成收储各项日常经费和物品的综合仓库。《梦粱录》介绍临安府治："入府治大门，左首为军资库与监官廨。"与后半句相比较，叶绍翁这前半句"上以首付棘寺"就真像只说了半句。棘寺指大理寺，若交付大理寺后入藏甲仗库，叶绍翁为何不像交代伪服印信一样把话说完整呢？这样一来，又未免让人怀疑大理寺另有专辖之库，或者就直接储藏在大理寺官廨的哪间库房密室中。叶绍翁父祖累世为官，父亲就当过南宋的大理寺丞、刑部郎中。宋宁宗在位时，叶本人正好在临安当小官，可以说是事件见证人。叶绍翁与朱熹理学的正宗传人真德秀过从甚密，做学问叙掌故的态度应该是严谨老实的。

可以这么说，这是历史镜头又一个轻微地、偶然地摇晃。

说偶然，此中有真意。

从两汉至明清，传首一直是通典之上、律令之外的事实存在，虽活跃于"献馘典故"，而在循名责实的传统社会治理系统中，却也始终是游魂野鬼。人头在传首路上这最后一个停靠站——藏首之所，直至宋末仍在官方文件中模糊不清，而明末大臣请求发还熊廷弼首级的奏折也还说"收葬原无禁例"。这位出尽风头的"陪房"，至死没有一天正式上位。

恍然间，我想起康有为。

康有为们把变法和扯掉西太后听政帘子这两件相克之事弄到一起，四不靠，百日败。不是他与梁启超跑得快，戊戌何止六君子！若他的首级当日在菜市口与六君子一起给摘了，慈禧太后肯定更高兴，说不定也会像当年小南宋天上掉下个吴大头一样，再摆一桌"满汉全席"，而《清史稿·刑法志》也就有可能大书一笔，让"康人头"成为南宋"吴人头"的升级版或者近代版。

一夜细写传首记，又迎运河天将曙。高树初晞，朝烟未散，河对岸鸟喧鸡啼，人家未起，一片清宁。历史的天空闪烁几颗晨星，所有在过去时代上路的人头都早已入土回家，劈腿斩头的冷兵器时代，已在历史的长河中波声渐远，专制王朝的戮尸悬首也成昨日旧事。而即使是在那个年代，当裹着伍子胥尸体的鸱夷浮江远逝时，照样有别的鸱夷正自在快乐，如鸱夷子范蠡，不蹈伍前辈覆辙，早早退隐，偕了西施享受五湖烟水。至于那腹吞美酒的本色鸱夷，则醇香满肚，时时招人沉酣。扬雄《酒赋》说："鸱夷滑稽，腹如大壶，尽日盛酒，人复藉酤。"

我们且把末句改成"头复藉酤"——

悬挂在城门上的头颅啊,特别是那些曾经的盖世英雄啊,在风寒天阴的白日,在枭飞鹤唳的长夜,你们不妨打开一腹鸥夷,自个慢慢喝,脖子的刀口,也许又会温暖热辣起来。逸兴上头,无妨吟吟老康头的诗:

伏陈北阙有封事,醉卧西风剩酒楼。

第五章 水上一把剑：自杀、赐死——制度设计的因应与衍变

一 贾谊

绛国晚箫

前177年，汉文帝即位的第三年，两位牛人先后离开长安。先走的一位向南，大约在秋天来到湘水下游的长沙，任长沙王太傅。这儿曾是楚国故都，屈原的家乡。

同年年底，另一位知道自己也不能继续在长安待下去，年轻的皇帝要他走。他往东北方向越黄河，逾吕梁，去往曾是晋国首都的绛县（今山西曲沃），那里是他的封国。不过，他将很快得到重返长安的机会——以囚犯的身份。

这两位，一位是才届而立的青年才俊，另一位是年近七十的耄耋老头。这两位，一文一武：贾谊曾是汉文帝的核心智囊，西汉王朝的少壮改革派代表；周勃为本朝第一元勋、老臣。

现在，他们有一个共同的遭遇或者说身份：被疏远斥逐的外放之臣。

贾谊被贬，周勃等老臣的排挤，是一个主要原因。

周勃再次罢相，罢相后的身份是绛侯。汉文帝要求绛侯带头"就封国"——离开长安到千里之外的食邑去，而让列侯就

封国，正是贾谊向汉文帝提出的重要建议。

瞧，这一老一小，真是欢喜冤家！

第二年四月的庚子日黄昏，大约春夏之交吧，长沙王太傅贾谊凭几而坐，湘江想必正从窗前流过。鹏，也就是我们的老熟人枭鸟——鬼车先生突然来访。

发现这神秘而不祥的客人竟在太阳余晖还明亮的时候就不请自到，还满不在乎地歇在窗棂上，凡人的惊惶与哲者的达观一瞬间在失意落寞的贾太傅胸前眼底金铁交鸣。他凝神静听，记下了鹏的言说，这就是千古名篇《鹏鸟赋》。

"野鸟入室，主人将去。"尽管如此，我相信，那一天鹏鸟"至人遗物，独与道俱"的言说中，还伴着若有若无的箫声，冷涩、犹疑，气息裁属。因为贾谊可以遗落尘世生活的一切，却至死心系天下治安，惦记大汉王朝礼乐制度的建设。

那是从数千里之遥的北方绛县传来的呜咽晚箫。

就在这一年，因为周勃下狱的事，贾谊从贬所向汉文帝上疏，建议以礼对待大臣。此封奏疏的名字，乍听起来很穿越，很现代，叫《阶级》。

再说周勃。

周勃的抑郁

贾谊遥想中的远方吹箫人周勃，当时已是七十多岁的老头。周老头替刘邦打了一辈子仗，功勋仅在萧何、韩信之下。

别以为周勃是一介武夫，他微时"织薄曲，吹箫给丧事者"（《史记·绛侯周勃世家》），既是劳动能手，又能吹吹打打，是个务实的"文青"。刘邦谓周勃"厚重少文，然能安刘家天下"。刘邦死后，他果然不负此望，与陈平等老臣联合发动兵变，铲除吕后之党，归政刘氏，位极人臣，威震天下。

但周勃们提着脑袋血拼一生，在老皇帝新皇帝那儿，也还始终是"龟孙子",他们脖颈上,始终有挥之不去的凉冷。

以他的同乡樊哙为例。

樊哙娶吕后的妹妹吕媭为妻,功臣加国戚,史言其与刘邦于诸将为最亲。但刘邦死前,因担心樊哙会在他死后帮助大姨子锄诛戚夫人和赵王如意,"立乃使陈平载绛侯代将,而即军中斩哙"(《汉书·樊哙传》)。若非陈平算准等他取头回来,刘邦应已驾崩,怕吕后算账,先将人押回来,挂着相国印信负责讨伐卢绾的三军主帅樊将军,早已像狗一样身首异处!

周勃晚年境遇虽没樊哙那种半空炸雷的凶险,却如钝刀锯骨,摧挫不堪。汉文帝甫即位,对这位靖难扶立第一功臣自然赏赐有加,"以勃为右丞相,赐金五千斤,食邑万户",但周勃很快就发现日子不好过,功高震主者,诛戮继其后,自古而然。韩信、彭越、英布等旧日同袍或盟友音容犹在,早已满门菹醢(肉酱):"具五刑"——这种始于黥面终于捣骨、集虐杀与辱尸于一体的酷刑,今天谁稍一细想,仍不免毛骨悚然。而当日对绛侯周勃来说,这种极端残酷的结局,似乎稍一不慎,也随时可能落到自己和上百口家人头上。他还算明智,愿意功成身退,早前就称病辞相,让位陈平,但再次罢相后即被要求离都就国,则是年轻皇帝对他已失去兴趣与信任的明确信号。对此,周勃心知肚明。

就国后的周勃陷入深深的焦虑恐惧,草木皆兵,神经过敏。《史记》说:"每河东守尉行县至绛,绛侯勃自畏恐诛,常被甲,令家人持兵以见之。"不久就有人指控他谋反,汉文帝也顺势下令把他抓回长安,关进诏狱。想必汉文帝原本就只想拿他吓吓那帮老臣,没想真下杀手,通过行贿狱吏并因皇太后出面说话,周勃不久出狱,复爵归绛。

经此摧折,他一蹶不振,再也没有回到长安。几年之后,衰朽的时光就与噩梦病痛联手,带他离开这个世界——虽然他总算寿终正寝。

绛国日暮,晚箫呜咽。

史称周勃出狱时,发出一声无比怆然苍凉的彻悟之叹:"吾尝将百万军,然安知狱吏之贵乎!"这一叹,如巨石如利锥,在礼教德政这张正越织越紧的大网或者说铁幕上,直接扎出一个洞!让当时虽远贬南方而仍以大汉王朝的"政策研究室主任"自任的洛阳儒生贾谊与这位代表保守势力的旧日政敌刹那间声气相通。这个强烈的不和谐音,再一次提醒贾谊,在对个体生命身体的利用与处置上,礼、刑、兵三位一体"三节鞭"的鞭法,还有大破绽,大汉王朝的礼乐刑政结构与制度设计之间,存在着效果与目的之间的直接冲突,必须让皇帝充分意识到,并及时进行相应地调整修补。周勃无罪释放后不久,贾谊即在长沙王太傅任上向汉文帝上疏,建议以礼对待有罪的大臣,并设计了一套程序与仪式。上疏的内容,见于《新书·阶级》。

在《汉书·贾谊传》和《资治通鉴》中,《阶级》被一并收入《治安策》,不同之处是《汉书》定上疏时间为文帝七年,《资治通鉴》标为六年。时人吴云、李春台校注《贾谊集》,附录有《贾谊生平大事年表》,则把《阶级》疏单列出来,断为四年,即前176年,周勃下狱的当年。若按《汉书》《资治通鉴》囫囵之说,汉文帝四年发生的事,到三四年后,贾谊才旧事重提,黄花菜都凉了。贾谊是一个只争朝夕非常敏感的政论家,他那一双听得懂枭言鵩说,听得到几千里外绛国晚箫的耳朵可不是白长的。而《治安策》内容庞杂冗长,肯定也非一时一次拟就。《汉书》本传明言"谊数上疏",《资治通鉴》也交代:"谊以绛侯前逮系狱,卒无事,故以此讥上。上深纳其言,养臣下有节。是后大臣有罪,皆自杀,不受刑。"揆之情理,贾谊上《阶级》疏的年份,当以《年表》所断为当。

洛阳少年双城记

略过周勃，来说贾谊。

不论放在西汉还是整个中国历史，贾谊的成长、成名、成功和成就，都属奇迹。

贾谊十八岁时，河南守吴公闻其才，召置门下。二十二岁时，他由吴公之荐进入中央政府，随即得到刚继位的汉文帝重用，被破格任命为博士，从地方名人跃升为国家级首席顾问，同年超迁太中大夫。二十三岁至二十四岁短短两年，他已写成著名的《道德说》《过秦论》《论积贮疏》等雄文杰作，奠定了他作为一流政论家、思想家乃至文学家的地位。

什么样的时代坐标，决定了贾谊的成功和落寞呢？

"贾生名谊，雒阳人也"——《史记·屈原贾生列传》介绍其家世出身，唯此八字。而当贾谊宠盛忌来，且诸多政治改革建议触动以周勃为首的"沛县帮"老臣利益，被群起而攻时，攻击者的主要理由也是他的籍贯："雒阳之人，年少初学，专欲擅权，纷乱诸事。"

这不，我们又回到"传首史"开篇，千里送人头的终点——九州之中洛阳。

洛阳，有五千年文明史，四千余年建城史，是世界上第一座统筹规划的城市，自夏朝开始，有十三个王朝在此定都，"中国"一词，即源自洛阳。以洛阳为中心的河洛地区，是中华文明主要发源地：河图洛书于此诞生，儒、释、道、玄、理各学派于此肇始，其后科举制度也创建于此。丝绸之路与隋唐大运河在此交汇，五大都城遗址、邙山古墓群和天子驾六震惊世界……

汉朝立国之初，刘邦也按照传统和惯例，定都洛阳，还因五行火德之说，给洛阳改名脱水。简言之，当日不论从哪个方面讲，洛阳的辈分、资格和积淀，都不知比长安老大几何。更何况那时的长安建都不久，与洛阳相比，算不算土豪，怕长安人都自信不足（战国时代六国均以西鄙戎狄视秦国，其后秦王朝二世而亡，咸阳虽为帝都，尚未积累出足够的文化竞争力）。贾谊虽出身平民，但如假包换的"洛阳户籍"，在那时已非比寻常，加上优秀儒生的身份，赋予他代表传统、接续文脉的资格。贾生很年轻很平民，但洛阳很古老很正统，《史记》本传开篇介绍贾谊身份，与洗脚上田的"沛县帮"发动攻击，两方面都不约而同揭题直奔"洛阳人"，恰好互文见义，从不同侧面显示这个洛阳"户口"在那时是如何的千足黄金，在当日文化生态中，"洛阳人"是个多么嚣张的群体和议论风发的存在，更无意中烛照出其时长安与洛阳双城两地之间的文化差异、向往认同与偏见敌意并存的有趣现象。与此同时，两者之间中心与正统之争也已日趋激烈。如有高明以此为线索深证详论，作一部《双城记》，亦足贯穿半部中国古史，有以发人耳目。

　　汉之立国，高祖提三尺剑得天下，一扫六国贵族子遗，开布衣卿相之局，史家于此已有公论，只是目光都集中在萧曹周樊这批白徒出身的开国文臣武将上，恰恰忘记汉兴仅二十余年，一个来自洛阳的青年"布衣"，仅凭学问文名一步入阁，成为皇帝的主要顾问，并在很短时间内迸发出夺目光芒。周勃、灌婴等一帮老臣对这个洛阳小子很不感冒，而事实上两者却是基于共同的社会基础和转型背景。

历史的喉结

　　短命的洛阳儒生、天才政论家、文学家贾谊给人的想象，大概是清癯，神经衰弱，面色苍白，敏感而细腻，一激动就脸红，但更多时间形如槁木，因为他需要苦思冥想。流利而啰唆，是他的表达习惯与政论文经典的写作风格。贾谊从十八岁出仕到三十三岁在梁怀王太傅任上死于睢阳（今商丘），十五年的人生黄金岁月几乎都在殚精竭虑的啰唆中度过。他之所以焦虑啰唆，是因为汉朝要"长治久安"，就急需"定制度兴礼乐"，他自己也以此为使命。孙叔通不过是个懂得变通的过渡人物，帮汉高祖应付了一个"开国大典"。粗具形骸的礼乐制度根脉未通，毛孔不畅，整个精神气儿还没出来呢。对此，贾谊有很清楚的认识：

> 夫立君臣，等上下，使纲纪有序，六亲和睦，此非天之所为，人之所设也。人之所设，不为不立，不修则坏。汉兴至今二十余年，宜定制度，兴礼乐，然后诸侯轨道，百姓朴素，狱讼衰息。[1]

刺耳的绛县晚箫，使贾谊想起一连串血肉模糊的名字。满门罹五刑之酷的韩信，悬头醢身的彭越，最终死于乱兵野人之手的英布……尤其是周勃饱受狱吏之辱发出的长叹，更让他看到"礼不及庶人，刑不至君子"这块大补丁，还没有打到汉家的典章制度中去，礼与刑之间存在突出矛盾和明显的罅隙，为"病毒"进出的大门敞开着，所以他急。天才一急，喉结就常常让历史凸起。

啼血诵·闷鸡辞

　　说贾谊拈出"阶级"一词来为上疏命名，却颇具超前的意识。在《阶级》疏中，"阶级"由堂前高阶的本义，譬喻人主的权威与统治地位必须通过等级森严的权威来保障，已属社会

---

[1] 吴云、李春云校注：《贾谊集校注（增订版）》，天津古籍出版社2010年版，第369页。

学意义的引申。《阶级》疏的絮叨，是要汉文帝明白，人主就像站在由多级台阶垫起来的高堂上，阶下俯伏着庶士徒隶。大臣任事时受礼遇，总在升上高堂的台阶上走动，若一有罪就整个打倒在台阶下，与庶人仆隶同样下狱对吏，受讯问拷掠，甚至显戮弃市，则是投鼠忌器，自坏阶级。为什么？庶人仆隶看到往日"俯伏以敬畏之"的大臣，一旦失势也一样受刑受辱，毫无尊严，成为贱役之人——狱吏任意拿捏的柿子，他们就会对统治者失去敬畏之心。人臣方面，若有过则戮辱加身，刑之于市，与草民无别，则"大官而有徒隶无耻之心"，"但无耻，则苟安，而主（上）最病"。因此，如果大臣王侯有罪，"令废之可也，退之可也，赐之死可也。若夫束缚之，系继之，输之司空，编之徒官，司寇、牢正、徒小、小吏骂詈而榜笞之。殆非所以令众庶见也"[2]。

司寇、牢正、徒小、小吏！[3]贾谊一字一顿，把掌刑狱的官员（司寇）到监狱各个职级人等：监狱长、刑徒长、小头目等一一列出，那种恨瓦铄玉的切齿之声，千年之下仍透纸而出。这篇上疏真得让周勃来念，或者让周太尉吹箫，淮阴侯韩信和梁王彭越朗诵，那才叫江河呜咽，声声啼血。当然还有出身监狱系统的合适朗诵人：曹参或任敖。前者原是秦朝的狱掾，后者干过狱吏，不过他们都只是县城级别的小管教，当初没经手什么大官，而封侯拜相后还算安好，没被拎进去折腾过，火候不到。

还是请司马迁现身说法，他在《报任安书》中回忆自己入

---

[2] 吴云、李春云校注：《贾谊集校注（增订版）》，天津古籍出版社 2010 年版，第 73 页。

[3] 关于汉代监狱的设置、狱官、狱则诸方面情况，可参阅沈家本《历代刑法考·狱考》。

狱受宫刑的经历时写道：

> 现在（我）双手交锁于枷锁，脱光身体暴露肌肤受榜掠鞭棰，关在监狱中。到这个时候，见狱吏只能以头抢地，一看到他们心中就惶恐不安，为什么会这样呢？受辱日久积势而成啊。到了这个地步，还说不受屈辱，所谓强颜辩解罢了，还有什么价值吗！

然而，若放下周太尉司马迁们的血泪，转到"人主"的角度去考虑问题，做皇帝当主子，天职就是收拾世界，杀鸡儆猴算一项主业，你现在教他不当着米虫蚯蚓们的面抹鸡脖子，那该怎么处置"瘟鸡"呢？

贾谊给出了具体的解决方案：对外文过饰非，对内自行了断。

贾谊的文过，真是典型的饰非。贾谊举例说：

贪污，叫"簠簋不饰"，直译为盛放祭品的器皿欠修治，不整洁。

乱伦乱性不检点，叫"帷薄不修"，意思是你家里区隔内外的帷幔，没有尽到遮羞布、防火墙的作用。

不胜任，不称职，叫"下官不职"——只有这个老百姓还好懂点。

上述对罪名的技术处理与文学性修饰，颇像现在写内参，士大夫们至少也能看个似懂非懂，米虫级百姓，可是像听黑话，白日枭瞪，只知道又有只大公鸡给闷死了。

自行了断的设计，让贾谊成为"装置行为艺术家"——从某种意义上讲，人类的所有礼仪，都是政治领域的装置或曰行为艺术。贾谊的设计，更直接牵扯出一个叫有汉一代乃至后世多少宰相大臣恨爱交加、啼笑皆非的"自杀法案"。

一声声鼓点，催人自刭；一包包毒药，掖在袍袖。

一升升鲜血，呕满都船[4]；一头头青牛，走上长安大街……

水上一把剑

贾谊从原始巫术、祭祀礼仪乃至灿烂星空中汲取创作灵感，充分调动想象能力与编导天赋，在《阶级》疏中向汉文帝呈上一套"沉默审判"的"自行了断"设计方案与装置。"白冠氂缨、盘水加剑、清室（请室）待罪、北面再拜、跪而自缚、自裁……"都有明确的服装、道具、场景和规定动作，这不是排戏么？"盘水加剑"，直接就是一个装置或叫道具：盘内盛水，上横一剑。水结合了鉴之明、波之平，表示相信君主执法持平；剑，供犯罪者在得不到宽恕后自刎。简言之，贾谊提出的是一个在礼的层面上处理官员犯罪的一揽子解决方案，包括审判方式、程序、判决和执行的一系列操作，可称之为沉默的"自杀法案"。

那么，这是否，或者说在多大程度上是贾谊的原创呢——故事讲到这个关节，我们必须略作停顿，回头梳理这位"洛阳少年"的儒学渊源及其"创作手法"。

熟悉儒家经典的人也许会直接指出，贾谊这种思想和方法，有非常明确的来源，即《礼记·曲礼》所表述的"刑不上大夫，礼不下庶人"的原则。郑玄注谓"刑不上大夫，不与贤者犯法，其犯法，则在八议轻重，不在刑书"。"八议"，即《周礼》所指"议亲""议故""议贤""议功"等，指不用与刑律直接对应的办法来处置包括王之亲故、贤人、有功者及宾客等权贵阶层的犯罪，而由最高统治者议功过而定罪，再由"甸

---

[4] 西汉中尉官属有都船令丞，下设都船诏狱。

师氏"在郊野僻室中秘密执行。大夫以上被杀,不尸诸市而尸诸朝。

但是,且慢,我们可以说这些观点与做法,其渊源都来自先秦形成的儒家思想或司法实践,但根据现有史料,其实无法在贾谊著述与"二礼",即《礼记》《周礼》之间确定先后承传,亦即无法断定"洛阳少年"贾谊在写作《阶级》疏时接触到《礼记》《周礼》相关的原文或完整表述,相反,汉代"二礼"的承传者和编撰者,倒完全有可能读过贾谊的文章,并从贾谊这儿间接承传了先秦儒家思想,或者说得到灵感,汲取政治智慧。

《史记·儒林列传》:"及至秦之季世,焚诗书,坑术士,六艺从此缺焉。"我们今天所看到的包括诗、书、礼、春秋等在内的儒家经典,大部分都是自西汉至东汉初由口授师传或民间征书、坏壁发藏慢慢整理出来的,其中礼之一脉,最为式微。"诸学者多言礼,而鲁高堂生最本。礼固自孔子时而其经不具,及至秦焚书,书散亡益多,于今独有士礼,高堂生能言之。"高堂生生卒年不详,他以口授传礼,且局限于士礼。其弟子鲁国徐生在孝文帝时曾"以容为礼官大夫","容"即外在的容止礼仪。鲁恭王好治宫室而坏孔子宅,得古《礼》五十七篇于壁中,已是汉景帝时事,贾谊作古有年矣。今传《礼记》,即《小戴礼记》,是战国至秦汉年间儒家学者解释《仪礼》的文章选集,属儒家思想的资料汇编,作者不止一人,写作时间也有先有后,其中多数篇章可能是孔子的七十二名高徒及其再传弟子们的作品,这已有定论。《小戴礼记》传为汉宣帝时九江太守戴圣所编,去汉初更远。

再说《周礼》。

西汉景帝、武帝之际,河间献王刘德从民间征得一批古书,其中一部名为《周官》。当时不知什么原因,连一些身份很高的儒者都没亲见过这本书,在一开始就被藏入秘府,从此无人知晓。直到汉成帝时，刘向、刘歆父子校理秘府所藏文献，才重新发现此书，并加以著录。原书当有天官、地官、春官、夏官、秋官、冬官等六篇，冬官篇已亡，乃取性质与之相似的《考工记》补缺。王莽时，因刘歆奏请，《周官》被列入官学，并更名为《周礼》。刘歆十分推崇此书，谓其出自周公之手。郑玄也极推崇，认为这是"周公致太平之迹"（《文献通考·经籍考》）。

《周礼》可谓以人法天的理想国纲领。问题是如此皇皇大典，却疑窦多多。《周礼》原名《周官》，但书中没有直接证据说明其为西周官制，也无法对号入座，确定它是哪朝哪代的典制。更关键的是，西汉立于官学的《易》《诗》《书》《仪礼》《春秋》等儒家经典，均有师承关系可考，《汉书》之《艺文志》《儒林传》也有明确记载，脉络基本清楚。而《周礼》在西汉突然被发现，没有授受端绪可寻，先秦文献也未提及此书。所以，《周礼》的真伪和成书年代都是问题，并成为聚讼千年的一大公案，至少形成了西周说、春秋说、战国说、秦汉之际说、汉初说、王莽伪作说六种说法。

综上，基本可以肯定贾谊在世时不可能直接读到上述两书。

细读贾谊文章，结合儒家师承与著述表达的传统，也显示贾谊《阶级》疏所论，原创的成分更大。

众所周知，儒家最重视传统，古圣先贤的言行，既是思想渊源和行为准则，更被视为最具权威的经典论据，故"言必称尧舜，行必称周公"，这同样是贾谊著文立论的显著习惯和推演模式，《阶级》疏亦然。奏疏引用了秦二世、豫让等的故事，引用了谚语，并反复以"古者圣王""古天子""古者大臣"这样的语气来陈述，以明其所本自古。更耐人寻味的是被后世将原创权一致归于《礼记》的经典表述"礼不下庶人，刑不上大夫",在这篇文章中也是以援古的方式说出来:"故古者礼不至于庶人,刑不至于君子,所以厉宠臣节也。"贾谊一点没有掠美之嫌,他这些思想来自传统,来自"很老很古的洛阳",但真的不像是从我们今天所看到的《礼记》《周记》直接抄录过来。而后二书的编撰者,反而有可能读过贾太傅的书,谁能完全排除后者反过来参考甚或摘抄前者的可能呢?虽然说贾谊《新书》也是由西汉刘向编辑成书的,其中不排除羼入伪作,但《阶级》疏有周勃事件及其后文帝、景帝以至汉武帝的逐步采纳相佐证,不存在真伪问题。

循此,或者又深涉《周礼》所描述的"八议"之制是否产生并成熟于先秦的问题。萧何本《秦律》制定《九章律》,无"八议"之条,而汉初韩、彭身为王公而罹五刑,也足征之。程树德《九朝律考》虽指出汉初礼、律之分未严,亦不谓汉初律令有"八议"。再说,"八议"非片言只字,是一套复杂的制度,若先秦已出现,贾谊不可能漠然无闻,而作为依据说服皇帝,当然不知有力多少倍,他不会笨到只字不提,只一个人嘴咸口淡唠叨个不停。再进一步,若前有"八议"这样成熟的制度,历史还需要贾太傅如此费心用力地盛水摆剑么?

沉默的审判

再来点评贾太傅的"政治装置"——盘水加剑。

上面说了,来自洛阳的儒生贾谊背倚非常悠久的传统,他的装置,是新瓶装旧酒,主要元素,都有来历。

先看别人怎么干。

一部托始于太上老君的道经《老君照明叙事法》介绍过一种治病驱邪秘术,与"盘水加剑"颇为相类:

将一面镜子挂在门上,在门下放一盆"井华水"(清晨初汲井水），将刀或剑横搁在盆上，锋刃向外，任何鬼魅包括擅长直入门户的老魅都不敢近前，"过水即死，血在水中"〔5〕。

这种直接用明镜驱邪的秘术，实质上就是经过道家改造的原始巫术。中国是世界上最早铸造铜镜的国家，若从齐家文化墓葬出土的两面铜镜算起，到现在已有约四千年历史，但它的兴盛发达要到战国时代，明镜驱邪术也大致形成于秦汉时期。铜镜除了鉴容，还可用于厌劾。镜与剑均为道家重要法器，李绰《尚书故实》："凡学道术者，当须有好剑镜随身。"妇孺皆知的"照妖镜"传说，大量出现在古代小说传奇中，其实就是鉴容与厌劾两种作用的巫术化结合。历史上镜与首级－人头也曾发生不少纠葛梦魇，照镜照出无头人的怪事，正史、笔记多有记述。

很明显，贾谊的装置，借鉴了道家乃至原始巫术的设计，或者可以说，是对类似的驱邪巫术的改造。

在贾谊的装置中，镜子失踪了，不是消失，是被替换或者说整合到"盘水"中。

水平如镜，镜在水中，两者有物理性质和功能上的类似与通约性。镜神而近巫，而水无处不在，更具宗教性，或者说更洁净。当然也有用水"坏事"的，南朝刘敬叔《异苑》说，曾有妖幻者"以水自鉴，辄见所署置之人，衣冠俨然。百姓信惑，京都翕集"。

在中国文化语境中，镜与水自古就建立了基于阴阳对应宇宙观的宗教和神秘意义上的直接关联，"明水"即这种关系的产物，如水镜先生者亦然。《周礼·秋官司寇》有司烜氏一

---

〔5〕 胡新生：《中国古代巫术》，人民出版社2010年版，第231页。

图 84 带"渴饮玉泉饥食枣"铭文的汉镜

职,"掌以夫遂取明火于日,以鉴取明水于月,以共祭祀之明齍、明烛,共明水"。贾公彦疏云:"鉴,镜属,取水者,世谓之方诸。取日之火,月之水,得阴阳之洁气也。"方诸是什么,众说纷纭,有大蚌、五色石、铜锡之镜等,比较肯定的说法是方诸为与阳燧相对的特制铜镜[6],人于月明之夜,以方诸取水于江心。这样一来,明水就是太阴之精经由镜的召唤所化成的

---

[6] 李时珍《本草纲目》第五卷水部"明水"条所说较详:"[释名]方诸水。藏器曰:方诸,大蚌也。熟摩令热,向月取之,得水二三合,亦如朝露。阳燧向日,方诸向月,皆能致水火也。……时珍曰:明水者,取其清明纯洁,陈馔为玄酒是也。……《淮南子》云:方诸见月,则津而为水。注者或以为方诸为石,或以为大蚌,或以为五石炼成,皆非也。按《考工记》云:铜锡相半,谓之鉴燧之剂,是火为燧,水为鉴也。高堂隆云:阳燧,一名阳符,取火于日。阴燧,一名阴符,取水于月,并以铜作之,谓之水火之镜。此说是矣。干宝《搜神记》云:金锡之性,一也。五月丙午日午时铸,为阳燧;十一月壬子日子时铸,为阴燧。"

洁净之水。而"井华水"仅仅是井中"平旦第一汲"(《本草纲目》),与明水不可同日而语,只吓得山中老魅,上不了大雅庙堂。宗懔《荆楚岁时记》介绍正月一日的风俗,其有一项是进敷于散,服却鬼丸,"并井华水服之",同样停留在祛鬼初阶。

井华水虽不及明水,但若把这口凡间水井搬上天,那可不得了!

黄河之水天上来,盘中之水出东井。[7]水所暗蕴的杀气,直接来自神秘深邃的星空——

《后汉书·天文志》:东井……又为法令及水。

《晋书·天文志》:东井八星……主水衡事,法令所取平也。

井华水或曰明水在天上既为主法令的星宿,当它再次流回人世,就华丽丽命名了主管司法刑狱的机构,被赋予决狱生杀之权。西汉官制的设置与命名,正是遵循这种对应。《汉书·百官公卿表》:"宗正属官有都司空令丞。"如淳注:"律,司空主水及罪人。贾谊曰,输之司空,编之徒官。"晋灼注《汉书·伍被传》亦谓"《百官表》宗正有左右都司空,上林有水司空,皆主囚徒官也"。另汉之中尉属官有寺互、都船二署,下设寺互、都船狱令,既为治水之官,也管所属诏狱。

贾太傅这盘明水,怎一个"杀"字了得!

横于水上的"神器",也大有来历,其原型乃是"水心剑"。

据说晋武帝曾向臣下征询"曲水流觞"掌故的出处,尚书郎束皙的答案非常威武:"秦昭王三月上巳置酒河曲,有金人自东而出,奉水心剑曰:令君制有西夏。及秦霸诸侯,乃因其处立曲水祠。"(《荆楚岁时记》)水心剑从神话故事中获得"君

---

[7] 东井指井宿,二十八宿之一,南方七宿之首,属双子座。因位置在玉井之东,故称东井,简称井。

权神授"的身份，因而具有生杀斩戮的绝对权威。如果说明水似乎还保持着表面的净洁温润，此剑一横，清凉水气立马变成天杀之气。

至此，经由贾谊参契古今，匠心独运，明水加剑作为礼教德政的"政治装置"被创造出来，闪亮登场。

大家看看，当日贾谊思想多么解放，戏路多么开阔，他把天上之井、庙堂之物、王霸之剑与道家防山中老魅的巫术，都放到一个药钵子里细研，功运洪炉，丹生宝鼎。

一盘水，一把剑，就将审判与执行合二为一。

盘中之水，通过一个理想化或称之为原则性的假定——君主持法总是公平正确，取代了审判过程，同时以镜像所具有的神秘方式催眠照水之人，通过自我"妖魅化"，置其于有罪推定的行刑柱上。盘所具有的稳定态，事实上取消了水波动的频率乃至倾斜或溅出的可能，而这其实是被诃谴者的申辩权。水上横剑，一个极其简洁易行的设计，既和盘托出在礼刑合一框架下，个体生命自主权和身体的独立价值几乎被完全挤出、替换的真实语境，又隐真相于无形。简言之，合礼即合理，合德则合法。

它与汉家历任有作为的帝王所奉行不替的"儒术杂王霸"治国之道，高度契合。

当待罪的宰执大臣换下山中老魅，并给自己准备好一盘明水，水中照出的，想必已是满室血光无头人——要明白，让王公大臣体面去死，自行了断，与尊重身体和生命无关，是为了在制度和技术层面上符合"刑不至君子，礼不至庶人"的原则，维护阶级区隔，防止对人主权威的间接破坏和削弱，完善以礼教文化支撑的专制社会意识形态的内在逻辑，即目的与路径的统一，保证政权运作，长治久安。

二　枭鹏与秃鹫

从薄国舅到周亚夫

贾谊上《阶级》疏后第六年，汉文帝的舅父、薄太后之弟将军薄昭擅杀汉使者，第一个"被自杀"。

自杀的经过颇为搞笑。汉文帝先"使公卿从之饮酒，欲令自引分，昭不肯；使群臣丧服往哭之，乃自杀"（《资治通鉴》卷一四）。一法不行再设一法，可见当时只是从理论上认同贾谊的建议，还没来得及落到制度层面，规定动作尚未配套。同时，不管是被自杀者还是应邀围观者，大家也都还不习惯、不熟习。经此尴尬，朝廷想必开始正式让礼官设计大臣有罪自杀的具体实施办法。

二十二年后，中元二年（前148），汉景帝的长子、太子刘荣被废为临江王，复因罪征诣中尉府对簿，受中尉郅都凌迫，在狱中自杀。

又过五年，报应接着落到周勃次子周亚夫身上。

周亚夫在平定"七国之乱"中立大功，再次"安刘家天下"，也与周勃一样位至丞相。可他智不及其父，而强项过之。周勃尚知功成身退，亚夫则恃功桀骜；周勃"知狱吏之贵"，终得委曲求活，他则为狱吏放恣侵凌，被活活饿死于廷尉狱。当然事势不同，当初文帝杀心未动，而景帝则认定周亚夫心怀怨望，决定解决他，不把麻烦留给子孙，于是借小故将老家伙下狱。周亚夫知道下狱对吏意味着什么，从他第一反应是想自行了断，说明那时大臣自杀不对吏已初成共识。但他妻子抱有幻想，阻止了他，结果让当年女相士许负关于周亚夫位极人臣却饿死的预言应验：在狱中，他"被绝食"五日，呕血而亡。屡安汉室的周氏家族，未三世而衰。

大臣有罪不受刑，不是免刑，是自刑——自杀。对不想死的人来说，自杀往往比被蔡庆们抻长脖子一转胳膊更纠结。"盘水加剑"法案要落实，除"上"认可，还要"下"的"自觉"。文、景两朝，分别用新原则办死国舅，迫杀皇子，饿死功臣，教训了抱有幻想的"不自觉"大臣，为武帝之后各朝立下规矩。

七国之乱：自杀第一波

从薄国舅到周亚夫，中间还有个"七国之乱"的善后处置过渡铺垫。

"七国之乱"被平定，汉朝迎来自铲除异姓王与诸吕之后第三波处死宗室列侯的高潮，亦可算是汉朝王侯有罪自杀第一波。

一方面，七国诸王基本是皇室宗亲，就身份与血统而言，比大臣更尊贵。《周礼》："凡王之同族有罪，不即市。"古代不少部族或国家都有对王族用隐讳体面方式处死的做法，马可·波罗介绍成吉思汗处死叔父乃颜："兵士将乃颜裹在两张毡子中，然后由骑士把他拖在地上骑马飞奔，直到他气绝为止。这种特别的刑罚是为了不让皇族的血暴露在阳光、空气之中。"[8]

另一方面，"七国之乱"已属战争，与平时王侯犯罪，情势迥异，且文、景两朝尚属贾谊提案的试行与调整期。因此，由"他杀"向"自杀"过渡的情形相当明显，多种类型错杂

---

[8] [意]马可·波罗著，梁生智译：《马可·波罗游记》，中国文史出版社1998年版，第100页。

出现。

叛乱首谋吴王刘濞兵败后，为东越诱杀送首；胶东王、菑川王、济南王"皆伏诛"，仍为"他杀"；楚王戊、齐孝王、赵王、胶西王先后自杀，约占直接或间接参与叛乱的诸侯王的半数，其中胶西王属被捕后赐死。另一个有意思的特例，是自恐被列入清算名单的济北王，原来"亦欲自杀，幸全其妻子"（《汉书·贾邹枚路传》）。由此似可推测那时自杀还只是常规情形下保全体面的优选项，未为定制和共识。另一方面，也可能已出台相应的鼓励自杀的条文，或已有惯例可循，如自杀可罪止一身，避免更残酷的清算甚至族诛。〔9〕

《汉书》的清单

从汉武帝即位起至汉成帝永始二年（前15），以灾异策免丞相薛宣止的一百多年，可视为"自杀法案"实施的第二个阶段。

前140年，十六岁的太子刘彻即位，是为汉武帝。前118年，丞相李蔡（飞将军李广的堂弟）自杀。此期间诸侯大臣有罪自杀的，先后有御史大夫赵绾、郎中令王臧、大行王恢、燕王定国与齐厉王次昌、前将军李广等。而被公开处死乃至族诛的，则有元光二年族诛灌夫，"论杀魏其（窦婴）于渭城"（《资治通鉴》卷一八），元朔二年族诛主父偃等。此外，元狩元年治淮南王、衡山王谋反大狱，淮南、衡山两王均自刭，王后、太子等弃市。

---

〔9〕《史记·郦生陆贾列传》：孝文帝听说平原君朱建与吕后情夫辟阳侯审食其谋化策略，使其在诛除诸吕时免被清算，"使吏捕欲治"。闻吏至门，平原君欲自杀。诸子及吏皆曰：'事未可知，何早自杀为？'平原君曰：'我死祸绝，不及而身矣。'遂自刭。孝文帝闻而惜之，曰：'吾无意杀之。'乃召其子，拜为中大夫。"这是发生在文帝初年的另一宗大臣自杀事件。

元狩五年（前118），继公孙弘之后为相的李蔡"坐盗孝景园堧地，葬其中，当下吏，自杀"（《资治通鉴》卷二十）。从此，黑气就一直在丞相头上盘旋，他们的名字开始频繁出现在下狱对吏与自杀名单上，成为"自杀法案"的主角。《资治通鉴》说："时朝廷多事，督责大臣，自公孙弘后，丞相比坐事死。"

《汉书·公孙弘传》也开出一张清单：

（公孙弘）凡为丞相御史六岁，年八十，终丞相位。其后李蔡、庄青翟、赵周、石庆、公孙贺、刘屈氂继踵为丞相。自蔡至庆，丞相府客馆丘虚而已，至贺、屈氂时坏以为马厩车库奴婢室矣。唯庆以惇谨，复终相位，其余尽伏诛云。

大案所起，各有事由。除了李蔡，其他几个不得善终丞相的死因分别为：

庄青翟：构害张汤，汤死而武帝悔，因下狱，自杀。

赵周：坐知列侯酎金轻，下狱，自杀。

公孙贺：为京师大侠朱安世所告，坐其子私通阳石公主及祝诅罪，下狱死。

刘屈氂：以与贰师将军李广利谋废立及其妻涉祝诅，腰斩。

辣帝与霉守

汉武帝一朝，外有"朝廷多事"的大环境，内有"汉家自有制度，本以霸王道杂之"的大原则，加上武帝本人雄才大略而刚愎独断，手段酷辣，丞相日子自然不好过。几种情形尤须注意：

一是李广、李蔡兄弟均在下吏对簿前自杀，已明确体现了为人臣者不愿受下狱对簿之辱的"身份自觉"。李广是名将，李蔡原来也是出身军伍，从击匈奴立功封侯，而后拜相。李氏兄弟共同的选择，说明这种自觉不仅体现在经术之士出身的文官身上，武臣也已受影响。

大约发生在汉武帝前期的一件事，同样说明以自杀保全尊严的观念，已自王侯三公向次一层的中高级文官浸润发散。

酷吏周阳由任河东都尉，西汉郡都尉是中高级武官，秩比二千石，辅助太守主管军事。但周阳由一向以凌踞上司欺辱同僚出名，这回同样与河东郡守胜屠公争权，两人互相告发对方，"胜屠公当抵罪，义不受刑，自杀，而由弃市"（《汉书·酷吏传》）。河东太守为二千石，"义不受刑"四个字说得非常清楚，是胜屠公耻于弃市，自行了断，这位太守如此刚烈，难怪他不能忍受佐官越权，周阳由碰上他，彼此倒霉！

二是大臣包括丞相自杀，一般尚属轻罪，若涉及祝诅废立之类的谋反大罪，大臣的体面就在警示的需要面前退居二线。汉武帝晚年治丞相刘屈氂之狱，将其厨车以徇，腰斩东市，妻子枭首华阳街。

宗亲诸王则出于血统尊贵的考虑，虽罪属谋反，一般也听其自杀，如淮南王、衡山王。汉昭帝元凤元年，燕王旦谋反事败，"以绶带自绞死"，均是。诸侯王的绶带，据说在设计时就考虑了绞索的功能，以备有罪自杀之用。

三是竟然发生因拜相而当场崩溃泪奔的奇闻。

武帝太初二年开春，丞相石庆病死。数日后，太仆公孙贺迎来他仕宦生涯的顶峰：拜相。

这种让当官的人听起来都巴不得的美事，对公孙贺来说却无异霹雳。他在汉武帝面前长跪不起，痛哭流涕不受印绶。汉武帝可不吃这一套，撂下相印拍拍屁股摆驾回銮。满脸泪痕的新丞相发出哀叹："我的日子从此难过，将来不知道怎么死呢!"

公孙贺的眼泪,说明到了汉武帝末期,丞相这个位极人臣的职位,变成烫手山芋,已被套上催命符咒。果不其然,不久,公孙贺也被"盘水加剑"打发了。

鼓点与毒药

李蔡是西汉第一个在下狱对吏前自杀的丞相。又历数任皇帝,西汉气数渐尽,汉哀帝元寿元年(前2),丞相王嘉下狱,呕血而死。在这大约一百年中,"自杀法案"一路风生水起好不热闹,却悄然发生两方面深刻而荒诞的变化。

一方面,大臣有罪自杀进一步成为自觉行为,也作为荣辱观深植于"士"阶层的群体意识中,一幕幕不失激烈悲壮的自杀大戏精彩上演,戏码最足,当属汉宣帝朝司隶校尉盖宽饶、大司农田延年。

盖宽饶以刚介清直闻名,而疾恶太过。汉宣帝神爵二年(前60)他接到下狱诏令,"引佩刀自刭北阙下,众莫不怜之"(《汉书·盖宽饶传》)。北阙是长安未央宫北面的门楼,为臣下上书、奏事、谒见之所。盖氏自刭时有没有备上一盘明水,我们不得而知,面阙再拜,跪地自裁,血溅宫门的系列动作,则已相当标准。盖氏不算孤独,宣帝即位不久,祁连将军田广明同样因有罪被诏下狱,自杀阙下(《汉书·酷吏传》)。

以胆气著称的田延年自杀前的舞蹈与鼓点,极具表演性、仪式感。入狱诏下,田延年"即闭阁独居斋舍,偏袒,持刀东西步。数日,使者召延年诣廷尉。闻鼓声,自刎死"(《资治通鉴》卷二四)。闭阁独居,让人想到贾谊自杀法案所设计的大臣自系待罪的特定场所:请室(清室)。至于他为什么要袒肩持刀在小阁中来回走直角,鼓声何所来,待考。

用于自杀的毒药,也就有了不少戏份。

汉元帝的太傅萧望之为宦官石显设套陷害，有诏下狱。萧夫人认为此举应非元帝本意，劝丈夫先别自杀，可他的门生李云是个"好节士，劝望之自裁"，一激之下，其意遂决。他对李云说：快，给我和好毒药端上来，让我死得更快些！随即仰药绝命。

无独有偶，汉成帝因星变禳灾，牛酒赐死丞相翟方进，丞相府议曹李寻，也在谴策未下前劝翟方进自裁，并表示愿意追随。

丞相王嘉下狱前，同样是"掾史涕泣，共和药进嘉"（《汉书·王嘉传》）。

上述数例可以说明，当初贾谊在《阶级》疏中所预期的大臣有罪自杀"化成俗定"状态已基本实现，高官不对簿，闻入狱而先自裁，内化为上自王公将相下至低级官吏、士人的道德准则和行为自觉。因此，主要的自杀材料毒药，也像乱世列女的剪刀或者绞索一样，成为"守节"的常备行头。那年头，想必朝廷三公大臣的门生僚属如掾史吏佐，都得通晓和合毒药的常识，身边常备药料，以供主司恩师随时全节成仁。

流风所蔚，后世每出"毒士""药女"。

三国时，名士何夔曾任曹操丞相府东曹掾。曹操对掾属比较严厉粗暴，一有过错往往杖责。何夔认为被掀倒打屁股对士人来说是奇耻大辱，因此毒药随身，若这种羞辱落到自己头上，就仰药自尽。这一招还算有效，屁股终保尊严。

"药女"的代表当推长孙皇后。据说唐太宗生病时，她毒药随身，并表示万一皇上不测，她不独活。

青牛白马，浑水吃剑

在大臣有罪自杀渐臻自觉而成风气的同时，"盘水加剑"也一步一步演变成"浑水吃剑"。汉文帝的"哭丧队"改版升级，

"青牛白马"走上长安街头,来到成为替死鬼的丞相三公门前。

钱穆指出:"汉廷自武帝以后,儒术日隆,而朝廷论灾异者亦日盛。因汉儒经术,本杂方士阴阳家言。"(《秦汉史》)汉成帝册免丞相朱宣,开"以灾异策免三公者"先例,不久竟因为"荧惑守心"(火星在心宿边徘徊的特殊天文现象,在古代被认为是最不吉利的星象,对应皇帝驾崩或皇子有难),牛酒赐死宰相翟方进,冀为自己禳祸。且看赵翼《廿二史劄记·上尊养牛条》所述:

> 汉制,大臣告老,特诏留之者,则赐养老之具以慰之。如平当乞骸骨,诏赐养牛一,上尊酒十石。……而其时大臣有罪当诛,亦用此法赐死。翟方进被谴,成帝赐册曰:"今赐君上尊酒十石,养牛一,君其自审处焉。"方进即日自杀,上仍秘之,赐丞相印绶、乘舆、秘器,更亲临吊。如淳注曰:"汉仪注,有天文大变,天下大祸,皇帝使侍中持节,乘四白马车,赐上尊酒十斛,牛一头,策告殃咎。使者去半道,丞相即上病。使者还未白事,尚书以丞相不起闻。"盖自文帝感贾生盘水加剑之言,优礼大臣,不加显戮,后世遂制此法,虽赐死而仍若以病终者,于是遂成故事。

在"盘水加剑"装置初始的设计意图中,大臣被谴,原因是有罪。取消下狱、对簿的程序,理论上虽可避免死前受刑、受辱的痛苦和危险,而在实质上也取消了法律程序和申辩权。虽然如此,被呵谴者还可以摆上一盘水,提醒皇帝公正,我们姑且称之为沉默的申辩权吧。西汉中叶以前的案例,也还大致体现罪刑相应的原则。灾异册免之例一开,《周官》所谓"三公之职,本以论道经邦,燮理阴阳为务"的界定,与汉初陈平关于丞相

图 85 会唱歌的铜牛

此铜牛为发明家佩里劳斯为希腊僭主法拉里斯设计的一种酷刑机器。佩里劳斯对法拉里斯说,把人装进铜牛并在牛肚子下面点火,受刑者痛苦的尖叫就会通过安放在牛头的一个精巧的音乐装置,转化为呦呦牛鸣。法拉里斯听罢,请这位发明家首先"享用"。不知当日在西汉都城长安大街上驮着尊酒带着遣册走向丞相府的青牛白马,是否也会一路发出呦呦的美妙鸣叫?

责任是帮助君王调和阴阳的高谈[10],就直接成为日后丞相三公们必须对阴阳失调、天灾地祸负责的依据。因为灾异被册免甚至自杀,如羔羊献祭,成为合逻辑的结局,悲摧的是还得君臣

---

[10] 汉文帝曾问陈平丞相所主何事?陈平说:"宰相者,上佐天子理阴阳,顺四时,下育万物之宜。"见《史记·陈丞相世家》。

默契，自家"告病死"！至此，"自杀法案"先天潜藏的"礼刑合一"祭坛本质，在谶纬神学阴阳五行的推助下，终于越过并撕下罪刑对应的包膜，无条件消解申诉权利与审判程序，以黑色幽默和滑稽荒诞的方式暴露出来。

盘，变成皇帝的洗脚盘；剑，是方士披头仗发的剑。

曾经，中国有一种替罪羔羊名叫"三公大臣"，头羊是丞相。

在这种逻辑与语境中，三公大臣的身体，与竿头木上的首级已殊途同归，只要需要，随时可沦为符号和祭品。

我要他杀

我们再回头听听一盘横剑之水前面的"待罪者"或者说"沉默羔羊"的独白或呐喊，看看他们的挣扎、纠结与觉醒。

田延年入狱前，大司马霍光念其在废昌邑王立汉宣帝的廷议大会上有一言定鼎之功，带话让他先就狱，再争取宽纵，但田延年断然拒绝了，说："即使天子宽纵我，我有什么面目身入牢狱，使众人指着我笑话，让狱卒徒隶唾辱我呢！"

萧望之因躁进多言，惹毛汉宣帝，下过一回狱。后来汉元帝继位，萧望之担任过他师傅，因此复官封侯，正做拜相准备，但为中书令石显设诈排陷，使他面临第二次入狱对吏的羞辱。这次，他在略为迟疑之后，被门下吏李云一激，发出浩叹："我备位将相，活到六七十岁了，还要老进监牢，备受凌辱，再活下去也太卑贱了！"脖子一仰，喝下毒酒。弱智怯懦的汉元帝大出意外，但也无如之何。

而其实早在第一位面临下狱对簿而选择自杀的丞相李蔡死前一年，他的从兄飞将军李广已经发出自杀绝叹。因失欢于大将军卫青，李广被强派迂道远征匈奴，迷路失期。卫青派长史急召李广对簿，李广引刀自刭。死前，他对部下说：我从少年从军便与匈奴打仗,到现在大小战役经历了七十多场。今日从大将军出征,被派迂道远行,又迷路失期,这真是天意啊!我现在已是六十多岁的老人,怎么还能被刀笔吏讯问,受这样的屈辱!

如果说从李广经田延年至萧望之三人的自杀独白,表达的还只是对个体名节与尊严的自觉维护,那么,与灾异册免大臣的做法表里激荡的"羔羊自觉"——对阴阳失调和自然灾异负责的表述,也屡屡出现在身为丞相三公的大臣奏疏中。宣帝时,丞相魏相上奏说:"臣相幸得备员,奉职不修,不能宣广教化。阴阳未和,灾害未息,咎在臣等。"(《汉书·魏相丙吉传》)萧望之以射策甲科起家为郎,原来就是一名"灾异专家",当他还是一介郡吏时,"地节三年夏,京师雨雹,望之因是上疏,愿赐清闲之宴,口陈灾异之意"(《汉书·萧望之传》)。后来在御史大夫任上,也以灾异上表自咎。直接被成帝拿来禳祸的倒霉丞相翟方进,显然早有以一身当灾变的准备,而僚属李寻更公开劝他自杀,载着尊酒谴册的青牛白马一走上长安大街,他即日了断。

合作愉快!

但是,任何一个时代,总存在历史或者文化无法催眠的人,或者,换一种说法,再厉害的咒语,总有失灵的一天;再沉重的梦魇,也会有人挣扎着醒来。

赵翼《廿二史劄记·上尊养牛条》在概述以退休尊养仪式饰演灾异谴死的戏路后,接着说:"其有不肯自杀,愿就狱对簿者,转以为违制拒命。"

这个拒命之人,就是汉哀帝时的丞相王嘉,西汉一朝,王嘉几乎是唯一反例。

盘水加剑,"禁止他杀"——这件由贾谊设计的"皇帝的新衣":德政礼教打在王公大臣身体上的待宰印记,经由西汉君臣一朝又一朝心领神会走台作秀，似乎越穿越合身，王嘉突然奋起一扯，大叱一声：

请别演戏，我要他杀！

《汉书》撰者清楚此事对于西汉王朝来说是一个非同寻常的个案，工笔详叙，在《王嘉传》中保留了不少有价值的细节：

中使（宦官）带着收捕王嘉下廷尉狱的诏书来到丞相府，掾史（西汉时相府各曹主官，多由丞相自行辟举）们都悲伤绝望地哭起来，一起和好毒药呈上，但王嘉不肯喝。相府主簿劝他说："本朝将相不入狱对簿辩理陈冤，已经相沿成为故事，君侯应该引服自决才好。"使者也板着脸，高坐在相府门口等结果。主簿们再次呈上毒药，王嘉挥手把药杯摔到地上，对聚集在厅事前的官属高声说："丞相幸得备位三公，不能尽职有负国家，理当伏刑都市以示万众。丞相岂能像小儿女子一样，偷偷服药自杀？"他脱下官服，换上入狱的衣装，拜见使者，接受诏书，坐上普通官吏乘坐的小车，揭去车盖，脱掉帽子，随使者到廷尉衙门。廷尉也不客气，收缴了王嘉的丞相和新都侯印绶，给王嘉上了缚，用车载到都船诏狱。

汉哀帝听说王嘉没有自杀而下狱对吏，大怒，派将军以下五个二千石官员一起讯问究治……王嘉在监狱中关了二十多天，绝食，吐血而死。

汉哀帝刘欣十九岁即位，七年后病死。这位短命皇帝创造了中国历史上最疯狂的帝王断袖之恋，甚至想把帝位传给"爱人同志"董贤，刚直有威的纯爷们儿王嘉如何能理解认同？王嘉屡次上章谏止，触其大讳，这是下狱的直接原因。这回既没有阴阳灾异的神秘说辞可以假借，而王嘉也更坚信自己无罪，如此一来,"盘水加剑"便只剩下替昏君遮羞省事的虚伪与厚黑。以王嘉的性格、人品和见识,如何愿意继续做哑口闷死的"乖羊羊"?于是,他一反惯例,无视蹲踞一旁的"秃鹫"("使者危坐府门上"使我联想到一幅世界摄影名作:非洲荒野上秃鹫站在不远处看着已经饿得连抬头力气都没有了的小孩),大声呼喊那被"盘水"特意区隔在远处的枭鸟,要求死个明白,"伏刑都市",枭首都门。

从前170年汉文帝用提前哭丧的办法逼死薄国舅,到前2年王丞相打翻药杯,贾谊盛满的方诸玉露,摆好的水心神剑,在人为区隔了"鬼车"——老枭一百六十八年之后,终于又浑又脏,被一个早醒的硬汉一脚踢翻。

只是王嘉仍然无法逃脱被秃鹫啄食的结局,一腔鲜血,最后只能呕在不见天日的都船诏狱,呕在那把血锈斑斑的水心剑上。

好在王嘉有传人,东汉末年,"盘水加剑"再次被踢翻。王允揭发宦官张让通黄巾,被陷下狱。他同样在各方面暗示、劝说乃至进药的情况下,以与王嘉一样的理由坚拒自杀,投杯就狱:

> (王允)复以他罪被捕。司徒杨赐以允素高,不欲使更楚辱,乃遣客谢之曰:"君以张让之事,故一月再征。凶慝难量,幸为深计。"又诸从事好气决者,共流涕奉药而进之。允厉声曰:"吾为人臣,获罪于君,当伏大辟以谢天下,岂有乳药求死乎!"投杯而起,出就槛车。既至廷尉,左右皆促其事,朝臣莫不叹息。(《后汉书·王允传》)

王允比王嘉幸运,后因大将军何进、大尉袁隗、司徒杨赐联名上疏营救,得以减死。遇赦获释后还变姓名逃亡一段时间。而杨赐劝王允自杀的重点，也已由"耻于下狱"转向料其必死求免多受苦辱。

秃鹫行

1900年，八国联军攻破北京，慈禧太后挟光绪仓皇出逃，辗转避难西安。第二年，迫于八国压力，慈禧太后惩办了一批当初主张放纵义和团的亲王和大臣，其中包括刑部尚书赵舒翘。赵舒翘原拟斩立决，后改赐自尽。慈禧派"苗蛮"出身的陕西巡抚岑春煊前往监刑。跟随西太后出奔的吴永，在《庚子西狩丛谈》中详细讲述了赵舒翘在家中"被自尽"的情形：

> 赐赵自尽时，派岑春煊前往监视。赵体质素强，扼吭仰药，百计竟不得死。而岑在客堂，不耐久候，再四逼促，词气极凌厉。家人不得已，乃以绵纸遍糊七窍，灌以烧酒而闷煞之，屡绝屡苏，反复数次而后毕命。惨矣！然岑亦忍矣哉！

据说当日纸糊七窍前，赵已试过吞金、服砒霜等法，"百计竟不得死"似非虚言。由家人动手，残忍悖情又逾于常。与西汉同行相比，这位清末大臣自我了断的水平显然不够专业，家乏常备之剧毒（或者砒霜之类失效），身无上吊之绶带。而从王嘉下狱时的"使者危坐府门上"，到赵舒翘自尽时岑春煊狼踞客堂，"再四逼促，词气极凌厉"，"秃鹫"的形象更传神。在这近两千年的时光中，老枭和秃鹫这对难兄恶弟飞向何处，怎么"商略黄昏雨"来着？

如前所述，汉初承秦律，严刑峻法，且不分尊卑一律戮辱虐杀，锄除韩、彭等异姓王，具五刑之外，乃至于菹肉传羹。作为制度设计上的因应与调整，贾谊倚靠儒家思想与德政礼教原则设计出来的"自杀法案",实义是取消审判,进而禁止对有罪的王公大臣实施"他杀""辱杀",即普通司法执行层面的监禁、审判与公开杀戮,不使狱吏得以羞辱贵官,不让普通老百姓目睹王公大臣血溅西市,枭首东门。一盘明水要区隔、驱离的"山中老魅",就是那"首在木上"的老枭,而代之以盘旋或静候一旁等着人死啄尸的秃鹫。对"罪臣"或"羔羊"来说,则死罪照样不免,甚至更为荒唐没商量。

然而自杀毕竟太难,尽管贾谊在绛国晚箫中心力交瘁地唠叨说项,真能耻于下狱受辱而决然自杀的人,即使在经术盛行的西汉,也屈指可数。阴阳灾异之说,又不免在文明祛魅的过程中日显其荒唐无征。为不使"羔羊"的挣扎叫唤破坏"沉默"的神谕,对不能默契配合及时自杀者,就只能"被自杀"或秘密处死。"秃鹫"临门,尚为优待,不吃敬酒,则于下狱后通过绝食、刑辱、下毒等种种办法,把"羔羊"闷死在狱中,对外宣布自杀。

这样一来,当初贾谊有感于"周勃之叹"提出的"自杀法案",在实际执行中就越来越多地变成"下狱,自尽"或"下狱,死",异化成放纵狱中老吏锻炼大臣、便溺"死灰"的方便法门!周亚夫、王嘉传记都特别提到他们下狱之后受到"侵辱"。王嘉奋臂一摔登车而去,可谓"弃秃鹫而求鸱鸮",他想摔破的不是一个药杯,是这种制度设计所赖以存在的哑剧式默契,是一件由贾太傅苦心设计的装置。他大声呐喊,但四下寂然,未能如愿。

不淡定的李参军

有裂纹的古董煞风景。

王嘉死后十年,西汉王朝就被王莽正式宣布"自杀"。在此之前,王莽已摄政四年。连言必称三代、周公的王莽,对"盘水加剑"这样一种猫腻的玩儿法也已颇不耐烦,毛手毛脚地继续把裂纹弄大。例如他清理政敌何武,直接让"大理正槛车征武,武自杀"(《汉书·何武传》)。从群臣哭丧、中使牛酒及门到司法部门(大理)直接出动,从王嘉的"乘吏小车"到槛车直征,所有伪装差不多都已剥去。又王莽穷治吕宽之狱,除毫不留情地将自己大儿子送狱毒杀外,并"连引郡国豪桀素非议已者,内及敬武公主、梁王立、红阳侯立、平阿侯仁,使者迫守,皆自杀"(《汉书·王莽传》)。"使者迫守",如此直截,只差直接动手——明显失去耐性的秃鹫!

有裂纹的古董聊胜于无,没耐性的秃鹫照样食腐,王嘉再摔药杯,也还摔不掉"被自杀"的结局。若汉朝不亡,则这件开裂的古董,今天很可能还横亘在博古架上。对《后汉书》中诸帝《本纪》略做统计,从光武帝刘秀开国到董卓进长安前的一百六十多年间(25—189),大臣因罪或灾异策免"自杀"者不少于二十一人。而在包括"下狱死"、"弃市"、"诛"("坐诛""伏诛"等)、"夷其族"、"腰斩"、"杀"等诸种死法中,"下狱死(诛)"高居榜首,且三字相连成为固定表达,与西汉常用的"下狱,自杀"区别明显,意味着"下狱死"即等于关进监狱秘密处死,至于他杀或自杀,已懒得撇清。大臣不公开审判与处死,已转化成"贾谊提案"出发点的反面,也宣告"道德自觉"的失败。

秃鹫开始发出枭鸟的唳叫,"鬼车"悄悄还魂。

古董上的裂纹不可避免地继续扩大。以铲除外戚为例,汉和帝还有耐性安排窦氏兄弟就国自杀,汉顺帝即位后,阎姬三个兄弟均被"下狱诛"。等到汉桓帝利用宦官扳倒大将军梁冀,梁的兄弟和宗亲就都公开"伏诛"。灵帝时宦官大开杀戒,兴党锢,杀一儆百最重要,体面作秀放一边,公开的诛夷灭族全回来了。董卓入长安,终于像地震一样把这件在东汉不断开裂

第五章 水上一把剑:自杀、赐死——制度设计的因应与衍变 397

的古董连同博古架一起震塌，禁咒彻底失灵，从此又复人头滚滚，枭影重重。

三国以后，两晋南北朝至隋一路小震不停，大震不断，唐朝李世民在玄武门痛开杀戒诛除兄弟，其后如侯君集这等画像上了凌烟阁的大臣，照样伏刑东市，五行灾异之说也日渐式微，"下狱，自杀"不再常见。

耻于下狱就逮而自杀的，唐以后虽偶有出现，已非常稀罕。

李义府为相，以事陷刘仁轨于罪，并使御史诱迫其自杀。刘仁轨也够逗，他已经把头伸进套子准备蹬腿自缢了，最后关头又把脑袋退出来，不干了。

武后篡位，为树权威灭异己，兴大狱，搞株连，酷刑虐杀不仅"老牌恢复"，更在一帮酷吏手中变本加厉。索元礼有"晒翅"之酷，孤独庄创钩脑之刑，监察御史李全素名为"人头罗刹"，殿中王旭号曰"鬼面夜叉"（《朝野佥载》）。王公大臣若落到罗刹夜叉们手中，便想自杀，也由不得你。

晚唐开成年间，有个姓李的士人任利州录事参军，按说只是个地方小官僚，因为贪赃罪发，刺史派人上门抓他，准备治罪并上报朝廷。这人"惶骇无以自安，缢于庭树，绝脰而死"。张读《宣室志》专门记录此事，正好说明那时官员有罪自杀已经相当稀奇，才轮得着如此不淡定的小官上榜。

元朝的刘宣倒是真有古风。至元二十五年（1288），南台御史中丞刘宣自杀。原因是当时行省丞相蒙古岱纵恣不法，害怕以刘宣为首的台臣纠劾，罗织罪名上报朝廷，朝廷信之，"使置狱行省鞫治"，蒙古岱把刘宣等六个御史抓起来，刘宣"不胜愤，遂自到于舟中"。他的自杀宣言，几乎是西汉的再版："身

为台臣，义不受辱，当自引决。"（《续资治通鉴》卷一八八）

完颜亮的创意

再说说"下狱死"。

刘熙《释名》："狱死曰考竟。考竟者，考得其情，竟其命于狱也。"换成大白话，就是在监狱中严刑拷打讯问犯人，直到将人折磨死。

《三国演义》中，"下狱死"是家常便饭，多说明死法。例如，蔡邕是下狱缢死，《后汉书·蔡邕传》仅谓"邕遂死狱中"；崔琰骂曹操，杖杀于狱；袁绍败于官渡，"命使者赍宝剑先往冀州狱中杀田丰"。虽说《三国演义》是小说，参考价值还是有的。

五代颠倒乾坤，武人操柄，生灵涂炭，重刑酷法滥行无度，"下狱死"也更随意。如徐铉《稽神录》谓舒州刺史刘存缢杀其所辟判官于狱中，海陵郡守褚仁规缢于狱中，皆是。

北宋立国之初，深惩五代剧创，务与天下苏息，把不杀文官谏臣立为家法，到处建道观，大臣被贬，比较温柔的办法是"与宫观"，让他去当庙祝。南宋初年政治黑暗，赵构信用秦桧以成偏安之局，杀岳飞，排异己，残害旧相，屡兴谤讪诬构大狱，更"命察事卒数百游市间，闻言其奸恶者，即捕送大理寺狱杀之"（《续资治通鉴》卷一三〇）。"察事卒"多达数百人，已与专设的特务队伍无异。明朝东西厂、锦衣卫探子满布，缇骑遍地，端绪其庶几于此。当时的临安大理寺，几成秦家私狱。在秦桧手中，"下狱死"成为逾越正常司法程序的方便法门和秘密处决方式，就连岳飞都是在狱中被直接了结："岁暮，狱不成，桧手书小纸付狱，即报飞死，时年三十九。"（《宋史·岳飞传》）史实中的岳武穆，并没有机会上风波亭。

在北方，完颜亶、完颜亮这两任金国皇帝都是以诛杀大臣出名的暴君，但有时为了掩人耳目，也搞搞"下狱死"，而且更有创意。完颜宗弼即金兀术之子完颜亨材武过人，完颜亮借故把他抓起来，派人"夜至亨囚所，使人蹴其阴间（踢阴部）杀之。亨比至死，不胜楚痛，声达于外"。事后完颜亮装模作样挤出几滴眼泪，对他母亲说："你的儿子所犯的罪本来应当考掠施刑，不料他自己喝水噎死了。"（《金史·完颜亨传》）据《奥斯曼帝国闲史》介绍，"捏碎睾丸"是一种"专门用来处死奥斯曼帝国苏丹"的办法，如此，完颜亨好歹"享受"了外国国王的待遇。

《明史·刑法志》讲得非常明白："刑法有创之自明，不衷古制者，廷杖、东西厂、锦衣卫、镇抚司狱是已。是数者，杀人至惨，而不丽于法。踵而行之，至末造而极。举朝野命，一听之武夫、宦竖之手，良可叹也。"正德、嘉靖两朝均发生大规模廷杖，每次受杖大臣多达一百多人，命毙棍下者都在两位数以上。而东西厂、锦衣卫杀人，多数不通过正常司法程序，直接考掠虐杀于狱中。被杀者每罹非人折磨，其惨毒程度殆有出人想象者。

两个例子，今天读来仍然让人毛骨悚然。

侍讲刘球奏劾宦官王振当权，"振命锦衣卫指挥马顺夜杀公于狱中。二子钺、钹号哭求尸，止得一臂"（《寓园杂记》）。如何"夜杀"？这回正史比笔记更详细，《明史·刘球传》说，当天深夜，马顺带着一个小校持刀来到刘球监室，刘球正在睡觉，一看势头不对，站起来拼命呼喊太祖、太宗皇帝，小校一刀砍来，头断了，身体还站着。马顺干脆让小校把人大卸八块，埋尸狱门之下。修撰董璘与刘球关在同一监室，目睹整个过程，并偷偷把他一件血衣藏起来，后来由刘球儿子收葬。可见当时狱中非法虐杀大臣完全肆无忌惮，完全不避耳目。

东林党领袖杨涟、左光斗等人毙命前不知已经死去活来多少回！当时锦衣卫头目田尔耕、许显纯是魏忠贤的养子，狱中考掠杨涟、左光斗等人不遗余力，经常全刑伺候，"全刑者曰械，曰镣，曰棍，曰拶，曰夹棍。五毒备具，呼譽声沸然，血肉溃烂，宛转求死不得"，魏忠贤并派人到场听记。"一夕，令诸囚分舍宿。于是狱卒曰：'今夕有当壁挺者。'壁挺，狱中言死也。明日，涟死，光斗等次第皆锁头拉死。每一人死，停数日，苇席裹尸出牢户，虫蛆腐体。狱中事秘，其家人或不知死日。"（《明史·刑法志》）拉死，有两种可能，一是"拉杀"，即以外力折断肋骨碎其内脏，如春秋时齐襄公使公子彭生拉杀鲁桓公者是也；第二可能是锁定头颅后拉裂四肢至死。如是后者，则可谓"手工车裂"。《明史记事本末》说，东林党领袖杨涟死时"土囊压身，铁钉贯耳"。土囊压身是谓压杀，又增加了一种杀法；铁钉贯耳，正与"锁头"之说相符。同时收捕的本来还有另一个东林党领袖原左都御史高攀龙，他当时已削职家居，听说周顺昌已被抓，"衣冠自沈于池"（《明史·高攀龙传》）。高攀龙堪称有明一代最明智的自杀者。

一拂鸟·转关榼

盘水已半干，一剑锈尚斑，虽说两汉之后，有罪自杀很难再成为文官集团的道德自觉，但贾谊的政治遗产亦未全废，作为折中办法，渐与"赐死"合体。

赐死，说白了就是"被自杀"，它与"有罪自杀"一样，是以士大夫特别是王公大臣为对象的优待刑，从未被正式列入历朝刑典，实则非常古老，《左传》《国语》已数见记述。鲁哀公十一年（前484），吴、鲁联军将于艾陵与齐军决战，吴王夫差召见鲁大夫武叔州仇，听说他在军中担任马司，夫差勉励他敬事君命，并赐给他皮甲、剑铍（带剑鞘的佩剑），却把州仇吓到，一时不知如何回答。子贡代他答拜说："州仇敬受皮甲，跟从国君。"(《左传·哀公十一年》)州仇为何受惊吓？杨伯峻猜测说："君赐臣剑，是欲其死，疑古无受剑锒之礼，故叔孙不知所对。下文子贡代答，亦只言受甲。"吴国地处蛮夷，可能不太谙熟诸夏礼数，才会出现这种尴尬。不过，汉代皇帝赐给臣下宝剑可是件好事，没有这层意思。《史记·万石张叔列传》说，汉景帝曾赐建陵侯卫绾宝剑，卫绾回答："先帝赐臣剑凡六，剑不敢奉诏。"景帝觉得奇怪，问他道："剑是大家经常使用的器具，你能把先帝所赐的剑都完好保留到现在？"卫绾把六把剑取出来，"剑尚盛，未尝服也"。

比起有罪自杀，死由外赐，毕竟低了一档，先秦两汉尚不多见。魏晋至清末，"赐死"日盛，因其操作方便，尤为乱世枭雄、暴君所爱，在社会矛盾尖锐的时期，公开或秘密赐死频繁发生，甚至与暗杀、毒杀分不清。公开的赐死，往往指定死法，派人现场监督，配备实施自杀的材料或工具，通常是毒药、刀剑、绫罗绳索之类，必要时不排除强制执行。秦始皇崩驾在巡狩路上，赵高与李斯勾结，矫诏赐死太子扶苏，诏书写明"其赐剑以自裁"(《史记·李斯列传》)。后来赐死蒙恬兄弟，其弟蒙毅要求申辩，"使者知胡亥之意，不听蒙毅之言，遂杀之"，大概是使者不耐烦，直接动了手。蒙恬"乃吞药自杀"(《史记·蒙恬传》)，基本符合赐死操作。《三国演义》写李儒奉董卓之命，去永安宫结果被废的汉少帝刘协和皇后性命，先以鸩酒奉帝，帝迟回，李儒即呼左右持短刃、白练于前，说："寿酒不饮，可领此二物。"这出弑君大戏实与赐死无异。

赐死或暗杀诸法中，以酒下毒隐蔽易操作，因而最常见。常用的毒酒是鸩酒，以至"鸩杀"成为常用词，也由此牵出毒酒的生产管理和使用。

春秋时，晋国在城濮之战中打败楚国，成为霸主，把卫成公抓到东周都城关起来，其后"晋使人鸩卫成公，成公私于周主鸩者，令薄，得不死"(《史记·卫康叔世家》)。这个行贿"主鸩者"的人，就是跟到周京负责照料卫侯的卫国大夫宁俞。《左传·僖公二十八年》说得更详细："晋侯使医衍鸩卫侯。宁俞货医，使薄其鸩，不死。""薄其鸩"，是指稀释鸩酒使毒性不足致死。齐侯是被正式关押的，可以确定这位名叫衍的医生是东周王室的御医，可能兼职毒酒的管理，因为他的另一个身份为"周主鸩者"。这个例子说明周朝已有专门的职司或人员，负责下毒鸩人，可能还包括鸩酒的酿制、管理。因为那时药毒一家，此职遂由太医兼任。

制毒杀人属腹黑之事，为正史所讳，笔记小说则往往散见。如宋人陶穀《清异录》有一则《顷刻虫》，专记五代毒事："后周武帝置官于泸州，酿毒药为酒，年以供进。所用材品不一，名野叉酒。"鸩鸟因其极毒，而被唤作一拂鸟、顷刻虫。明人叶子奇则在《草木子》中记录元人用葡萄酿制剧毒"法酒"，他说，元人"每岁于冀宁等路造葡萄酒……其久藏者，中有一块，虽极寒，其余皆冰而此不冰，盖葡萄酒精液也，饮之则令人透脾而死。二三年宿葡萄酒，饮之有大毒，亦令人死。此皆元朝之法酒，古无有也"。按叶氏所说，葡萄毒酒该算元人的一项发明。郎瑛《七修类稿》："小说家尝言：蒙汗药人食之昏腾麻死，后复有药解活。予则以为妄也。昨读周草窗《癸辛杂志》云：回回国有药名押不卢者，土人采之，每以少许磨酒饮人，则通身麻痹而死。至三日少以别药投之即活。御院中亦储之，以备不虞。又《齐东野语》亦载：草乌末同一草食之即死，三日后亦活也。又《桂海虞衡志》载：曼陀罗花，盗采花为末，置入饮食中，即皆醉也。据是，则蒙汗药非妄。"周草窗即周密，宋人。"御院中亦储之"，则说明宋代官府同样储毒备用。其实，早在唐人传奇《无双传》(又名《明珠记》)中，这种让人迷死复活的神药就已经出现："茅山道士有药术，其药服之者立死，三日却活。"[11]无双正是服下茅山道士一丸神药，被"假死"，才得以脱出宫掖，与王仙客团聚。

毒酒如何明赐暗灌，也有大学问。

裴铏《传奇》讲到一种叫转关榼的下毒酒壶，该榼"一边美酝，一边毒醪"，有"转关之法"可暗中控制。在小说中，这个酒壶还是流传有序的文物："其榼即晋帝曾用鸩牛将军者也"，牛将军是司马懿手下大将牛金，因"牛继马后"的预言为司马懿所忌而遭鸩。《太平御览》卷七百六十一在讲酒器掌故时，收录了王隐所撰《晋书》中的一条材料：

> 宣帝（司马懿）既灭公孙渊还。作榼两口，二种酒，持着马上。先饮佳酒，塞口，而开毒酒与牛金；金饮而死。

岳飞被杀后，主战派特别是岳飞旧部的日子很不好过，据说牛皋、邵隆都被秦桧暗中指使亲信，以设宴为由毒杀，此已属暗杀，不知当日可曾用到这类暗含机关的毒酒榼？

宋平南汉，南汉后主刘铱投降。有一天，刘铱跟着宋太祖游幸讲武池，太祖赐刘铱饮酒，刘以为末日已到，当场泪崩，惹了大笑话。原来刘铱当国主时，"多置鸩酒毒臣下"（《续资治通鉴》卷六），不免以"毒君"之腹，度大帝之怀。相传五代十国每个割据政权几乎都有一个"五毒库"，却也基本是事实。盖历朝均有赐死之举，鸩酒之类毒药，宜有官方专供，也就得有相关职司负责酿造管理。

---

[11] 王文衡：《明刻传奇图像十种》，浙江人民美术出版社2013年版，第154页。

马虎的岑春煊

赐死既可秘密到接近暗杀，也可以路演为集体围观，变相显戮，效果比"尸诸朝"还好。

清初权臣年羹尧于雍正四年被赐自尽，《清史稿·年羹尧传》仅谓朝廷"遣领侍卫内大臣马尔赛、步军统领阿齐图赍诏谕羹尧狱中令自裁"，听来很平常。但在清人萧奭《永宪录》中，我们看到另一种情形："闻年羹尧赐自尽时，诸大臣咸在。羹尧迟回引决，欲一见天颜而死，珽独厉叱之，勒令自裁。"蔡珽原是四川巡抚，曾为年所劾被逮，两人是冤家对头。《永宪录》记录康熙六十一年至雍正六年间发生的数宗重大历史事件，作者"以当时人记当时事"（《永宪录》前言，中华书局1959年版），取材多据当时邸钞、朝报、诏谕、奏折等，比较可信。由此观之，年的赐死，实质上成为大臣围观的"公开被自杀"。雍正帝杀权臣以儆百官，既以"赐死"表示优待，又组织围观特加侮辱，用心良苦。

年羹尧想必是缢死，即绞。在赐死或下狱死中，缢与服毒应该都算比较痛快常用的办法。上述东汉蔡邕与五代海陵郡守褚仁规之被缢死于狱，属下狱死，当是由狱卒在狱中执行，尚非严格的赐死。明末崇祯皇帝先后赐死两任首辅薛国观、周延儒，都是尺组悬梁，一吊毕命。事在近世，正史之外，有笔记互补，提供了一些明代赐死具体操作方面的信息。

《明史·薛国观传》说，薛被逮至京后，"待命外邸"，清人叶梦珠的《阅世编》则说是"待命僧舍"。薛国观原来以为罪不至死，半夜圣旨到，尚在酣睡。《明史》说，他被叫醒后，听说传诏的使者都穿着红色衣服，始惊觉自己必死。《阅世编》没有提到绯衣，却详说过程：御史先到，金吾随至，令其跪听圣旨，然后"金吾悬尺组于梁间……"。两处记述合到一起，崇祯朝赐死大臣的执行程序和先后到达的人员都交代了，我们也可从中获知明代使者着绯衣向待罪之臣传诏意味着什么。据说大唐"诗鬼"李贺临死前梦到天帝派绯衣使者召他上天为白玉楼作记，那绯衣还多少沾些荣光，明朝的绯衣使者上门，可是只管索命不爱才。

薛国观也还算条汉子，执金吾将绳子套到梁上后，他自己站上去把头伸入颈套，与奥斯曼帝国那位兵败维也纳城下的大维齐尔有得一比。不过崇祯对他可是恨得牙痒，据说断气后尸体没有马上解下来，仍被悬数日。周延儒就丢人了，他"悲泣不能自止，官校抱持始引决"（《阅世编》）。可知明朝官方"赐死"的准备工作和人员配备相当到位，若本人动作不利索，有官校伺候，不至像清末的赵尚书那么遭罪。话说回来，赵之难死，想必因为当时西太后尚在结束逃亡回北京的路上，一切设施均属临时，空口赐死，很不专业。不然，也不该临时只派一个岑春煊监督执行。岑若更尽职，先替赵把自杀的行头准备好，或多带几个手下代赵的家人"抱持"，赵可能死得更痛快。吴永指责他残忍，还不如批评他粗率马虎来得到位。

赐死也可能变相为侮辱死或虐待死，中唐权相元载可为代表。虽然《新唐书·元载传》照例要言不烦："乃下诏赐载自尽"，但野史笔记补充了很恶心的死法。据说元载被指定在万年院佛堂自尽，他请求主持此事的官员给个痛快，不料那人竟直接脱下污秽的袜子塞进元载口鼻，活活用脚臭把一代名相"黄焖鸡"。唐人韦绚《刘宾客嘉话》、北宋赵令畤《侯鲭录》等笔记，都引述此事。由此可见，在不少个案中，赐死的操作并没有严格规范和准备，而成为变相的秘密处决，碰上残忍或马虎的执行者，更甚者落到仇家手里，死法可能匪夷所思，过程也可能相当漫长，比公开执行更痛苦。岑春煊没有在赵舒翘几番折腾不死的情况下让外人"帮忙",也可以算严格执行"自尽"之赐了。

结语：神征鬼兆故事云

"枭悬—传首"这套以首级为主意象和象征介质的隐喻系统既经建立,它与专制帝国"以礼治天下"的统治结构与思想体系表面的冲突遂日益明显,必然引发制度设计上的因应与调整修补的内在需求。作为这场调整运动的发起人与理论代表,贾谊的意见为西汉统治者所接受,并逐渐内化为统治阶层的行为自觉。"盘水加剑"的"自杀法案"召来了静待啄尸的"秃鹙",暂时区隔开"首在木上"的枭鸟鬼车,而也变相取消了申辩权和审判程序。随着灾异策免乃至谴死成为常态,"盘水加剑"一步一步演变成"浑水吃剑","丞相三公"甚至沦为祭坛上的羔羊,而"下狱死"这种变相的死刑也在实质上取代了下狱对吏前的自杀,进而"赐死"继盛,至清不绝。像"传首"一样,从未正式列入历朝刑律的下狱死、赐死,非常轻易地转变成上自皇帝权臣下至皁隶狱吏任意戮辱、消灭生命个体的方便法门与遮羞大戏,而与"枭首"殊途同归。秃鹙鸱鸮合体,鬼车明暗通吃。

转眼到了大清朝。

雍正三年初冬,十月的一天,一只老虎独闯北京城,东弯西拐,进入年羹尧旧宅。

"虎由西便门进正阳门西江米巷,入年羹尧旧宅,咬伤数人。九门提督率侍卫枪毙之。"在《永宪录》中,萧奭先交代老虎入城的路线图,十分清晰。可仅隔数行,他接着写道:"都城人烟稠密,环卫森严,竟无人见虎所由来,亦非偶然矣。"

要解决这个明显的矛盾，大约只有两个答案：一、老虎不止一只；二、路线图为假。

两个答案，各有其理。

虎的确不止一只。一个月前，另一只"大老虎"刚刚从杭州押解到北京，这只"大老虎"叫"年白虎"。此说何来？"相传年羹尧生时有白虎之兆。"

获知虎入年宅，雍正皇帝即时降下一道"打虎"谕旨："朕将年羹尧解京，本欲仍加宽宥，今伊家突然出虎，真乃天意当诛，将虎放还伊家。"不久，"人中白虎"年羹尧被"围观式"赐死。雍正这虎打的不是兽，是人。

无法想象号称盛世的雍正治下，大清国帝都会让老虎捡漏，更无法想象老虎一路不伤人不扰民，直到年宅才虎口大开。若真如此，首先人头落地的，怕是九门提督。而笔记的作者刚画完路线图，就说虎来"无人见"，若非健忘或弱智，即有隐语。隐什么？我想是老虎的真正由来和作用。

老虎，当是雍正"特聘"的马戏团演员。

年兄确是天生虎将，为清廷立下赫赫战功，位极人臣，"年白虎"兆虎而生，在那时大约像今天最八卦的明星新闻一样，天下皆知。年踞功凌傲大臣，贪黩财货，"无人臣礼"，雍正杀年之心已定，不过将先帝时代第一功臣、权臣一下子弄死，节奏未免太快，于是小步快走，用心下起这盘棋：降职、改官、夺爵、徙居、定罪、逮捕……在这一过程中，朝廷陆续搜集、公布年的罪状，把他身上的镀金一层层剥落，虎威一分分灭掉。最后，雍正居然从正史[12]与前代谈神说鬼的传奇小说如《宣

---

〔12〕 虎与灾异、杀戮的关系由来久远。虎非正常出现，在五行中属于"金不从革"。《元史·五行志》"金不从革"条下记："（至正）二十三年正月，福州连江县有虎入于县治；二十四年七月，福州白昼获虎于城（转下页）

室志》《括异志》中获得灵感,并将其转化为政治智慧,直接导演一出"打虎"神剧,让虎祸代表天意,落下这局得意之棋上最重最妙的一子:赐死!如他的前辈处理恶枭一样,让整个事件获得一个形象的赋义与神授的合法性。

这下子,他治下的吃瓜群众十有八九立马相信:皇上真圣明,天打年白虎!

与明清相比,唐宋以前人们对神鬼故事和灾异征兆更为深信不疑,借由这类预期、想象而杜撰出来的故事,好像满天飘絮的云团,郁积成另类历史记忆。正如鲁迅所论:"六朝人并非有意作小说,因为他们看鬼事和人事,是一样的,统当作事实;所以《旧唐书·艺文志》,把那种志怪的书,并不放在小说里,而归入历史的传说一类。一直到了欧阳修才把它归到小说里。"[13]如中唐"甘露之变"发生后相当长一段时间,野史笔记就不断出现相关的传说逸闻,喷发出一团神征鬼兆的故事云。《宣室志》中关于甘露之变的凶兆与灾异故事多达六则,主角既有事变中被诛的大员王涯、罗立言、王璠、韩约,也涉及受株连斩首的普通官员、士人如胡澫、窦宽等,讲述的大致是这些死于非命的官员在事变前的诡异遭遇,如罗立言照镜失头、王涯儿子遭遇无头人等。这些传闻基本是从民间自发产生并为时人所深信不疑。而清朝的"虎入年宅",则明显是皇帝导演的超级"马戏"。从"甘露之变"的故事云,到雍正皇帝编撰"打虎神剧",我们可以看到这样一个非常有趣的变化:

(接上页)西。"将虎的出现与权臣命运联系起来,正史也已开先例。《旧唐书·代宗本纪》:大历四年八月,"虎入长寿坊元载家庙,射生将周皓引弩毙之"。十二年后,元载被诛。《元史·赵与蒨传》:至元二十八年正月,"虎入南城。与蒨又疏言权臣专政之咎,退而家居待罪。未几桑哥败……"。再如屠杀川人的张献忠人称黄虎,亦为一例。

[13] 鲁迅:《中国小说史略》,人民文学出版社1973年版,第278页。

一方面，时越千年，诸魅渐祛，围绕重大事件，民间自发产生的神鬼故事，已经明显减少。另一方面，历史的主宰者、制造者却也已对人事政治与鬼神异闻内里的对应关系和社会心理了如指掌，而竟至于治神鬼如烹小鲜，反手制造此类题材，并加以天才利用。

就这个角度观察，"雍正打虎"，可谓天人感应灾异观之下，人事史实与故事传说互动链上一招非常漂亮的回马枪，曾经作为优待大臣之法的"赐死"（自尽），亦已完全变相为悚动天下的要闻和八卦。再与"闻年羹尧赐自尽时，诸大臣咸在"这样的实录配合起来读，贾谊为"盘水加剑"所设计的请室（请刑待罪之室）的四面墙壁，早已轰然倒塌，断墙残垣内外，不仅蹲踞着白虎、秃鹫和老枭，还有如蓬间雀一样的无量众生。

阿弥陀佛。

第六章　多少人头烟雨中：疼痛、应激与疗伤

一　打瓦

金书铁券流传史

在中国国家历史博物馆一个独立展柜中，摆着一块脸盆大小的铁铸"瓦片"，正面拱起，金光烁烁。

展柜标签说，这是唐昭宗赐给钱镠的"金书铁券"，长52厘米，宽29.8厘米，厚0.4厘米，熔铁铸成，正面342个字，均以黄金镶嵌（图86）。

钱镠起于草莽，在唐末乱世中显现出卓异的军事和政治天才，以军功积至杭州刺史，旋助唐廷平定老上司董昌的叛乱。唐昭宗大加旌赏，"拜镠镇海、镇东军节度使，加检校太尉，中书令，赐铁券，恕九死"（《新五代史·吴越世家》）。

钱王铁券很出名，自宋至明，多位皇帝都曾瞻视过它的真容，据称为今日存世的唐代唯一功臣免死铁券。此物经历宋、元两世，赖钱氏后人接力保存，多次失而复得，一灯单传，飘零如瓦，得以传至明代，复传而至于今日，是货真价实的国宝。

"金书铁券"俗称"免死金牌"，在历史演义、古装戏曲中，是与"尚方宝剑"一样八面威风的宝贝，以至民间墓葬的

明器,也曾来"山寨"[1]。不过明白人都清楚,这是哄鬼的玩意儿。在专制王朝,谋逆之罪历来万死不赦,主子要磨刀,还用翻黄历?明朝开国,大赐铁券,又在南京鸡鸣山设立功臣庙。李善长在功臣中位排第一,还与朱皇帝做了亲家,结局仍不免满门抄斩(除了朱亲家的外孙)。同时名登功臣庙的其他元勋,也多遭诛戮流放。金主完颜亮酷杀曾助其篡位的功臣徒单阿里出虎,消息传来,一样被赐铁券的完颜亨(金兀术之子,时为右卫将军)愕然不信,说:"彼有贷死誓券,安得诛之?"家奴回答:"必欲杀之,誓券安足用哉!"(《金史·完颜亨传》)可见这是一个连仆隶草民都明白的猫鼠游戏。

如此猫鼠游戏,常有演砸之时。

北魏权臣尔朱荣被孝庄帝所杀,其堂弟尔朱世隆率军围攻洛阳,孝庄帝让侍中临阵赐铁券,想以此使其放弃复仇归顺朝廷,尔朱世隆一语戳破:两行铁字,何足可信!

唐"安史之乱"后,藩镇割据,武人擅权,节度镇将动辄拥兵抗命,叛顺不定,看风行船,朝廷几乎无力平叛,只好安抚,一时铁券满天飞。"河朔平定,忠志与李怀仙、薛嵩、田承嗣各举其地归国,皆赐铁券,誓以不死。"(《旧唐书·德宗本纪》)再到后来,赐券竟成为一个信号:皇帝对谁不放心,铁券就来了。李怀光被赐铁券,中使宣诏未了,他就把金书铁券狠狠摔到地上:谁不知道这年头铁券都是赐给反逆之臣的?现在赐我李怀光,我不反也得反了!山南东道节度使梁崇义更夸张,在他看来,铁券简直就是催命符、判决书,当御史张著带着唐德宗手诏和铁券来征召他入朝时,梁崇义竟号啕大哭,如临大敌,让士兵弓持满,刀出鞘,全副武装接诏受券,生怕

---

[1] 宋人陶穀《清异录》之《土筵席》条谓:"葬家听术士说,例用朱书铁券。若人家契贴标四界及主名,意谓亡者居室之执守……"

变起肘腋，被张御史布局取头。李、梁二人最后都兵败被杀，梁崇义投井而死，传首长安。

功臣赐券，创自汉高祖，初名丹书铁券，因为填字用的是朱砂，历代相承，至明清不绝。此物为皇帝所赐，得铁铸之坚，又为勋贵所藏，理该不难找。尤其在战乱时期，为了临阵招降敌将且给对方保命承诺，火线送券甚至批发誓券也是经常发生的事（当然临时赐券不一定材质都是铁的），而实际情况却是流传下来的铁券绝少，前朝遗物罕能保存。《明史·舆服志》说，洪武二年，刚登基的朱皇帝要开赐铁券，礼部竟找不到可以依凭的法式，"或言台州民钱允一有家藏吴越王镠唐赐铁券，遂遣使取之，因其式而损益焉"。

这个巨大的反差，足证金书铁券表面一派吉祥荣耀，保官保命保富贵，实则朱砂似血，金气如刃，凶戾腹黑，大遭天妒——

丹书原来并非好事。春秋时，犯罪没为官奴者，罪行是要用红字记录在竹简上的。《左传·襄公二十三年》有这么一条材料，晋国栾盈被逐，秘密潜回其封邑曲沃并起兵攻进晋国首都绛城。栾手下有个大力士叫督戎，大家都怕他。这时一个叫斐豹的官奴站出来，说，"苟焚丹书，我杀督戎"。意思是如果我能杀死督戎，就要把记录着我罪行的红字简书烧掉。晋国的执政大夫范宣子忙不迭发誓答应，斐豹果然做到。

兔死走狗烹，功臣多诛死，覆巢之时，难免券毁瓦碎。

即使本人钟鸣鼎食得保始终，君子之泽，五世而斩，子孙或破败飘零，祖遗铁券不被弃遭卖，也成锈瓦老铁。宋太祖夺了后周江山，立下誓约要世世善待老柴家，柴氏一脉可谓宋代最牛的铁券之家，可在《水浒传》中，一个小小的高唐州知府的小舅子，就敢平白把柴皇叔打吐血，连带柴进被重枷打入死牢。

图 86　唐昭宗赐钱镠功臣铁券

图 87　韦兆铁瓦，汉代，作者摄于西安杜陵秦砖汉瓦博物馆

韦兆铁瓦瓦面微凸，因中间偏下镌有阳文"韦兆"二字，故称。该瓦现藏西安杜陵秦砖汉瓦博物馆，体积相当于普通陶瓦两三倍，疑有特殊用途。韦兆为汉时长安杜曲旁的一个村庄，疑为铸造铁瓦的作坊所在。

古代建于高山深谷的寺院房顶多用铁瓦，主要原因是温差大且冬季严寒，普通陶瓦容易冻裂。唐代宗时，皇帝大臣佞信佛法，至有用铜瓦金瓦建寺者，如"五台山祠铸铜为瓦，金涂之，费亿万计"（《新唐书·王缙传》）。

王朝鼎革，国破家亡，更是毁券高峰。特别是元代宋、清灭明这两个改朝换代的节点，铁券、官印之类，多随抱忠守节的前朝主人自焚、跳井，永远从尘世消失。留下来的，新朝通常要求毁灭，如至元十五年，元朝诏令各地追毁宋故官所受告身，铁券肯定也在被毁之列，无怪宋明之间仅隔一个百年不到的元朝，就一券难求。

"金书铁券"流传史，深埋着强烈的吊诡与反讽。

命如青瓦

隐藏更深的反讽，掩映在铁券功能与其"如瓦"的形制间。

《金史·百官志》谓金书铁券"以铁为之，状如卷瓦"。

《明史·舆服志》谓铁券"其制如瓦"。

唐昭宗赐给钱王的这块"免死金牌"，就方方正正摆在博物馆展柜上，安如盖瓦。

免死金牌为何铸成瓦片模样？或者说，"如瓦"的制式，为何一路承传而且总被有意无意强调？

古物无语，而天机透出。

550年，东魏孝静帝被迫让位给高洋，东魏亡。高洋即位后，先毒死孝静帝，接着清理元魏皇族。元魏疏宗元景安摸着脖子，想以主动申请改姓高氏的办法来表忠保头，但遭到堂兄元景皓坚决反对，元景皓说："大丈夫宁为玉碎，不为瓦全。"元景安向高洋告密，高洋让兄弟俩各遂其愿：元景皓"玉碎"，颈血书丹；元景安获赐高姓，一瓦独全。这对兄弟宛如一枚印章的阳文阴地，一起"背书"了丹（金）书铁券所隐含的神谕：命如青瓦。

在中国文化语境中，以瓦喻命，至为精当。

瓦的原料是土，《说文解字》谓瓦为"土器已烧之总名"。女娲以泥造人，一抔土，一丸泥，手捏为贵人，绳拖为贱隶，不经女娲手，唯作砖与瓦。有个说法，瓦是暴君夏桀发明的[2]，并说瓦有治疗中暑、折伤接骨之效。瓦们当是了然自己的前生后世，青灰锈黑，抵头胼肩，遮风蔽雨，人赖以安，自己却终年裸对风欺霜虐，雷击地震。大风揭瓦，逢飘必碎；高山严寒，经冻常裂……人们乃至以"土崩瓦解"来比喻摧败毁灭！若土崩对应于某一社会集团、阶层乃至宗族赖以存在的根基被摧毁，覆屋无完瓦，瓦片纷纷碎裂解体的声音，则是一个个鲜活生命被无情压碎，回归尘土的疼痛之声与死亡之响。战乱屠城，繁华都市夷为榛莽鬼域，人们首先想到的也是瓦砾丘墟。功再大，命如瓦，铁券形制如瓦，不管原创何意，在敏感的世人尤其是怛惕的受赐者那儿，都不难引发联想或警示。又或者它是一剂功臣宿将醒酒汤：瓦全得安居，瓦碎风吹雨，易泥为铁，正见皇恩浩荡。汉代长安还真出土过铁铸之瓦，"韦兆铁瓦"即是（图87），面积相当于普通陶瓦两三倍。唐人李绰《尚书故实》说，有个方士王谷得黄白术，能"变瓦砾泥土立成黄金"，这与金书铁券的"易泥为铁"，可谓消息潜通。

击壤歌

回到本书的主角人头－首级上。

头是人身体最重要的一部分。首级会有什么际遇，归根到底，乃是基于中国文化怎么定义、安置人的身体与生命。反过来，首级也成为内隐于特定社会意识的身体观、生命观的一个显性标本。如前所论，"计首功之国"秦以武力灭六国，废封建，建立中华民族第一个统一集权帝国，严刑苛政，二世而亡。汉承秦后，经由汉儒改造和利用，"枭为恶鸟"的谎言成为牢不

---

[2]《本草纲目·乌古瓦》："时珍曰：夏桀始以泥坯烧作瓦。"

可破的动物故事和政治寓言，皇帝办起"枭羹节"，凶人代下恶鸟，枭鸟之头与大逆不孝者的首级合二而一，"枭"入刑为律，成功构建了隐喻结构。礼教文化用礼、刑、兵同构的"三节鞭"，击落臣民对身体的自主权，并一步一步将生命和尊严压模成瓦，踏碎如泥。人是泥做的，瓦是土烧的，于是焉，在"命如青瓦"这个暗喻之链上，头被斫，肉成羹，不外像瓦——泥土被敲缺、击碎，像身体为黑蛇之酒消融为水，由此想起那首堪称中国古老诗歌之一的《击壤歌》：

> 日出而作，日入而息，帝力于我何有哉！

在上古淳风朴俗的田垄上，抱瓮老人荷耜独行，击壤高歌。可在中国文化语境中，他自己的身体也就一块田泥土胎，他年"帝力"别说收租征税，就是把他烧红成瓦，或复击碎为土，都不过题中应有之义。老人家那时还没明白，所以唱得自豪快乐，与后世小民百姓在一次次掷瓦砸砖之声中无端亢奋，或者不幸抓到断头阄，自己的身体被击碎如瓦，实同一理。

我们且一起见识真实版的"瓦片反讽记"，听听那几千年不绝于耳的击壤碎瓦之声吧。

前朝瓦事：手拿瓦片去战斗

南宋绍兴五年（1135）六月，洞庭湖夏水泛满，如血残阳染红湖面，历时五年的钟相、杨幺起义军的最后一个堡垒夏诚水寨被攻陷，起义失败。

夏诚水寨三面临湖，背倚峻岭，官军陆攻则下湖，水攻则登岸，长期恃险固守。夏诚扬言："谁想攻进来，除非飞过洞庭湖。"

他这话不小心应验：岳飞来了！

岳飞没翅怎么飞？岳不飞瓦飞。

岳飞亲自踏勘湖势，想出一个泼夫骂湖的"瓦计"："测其浅处，乃择善骂者二十人，夜往骂之，且悉众运草木上流。贼闻骂声，争掷瓦石击之，草木为瓦石所压，一旦填满，飞长驱入寨，遂执诚。"（《续资治通鉴》卷一一五）

吾人读史至此，哭笑不得。如此俚鄙之计，估计在当时南宋主要将领中，只有出身下层平民的岳飞想得出。

岳飞可谓知瓦至深，和水寨中那些草寇"瓦"到一块了。

在中国古代，瓦砾砖石，常常是手无寸铁或者平时根本不准也不敢拿刀带剑的平头百姓在极端情形下发泄愤怒最方便、惯用的"合法工具"。而对在山前湖水中"草船借箭"式漫骂的官军，不箭镞相交直接射杀，却投瓦扔石，除了夏诚水寨的"剧贼"，其实多是习惯以瓦泄愤的草民，更说明经过长期围困的水寨已经基本箭枯势穷，所以官军能轻易"飞"上去。

还原战场、推究胜败留给研究战争史的行家去做，今儿我们只说瓦。

姑举几件"唐朝瓦事"——

瓦事之一：洛水瓦冢。

621年，唐军攻克王世充固守的洛阳，在洛水滩头处斩俘虏，其中就有著名的"食人军团"头儿朱粲。深受荼毒的千万百姓把临时刑场围个水泄不通，朱粲身首刚分家，一阵轰响，千瓦万砾从四面八方砸向尸体，转眼堆成高高瓦坟。

瓦事之二：长安万瓦阵。

中唐时，万年县捕贼吏贾明观阿附宦官，作恶虐民，民怨沸腾。靠山倒后，他被贬江西。消息一出，数万长安百姓怀砖掖瓦，守在城外必经之路。宰相元载派出大批官员约束禁止，好不容易才让他脱出万瓦阵，走上流放路。虽然贾明观后来还是被赐死贬所，但总比一出长安就被砖瓦砸个稀巴烂体面好受。

瓦事之三：榷茶顶缸瓦。

唐甘露之变，宦官借机大规模清洗文官集团，并未直接参与事变的宰相王涯等大臣也被一锅端。可怜王宰相槽头挨刀不说，还被长安老百姓掷瓦投砾一路诟骂，头未落地，已血肉模糊。原来当时朝廷为筹措兵饷，设置榷茶税，惹了民怨。而榷茶之计，实出李训，与王涯没有直接关系。

"瓦砾阵"并非唐朝特产，前此后此屡见不鲜。"手拿瓦片去战斗"的也不仅平民百姓，有时连"公务员""吃饷的"也"组团砸瓦"。

北宋景祐三年，宋仁宗下旨淘汰三司老疾与文化素质低的冗吏。消息传出，群吏喧哗，近百人集结到御史中丞杜衍府外，喧腾掷瓦。后来参与者被全数革黜，为首三人被决杖发配。

明朝天启三年，兵部协理侍郎朱光祚想改革京城驻军"老家军"长年占额蠹败之弊，"老家怨，以瓦砾投光祚，遂不果革"（《明史·兵志一》）。明瓦看来比宋瓦好用，砸烂了朱侍郎的改革计划，然而不久，明朝这块大瓦也碎了。

看看，这古瓦片儿真不简单，堪称冷兵器时代的维权神器。

但是且慢，在纷纷砸下的裂瓦之声中，血色反讽直接浮现，更为残酷。

那夜，从夏诚水寨急风骤雨般砸下的残瓦碎石，在"听瓦"者岳武穆耳朵中，一定早已混响成拂晓官军铁蹄刀剑之下"湖贼"们身体被撕裂击碎的大声，血溅洞庭，波碎如瓦。而在传统的"读者想象"中，"壮志饥餐胡虏肉，笑谈渴饮匈奴血"这样一种明摆着的血腥声口，则早已淹没在慷慨激昂的爱国主题之下，世代传诵不反胃，端赖道德正义取代理性判断。

打瓦：从余姚县令到两湖总督

《三国志·方技传》说，魏文帝曹丕问方士周宣："我梦见殿屋上有两片瓦飘堕于地，化为双鸳鸯，这怎么解说？"周宣回答说："后宫当有暴死者。"话音未落，就有小黄门奏报后宫有宫人相杀。

因瓦积怨，打瓦碎命，还真确有其事，而且是发生在清平世界的官家规定，"政府行为"。

南朝吴兴武康人沈瑀仕梁，曾出任余姚令，到任之后做出一系列反常举动，专门跟当地大姓富家为难，比如不给面子，强派官差，甚至勒令富家子出身的县吏穿粗布草鞋，"侍立终日，足有蹉跌，辄加榜棰"。原来这位沈瑀"微时，尝自至此鬻瓦器，为富人所辱，故因以报焉"（《梁书·良吏·沈瑀传》）。就是说他昔年贫贱时曾到余姚卖过瓦烧的器具，被富人侮辱，现在来报复了。

南朝余姚沈县令遍虐一县富户以报微时鬻瓦之怨，县吏屁股时时疼；清朝两湖某总督乱碎船头押花瓦以逞昔年无头宿仇，江上人头纷纷落。

话说清末湖北地面曾流行一个奇怪的俗语叫"打瓦"，意指坏事危身。好事者寻查此语出处，故老于是讲出一段血色瓦事。

故老说，多年以前有个外省士人到湖北，单身搭乘划子渡江，船到江心舟子打劫，士人遭辱失金，上岸后求告无门。三十多年后，其人官至两湖总督，到任即翻老账，奈何年月寝久，无从破案缉凶。此督报仇不得，痛恨不已，竟发布一道非常严酷变态的"打瓦杀头令"：凡在湖北境内摆渡划船，不论大小，均须于船头置瓦片一块，上贴总督押花印一张，并规定这块"总督押花瓦"务必终日置于船头显眼处。如果有舟子行船到江心勒索抢劫，乘客可击碎此瓦，瓦碎即杀舟子，并奖励击瓦的旅客。船工蒿师若把押花瓦藏匿起来，或误碎、丢失，甚至打缺，也杀无赦。为保证命令执行，这个总督派出一大批文员武弁，到辖下各处江河津渡稽核检查，三日小收，十日大验："盖此总督创深痛巨，几欲尽杀乃止。"

这个故事出自清人笔记《柳弧》，作者丁克柔生于清末，曾长期为官湖北，负责过治安、税收等地方管理事务，所记湖北掌故，多出亲身见闻，"打瓦"之事当可信实。总督大人这片催命瓦横行津渡多长时间？有多少舟子因此被杀？不得而知。当可以肯定的是，当一片贴着总督押花的瓦片被碰缺、击碎时，发出的已不是土器崩裂之声，而是身体破碎、人头落地的锐响。

然而，这锐响还往往带着撕扯咀嚼的大声，乃至烧烤蒸煮的膻腥与焦香。事实上，在中国古代，遑论世运治乱，天下战和，官判民办，身体如瓦片碎裂的轰响总是不断传来。虐杀碎尸乃至啖骨食肉的事件，无世无之，司空见惯。且不说饥年乱世草民百姓经常成为兵匪盗贼牙缝的"想肉""二脚羊"[3]，在相对安定的"治世"，残酷变态的食人啖肉狂欢仍不时而发。

不信，且看何敞之新亭烤肉。

新亭烤肉记

这是一个"椒盐烤肉版"的十字坡大型食人秀，只不过发

---

[3] 二脚羊，一说两脚羊，指被当作食物的人。中国古代大饥荒或战争时食物不足，常会把人杀掉当成食物或做军粮，五胡乱华时胡人以汉人为食，北地汉人几乎荡然无存。唐末黄巢、秦宗权的军队俱曾以人为食，元末刘福通军队也曾以人为军粮，所残破州县，赤地千里，民无遗类。"想肉"也指人肉，明人陶宗仪《南村辍耕录》卷九"想肉"一节，写古今食人惨酷事甚详。

生的时间从施耐庵笔下虚拟的北宋孟州城外荒山野岭，上移到"多少楼台烟雨中"的南朝萧梁帝都建康（今南京）城外通衢要道新亭（建康西南近郊军垒要地，南面门户）。

萧纶是梁武帝萧衍第六子，封邵陵携王。此人骄纵无道，凶戾喜杀，做事下三滥。他曾因赊买锦采丝布不得，迁怒政府采购部门的主官少府丞何智通，"遣心腹马容戴子高、戴瓜、李撒、赵智英等于路寻何智通，于白马巷逢之，以槊刺之，刃出于背"（《南史·梁武帝诸子传》）。案发后不久，四个凶手抓到三个，真相大白。皇子暗杀命官，的确让人两头为难。萧衍偏袒儿子，仅将萧纶免官归第关几天禁闭了事。大概是作为补偿，何智通的儿子何敞之被破例允许自办死刑，任意处置萧纶手下几个执行暗杀指令的小跟班。

何敞之想出什么办法来替父报仇？

杀人偿命，无可非议。大家会猜：八成何敞之向东汉的前辈苏不韦们学习，砍下一干仇家首级，提到他父亲坟头献祭？错！若如此，那就太老调、太常规了，《南史》才不会这么轻易让人"扬名立万"！请看——

> 何智通的儿子何敞之将凶手活剐并烤食。他把几个凶手及其徒党用槛车载到建康城外新亭大道口，四面燃起大火，把人烤得焦熟，用车载了赏钱，配好盐、蒜，雇过往百姓蘸着蒜盐啖食烤熟的人肉，每吃掉一片，就赏钱一千。凶手及他们母亲的肉很快就被吃个精光。（《南史·梁武帝诸子传》）

看，何敞之不仅亲自割食凶手，株连他们无辜的亲属，更发明现场生烤，有奖啖肉的大型群众性食人活动，钱一吊吊赏出去，肉一片片吃精光，他自己也由此"行为艺术"，在中国正史上留下姓名和事迹。撰史者面无表情地叙述此事，不加评论，但末了一句"徒党并母肉遂尽"，可以隐约让我们感觉到克制背后的快意与认同。

民办死刑与血亲复仇

在中国古代屡见不鲜的虐杀食人事件中，何敞之新亭烤肉，是个颇具标本价值和多元维度的典型案例。

第一，它是官方授权，民间自办的死刑。

史称梁武帝萧衍宽纵士大夫而苛刑贱役百姓，此案可谓绝好注脚。萧衍竭民膏以奉佛，"南朝四百八十寺，多少楼台烟雨中"。但正是他一面纵子凶虐，一面放任私刑滥杀，纵容乃至支持白日烤人有奖食肉这样不可思议的凶毒，在王朝的首善之区公行肆虐。楼台飞首级，烟雨皆碧血，施万僧建千寺又何益？梁朝祚促，他为侯景逼饿而死，梁氏不得血食，实属现世报应。

话说回来，纵容滥杀活烤的梁武帝，与中国历史上不少直接组织虐杀食人活动的帝王相比，还算"温柔"。而获得自主报仇、自办死刑特权的年轻人何敞之，所以能够或者说敢于酷虐到如此失心骇世，说白了，他也不过是黄帝、苏不韦们的好学生。

不说夏桀商纣之类形象完全负面的暴君，王莽搞活体解剖，做筋脉研究也别提[4]，其他小级别的帝王君子都放一边，我们再来看隋唐两代几位大帝的手段。

隋炀帝抓获叛臣斛斯政，宇文述奏请"变常刑"。如何变？"将政出金光门，缚政于柱，公卿百僚并亲击射，脔割其肉，

---

[4]《汉书·王莽传》："翟义党王孙庆捕得，莽使太医、尚方与巧屠共刳剥之，量度五藏，以竹筳导其脉，知所终始，云可以治病。"

多有啖者。啖后烹煮，收其余骨，焚而扬之。"(《隋书·斛斯政传》)

唐朝的阎知微是另一个被乱箭攒射成"人肉粽子"的倒霉蛋。

武则天时，突厥默啜请求和亲，武后把娘家人淮阳王武延秀送去做新郎，让阎知微当陪护礼官。默啜见来的不是正宗李唐皇室血脉，翻脸扣人，阎知微投降突厥，还曾为默啜带路进犯边境。一年多后他被放回，伺候他的远不止杀头：

> 则天以其随贼入寇，令百官脔割，然后斩之，并夷其三族。(《旧唐书·阎立德传》)

这件事，多部唐人笔记都曾提及，说明影响深广。张鷟《朝野佥载》所述犹详："则天大怒，磔于西市，命百官射之……知微身上箭如猬毛，剉其骨肉，夷其九族，疏亲及不相识者皆斩之。"这粒"人肉箭球"，比隋朝的好看。女皇切头如割韭，也比杨广大手笔。

隋朝的斛斯政肯定是被一帮平日高冠博带坐朝问道的大臣硕儒们射割炙啖了，唐朝百官集体脔割阎知微时，有没有人为表忠，现场剜下阎哥的精肉生嚼下酒？不见记述。不过"脔"原本就是个"厨房术语"，指将肉切成小块以便食用。刘𠫂《隋唐嘉话》：当日杀阎时，"百官……兵刃交下，非要职者，或不得其次云"，就是说官大的才有资格近身捅上一刀，咬到片肉。《水浒传》中，山寨小喽啰抓到活人，剐出心肝做醒酒汤，照例要先孝敬山大王。唐太宗责备丘行恭越级啖吃反逆者心肝的话言犹在耳，丘行恭好歹算是太宗皇帝的贴身喽啰，能于战阵中拔箭护主，竟不懂敬献心肝汤的道理。

暴君之下，草民之上，酷吏骁将法外用刑，虐杀食人的惨剧，亦时有所闻。我们在上一章提到"京观王"太监杨思勖，除筑京观、生剥俘囚面皮外，还是个食人者。宦官牛仙童出使幽州，受幽州节度使张守珪厚赂。事发后，"玄宗怒，命思勖杀之。思勖缚架之数日，乃探取其心，截去手足，割肉而啖之，其残酷如此"（《新唐书·杨思勖传》）。其生啖牛仙童，同样为唐玄宗所准许。南宋绍兴初，福建提刑官李稷臣招降贼首叶百三后，听信谗言，以为叶又将谋叛，在大路正中立起一根大柱，用铁链把叶锁于柱上，周围烧起炭火，将其活烤了蘸调料下酒，就是一例（《睽车志》）。

上述事例告诉我们，从磔枭传羹到脔人争炙，西汉皇帝首创的枭羹节，早已坐实成历朝官方的"人脍宴"。既然一代代大帝都热衷主持食人盛筵，百官被鼓励公然脔人食肉，新亭百姓分炙赚外快，建康士民和酒食侯景，一脉相承直至鲁迅小说《药》中的"人血馒头"，都不过是这种食人辱尸传统的民间版。

第二，这宗"官方发证，民办死刑"另一个"理直气壮"的依据，来自对"血亲复仇"的"礼教解读"与"中国处置"。

血亲复仇本是存在于世界各地原始部落和早期国家的普遍现象，是在公权缺位或未健全的情况下，社会成员为维护家族血缘关系和利益而发生的互相仇杀。《礼记·曲礼》："父之仇弗与共戴天，兄弟之仇不反兵，交游之仇不同国"，是这种观念的经典表达。允许血亲复仇，也是很多古代国家早期法律的特色，中国、西亚、欧洲及其他的一些地方皆然。

歧异出现在从允许到明令禁止的转变过程中。中世纪欧洲乃至中国周边一些游牧民族的法律，大都有一个允许以经济赔偿代替道义复仇的过渡阶段，中国古代则从不允许被害人家属和仇人私下和解，尤其禁止收受赔偿。主要原因，是礼教文化把血亲关系直接捆绑到"孝道"这个伦理化了的"天"下面，用"义利之别"牢牢打上一个死结，使之成为不允许折中回旋，更别谈交易赔偿的纯粹道德问题，而也借此将道德伦理与法律规范之间的矛盾绝对化，因而在实际执行中，经常出现双重标准和暧昧态度。从春秋战国的伍子胥掘坟鞭尸，到东汉苏不韦杀少妇稚子以头祭父，类似残忍变态的血亲报仇，多被以同情甚至肯定的笔调载诸史传。即使到唐宋以后国家法治更规范的时期，统治者也经常乐于根据"一本于礼"的修律原则，对社会影响较大的血亲报仇案件网开一面，减死一等。南朝相对唐宋去古尤近，法律与风俗习惯都对血亲复仇更为纵容，梁武帝特准何敲之公刑私办，可视为在礼义孝悌的原则之下司法裁判与血亲复仇又一次合体。唐朝的王君操手刃杀父仇人并吃掉他的心肝，则可谓失去司法与官方支持的微缩版民间"新亭烤肉记"。

刘备的野味

"徒党并母肉遂尽。"——《南史》在介绍新亭烤人，有奖食肉活动的效果时如是说。我注意到，历史的书写者特意在这句话中镶嵌了一个诡异刺目的符号："母"。

"徒党并其母"，意味当日这几个杀手即使未被灭三族，株连直系亲属则在所不免，包括母亲在内的家人，都被集烤通炙了。那么，撰史者因何将"母"单列出来呢？

顺由这种特指，我们再来勘破"打瓦"黑狱中另一无常变相："母"，看看在中国礼教文化的冰火两重天中，"母"的肉身生命，如何被黑蛇之瓮腾挪乾坤，蚀骨为水。

刘备在徐州为吕布袭败，匹马逃难，期间享受过一顿"十字坡"特供。

《三国演义》第十九回写道："……（刘备）途次绝粮，尝往村中求食，但到处闻刘豫州，皆争进饮食。一日，到一家投宿。其家一少年出拜，问其姓名，乃猎户刘安也。当下刘安闻豫州牧至，欲寻野味供食，一时不能得，乃杀其妻以食之。玄德曰：'此何肉也？'安曰：'乃狼肉也。'玄德不疑，遂饱食了一顿。天晚就宿，至晓方去，往后院取马，忽见一妇人杀于厨下，臂上肉已都割去。玄德惊问，方知昨夜食者，乃其妻之肉也。玄德不胜伤感，洒泪上马。刘安告玄德曰：'本欲相随使君，因老母在堂，未敢远行。'"

为供所谓贤德之人一餐"野味"，一个乡村小猎户可以杀妻割肉，还给妻子—女人安上"狼"的代号。而对另一个女人"老母"，小说却反过来安排杀妻者无条件奉养送终。如果当日刘备碰上的是老猎户刘安之父，估计刘安就没有老母可以奉养了，而刘使君手下又将多出一员使钢叉的老黄忠。另一面，刘备听说自己吃的是人肉，并未因此扼喉而吐，不过有些伤感。不久，刘备逃到曹操地头，将此事作为道德教化、忠孝两全一类的"感人事迹"，向曹操汇报，曹操大赞，专门派人赏给刘安黄金百两。此举说明曹、刘这对并世双枭对食人杀妻之事高度一致的真实立场和评价标准，而这其实也是作者施耐庵的态度，大而言之，是符合传统礼教文化的态度。

熟读中国古代成功学、战争史的人会同意如下观点：妻子有时是用来杀着吃的，婢妾更是行走的"肉罐头"。

春秋时，齐人攻鲁，鲁欲以吴起为将，但吴起之妻为齐女。为得到鲁国信任，吴起杀妻。

唐朝宰相窦怀贞先为巴结韦皇后，将她那蛮婢出身的乳母娶为老婆，后来韦皇后为李隆基、太平公主所诛，窦怀贞马上把这位蛮婢的脑袋砍下来献上。

除了政治需要外，在极端缺乏食品的情形下，妻妾们也很容易成为丈夫本人特别是他的同僚、部下的应急口粮。

李自成被明军围困在鱼复山，刘宗敏带头杀妻，组织突围；张巡、许远守睢阳，城中绝粮，他杀妾以餐兵士，大家跟着杀,至城破之日被兵士吃掉的妇孺老弱多达数万。李自成起义最终失败,刘宗敏没能由剧贼洗白为开国功臣,他的行为自然不过贼人之忍。但张巡、许远却是死于王事的忠臣名将,如此行径虽在当时就很有争议,但最终不仅成为"正面"事迹被大肆宣传,两人还成为后世官方民间一致认同的"双忠""国士"。因为,按礼教文化的标准,"妻"们该不该被杀、被吃,与人能不能同类相啖、亲亲相食无关,而在于按照专制王朝的标准,吃人者是忠臣义士,还是奸人贼子。

"母"的指谓,则比"妻"多了一重仁孝的金箔。《三国演义》正是以"母"的身份或名义,从礼教孝道的"保险公司"给猎户刘安家的另一个女人买下一份"超级人身保险"。

但这真有绝对作用吗?

我们一起来见识清朝嘉庆皇帝对一位受到不孝对待的"母"的"维权"。

嘉庆维权:"母"是一片瓦

嘉庆十四年四月十三日,湖北巡抚接到一道让臣子们读了无不"毛发洒淅"的上谕:

> 朕以孝治天下……今据湖北巡抚汪疏称,武生邓汉珍与妻黄氏殴母辱姑一案,朕思不孝之罪别无可加,惟有剥皮扬灰。族长不能教诲子弟,当问绞罪。左右邻舍知情不报于上,杖八十,充发乌鲁木齐。教官不能化善,杖六十,充发。府县不能治民,削职为民,子孙永不许入考。黄氏之母不能教诲其女,脸上刺字游省四门充发。仍将邓汉珍与妻黄氏发回汉川,对生母剥皮扬灰示众。邓汉珍之家掘土三尺,永不许居住。邓汉珍之母发湖北布政司,每月给米一担,发银一两体恤。(丁克柔《柳弧》)

《大清律·斗殴》第十八条"殴祖父母、父母"基本沿用明律："凡子孙殴祖父母、父母，及妻、妾殴夫之祖父母、父母者，皆斩；杀者，皆凌迟处死。"[5]本案若按律处置，不外将邓汉珍夫妇斩首。但皇帝的圣旨自古大于法律，有法外用刑特权。剥皮扬灰、问绞、脊杖、充军发配、削职、刺字充发、毁室掘土……即使我们可以把这一切都理解为嘉庆皇帝是真心因为一介"草母"受到子媳殴辱而天颜震怒，要为"母"出气维权，也无法相信他接着判令将邓汉珍"对生母剥皮扬灰"还有一丁点儿为"生母"着想的人道善意！即使这位目睹儿子被剥皮扬灰的老妇人不至当场晕死或就此发疯，掘室之举，也让她在失子之后，彻底失家。计六奇《明季南略》卷之十四《粤纪（续）》说，南明庆国公陈邦傅降清，后被张献忠的养子、时已宣布效忠明廷的孙可望擒获，"可望召执恭视之曰：'使汝与邦傅一处，久已投顺大清矣！'遂将邦傅父子剥皮支解，兼命执恭监视以儆之。执恭惊悸恍惚，因以成疾，数月而卒"。胡执恭原是陈邦傅心腹，之前因奉使在孙可望军中。一个大男人都抗不住直面活人剥皮的惊悸刺激，何况邓汉珍之母！这位被如此伸张孝道的"母"怎么可能活下来享受湖北布政司的白米、花银？

回到嘉庆上谕开篇"以孝治天下"的宣言来。在封建王朝，不孝之罪真如嘉庆所言，是最高原则，"别无所加"吗？"母"的尊严与身体，真是绝对不可冒犯吗？否！"以孝治天下"的真实目的，是"治"。落点不在邓母、孟母、漂母，而在"天下"，在移孝于忠，以君代父。为儿孙的哪怕再孝敬，只要犯了谋逆造反之罪，就该族诛伺候，包括其父母在内，从"具五刑"到"灭族抄斩"，"一本乎礼"的历朝法律都毫不含糊，绝

---

[5] 沈之奇：《大清律辑注》，法律出版社2000年版，第767页。

不手软，潘岳与他白发苍苍的老母在东市同日断头的场面，从古到今重演千万次，更别说何敞之新亭烧烤棚上几个小打手之母了。同为人母，子为忠臣顺民，则孝字当头，不可侵犯；为乱臣贼子，则千刀万剐不为过，人得脔食而不为贼。[6]《南史》有意无意让"母"这个敏感字眼凸出纸面，其实正是已经内化成为意识形态的礼教文化，透过撰史者脱落出来的一枚直指天机的"指纹"。

一则文案，可供大家参读。

王莽篡汉，安众侯刘崇举兵失败，遭残酷镇压。刘崇的族父刘嘉则因主动投靠王莽得到宽赦，他接着上表效忠，奏章为我们保留了这样一个叛逆者被满门抄斩、枭首悬示的特写："百岁之母，孩提之子，同时断斩，悬头竿杪，珠珥在耳，首饰犹存，为计若此，岂不悖哉！"（《汉书·王莽传》）"母"照例第一个出场，而且将镜头定格在"母"们悬于竿头的首级，鬓发耳垂那还来不及摘下的仍然在风中摇晃的珠珥首饰。

孝乃伪命题，"母"是真道具。

在礼教文化中，生命与身体都贱如泥，脆如瓦，没有一丁点儿独立的价值。对生死吉凶，身体的主人原则上没有话份，而取决于加在身体上的社会符号。而且，没有哪一个身份或社会符号是绝对安全的，一切取决于该符号在礼教文化——礼、刑、兵互动体系这个坐标上的位置和关系。

"母"是一片瓦。

醒酒汤与心肝宴

如上节所述，礼为活无常，母是一片瓦。由此发生的逻辑

---

[6] 偶尔也会有例外，宋神宗在位时，"丰州卒张世矩等作乱，伏诛。其党王安以母老，诏特原之"。见《宋史》卷十六《神宗本纪》。

推演，就是在中国礼教文化中，身体生命本身独立自足的人本价值和审美观照实质上被消解、被异化，任何活生生的个体，都可以被毫无尊严地戮辱毁灭。另一方面，要让"身体"们——社会成员明白并普遍接受这种至痛的无常及其背后的规则，就需要相应地现实演绎和不断地情景强化，具体地说，就是必须经常将鲜活的生命残酷毁灭，将身体撕裂"示众"，同时让更多"身体"乃至每个社会成员都参与撕人食肉的狂欢，手上带血，原罪均沾，并使之合理化、法典化、制度化。事实也正如此，由官方组织或鼓动的支持、放纵虐杀食人以肆志报仇的事例，可以说无世无之。由此诱惑、鼓励臣民百姓嗜血食肉，进而推进整个社会与族群集体兽性的浸淫养成，视独裁者对人对己的屠割残贼为常态，不恬然帮凶，则逆来顺受，天下太平，此乃中国历代专制王朝统治者的共同倾向和传统手法。

于是，我们业已进入文明社会的历史，仍一次次以暧昧甚至肯定的态度，在道德正义的舞台上，"轻快"书写着脔人食肉、辱尸虐死的血色狂欢。

——董卓被杀，陈尸于市，"看尸军士以火置其脐中为灯，膏流满地。百姓过者，莫不手掷其头，足践其尸"（《三国演义》第九回）。

——李隆基与太平公主发动兵变，诛杀韦皇后。赵履温之前谄事韦后，一看靠山倾，局势转，带着儿子跑到承天门下望尘舞蹈，对李隆基山呼万岁，装出一副欢欣鼓舞的样子。李隆基不买账，当场下令将赵履温斩首，"刀剑乱下，与男同戮。人割一脔，肉骨俱尽"（张鷟《朝野佥载》）。杀人是李隆基下的令，脔割食肉可是"臣下"们的自觉行动。

——侯景之乱，建康（今南京）官民最受荼毒。侯景被杀后，传首江陵，而尸体"以盐五斗置腹中，送于建康，暴之于市。百姓争取屠脍羹食皆尽，并溧阳主亦预食例。景焚骨扬灰，曾罹其祸者，乃以灰和酒饮之"(《南史·侯景传》)。溧阳公主是简文帝萧纲的女儿，被侯景强占为妻，侯景死时她十六七岁，历史可不管这个不幸的小女孩恶不恶心，硬是把与她同床共枕过的"恶魔"的咸肉塞进她的樱桃小嘴。

………

于是，生脔活食一次次成为兵乱的高潮、民暴的看点。

——南朝宋元帝刘劭弑父自立，三月而败，其党张超之"为乱兵所杀，剖腹刳心，脔割其肉，诸将生啖之，焚其头骨"(《南史·宋宗室及诸王传》)。

——中晚唐藩镇兵变频仍，封疆大吏一不小心，也会被骄横凶悍的兵士群起脔食。如贞元十五年，宣武军哗变，节度使陆长源等人被"脔而食之，斯须骨肉糜散"(《旧唐书·陆长源传》)。那时即使不是兵变，谁惹恼了兵士，大家也可以牙根一痒把你撕碎吃掉。泗濠节度使张建封的门客崔膺恃才狂率，有一次随张建封巡查兵营，半夜喝醉大呼大叫，惊扰了军士。军士皆怒，欲食其肉，张建封只好先把人藏起来，第二天摆酒席替他斡旋消灾（李肇《唐国史补》）。

——李纲被罢，太学生陈东率诸生伏阙上书，"军民不期而集者数万人"，要求复用李纲，擂破登闻鼓，尽管宋钦宗被迫答应宣召李纲，但场面已经失控，"内侍朱拱之宣纲后期，众脔而磔之，并杀内侍数十人"(《续资治通鉴》卷九六)。

………

狂欢与高潮属于群体。与此同时，"臣侍汤药，未曾废离"（李密《陈情表》)。这种观念好比慢汤老火的食材汤药，它对每个社会成员无远弗届地灌输浸润，可以借一块西汉僵尸肉，可以用《水浒传》里一条文炳炙，可以是清朝成德将军一副心肺汤，甚至是孝子节妇自觉割股疗亲的一碗碗股上肉、心肝粥。

西汉大儒京房善《易》,能推言灾异。但这位卜算大师肯定算不到他死后数百年被当补药吃掉。刘敬叔《异苑》记录了这么一则逸闻:"京房尸,至义熙(东晋年号)中犹完全具。僵尸人肉堪为药,军士分割食之。"

宋江过清风山被捉,差一点叫小喽啰一把解腕尖刀剜出心肝,做成醒酒酸辣汤孝敬了山上三个头领。后来在浔阳楼题反诗,被通判黄文炳举报,关入死牢,梁山泊好汉大闹江州劫法场,计破无为军,活捉黄文炳。宋江为消恨,让李逵动手炙割,李逵"便把尖刀先从腿上割起,拣好的就当面炭火上炙来下酒。割一块,炙一块,无片时,割了黄文炳,李逵方才把刀割开胸膛,取出心肝,把与众头领做醒酒汤"(《水浒传》第四十回)。

到了清代,不当梁山好汉,攀个将军做亲戚,赶上趟也能弄副活人心肝下酒。清人昭梿《啸亭杂录》说,湖北白莲教起义时,成德将军率兵征讨,设酒待亲戚,"将饮,公笑曰:'席上无可欢者,可以数贼匪之心肺侑酒。'因下令出战,公结装去,闻火枪声,须臾擒十贼归,酒尚未寒也"。反贼这么好抓,不是饥民百姓是谁?一次待客就活剜十副心肺,成德将军一天要喝几顿酒?

割股未足骇,心肝尚可剖,割肉疗亲以为至孝,更是历代孝子烈女无师自通的奇门秘方,官方动辄旌表,而亦愈演愈烈,史不绝书。且举《明史·列女传》数则"动人事迹":

杨泰奴母病不愈,她"三割胸肉食母,不效。一日薄暮,剖胸取肝一片,昏仆良久,及甦,手和粥以进,母遂愈"。

有张氏女,"姑病,医百方不效。一方士至其门曰:'人肝可疗。'张割左胁下,得膜如絮,以手探之没腕,取肝二片许,无少痛,作羹以进姑,病遂瘳"。

…………

割肝人不死，你信吗？反正我不信。明初山东日照县曾有所谓孝子因其母生病，杀子祷神，此事惊动明太祖朱元璋，特意下诏禁止类似做法，并明令不得旌表，不知什么时候这祖宗之训悄然失效。由此也可窥见民间的嗜血与愚孝早已胶固成习，"食肝冲动"不是凭一纸诏令就可以遏制的。甚至朱元璋本人，据说也曾"菹醢常遇春妻"（谢肇淛《五杂俎》），这么说来，他可也是有带头食人之嫌了。

凌迟与"寸磔"

加拿大、法国汉学家合著的《杀千刀——中西视野下的凌迟处死》如是说：

> 对欧洲人而言，到19世纪末，以凌迟闻名的中国式处决，早已成为其"中国酷刑"（supplice chinois）和中国人嗜好"刻意残忍"的想象原型。……这个论题并非指中国政府是唯一卸碎敌人身体的政府，欧洲军队亦以相同方式对待敌人……我们想要提出的问题是，除了个别暴君或将军的过激举措外，这种紧急情况下的特别刑罚在正常时期是如何合法化的。必须在法律制度的内容变迁中寻找原因，应当依据"酷刑"在中国法律史内部的位置去探究其准确的历史，而不是在冗长和奇异的实践中徒费笔墨。

在这里，凌迟贴上标签，成了欧洲人眼中的"中国酷刑"。这种"卸碎敌人身体"的酷刑在正常时期的合法化，成为汉学家研究的重点。从中西方比较中获得学术敏感的汉学家想从中国"法律制度的内容变迁"和"'酷刑'在中国法律史内部的位置"去寻找其本质原因[7]，用意可嘉，却还不够，这也说明汉学家们对中国本土文化在理解与把握上必然存在很难克服的隔膜：他们忽略了在明清之际与凌迟如影随形的"寸磔"：一个足以引导后人将研究路径与视野跳出法律史局限的特殊流行词。

明清两朝行刑刽子手们业已修成指甲大小精脔微割的功夫，使凌迟在"寸"的级别上与古老磔刑满血合体，新词"寸磔"大约于元末明初被创造出来，很快成为一个特别带劲上口的流行词。鉴于"寸磔"严格上讲并非法定刑名而是流行语，《明史》《清史稿》作为正史，在使用上显出应有的谨慎，但这并不妨碍它在当日频频出现。上自皇帝上谕、大臣奏章下至野史笔记、传奇小说乃至地方通志，"寸磔"无处不在。

明末忠臣瞿式耜兵败南宁，临刑上表，哀举事不克，痛兴复无望，结尾自谓"即寸磔臣身，何足以蔽负君误国之罪"（《明季南略》卷之十五），这是典型的孤臣节士口吻。手操生杀大柄如帝王者更好此口，以《大清实录》为例，从顺治下至同治清朝诸帝，都喜欢或者说习惯在上谕中使用"寸磔"，尤以嘉庆为甚。在多位皇帝的圣旨中，"寸磔"已被最高统治者直接当成刑名，经常取代凌迟，或与凌迟互文复出。与此同时，"寸磔"与传首、枭示直接搭配也非孤例。如乾隆三十四年一道关于浙江金华县民朱汝组因分家不遂诬告其母与同胞兄弟谋反一案的上谕，主办官员呈报的量刑意见，谓"请将该犯照律凌迟处死"。乾隆的上谕，直谓"此等枭獍凶徒，自应予以寸磔"（《大清实录（乾隆朝）》卷八三七）。在嘉庆十八年一道关

---

[7]［加］卜正民、［法］巩涛、［加］格力高利·布鲁著，张光润、乐凌、伍洁静译：《杀千刀——中西视野下的凌迟处死》，商务印书馆2013年版，第71—72页。

于处置山东天理教领袖林清的上谕中,嘉庆皇帝说:"本日朕复亲自廷讯,已将首逆尽法惩治,寸磔传首。"(《大清实录(嘉庆朝)》卷二七五)实际语用乃至该时期一些法律书籍也显示,"寸磔"已可直接取代法定刑名凌迟。[8]可以这么讲,凌迟作为合法化的"中国酷刑",其从宋代的百刀左右发展到明清最极致的三千刀[9],已非"寸磔"这样一个决眦碎齿的响亮表达无法表其酷,尽其致,发其烈!"寸磔",实乃礼教中国这台专制剐肉机的极端化倾向在治世不可遏制地自我发展,它能提醒我们跳出法律史与法律思想,到整个社会文化机制与族群发展史、心灵史中去找原因。这样的讨论,更具显影作用和实质意义。

在恐惧中迷醉:到处都是十字坡

清末沈家本《历代刑法分考》说:"相传(凌迟)有八刀之说,先头面,次手足,次胸腹,次枭首。皆刽子手师徒口授,他人不知也,京师与保定亦微有不同,似此重法,而国家未明定制度,未详其故。"结合中国礼教文化之下"刑为盛世所不尚"的传统,可知至清末即将废止凌迟之前,凌迟——"寸磔"的具体实施,包括刀法、刀数,都还不见法典明载,也未由官方自上而下予以严格规范,而一直由"师徒相授"的准民间封

---

[8] 有地方官员从政经历的清代法律学者王明德甚至直接用"寸磔"来定义凌迟,他在《读律佩觿》中说:"凌迟者,其法乃寸而磔之,必至体无余脔,然后为之割其势,女则幽其闭,出其脏腑,以毕其命,支分节解,菹其骨而后已。"这个定义广泛为人接受和引用。

[9] 宋朝凌迟分八刀、二十四刀、三十六刀、七十二刀、一百二十刀。而邓之诚《骨董续记》"寸磔"条云:"世俗言明代寸磔之刑,刘瑾四千二百刀,郑鄤三千六百刀。"可见从宋至明,从官方刑名凌迟到民间热词"寸磔",已经发生几何级数式的发展演变。

闭体系内发推动。从某种意义上，我们可以说，千刀万剐——"寸磔"，是官方抑或是礼、兵、刑三位一体专制机制对刽子手们自发切磋、日益提高的"工艺水平"的肯定与利用。

按理说，刀数越多，难度越高，耗工越大，那么，是什么内在力量推动一代代刽子手"脍不厌细"，精研刀技呢？直观的主因，当然是主子之要求，看客之嗜痂，而主子与看客经常是你中有我，合二而一的。这个群体，上为统治者，如莫言《檀香刑》中要求刑部设计出特别酷刑来处死偷盗鸟枪的小太监的咸丰皇帝；下为《礼记》中那"刑人于市，与众弃之"的"众"，也即鲁迅小说《药》中赶着去蘸人血馒头给儿子治痨病的华老栓夫妇们。

又得唠叨一下人骨、人肉入药的话题。

在礼教中国，嗜血的民族性有非常深远的食人传统与之相养相承。唐人陈藏器著《本草拾遗》，说人肉可以治羸瘵。陶九成《辍耕录》说，古今乱兵食人肉，谓之想肉，或谓之两脚羊。人肉甚至被认为有使人昏怔的魔魇神力，段成式《酉阳杂俎》说，李廓在颍州抓获七个强盗，他们前后杀人都把肉吃掉，问起原因，说是曾得巨盗之传，食过人肉夜入人家盗抢，主人会昏沉不醒，或像中了魔魇，无法反应。《本草纲目》列有"人部"，举凡人身种种部分，甚至包括魂魄与分泌物均可入药，人骨、天灵盖、人胆、人肉、木乃伊均为专项药料。上文所述，早在凌迟正式入刑之前，侯景、斛律政、阎知微、赵履温们就已一次次成为吃人狂欢中的食材，清朝的成德将军竟一口气活捉十数个白莲教饥民做心肺全席宴请亲戚，而这种事无论在正史还是笔记中，居然是很威武的行为。明朝太监刘瑾被处极刑，"凌迟三日。仇家争食其肉，须臾而尽"（陈洪谟《治世余闻》）。据说，当时片肉一钱，非常抢手，晚明袁崇焕也落得一样下场。可以想见，剐得更细，则分得更均，卖得更多。从南朝新亭的打赏啖炙到明朝北京的以钱易肉，大家可以想象理学下行之下的明清两朝，吃人啖贼已是如何名正言顺的盛筵乐事。

事实也正如此，明清时期，上自皇帝大臣，下至草民贼寇，全社会对寸磔之刑，可以说存在一种恐惧而又近乎迷醉的支持。从盗匪杀人到官员杀贼这一类战争状态或法外处死的多个实例上可略见一端。《明史》《清史稿》中，"寸磔"用例共计八处，除一处为书信中骂人泄愤之语外，另七例均为实际措刑，其中竟有六例出自《列女传》《忠义传》，均为女子不从流贼乱军而被寸磔以死。另一例出自《洪秀全传》，是清朝地方官员处死被俘的捻军头目。前六例，当然都属"私刑""野刑"，即使最后一例，也是战争状态下的临时刑罚。盖因"寸磔"毕竟不是律上正式刑名，所以正史必然慎用、少用，而《列女传》这一类的史料，本多事后追述，道听途说成分多，可以夸大，而讲述者、撰史者也抓住这种机会过一把"寸磔"大瘾。

明朝大太监刘瑾，是货真价实明正刑典被寸磔者，他被处受剐三日，吃刀二千四（其实第二天就死了），不过这份寸磔时代的最高福利也未在正史详细晒出。《明史·刘瑾传》照例很简洁，仅说"狱具，诏磔（这直接说明古老的'磔'即后来的凌迟）于市，枭其首"，后面却少见地补上一句："榜狱词处决图示天下。"正德皇帝的养子江彬在嘉靖继位后被"磔于市"，同样"绘处决图，榜示天下"（《明史·佞幸列传》）。这处决图极有可能像连环画，画中集中表现的，肯定是"千刀万剐"的狂欢场面与枭首悬头的结局，既是警诫，也让全天下没能到现场啖上一片肉的看客咽口水，过眼瘾，受教育。明朝印刷技术已比较发达，"全民读图"成为可能，想来不止话本小说、春宫图画，还有隔三差五的凌迟正法图，满足、培养着市民嗜血的趣味。从"千钱蒜盐烤母肉，一碗醒酒报仇汤"到"理学下行时，打瓦声声里"，"以孝治天下"的礼教中国，到处都是看得见的处决图，看不见的十字坡。

根据凌迟的规定，瓦砸得再碎，肉脔得再细，头颅还得完好保留，因为枭首示众乃是一个必不可少的步骤。在一场血色狂欢结束后，人头–首级仍然可以悬上高高的竿头，冷看自己被彻底"瓦解"的土器泥坯，被糜碎的肉身前世。

二　玉碎

美玉除疤膏

大家还记得北齐独裁者高洋清理元魏皇族时，元景皓兄弟面对生命威胁各自做出的玉碎瓦全的经典选择么？玉固易碎，瓦亦难全，听了一路打瓦声，大家耳朵大概都起了老茧，我们以泉洗耳，接着听清脆明亮的玉碎之响。

先讲一个锥璧碎玉的真实故事。

西汉末年，汉哀帝继位后，王莽受排挤，移病自让于外戚丁、傅二后，以新都侯就国，退居南阳新野避祸。南阳太守久闻王莽名声，不敢怠慢，选派苑城名士孔休担任新都国国相，王莽也用他篡位前一贯克己恭让的做派礼遇孔休，两人关系还算融洽。

有一次王莽生病，孔休来探视，王莽将一把柄镶宝玉的剑送给孔休，孔休辞谢。

王莽找出另一个送剑的理由，他说：其实我想送你的不是剑，是剑柄上这块无瑕美玉，听说美玉可以消除你脸上的瘢痕。

孔休仍坚辞。

王莽老脸搁不下，说，孔国相是觉得这块宝玉太贵重过意不去吗？我先替你把药和好！唤人当场用锥子把玉锥破碾屑，包好，奉上。

南阳是日后出产诸葛孔明这等人物的地方，灵醒的根苗苗壮着。当日孔休在被王莽的超级肉麻熏晕的一刹那，一定同时看到一个青面獠牙的恐怖怪物，对王莽的虚伪和用心洞若观火！再联系王莽逼令儿子自杀的事，大概也正发生在同一时期，孔休耳边想必响起易牙蒸子进献给齐桓公后管仲的评论和预言——那个鉴别真诚与虚伪最有效的办法：过悖人情物理的真诚，就是超级虚伪。这个当时正被天下人人称道的克己复礼的仁人君子，仅仅为了笼络一个国相，竟能想出如此肉麻的奇怪理由，不惜毁掉美玉，不久的将来，这个人一定会像锥玉一样毫不留情地锥碎政敌，锥碎汉家天下，还是及早远离为妙。不久——大约一两年后吧，哀帝崩驾，王莽复出，向孔休辞行，孔休称病不见。"后王莽秉权，休去官归家。及莽篡位，遣使赍玄缥、束帛，请为国师，遂欧血托病，杜门自绝。"（《后汉书·卓茂传》）

"美玉除疤膏"可谓美容史上一奇葩。如果碎玉之屑真能除疤，恐怕元景皓一"玉碎"，就被高洋拿去入药了。

井喷的玉人

且不论药效，玉在中国传统文化中的作用和地位，的确非常特殊复杂。众所周知，玉是祭器，是礼器，不仅有佩饰之美，器物之用，更是等级标志。玉可拟德，可方物，以玉喻人，是经典说法。

玉是胴体凝脂，美人如玉：隔墙花影动，疑是玉人来。

美男子皎然如玉树临风，岩岩如夜光之璧。玉山倾倒，风情无限。

这都不怪，可怪的是中国历史上曾有那么一个时期，玉人井喷，而且基本都是男性。

三国魏晋南北朝，是玉人级老少帅哥数量最多、质量最高、响动最大的时代。如果说两汉以前美玉所喻，还主要是品德，即《礼记》所谓"君子比德如玉"，魏晋南北朝这一段时兴的却是"比色如玉"，而且比的是男色！那个热乎，那个到位，直接就是拿麈尾敲着名士们的身体，听声音，品成色，以至"玉人"这个现在仿佛是美女特称的绝妙好词，那时几乎为男性独占。

但是，天地不仁，历史让美玉般的"中国好身体"在那个动荡的时期密集出现，似乎就是为了让王莽、司马氏、石勒、刘裕们的锥子不断砸下，让刽子手的鬼头刀一次又一次挥过如玉之颈，并发出阵阵烟花般剧烈的碎玉之响，洞穿耳膜，击人心魂。对生命身体之美一次次无情地锥破，消灭，直接或间接败坏毁灭的，是人们对生命、对身体的审美观照及其独立价值的尊重、珍惜。

美玉迸碎，人头落地。

曹魏绝响

中国历史上第一位男性"玉人"，当推东周名臣苌弘。

苌弘精通天文术数，忠心耿耿辅佐王室，但最终成为王室与诸侯斗争的替罪羊，被杀。传说其死后三年，血化为玉，是为"苌弘化碧"。

野史志乘却有另一个负面版本。《王子年拾遗记》说：苌弘为周灵王侍臣，"巧智如流"，周灵王长夜宴乐，殊俗之伎，异方珍宝，有"如玉之人，如龙之锦，亦有如镜之石"。后来，周人以苌弘谄媚诱致周灵王荒嬉逸乐，将他杀害。两个版本共同的结局，则是苌弘死后化碧成玉，后一个版本更魅惑灵异："流血成石，或曰成璧，不见其尸矣。"

苌弘是否帅如玉树，正史野志俱无可稽，何况他是死后才凝碧化玉。但这块鲜血凝成的碧玉,却仿佛埋下了诅咒。当这诅咒在近千年后的乱世被唤醒时,它将锥破玉人无数。玉裂颈断之声,炮仗一样阵阵响起。

先说嵇康。

嵇康,竹林七贤中最出名的一位,若要给魏晋两朝大帅哥排个座次,嵇康这座"玉山"不出三甲。《世说新语》说:

> 嵇康身长七尺八寸,风姿特秀。见者叹曰:"萧萧肃肃,爽朗清举。"或云:"肃肃如松下风,高而徐引。"山公曰:"嵇叔夜之为人也,岩岩若孤松之独立;其醉也,傀俄若玉山之将崩。"

醉如玉山将崩,何其风流好看!但有一天,这座"玉山"不是酣醉洇湿,而是被血染红,在《广陵散》曲终弦绝那一刻,身首分离,永远化碧。

嵇康的死是有声的,声音很大,千岁回响。

或许,"玉山"早已碎于他自己的铁锤之下。我想当日嵇康顾日影而弹琴时,一定有那么一刻灵魂出窍,听到过去遥远的某个日子冶铁大风炉的嗵嗵轰响,大锤砸在铁砧上,爆裂的雪水直淬通红锻件……

那天,风炉旁多了一双比深井雪水更阴冷的眼睛,那双眼睛提着的心剧烈痉挛,发出比风炉与夏蝉更尖厉的锐响。

嵇铁匠没有停止工作,也没看这双眼睛。

近一个时辰过去,那双眼睛终于按捺不住,扭转视线准备离开,铁匠这才慢悠悠问了句:

"闻所闻而来?何所见而去?"

"闻所闻而来,见所见而去!"

这真是最不能、不可、不必翻译的对话,因为,那其实已经是心火颈血交淬于铁砧上的锐响。

问者嵇康，答者钟会。

读过三国历史的人，对钟会肯定不陌生。钟会之父是魏朝太傅钟繇，他本人"有才数技艺，而博学精练名理"（《三国志·魏书·钟会传》）。后来钟会成为司马师得力干将，西蜀就终结在他手里；对手姜维和同事邓艾的头，都因他而断。据说当初钟会慕嵇康高名，邀请一批时贤名士，组成访问团，专程登门拜访。那天嵇康正好在自家大柳树下水井边拉风炉冶铁，竟把来客晾一边，挥锤不辍，结果蹩出来上述神问答。钟会如何咽得下这口气？一说，后来嵇康因受吕安牵连入狱，钟会趁机构陷，甚至以"鲁诛少正卯"作比，力劝司马师杀嵇康，三千太学生联名求拜嵇康为师而不能免。于是，玉山崩碎，血溅日影，广陵绝响。

另一个版本说，嵇康忠于曹魏王室，毋丘俭起兵讨伐司马氏，嵇康参与其事，毋丘俭既败，司马师必尽锄其党，嵇康自无生理。这个版本更接近历史真相，但因不够煽情，流传反而不广。此段公案，吕思勉先生于《两晋南北朝史》中有专节辨述。[10] 不管真相如何，嵇康的案子，乃钟会当主管刑狱的司隶校尉时亲手经办，却确凿无疑。

如果说嵇叔夜山崩玉殒，是司马氏正式篡立前夜的曹魏绝响，玉人、才子潘岳的璧碎，则可谓终结西晋的八王之乱中一记凄清得格外锐利的晚钟。

西晋晚钟

在前娱乐时代，潘岳已是粉丝无数的"天皇巨星"。《世说

---

[10] 吕思勉：《两晋南北朝史》（下），上海古籍出版社2005年版，第1242页。

新语·风度》:"潘安仁、夏侯湛并有美容,喜同行,时人谓之'连璧'。"即使是正史,也没忘记对这位玉人的风流俊逸大书一笔,还拉了一个丑客衬里子:"(潘岳)少时常挟弹出洛阳道,妇人遇之者,皆连手萦绕,投之以果,遂满车而归。时张载甚丑,每行,小儿以瓦石掷之,委顿而反。"(《晋书·潘岳传》)王维有诗"洛阳女儿对门居,才可容颜十五余",洛阳少女那个热烈直露的好形象,可是挥金掷果豪放追星追出来的。

可与《世说新语》的文本一比,《晋书》也得挨瓦。

在《世说新语》中,绝丑左思换下"甚丑"张载:"左太冲绝丑,亦复效岳游遨,于是群妪齐共乱唾之,委顿而归。"张载是名臣、大儒、博物家,而左思作《三都赋》,文才不亚潘岳,可惜张、左二兄这两块璞玉都叫丑石包了皮。既比,"绝丑"肯定胜出。再说,人家张载乃正常出行,难道丑人一出街就要被小孩欺负?而左思以为自己文名了得,居然要学才子加帅哥一样"唱游洛阳",不满地找牙才怪。奇丑之男,洛阳女儿肯定闭门不看,更别说亲手掷瓦。怎么办?自有老一辈京都美女——如今天街道居委会的老妪们出来替女吐槽。老妪团显然有预谋、有经验,"群、齐、共、乱"四字,异样到一派喜闹!少妇拒绝照面,老妪替下小儿,令人叫绝。

潘岳身处西晋末期"八王之乱"的漩涡中,既与赵王伦的幸臣孙秀有宿憾,又与石崇等谄事贾谧,为"二十四友"之首,这方白璧被击碎,被血染,是早晚的事。孙秀当权后,他也自知在劫难逃,只是结局惨烈,或出其自料,让人不忍卒视——"具五刑"倒没搞,但灭族则不免。在刑场上,他目睹老母、儿女以至亲属颈血涂地,而与他同为"二十四友"的"斗富名人"石崇也同时被刑,两人在洛阳市鬼头刀下一段对话,千载之下,让人唏嘘——

> 石崇已送在市，岳后至，崇谓之曰："安仁（潘岳的字），卿亦复尔邪！"岳曰："可谓白首同所归。"岳《金谷诗》云："投分寄石友，白首同所归。"乃成其谶。
>
> （《晋书·潘岳传》）

宁馨儿外传

玉山与连璧，均以惨烈的碎裂告终。另一位大玉人王衍虽全璧而埋，而另有天意。

王衍出于魏晋名门琅琊王氏。王衍之帅，倾动天下，连有"璞玉浑金"之誉的老帅哥山涛都被少年王衍帅到，竟然归责到他妈那儿去：

> 王衍字夷甫，神情明秀，风姿详雅。总角尝造山涛，涛嗟叹良久，既去，目而送之曰："何物老妪，生宁馨儿！然误天下苍生者，未必非此人也。"（《晋书·王衍传》）

这位让老帅哥自失的新玉人王衍"玉"到啥等级？《晋书》有个传神的特写："每捉玉柄麈尾，与手同色。"如果说嵇康、潘岳们还只能达到"如玉"品级，王衍则直接"玉化"。山涛出此预言，或者正因这与玉同色？

玉固剔透，却没心肝。人若有心肝，何能如此透剔？

与同时代的大多数士人一样，王衍意识的底层，是由现世动荡所引发的深切自危。他的致命之处，在于不因忧患求振作，由自危思济世，而是外以崇玄谈老逃避实务与责任，内则唯思自保、自营。又大不幸的是他出身高门，负重名，一生宦途通达，身处高位，军国安危，身实系之。《王衍传》说他居宰辅之重，不以经国为念，用人布局，无不以自全为计。八王之乱，中原板荡，北方少数民族纷纷起兵，所谓五胡乱华，刘渊、石勒兵锋尤锐。永嘉五年（311），东海王司马越讨伐苟晞，王衍以太尉身份从征。途中东海王忧病而死，众人共推王衍为元帅，可他只知道推托逃跑，十余万晋军在东郡苦县（今河南省鹿邑县）被石勒追上，一战而溃，王衍和西晋一帮文武大臣都成了俘虏。

山涛昔日的预言，不幸应验。

以残酷嗜杀著名的胡人石勒，可也久闻王太尉"玉"名，饶是如此，他还是被这中朝第一"玉人"的了无心肝清谈至死惊怒到！《晋书·王衍传》说：

> 勒呼王公，与之相见，问衍以晋故。衍为陈祸败之由，云计不在己。勒甚悦之，与语移日。衍自说少不豫事，欲求自免，因劝勒称尊号。勒怒曰："君名盖四海，身居重任，少壮登朝，至于白首，何得言不豫世事邪！破坏天下，正是君罪。"使左右扶出。谓其党孔苌曰："吾行天下多矣，未尝见如此人，当可活不？"苌曰："彼晋之三公，必不为我尽力，又何足贵乎！"勒曰："要不可加以锋刃也。"使人夜排墙填杀之。衍将死，顾而言曰："呜呼！吾曹虽不如古人，向若不祖尚浮虚，戮力以匡天下，犹可不至今日。"时年五十六。

王衍的全无心肝误苍生，即使杀人魔王级的敌人也未免震骇。石勒的惊怒，回应了昔年山涛的叹怪，而他们之间另一有趣的对应，则是惜玉之心。虽杀意已决，昔日"宁馨儿"盈满的清光玉气，硬是唤醒了杀人魔王沉睡的纯粹审美体验，让奴隶出身的文盲石勒耽美于斯，乃至不忍以刀剑直接锥碎这方"美玉"，临时开出一个"排墙填杀"的小灶，还把时间放到夜里。"排墙填杀"，揆之情理，应是活埋后推墙压住，使他人难以掘

"玉"残"璧",也不致暴尸露骸于鹰鹫野狗。[11]不然,"填"字何解?当这个"全璧而埋"的"死刑小灶"被单列出来时,王衍的"玉"体,已然与王衍的人品、行藏、善恶等因素完全抽离,而纯然为"玉"为"璧"。要知道,当日发生的杀戮,后来被命名为"苦县大屠杀",极为惨酷:

> 石勒追及(晋军)于苦县宁平城……勒以骑围而射之……相践如山。王公士庶死者十余万。王弥弟璋焚其余众,并食之。(《晋书·东海王越传》)

普通士兵被当作动物打围,而随行的一大群西晋王公卿士,也几乎一个不留地被赶到旷野斩杀,西晋政权的精英在此一役中摧折殆尽。

相比之下,王衍死得实在太体面。

苦县天祭:死刑小灶与烂柯棋枰

进一步了解中国礼制和玉文化,人们更要惊叹:这个别出心裁的"死刑小灶",哪里是石勒偶然的创意或一时的灵感,分明是赫怒而威灵的上天,假手于石勒,"玉化"了一个最精致的"中国身体",并在特殊的地点举行祭地埋琮大典。所用之琮,正是王衍这块"人玉"。

琮,筒状,为中国古代用玉制作的六种礼器之一,至今已

---

[11] 《旧五代史》卷五十六《符存审传》云:"存审微时,尝为俘囚,将就戮于郊外,临刑指危垣谓主者曰:'请就戮于此下,冀得坏垣覆尸,旅魂之幸也。'主者哀之,为移次焉。迁延之际,主将拥妓而饮,思得歌者以助欢。妓曰:'俘囚有符存审者,妾之旧识,每令击节,以赞歌令。'主将欣然,驰骑而舍之;岂非命也!"此可与"排墙填杀"相发明。

有五六千年历史。《周礼·春官·大宗伯》写得清楚:"以苍璧礼天,以黄琮礼地。"

黄琮祭地,祭毕则埋。

这是怎样一次天泣地笑的埋琮之祭呵!

如果说上千年前苌弘已凝碧成璧,以身祭天,现在传来的,则是黄琮入地的轰然回响。

之前我们在论说"枭为恶鸟"政治寓言的由来与机制时,曾重点探讨"礼、刑、兵合一"的专制集权统治结构如何以"孝"作钩为饵,取消身体的自主权和独立价值,一如香气酷烈的黑蛇之酒蚀人于无形。但这种戏法,岂能将天下人的耳、目、心、口全都掩了?这边一路布局垒墙,不愿入彀者自然要以各种办法挣脱。

在中国,以道抗儒,逃名全身,自古以来被士人视为另一种人生选择和路径,而与德政刑名的结罗收网隐然相抗。汉初黄老与儒术表面就明争暗斗,后来儒术独尊,而黄老潜流汹涌。东汉末年,黄巾起义揭开乱世盖子,人命蝼蚁,生如朝露,道德礼教血腥虚伪的本质也更明显,社会思潮由是一变,老庄演而为玄学清谈,并影响九品中正所谓乡评时议。社会思潮的另一变态,是对短暂之美——光影不定的生命存在的醉迷。在男性的语境和精神体验中,金玉芝兰之喻四起,其内在诉求,却是对安身立命的社会性焦虑,也可视为对身体独立价值和自主权自发的美学宣示与迂回抗争,身体甚至直接成为一个对侵犯与限制非常敏感的私人领域。

无独有偶,我们在西晋时期的北方和南朝开端时的南方,都听到这么一声强烈抗议。

北方,刘伶经常纵酒放达,脱衣裸形。人见讥之,伶曰:"我以天地为栋宇,屋室为裈衣。诸君何为入我裈中?"(《世说新语·任诞》)

南方，谢灵运在会稽闲居时，"与王弘之诸人出千秋亭饮酒，裸身大呼，颛（会稽太守孟颛）深不堪，遣信相闻。灵运大怒曰：'身自大呼，何关痴人事。'"（《南史·谢灵运传》）。

但这种抗争是徒劳的。不仅如此，凄美的顶点或者反面，是无奈、滑稽乃至灭裂崩摧。

今天对整个中国古代史做宏观考察，魏晋南北朝的动荡，其实是两汉向隋唐过渡期间一次整理升级，观念模式和操作系统经周商至两汉早已形成，就是说在中国专制王朝这个烂柯山仙人的棋枰上，德政王霸的黑棋早已四角布子，见血封喉，把旷达出世的白棋做眼成势的蔓延之路破了，普天之下，莫非王土。而像嵇康、王衍、谢灵运等既无法真正出世，又企图以任诞谈玄来重获安全感和身体权的人，最终大半以暴烈或荒诞的玉碎告终，死得更难看。

于是，311年一个月黑枭哭、腥风扑鼻的夜晚，在苦县血雨尸堆前（此地恰好属汉代枭羹节指定进贡枭鸟的东郡），一面轰然倒下的墙，犹如铁幕、仪式，宣告了礼教刑政的现实政治体制对个体身体与生命的摧毁已然完胜。历史选择了男人中"与玉同体"的王衍做献祭的黄琮，填埋到地下。陪祭的牺牲，是一大帮西晋士大夫和十数万普通士兵。

还有更不可思议的巧合：苦县，正是老子的故乡。

石勒是羯人，其先为匈奴别部羌渠之胄，所谓胡。他与前赵刘聪一样，对晋朝文武大臣最初基本采取杀绝政策，以此消灭汉族精英人士，这颇有点像当日苏联红军将波兰贵族出身的军官驱赶到卡廷森林集中活埋。

但石勒不像王族出身、对中原文化浸淫甚深的刘聪，他出身社会底层，是中国历史上第一个奴隶出身的皇帝，如假包换的文盲，更不了解中国的礼仪传统，不可能意识到他所采取的方式、选择的地点后面所包含的意味，所以，一切皆天意。

"白玉不毁,孰为圭璋?"(《庄子·马蹄》)

多年以后,我们听到来自南方的回响。

玉殒:南方的回响

五胡乱华,中原陆沉,晋室南迁,是为东晋。

东晋政权又延续了近一百年,420年,刘裕称帝建宋,南朝启幕。

刘裕称帝前,曾大举北伐,并一度收复长安。回师后,在彭城大会文武功臣,赋诗庆功。酒酣兴浓之际,刘裕得意地说:今天这个盛会真是江左第一,大家看,两大玉人都齐了!

刘裕所说的"一时顿有两玉人",一是谢安之孙谢混,当时公认"江左风华第一"(《南史·谢晦传》),娶东晋孝武帝的女儿晋陵公主为妻,历官中书令、中领军、尚书左仆射、领选举。

另一"玉人"也是谢家子弟:谢安之兄谢据的孙子谢晦,与谢混是谢氏家族同一辈分的从兄弟,《南史·谢晦传》称其"美风姿,善言笑,眉目分明,鬓发如墨。涉猎文义,博赡多通"。谢晦是刘裕非常倚重的左右手,刘宋王朝开国功臣之一。

不久,第一玉人谢混玉殒,他在刘裕清除政治对手刘毅集团时一并被杀。

刘裕死后,宋元嘉三年(426),第二玉人谢晦,拥兵自重,亦为宋文帝所杀。

谢晦的女儿,当时为宋文帝之弟彭城王刘义康王妃,从她绝望的诀别中,我们听到玉碎的恸响:

> (妃)被发徒跣与晦诀曰:"阿父,大丈夫当横尸战场,奈何狼藉都市。"言讫叫绝,行人为之落泪。(《南史·谢晦传》)

沧海月明珠有泪，蓝田日暖玉生烟。如果说蓝田是最出名的玉石产地，东晋南朝的王谢家族，则可谓中国历史上最出名的"玉人"世家，谢家玉气更盛，亦尤为造物所嫉。

我们再听听另外两个谢家"玉人"玉殒首断的大声。

谢灵运，谢混的侄子，宋元嘉十年被杀于广州贬所，时年四十九。

谢朓，谢混的侄孙，比谢灵运小一辈。少好学，有美名，文章清丽，善草隶，长五言诗。

谢朓由宋入齐，官至吏部尚书，废帝东昏侯萧宝卷时下狱被杀，死时年仅三十六。临刑前，谢朓让门客给沈约带话，让他在修史时别忘写上他。

谢朓当然无法预知，真正让他拥有后世无数粉丝的，倒是三百多年后李白的抽刀断水，一再登临。除《宣州谢朓楼饯别校书叔云》，李白更写下《秋登宣城谢朓北楼》：

江城如画里，山晚望晴空。
两水夹明镜，双桥落彩虹。
人烟寒橘柚，秋色老梧桐。
谁念北楼上，临风怀谢公。

而谢灵运比谢朓"玉气"更大，不托李白张目，自为诗家巨擘。我们现在无法考证当年刀过颈断之时，谢灵运那颗美玉一样的头颅重重砸在广州哪条古街或者闹市，抑或驿馆都亭；他死后有没有往生西方极乐世界，我们也不得而知。但他那一掬过腰长须，却直到公元700年后，还油光放亮地粘在南海祗洹寺的维摩诘塑像的下巴上。《国史累纂》记述了一则谢灵运胡须被"资源再生"而后"毁于一剪"的奇闻：

> 晋谢灵运须美。临刑，施于南海祇洹寺，为维摩诘须，寺人宝惜，初不亏损。中宗安乐公主，五月斗百草，欲广其物色，令驰取之。又恐他人所得，因剪弃其余，今遂绝。

大家还记得罗马旗手、大帅哥茹菲努斯的"首级艳遇"吧？他的头被蛮族玛乌尼人将领美狄西尼撒斯砍下来，带回家给他的众位妻子观赏，"因为茹菲努斯的头特别大，头发也多，所以形成一种奇观"。英雄死了还能享受美人的叹赏爱抚，怎么说也还算不幸之幸。而即使有泥菩萨帮他粘了几百年，中国第一美髯公谢灵运的胡须最终仍然在"剪"难逃。谢灵运的胡须不比茹菲努斯的头发差，明朝有人专门评点过中国历代名须，谢灵运以"须垂至地"为古今第一，但根据相书的说法，让这位美髯诗神身首异处的也是这副绝世长须："须长于发，名为倒挂，必主兵厄。"(《五杂俎》)不知当日安乐公主从长安派来的剪须使者到达南海祇洹寺之前，维摩诘塑像的胡子有否一夜变红，若有，那一定是谢灵运那本来已在海潮抚慰中忘忧消愁的灵魂，又一次啼血。

唐朝恶公主的心肠和审美趣味，显然比不上比唐朝还早两百多年的远在地球另一角的利比亚蛮族妻妾，而要给中国历史上的恶女排名，安乐公主李裹儿肯定上榜。

李裹儿是唐中宗和韦皇后所生的小女儿，嫁给武则天的侄孙武崇训。中宗复位后，她居然不自量力，野心勃勃想当皇太女，做武则天第二。她唆拨父亲废黜当太子的哥哥李重俊，又与母亲一起下毒弑父，后被李隆基所杀。这种女人是生来糟蹋天下再被天下糟蹋的，佛都不畏，怎么会怜惜几百年前一个美髯大帅哥那长满诗歌的文化胡须？"疑怪昨宵春梦好，原是今朝斗草赢"，今日读来，晏殊《破阵子》中那"疑怪昨宵春梦好"

的憨妹子，真是比帝王家的母夜叉可爱百倍，灵运有灵，一定更愿意把胡须剪落给她。憨妹子即使以此宝与"东邻女伴"斗草，也必先捻出一茎最性感的，压在枕边；一绺最油亮的，养在香囊。

玉碎的锐响锥击历史，疼痛是有记忆的。

在同时代人那里，二谢之死即已反复成为话题。刘义庆《幽明录》说，徐羡之、傅亮、谢晦未败之前，有人就在益州听说三人被诛。刘敬叔《异苑》说，谢晦在荆州白日见鬼，手擎盛满鲜血的铜盘，不久他本人即被杀。同书另一则故事则干脆来个生死穿越，在谢灵运死前五年，让被杀已二年的谢晦提着自己血淋淋的人头现身。大概谢晦鬼魂有灵，亲伤其类，特地跑来提醒这位任诞傲世丢了头的侄辈，该小心自己脑袋了。

玉为尤物，玉有灵气，经过魏晋南北朝不断锥击，玉想必炼成金刚不坏之身，到了唐朝的节度使与明朝开国皇帝脖子上，反倒成了护颈保命的神器，抚慰并修复着上自帝王下至刺客疼痛的神经和噩梦。顺着这昆山片玉，我们索性来个疼痛大起底，到抚城的无头之夜去尝尝临安灌肺，看看疼醒的人间怎么应对，如何疗伤。

三　疼城

头滚凌烟阁

贞观十七年（643）二月，唐太宗起凌烟阁，张挂长孙无忌等二十四位开国功臣的画像。

相隔不到两个月，一颗人头滚出阁来。

因牵连太子李承乾案，兵部尚书、陈国公侯君集等人被

"戮于四达之衢"(《大唐新语》),唐高祖第七子汉王元昌被赐死。侯君集临刑时,李世民伤感地说:"与公长诀矣,而今而后,但见公遗像耳!"(《旧唐书·侯君集列传》)在另一个版本,据说李世民表示"为君从此不上凌烟阁"。

李世民当日说了什么先不管,侯君集的惊梦倒值得我们琢磨。《新唐书》本传说,侯自与太子承乾通谋后,神思恍惚,寝食不安,经常半夜梦中惊吒,把夫人吓醒。梦吒多少泄露天机,侯夫人劝丈夫:公为国家大臣,怎么寝食不宁神魂难安呢?如果做了什么对不起皇上的事,"宜自归,首领尚可全"。想到枕边人有一天可能身首分离,而谋反之罪动辄灭族,还得拖带满门老小人头落地,侯夫人想必也要噩梦连连。

侯君集所做何梦,正史没讲,《酉阳杂俎》剧透:

> 侯君集自从与太子承乾通谋准备反逆之后,心意恍惚不能自安,有一夜梦中忽然被两个甲士抓到一个地方,一个戴着高冠的人赤髯奋张,大叱左右,命令他们将侯君集威骨[12]取出来。就有数人手操屠刀,打开他的脑后和右臂,各取出一片状如鱼尾的骨头。侯君集梦中发出惊喊,痛醒过来,脑袋和手臂还隐隐发痛。从那以后他就心悸力耗,以至连三十斤重的弓都拉不开。他想要自首,但到事败之前仍下不了决心。

看看,梦中被开颅取骨,醒来还真个身体垮了,武功废了,这

---

[12]《酉阳杂俎》的另一个故事《郑思远》也讲到威骨:"虎威如一字,长一寸,在胁两旁皮内,尾端无之。"另《本草纲目》卷五一引陈藏器说,虎的两肋和尾端各有一块一寸长、乙字形的"威骨",官吏佩之可立增威严。侯是名将,因此传说认为他身体里头该有"威骨"。

梦可不是一般的噩！

侯君集被噩梦弄垮了身体，宋明帝的噩梦却让继承人断了头。

南朝宋后废帝刘昱十一岁即位，成为"第一小孩"。"第一小孩"秉承他父亲的做派，生性凶顽，直接把杀人当成最好玩儿的游戏，喜欢以击脑、椎阴、剖心等刑罚"创意杀人"。

刘昱即位不久，他父亲在世没杀光的两个叔父相继起兵问鼎，靠了后来成为齐高帝的萧道成等大臣血战石头城，才把叛乱平定下去。萧道成功高震主，跟着成为猜忌的对象，有一回刘昱竟带人直闯领军府，把正在午睡的萧道成从床上直接拎起来，对着他肚脐哐当一骲箭（以骨为镞的箭）。萧道成若不反，早晚被"戏杀"。他暗中布局，让亲信王敬则买通宫中侍卫，耐心寻找下手的机会。

机会终于来了。刘昱十五岁那年七夕，他在外面晃荡了一天，杀马、爬竿、屠狗、喝酒、睡尼姑，晚上回宫继续喝酒，还露天支帐篷看星空，要等天上牛郎织女相会时与宠爱的嫔妃穿针乞巧，终于喝得大醉，深夜被侍卫杨玉夫用千牛刀砍下人头，王敬则快马驰出宫门，将首级送到领军府。持重的萧道成隔着门缝看不真切，不敢开门，王敬则把头直接抛过院墙，萧道成接过血污人头，用井水洗净，细认，迸出一声改朝换代的欢呼！

刘昱这身首异处的结局，早被一个噩梦所预言。他出生那天，父亲宋明帝"梦人乘马，马无头及后足，有人曰：'太子也。'"（《南史·宋本纪》）。更巧的是，当日白天，刘昱曾在玄武湖边亲手屠割侍从所骑白马，这样一来，马与人完全重叠在一片血色模糊的刀光头影中。

朱元璋之梦

"夫韩、魏父子兄弟接踵而死于秦者将十世矣……刳腹绝肠，折颈折颐，首身分离，暴骸骨于草泽，头颅僵仆，相望于境……"（《史记·春申君列传》）这是司马迁笔下摧人心肝的战国黑镜头。以首级计功的秦国虎狼之师"左挈人头，右挟生虏"（《史记·张仪列传》），让六国丧胆，而乱世逐鹿总不免千里尸横人头枕藉，也不断烙痛人们的神经。另外，都亭东市一次次抄斩族诛，阙下军门一回回悬头号令，与正史野志中白雨跳珠般频频出现的"枭悬""传首"之类热词互为表里，使"枭鸟—人头"也即枭首事件及其所表征的意象和隐喻系统不断复演、渗透、强化，积淀于一代一代社会成员的集体记忆与潜意识，对身首分离的恐惧与焦虑，凝结成巨大的黑色梦魇，吸附、蹲伏于全社会每个成员意识深处，并内化为维护专制、驯化顺民的一道魔咒：不知有多少人在深夜曾被斫颈落头的噩梦惊醒！

而与此相应，身首相连入土为安的正常死亡，不仅是草民百姓的愿望，也是不少身处政治漩涡或血火乱世的王侯将相、枭雄强人们梦寐以求的结局。

杨智积，隋文帝杨坚之弟杨整的儿子，袭封蔡王。大历十二年，杨智积跟随隋炀帝南下江都，患上重病，拒医却药。确信自己即将咽气，杨智积留下了幸福的遗言："吾今日始知得保首领没于地矣！"（《隋书·蔡王智积传》）意思就是说，我一直以为自己这个头会被砍掉，不得善终，直到今日，才确信可以死在自家炕头，全尸入土！

杨智积一辈子都活在身首分离的惊悸中。他父亲原与哥哥杨坚不睦，母亲与嫂子独孤皇后也不投缘，隋文帝在位时，他即"常怀危惧，每自贬损"，缩起脖子做人，生了五个儿子，都"止教读《论语》《孝经》而已,亦不令交通宾客",故意往弱智整。炀帝即位,"疏薄骨肉",收拾老亲更不留情,他的胞弟杨智明和他一同随驾到江都,不久就被炀帝所杀。那段时间,他几乎每夜都睡不好觉,仿佛鬼头刀已经架到脖子上,只是不知道什么时候突然砍下。与其说他是病死,真不如说是怕死忧死,惊病而死。

别说杨积智这样无宠可恃唯恐遭忌的虚名王爷,正牌的国君如春秋时的小国之君宋元公、宋穆公,大国之主楚共王等人,在临终时都没忘庆幸自己得以保全首领没于地下。[13]那时"兵在其颈"已是俗语,周室卿士单襄公就是这样预言晋国大夫郤至必败的(《国语·周语》)。而手操生杀大权且以残忍嗜血著名的暴君,冷不防也会被自己的人头吓到。后赵皇帝石虎杀人无数,连杀自己的不肖儿孙,也极尽残酷,但一面大镜,却先把他的头"砍"了。后赵王度所著《二石传》有这么一条记述:

石虎晋咸康二年,迁都邺宫。照一大镜,不见头。

并非石虎独得精神病或者人格分裂,帝王虽权势侔天繁华尽享,但也是天下第一高危职业,稍一不慎,变起肘腋,灭家亡国,不得好死。若开出名单,可是长长一串。

崇祯皇帝曾微服出宫问卜,报出"酉"字,卜者大惊,说这字是"至尊无首无足",天下将亡。不久,他就上煤山自缢了。

崇祯好歹还算自主了断,江都兵变,隋炀帝讨鸩酒自尽,不准,只好上吊。

唐昭宗被朱温软禁,日日喝酒想醉死,醉而未死,人家就

---

[13] 事见《左传·隐公三年》《左传·襄公十三年》《左传·昭公二十五年》。

不让他再活了，弑君者至，他"方醉卧，遽起，单衣绕柱走，追而弑之"（陈世崇《随隐漫录》）。后面这两位，怎么死，没得选。

一路讲来尽是梦魇幻视，满纸妖孽，无边疼痛，该找个好梦来舒缓一下啦。

做梦功夫真正了得，还要数明太祖朱元璋。通过梦，他把源于内心的恐惧，转化为对别人的忽悠。

朱元璋的梦乍看类似侯君集，不怎么吉利：有人梦中打开他脖子，醒来还感到痛！再接着听挺时髦稀罕：嗨，人家不仅没把他脖子弄断，或者抽筋取骨，反而把一块宝玉镶了进去。朱元璋说，他醒来后摸摸，脖子一侧似乎有些肿大，心想这可能是病，找郎中上膏药，不见效，也就懒得管。后来，这个地方竟隆起如骨，脖子硬了！大家都觉得挺神奇（余继登《典故纪闻》）。

明太祖是非常强势的开国之君，传说他就是天上放下来"血食人间五千日"的天狗星，但他的强势与豪雄并非天生，当初以孤儿兼乞丐起家造反打杀，也是阴差阳错，被迫无奈，心里比谁都不踏实。

郭子兴起兵攻占濠州那年，朱元璋辗转行乞数州回到老家，原来栖身的皇觉寺已被乱兵所焚，元将彻尔布哈领兵平乱，不敢强攻濠州，却纵兵四出，捕掠良民冒充盗寇，割头徼赏。老百姓遇贼死，遇兵亦死，朱元璋属于无家可归的流民乞丐，最危险。他很害怕，夜入神庙卜珓，先卜远走避乱，次卜原地待着，横竖不吉。心一横，默默祷祝：神明啊，您难道要我造反吗？再卜，大吉大利，出惊而喜。但一转念，造反可是更容易掉脑袋的事！就又祷祝：神明啊神明，您既然要我造反，请赐避兵神符，保佑我不受刀枪之害吧！杯珓掷出，在地上蹦几蹦，竟直立起来！他才下定决心投了军（《续资治通鉴》卷二一〇）。可见朱元璋当初很怕死，造反是被逼迫出来的无厘头，第一目的是保头。要真有这样一个梦，很可能就是他卜珓前后所做，源于潜意识中对失头断颈的忧惧，也难保不是他对断头噩梦加以改造，或干脆就是凭空编出来忽悠人的。不管真相如何，这样的梦于人于己，都会成为神玉护颈不惧刀剑的心理暗示，同袍部伍仿佛看见朱元璋颈上裹着个大理国的全片象皮护颈圈[14]，怀揣天赐的避兵符，相信他是异人，为神所佑，可以放胆为他拼命跟他混，效果不比李自成荒山卜头差，风险却低了下去。

　　说起来，宝玉埋颈也非朱元璋首创，乃遵古法制，其梦有源。

　　唐人传奇《聂隐娘》有这样一个情节：魏博节度使派天下第一刺客妙手空空儿来行刺陈许节度使刘昌裔，隐娘自知不敌，想出一条奇计，让刘昌裔"以于阗玉周其颈，拥以衾"，刘照办，"至三更，果闻项上铿然之声甚厉……后视其玉，果有匕首划痕"。《聂隐娘》本出唐人传奇，类似的故事自当长久流传民间，朱皇帝前一个梦将刘节度临时安上的护脖玉片内置成固定围脖，后一个梦则将折颈落头的恐惧改造成神赐的灵符，高明！当然还有更爽快的办法，就是弄个咒语或者魔法，直接让脖子把刀剑PK掉。根据《清稗类钞·会党类》所记，三合会举行入会仪式时有一个问答环节："卫兵曰：'剑与颈孰坚？'入会者曰：'颈坚。'"王敦举兵犯阙，其从弟王彬不为所屈，并以脚疾为由拒不拜谢，王敦威胁他："脚痛孰若颈痛？"（《晋书·王彬传》）王彬没被吓倒。至于兵临城下时以妇女裸体鼓噪、污秽之物、画符等方式来让敌人刀兵火炮失灵，

――――――
〔14〕宋人周去非《岭外代答·蛮甲胄》："大理国之制，前后掩心以大片象皮如龟壳，披膊以中片皮相次为之，其护项以全片皮卷圈成之……"

已属厌胜巫术。

从聂隐娘到《楞严经》

高明高明,表过朱皇帝的高,再来道孙司空的明。

《聂隐娘》中另有一处情节,颇为突兀无着落。

魏博大将聂锋之女聂隐娘十岁被老尼偷去,五年后送回,已成顶尖刺客,老尼更在她脑后开洞藏匕首,能"白日刺人于都市"。一日,"忽值磨镜少年及门,女曰:'此人可与我为夫。'白父,父不敢不从,遂嫁之。其夫但能淬镜,余无他能"。

大刺客为何下嫁小磨镜?小说没交代原因。不过,若一面大镜就能把杀人如麻的石皇帝人头无端照落,岂不比妙手空空更省事百倍?在苌弘化碧的传说中,镜、玉石、人头就已发生神秘联系:"如镜之石,如石之镜。此石……照面如雪,谓之月镜。"其后苌弘被杀,"流血成石,或方成璧,不见其尸矣"(《拾遗记》)。后世像石虎这样照镜失头的怪事,也频频出现在正史和笔记传奇中,人头与明镜如影随形,演成一道诡异风景。

南朝梁武帝之孙河东王梁誉在侯景之乱平定后的内斗中,被叔父梁元帝攻杀,送首荆州。《南史·梁武帝诸子传》说他将败之时,"引镜照面,不见其头"。

东晋梁州刺史甘卓的头,同样提前被镜子照丢,惊忙寻来,已高挂庭树。不久他被部下赚杀,献首王敦(《晋书·甘卓传》)。据说,早年曾有相士断言甘卓长着"盼刀相","不出十年,必以兵死"(《异苑》)。五代的王都,也曾被善相者预言了"兵死"的结局:"形若鲤鱼,难免刀匕。"(《旧五代史·唐书·王都传》)

唐甘露之变前,京兆尹罗立言"尝因入朝,既冠带,引镜自照,不见其首"(《宣室志》)。

如果说上述几面镜子仅是"预言家",它们的祖宗——一面更神奇的魔镜，则早已在阿房宫中直接照杀无数佳人。《西京杂记》"秦宝"条介绍说：

> 有方镜，广四尺，高五尺九寸，表里洞明。人直来照之，影则倒见。以手掩心而来，即见肠胃五脏，历历无碍。有人疾病在内者，则掩心而照之，必知病之所在。又有女子有邪心，则胆张心动。秦始皇帝常以照宫人，胆张心动，则杀之也。

这方神奇的洞物杀人镜的身影后来屡屡再现，《酉阳杂俎》《松窗录》《云仙录》《梦溪笔谈》等笔记小说乃至正史如《宋史》，都曾提到能"照人五脏""照物如水"的魔镜。在《云仙录》中，魔镜落在长安王氏家，镜有六鼻，"黄巢将至，照之，兵甲如在目前"[15]。故事讲到这，看官大概又该想起那个著名的"自杀装置"——盘水加剑。不管贾谊有心或无意，在明水如鉴的中国式隐喻中，水与镜的巫术功能，都将照临之人的头颈引向鬼头刀。

西来的佛教也注意到中国铜镜这种特殊功能，在本土化成分颇多的《楞严经》中，镜被改造成"业镜"，归入"十习因"中最后一习：

> 十者，讼习交谊，发于藏覆。如是故有鉴见明烛，如于日中不能藏影。二习相陈，故有恶友、业镜、火珠披露宿业、对验诸事。

---

[15] 李时珍：《本草纲目》卷八《金石部·古镜》，北方文艺出版社2007年版，第170页。

其实，镜自无怪，相由心生，这个道理，明白人都清楚。并非铜镜真能制造失头幻象（想必也与铜镜成像比较模糊容易产生幻象有关），身首分离的普世焦虑，尤其是特定的人在丧败横死前对命运的预感和焦虑，才是赋予铜镜惊悚映像与预言之魅的真正心魔。

三国蜀汉有个张裕，就总和镜子过不去。《三国志》说他通晓占候和相术，"每举镜视面，自知刑死，未尝不扑之于地也"。原来早年刘备入川，在涪城与刘璋见面叙亲，酒席上斗嘴，张裕狠狠讥讽了未来主子一把，心中有数，颈自不安，后来果然被刘备所杀。张裕的确神算，只是这扑镜于地的做法，比起五代的孙儒，未免女儿气十足。

明镜孙司空

唐末五代之交的乱世枭雄孙儒，就把这"东洋业镜"照了个明白清爽。

孙儒横行乡里，起于行伍，为人残暴，在黄巢起义的乱局中攻城略地，迅速成为一股有生力量，兵势盛时，朱温都让他三分。他曾砍下蔡宗衡、秦彦、毕师铎三个对头的首级，交由朱温上献唐廷，因此获授检校司空。其后与杨行密争淮南，正逢大饥，军队绝粮，几经鏖战，兵败成擒，被斩于扬州市，"传首阙下"，就是头颅被传送到唐都长安。

兵败之前，孙儒已有预感，《新唐书·孙儒传》说他当时曾引镜自照，抓着头皮自语："此头不久当入京师。"真英雄死生由之，不装神弄鬼，这个细节，让他性格中豪爽达观的一面透纸而出，也让人们更强烈地记住了一个中道而败的乱世枭雄。

在石虎、梁誉、甘卓、罗立言、张裕等人所遭遇的镜魔中，人头都被照落不见，甘卓的脑袋更魔幻，直接挂到门外树上。为什么？因为这些大佬的头一旦不保，可以预期的结局，一般不会只是砍断了事，还要挂起来。悬挂之前，多数得先"传"上千里万里。甘卓的人头直接挂到树上，活脱就是"枭，首在木上"的魔幻体。唐朝恶女安乐公主得势时，曾于洛州道光坊造安乐寺，当时就有童谣这样唱："可怜安乐寺，了了树头悬。"其后李隆基与太平公主联手发动兵变，她与韦后一道被斩首悬竿，大家这才明白过来，拍手说：唱得对，唱得妙（《朝野佥载》）。所以我们更要佩服孙司空心底澄澈，眼如明镜，不但预言自己即将断头，连头的去路都说个门儿清。孙儒死后，他的旧部刘建锋、马殷转战湖南，终于打出一片江山，马殷当上楚王，没有忘记老上司"死得庙食"（被祭祀供奉）的心愿，上表唐廷，请求追封孙儒为司徒、乐安郡王，立庙祭祀。这位不免头行万里的乱世枭雄，得了夙愿，也算历史对头脑清楚知生明死者的一个旌表吧。

说到"头行万里"，这个表达听起来虽夸张，还真经常被古人挂在嘴边。

南朝梁亡后，大将王琳叛入北齐，后寿春城破，他为陈将吴明彻所杀，传首建康，藏头武库。他的旧部朱玚冒险潜入建康，给陈朝尚书仆射徐陵写了一封非常感人的信，要求发还旧主首级，信中辛酸地称旧主"身没九原，头行万里"[16]。

"汝二人之头将行万里，何席之有！"（《三国演义》三十三回）辽东太守公孙康变脸一叱，袁熙、袁尚兄弟首级就被一拥而出的刀斧手砍落帐前，函送曹操。

南朝侯景之乱平定后，侯政权的宰相、谋主王伟被抓，梁将王僧辩要拿他巡营耀功，他说之前因为逃亡日夜赶路，现在脚烂了，实在走不动，要求给头驴骑。王僧辩嘲讽阶下囚说，

---

[16] 朱玚：《与徐陵请王琳首书》，严可均辑《全北齐文》，商务印书馆1999年版，第92页。

不急,你将头行万里,路长着呢。

"尔等头也未牢!"(《续资治通鉴》卷一八〇)南宋建炎四年,在陕西抗金前线,权环庆经略使孙恂杀了两员统领官后,高声叱骂其他不服气的将领。这一骂,把好几位怕头不牢的将领逼反了。

唉,谁的头牢呢?王僧辩后来遭陈霸先暗算,同样身死业坠,其头不牢。

押宝提头图

无端照镜头挂树,汝家首级亦未牢。斯世斯人,当以头为

图88 宋延清双刀单猎头 (作者自绘)

何物？

先看一个真人版沙和尚。

清朝嘉庆二年，贵州南笼苗民反叛，云贵总督勒保督师剿讨。部将宋延清，骁勇无比，有次一早独闯苗寨，勒保听报，摆好美酒，一直等着。天色将晚，营外暮色中终于出现一个身影，好像醉酒般彳亍行来，果然是宋延清。只见他手持双刀，胸前背上用绳子穿着十几颗人头，浑身衣甲都已鲜血浸透（图88）。勒保大喜，亲自斟酒为贺，让他换掉血衣回席，痛饮达旦。后来宋延清二闯苗寨，终于一去不归（昭梿《啸亭杂录》）。

宋延清孤胆血拼，虽然挣来一条"首级绶带"，最终不免把自己颈上人头串进去，只算层次较低的"提头人"。陈胜、吴广揭竿起义，天下响应，项梁正好避仇吴中，会稽太守请他来商量，准备起兵响应，项梁嫌他碍事，一个眼色让项羽把这位本来想当董事长的太守脑袋砍了，"项梁持守头，佩其印绶"（《史记·项羽本纪》），宣布起兵。此可谓一头发运，层次高得多。

由此想起三国第一打赌押宝物，便是人头。

《三国演义》开篇第一大注，应推关羽战华雄。当时他不过刘备手下一弓手，而华雄已斩诸侯联军数员大将于阵前。关羽口出豪言，请斩华雄头献于帐下，盟主袁绍第一个不信，关羽用自己的头对赌："如不胜，请斩某头。"三通战鼓，酒尚温，头已到，关羽一赌成名。当然，史实并非如此，据《三国志》所言，华雄乃孙坚所斩。

最不自量力的人头赌注，应数李蒙、王方与贾诩赌头。这两个无名之辈是李榷、郭汜的部将，出战马腾、韩遂联军，一对菜鸟当头遇上马超，头没了。

最"老辈"的人头赌注由黄忠开出。他年近七十，仍主动请缨迎战曹魏名将张郃，并说："但有疏虞，先纳下这白头。"

老将严颜的白头,也被他拉来凑赌本。

三国之外,赌头者众。

武赌可举屈突通,老屈为隋将,与唐军作战不利,"每自摩其颈曰:'要当为国家受人一刀耳!'"。屈突通上榜,主要是摩颈自语这个动作秀出一波三折,后来他兵败成擒投降新朝,没抹颈,还干得很起劲,名登凌烟阁功臣榜(《旧唐书·屈突通传》)。

武赌铁血,文赌也不差,这方面可推唐朝太常博士柳伉。当时宦官程元振专权自恣,以私怨诬杀大将、逐大臣,人人自危,天下离心。广德元年(763),吐蕃攻打长安,京师失陷,唐代宗仓皇出走。太常博士、翰林待诏柳伉上疏极力抨击程元振,谓"必欲存宗庙社稷,独斩元振首,驰告天下",如果这样做各处勤王之兵还不至,则"臣请阖门寸斩以谢陛下"(《资治通鉴》卷二二三)。听听,寸斩与寸磔,只有一字之差了吧?!

缩颈族·保首团·提头帝

通过关、黄、屈、柳各路人物,我们可以清晰地看到一个中国式牛人的动漫标准像:左手提别人首级,右手掖自己人头——既能杀人不眨眼,也从不顾惜自己的项上头颅,我们不妨称之为"凡人版刑天"。

也许有人会说,你这"凡人版刑天",只适合乱世。

但"治"与"乱"在中国古代是怎样一对概念呢?葛剑雄先生对中国历史上统一与分裂的时间做过统计,得出的结论令人瞠目。

"中国"一词最早约出现于西周初年,从有确切纪年的西周共和之年(前841)算起至清亡的1911年,约三千年历史。若以历史上中国达至最大疆域计算统一时间,统一的年份仅占

3%；若以基本恢复前代疆域，维持中原地区的安定平和为标准，统一年份所占比例也不过约35%，远远小于分裂战乱的时期。[17]而所谓统一安定甚至包括偏安时期，又无一时无一地不处于专制集权高压之下。事实上，中国整个三千年古代史，是坑卒、屠城、族诛无世无之的历史，同时也是酷刑一步步精细化以至凌迟成为官方法定刑的历史，身首异处的魔魇，像鬼车巨大的黑影和唤叫，一直盘旋在众生头上。

生活于如此"乱"空暗夜中的众生，承受着身首分离的巨大恐惧和未知死所的心理压力，必然产生人格与行为模式的分裂、分化，以对颈上人头－首级的态度为标准，可以划分为三大类型。

第一类是"缩颈族"。

此族大多数为草民皂隶，一辈子战战兢兢，祈求保全首领死于户牖之下，不会也不敢打别人脖子的主意，然而事与愿违，天下大乱，他们往往成为首级主要来源，京观"建筑材料"。

虽身为贵族王侯但履薄临深如杨积智们，也可归入此类，他们不坏，但也庸常。

第二类，且叫"保首团"。

此派乍勇乍懦，亦善亦恶，虽惦记别人脖子，能杀人，敢取头，但总没忘记腾出一只手捂裤裆护脑袋，生怕半夜头飞去，错把肉掌当硬玉。这类人，往往斩人反被斩，取级亦献头。运气好，升官发财封侯拜相；稍不济，死无埋头之所。十六国成汉皇帝李雄就曾坦白说："起兵之初，以手捍头，本不希帝王之业也。"（《晋书·李雄载记》）

真正的牛人，当推"提头帝"。

---

[17] 葛剑雄：《统一与分裂》，商务印书馆2013年版，第65页。

"提头帝"对项上人头一视同仁，不管自己还是别人的头，统统拎手上，掖裤头，所谓"提着脑袋闹革命"，死生由之，无所畏惧。这类人九死一生，死不掉的掀天揭地。纵观中国专制社会几千年历史，真正的大贤、大圣、大奸、大雄，简言之，一等的历史人物，其实都从"提头帝"中胜出。

　　东晋末年，桓玄篡立，不久刘裕、刘毅等起兵。桓玄接报，惊出一身冷汗，一时失了主意。从人说，这几个人都是"屌丝"，没多少实力，陛下怎么反应这么激烈？桓玄说，刘裕足为一世之雄，刘毅是个穷光蛋，但赌博却一注百万！这种人怎么不可怕？！——在桓玄眼中，二刘都是比自己更不要命的"提头帝"。

刺客炼成记

　　中国有句古话：人皆可以为尧舜。而同样可以说，人皆可炼成"提头帝"。所谓人之初，性本善，毋宁说性本无。

　　"提头帝"如何炼成？窃以为秘籍不远，先读《史记·刺客列传》。

　　自己不要命，提头不眨眼，这两般戾性异禀，就形而下的层面而言，唯顶级刺客能兼具，故也可称为"刺客人格"。无独有偶，中国文化又确曾假太史公及无名氏之手，借数枚先秦刺客的头，来形塑作为社会最有活力的精英阶层——"士"的行为规范和道德准则。

　　在《刺客列传》中，刺客成了"士"之一个分支或类型。《刺客列传》诸传主，多半原来身份就是"士"。曹沫本为大夫，豫让原是门客。荆轲疑似贵族出身，"好读书击剑"，并曾"以术说元卫君"，司马迁特意尊称其为荆卿，非士而何？其他如聂政、专诸等几位"市井人士"，也都是半路出家的刺客，即是说，作为刺客，他们都是"业余"的，甚至行刺成功与否也不重要（荆轲、豫让均失败），这说明入传另有标准，或者说有更重要的身份标志。这个标准，就是"士为知己者死"或曰客为主死。士与刺客合二而一的"刺客炼成记"，才是《史记·刺客列传》系列叙事背后通约的原型和主旨。

不妨以荆轲的"成长史"为例。

荆轲未遇太子丹之前，在榆次与聂盖论剑，在鲁国与勾践争道，均服软认输，落荒而逃，未免显得窝囊胆怯。入燕之后更落魄，一起混的不外"燕之狗屠及善击筑者高渐离"，终日食狗饮酒，击筑悲歌。这些背景材料，会让人怀疑他是否真如田光所说，是"神勇之人"，够胆够狠到胜任刺秦王之命。对这个矛盾，《刺客列传》没有正面解释。若明了太史公胸前眼底实有一部"刺客炼成记"，符合内在逻辑的理解，就会在"成长史：变形记"之上展开。

落魄的荆轲当然明白太子丹为什么找上他，厚待他，要他做什么，而他在宫中一待三年，虽可说是等待或者寻找机会，难道其中没有一丝胆怯贪生的成分？这期间，太子丹对荆轲进行了耐心而非常规的"特训式供养"。《燕丹子》所述"金丸投龟""杀千里马食肝""玉盘斫手"三事，后两件可谓货真价实的"残忍训练"，也因其不近情理的残忍成为有名掌故。杀马食肝且不说，荆轲只是夸了一句弹琴的宫人手长得漂亮，酒席未终，这双好手已被砍下来洗净，置于金盘捧上来。荆轲淡淡一句"太子遇轲甚厚"，可谓识曲知音，宣告刺客人格终于养成。

且看另一则关于盘上人手的故事：

> 周岭南首领陈元光设客，令一袍袴行酒。光怒，令拽出，遂杀之。须臾烂煮以食客，后呈其二手，客惧，攫喉而吐。（《朝野佥载》）

"缩颈族"乃至"保首团"中人，谁目睹刚才仍活生生的同类转身被分解成血淋淋的器官，目睹几分钟前还千般袅娜万般旖旎的美娇娃，一转身就变成玉盘上盛着的断手，不立马眩晕，也嘴张睛突。陈元光之客明白自己刚吃过人肉，霎时恶心恐惧到极点，"攫喉而吐"，这才是正常的生理、心理反应，《明季南略》中那个看了一回活剥人皮便于数月内惊悸而死的胡执恭也然。换成刘皇叔，也就淡淡伤感一下（他明白自己所食"狼肉"为刘安妻子时就如此）。若陈元光、太子丹们会写诗，可能把南唐皇帝李璟的"琉璃盘上美人头"比下去。而如果说昔年荆轲与人论剑争道落风而逃，尚难与胆怯完全撇清干系，这回他终于清晰发音：谢谢！

三年之煎，刺客炼成。

煎锅简史

元至正六年（1346），山东地震七日不止，"司天监奏：'天狗星坠地，血食人间五千日……'"（《续资治通鉴》卷二〇九）。数年后，红巾军起义爆发，开始了长达十几年的战乱。1368年，朱元璋称帝，"天狗星"尘埃落定，应到他身上。

在战乱不断、分合轮替的中国古代，血食人间的灾星、凶星、妖星、帝星，无世无之。

王莽是"鸱目虎吻，豺狼之声者也，故能食人，亦当为人所食"（《汉书·王莽传》）。王敦则"蜂目已露，但豺声未振，若不噬人，亦当为人所噬"（《晋书·王敦传》）。五代十国南汉主刘䶮，史称其"为刀锯、支解、刳剔之刑，每视杀人，则不胜其喜，不觉朵颐，垂涎呀呷"（《新五代史·南汉世家》）。老百姓根据这个表现，推断他是蛟蜃出身。

这是中国历史解释乱世和灾难的一个经典套路：天降某星，某地某次杀人如麻的大灾难就开始了！乱久必治，也是天降某星，真命天子出世了。按照这套理论，总有些人是豺狼出世，生来专一屠城吃人，背后的逻辑是有些人的残酷是天生的，杀人的权力也是天赋的。这种观念在《水浒传》中大爆发：洪太尉在江西信州龙虎山误开伏魔殿，放出三十六员天罡七十二地煞，遂有日后一座水泊梁山。清人小说《梼杌闲评》，杜撰魏忠贤前世为淮渎水怪、赤练蛇精，也是这个套路。

但即使今天的生物科学或心智哲学，也没能证明遗传基因能让有的人天生性如狼虎，冷血嗜杀。人之初都是白纸，屠夫的第一次，十有七八同样要血晕，残忍喜杀只能在丛林规则与生存竞争中"煎"成练就。如《刺客列传》者，正是一款精心打造的"煎锅"。

如此形形色色的大小"煎锅"，无世无之，煎得世人惊心动魄，煎得历史满纸腥香。

《三国演义》第八回写董卓大宴百官，"适北地招安降卒数百人到，卓即命于座前，或断其手足，或凿其眼睛，或割其舌，或以大锅煮之。哀号之声震天。百官战栗失箸。卓饮食谈笑自若"。董卓一定相信这口临时支起的"煎锅"能发挥很好的威慑作用，"战栗失箸"的煎熬，让绝大多数人吓破胆，但也会在少数人那里转化成锅巴的焦香，比如，当日理该也在席上的曹孟德。

武懿宗的成长史可谓一篇"煎屡成帝记"。这厮生来矮丑兼驼背，生性怯懦，但他是武则天的侄儿。武则天磔阎知微于西市，"命百官射之，河内王武懿宗去七步，射三发，皆不中，其怯懦也如此"。可以想见，射杀阎知微对小武是一次痛苦的煎熬，经此失措出丑一回猛"煎"，这个怯懦的家伙很快成为极肆凶毒的杀人狂。不久，另一个出使突厥被扣的官员逃归，武则天再"煎"武懿宗，把这倒霉蛋交给他处置。这回武懿宗一扫犹豫惧怕，不仅奏请判其死刑，并亲自监督执行，先磔后射,最后自己动手,"即以刀当心直下,破至阴,割取心掷地,仍趑趄跳数十回"(《朝野金载》)。

"提头教育"从儿童抓起,这个道理古人也懂。近人林纾《畏庐琐记》说,太平天国军队掠得幼童,或养为子,或为李宠,"往往教以杀人之法,每刑人,必强使操刃,促之纵击,久久胆壮,亦能杀人"。《畏庐琐记》还说,清朝台湾戴焕生起义,部将严瓣"杀人取血,遍涂其身"。如果说前者是用"煎锅"来搞"儿童教育",后者则可谓杀人者"自煎"。《檀香刑》说刽子手行刑时脸上要涂雄鸡血,涂了就代表这一行的祖师爷皋陶神灵降附。这鸡血,其实也是一味外用煎药。

困厄屈辱会挫灭一般人的斗志和勇气,但在个别名利心或者说生命力特别旺盛的人那里,苦难的煎熬反而能激起加倍的仇恨、欲望和力量,既可助其成就功业,也会扭曲人格。

西汉名臣主父偃飞黄腾达后,深刻霸道,人谓其太横,他掏心掏肺倒苦水:"臣结发游学四十余年。身不得遂,亲不以为子,昆弟不收,宾客弃我,我阨日久矣。且丈夫生不五鼎食,死即五鼎烹耳。吾日暮途远,故倒行暴施之。"(《汉书·主父偃传》)成语"倒行逆施"由此而来。

安禄山的大秘书高尚,原名高不危,他未发迹之时,常叹息说:"不危宁当举事不终,而不能咬草根以求活!"(《旧唐书·高尚传》)从陈胜到高尚,类似的太息长叹,不绝如缕。

战争与乱世,更是天然大"煎锅"。

唐朝开国功臣李勣生于隋末乱世,尝自述其平生杀人史:"我年十二三时为无赖贼,逢人则杀。十四五时为难当贼,有所不惬者杀之。十七八时为好贼,上阵杀人。二十领天下大将军,用兵以救人死也。"(《侯鲭录》)李勣的话简直是"煎锅"教科书,告诉世人"杀人要早,煎成方速"。

宋初,宋太祖使将军李处耘率兵取湖南,他攻破澧州敖山寨，从俘虏中选出数十个比较肥胖的，让左右杀了吃掉，以恐吓敌人。不知当日吃过人肉的士兵中，是否有菜园子张青的祖宗？

《稽神录》说，有个将军出征前铸了一把新剑，到梨山神庙祷告："某愿以此剑手杀千人。"五代乱世"煎"出这样的杀人机器不奇怪，因为在他眼中，杀千人意味着成大功，当大将。当晚梨山神降梦于他，说，你以这样的恶念来祷告，是对神大不敬，我赐你不死于别人之剑。不久此人战败，自到而死。还是那句话：要切别人人头，先得准备自己断颈。

疼痛与号啕

杀头痛不痛？这个问题似乎很幼稚。"煎锅"的香味底下，当然是剧惨的被煎之痛。

"杀头，至痛也；籍没，至惨也！"明末清初，文坛怪杰金圣叹因哭庙案身首异处，行刑之前，他大声喊痛。古人笔记经常提到死囚的亲友在行刑前重贿刽子手，以"速使其毙，免诸痛楚"（《啸亭杂录》）。有次酒局聊起烧酒，席间一位老杭州说，最厉害莫过"杀头烧"，以前杭州的松木场就相当于北京菜市口，是杀头的地方。"杀头烧"绝烈，是专供临刑者喝的绝命酒，一大海碗灌下去，拖到松木场，人也差不多醉死过去，"杀头烧"因此得名。又传广西的蚺蛇胆，"一枚可值银数百，服之虽临刑不痛"（《柳弧》）。问题是杀头这事不能试，杀前想想很痛，说不定真杀倒不痛呢，又无奈头一断就不能开口说话，所以蚺蛇胆是否有效，实在死无对证，还是"杀头烧"易得、省钱、起效快。

说无从验证也未必，有古人留下的验尸报告，让头断者用脖子说话。大宋提刑官宋慈《洗冤集录》说：

假如（自刭的人）用左手把刃而伤，则右边入手处深，左边收刀处浅，其中间不如右边。盖下刀太重，渐渐负痛缩手，因而轻浅。

　　如何鉴别头被活砍还是死切？《洗冤集录》又说："更有割人头者，活时斩下，筋缩入；死后截下，项长，并不伸缩。"

　　活体组织有血流输送，有正常生理反应，会痛，一痛就"筋缩入"，尸体当然没反应。痛，成为古代司法实践鉴别死者是自刭还是他杀，活杀抑或死砍的生理标准。

　　自杀也是技术活，力气活，同是抹脖子，差别比山大。

　　荆轲以替樊於期报仇为由，劝樊自杀提供首级。樊本为武将，气力大，血海深仇又使他愿意舍头，一刀抹过，"头坠背后，两目不瞑"（《燕丹子》）。清朝云南总督刘藻出身儒生，不谙军事，失机畏罪，敌人兵临城下时，他把自己关在房内自刭，可他空有死的决心，没死的力气，结果"自刭不殊，宛转于床榻间，七日乃死"（《啸亭杂录》），可以荣膺史上最业余自杀。

　　不过，不管是金圣叹带血的幽默，大宋提刑官精确的报告，还是那位多受七昼夜折磨的总督，他们的痛，还只是个体之痛。

　　成千上万人的流血断颈之痛，则如飘风暴雷，击穿众生鼓膜。

　　魏太子舍人张茂在《上书谏明帝夺士女以配战士》中形容战争的惨酷："每一交战，血流丹野，创痍号痛之声，于今未已。""伏尸百万，流血漂橹"是《过秦论》名句；"秦川城中血没碗"是晋时长安民谣。战争与杀戮这对孪生兄弟，数千年来，在中原大地上，不知"沉积"了多少处"新鬼烦冤旧鬼哭"的古战场与无头尸——

　　秦杀赵卒而河赤，丹水由是得名。长平坑卒且不论，秦始皇十三年（前234），秦将樊於期攻赵平阳，杀赵将扈辄，斩首十万。

"昔有覆师于此者，积尸数万。从是有大风吹沙覆其上，遂成山阜，因名沙山。时闻有鼓角声。"（《异苑》）这是鸣沙山的由来。

"冯唐易老，李广难封"，飞将军李广一生与匈奴大小七十余战，部下一个个封侯挂金，堂弟李蔡拜相，可他总差那么一点运气。去问卜，相士说，你一定做过亏心事，积了阴怨。李广一听，心中有数：他当陇西太守时，曾同日诱杀投降羌人八百多人。杀降不义，他服。

唐朝的掘墓人朱温，曾在巨鹿城外打胜仗，俘虏几千人。战事停息后刮起大风，朱温说，这是杀人未足，老天不满，一声令下，俘虏全部就地砍头，漫天风沙果然被颈血粘下地去。难怪在古巫术书《白泽图》中，战场的精怪名叫"宾满"，有头无身，两眼发红，"实即来源于战死者的形象"[18]。

平民是战争最大宗的无辜牺牲品。多少回攻城略地，被驱逼运土石填护城河的役夫百姓，最后连人带驴一起被兵马践踏而过，成为"建筑材料"。左良玉南下勤王，兵过武昌，士兵纷纷劫掠妇女上船奸淫，后来听说要搜查法办，"争驱所掠女从后舱口沉于江……明日自武昌下流至燕子矶一带，浮尸蔽流，衣皆五彩，望之若云锦"（《阅世编》）。

改朝换代动荡战乱不说，在一姓天子统治的年月，党争篡逆之类大狱一兴，几十上百个家族被满门抄斩是常事。西市族诛东门枭首，杀头如切菜，一次行刑就让三位数以上人头落地的记录，比比皆是——

---

[18] 胡新生：《中国古代巫术》，人民出版社2010年版，第181页。

唐先天之变，同日"诛窦怀贞、岑羲等十七家"(《旧唐书·五行志》)。甘露之变，同日族诛王涯等大臣十二家。要知道，那时的高门大族，一家可不是二胎三代的问题，家人加上奴仆动辄上百口。

明太祖治胡惟庸、蓝玉两案，株连死者且四万——你听到那像秋风暴雨一样人头落地的声音吗？

比起各种各样的虐杀，砍头如切菜，还算干脆仁慈。侯景"性猜忍，好杀戮，恒以手刃为戏。方食，斩人于前，言笑自若，口不辍餐。或先断手足，割舌劓鼻，经日乃杀之"(《南史·贼臣传》)。他又在石头城上设大舂石碓，把囚犯放到臼中捣杀。碓杀降将刘神茂时更残忍至极，把他的脚先放进去锉断，再将身体一寸寸捣碎，至头方止，还驱使老百姓来观看。

如果说董卓、侯景、刘龑、杨思勖之类"提头帝"都是数百年一出的混世魔王，其所虐杀者非降即囚，那么且看宋朝河北西路转运判官李稷，如何处置转运军饷中因不堪劳苦而逃亡的民夫：

> 稷督饷，民苦折运，多散逸，稷令骑士执之，断其足筋，宛转山谷间，凡数十人，累日乃得死。(《宋史·李稷传》)

一场战争让成千上万颗人头落地，一个衙役捕快就可以捕盗为名草菅人命，一件案子动辄株连甚广，可致千万人弃市的战乱或专制时代，关于脖子的惊悸和疼痛，实在是众生挥之不去的梦魇，生命中无法承受的"厉风"。

于是，千夫哭万人号的场面，也一再出现。

396年的一天，数万出征后魏无功而返的鲜卑战士的哭声，在参合陂上他们亲人尸骸堆成的"京观"前同时爆发，后燕皇帝慕容垂因此惭恨发病，呕血而死。

淝水之战，前秦皇帝苻坚大败，不久被其部下羌族首领姚苌杀害。苻坚的族孙苻登自立为帝，发誓报仇。车频《秦书》说，苻登曾"率万人直到姚苌营下，同声向哭，哀声动地"。那时中国北方五胡乱华，正处于极度混乱的十六国时期，种族之间的争战杀戮如家常小菜，前秦正是氐族在征服包括羌人在内的多个民族基础上建立起来的帝国，羌人同样有一本血泪账，姚苌"与其众议，亦哭相应"[19]。

503年，北魏孝庄帝诈杀军阀、权臣尔朱荣，但没能消灭其有生力量，隆冬十月，尔朱荣部将尔朱拂律归率精锐胡骑围攻洛阳，人马皆白衣素服，至城下，"胡皆恸哭，声振城邑"（《资治通鉴》卷一五四）。

如此一来，鬼也被引哭了。

"此古战场也，常覆三军，往往鬼哭，天阴则闻。"李华《吊古战场文》开篇，就让人压抑得透不过气来。"君不见，青海头，古来白骨无人收。新鬼烦冤旧鬼哭，天阴雨湿声啾啾。"杜甫《兵车行》也以啾啾呜呜的鬼哭蚀人心魂，成为千古名篇。

欲知在消解身首分离之惧，治疗刀过头落之痛上，阴阳如何合作，人鬼如何互动，请看下节分解。

半夜颈痛

唐朝传奇小说代表作《玄怪录》多处写到黄泉路上的悲戚景象，挨挨挤挤新死鬼中总不缺"囊盛耳头"（《崔环》），"囊盛其头者"（《吴全素》）。

《玄怪录》玄，曹操家的老亲夏侯玄更玄。《异苑》说，夏侯玄被司马昭诛斩，宗人设祭，他在灵座上现身，摘下自己

---

[19] 汤球辑，昊振清校注：《三十国春秋辑本》，天津古籍出版社2009年版，第201页。

头颅放一边,把供桌上的鱼、肉、果、酒悉数倒进脖腔中,重新安上头,开口说话。

而"张且斩"则直接把衡州老百姓"斩"哭。

张勋是五代宋初骁将,随宋太祖南征北战,屡立战功,平定湖南后,以功拜衡州刺史。这个消息把不少衡州老百姓吓哭:"'张且斩'至矣,吾辈何以安乎!"(《宋史·张勋传》)原来,张勋残忍好杀,每攻破城邑,他总是放话说"且斩",不少平民因此横罹锋刃。

我佛慈悲,不过也喜欢凑这个热闹,动辄拿破头斩首吓人。

《楞严经》中,佛祖向阿难描绘地狱各种果报,其中一种是"味报":"……亡者神识下透挂网,倒悬其头,入无间狱。"

《法华经》中,罗刹女说偈:"若不顺我咒,恼乱说法者,头破作七分,如阿梨树枝。"

…………

到处是"煎锅",地狱在人间。世人脆弱的神经,如何受得了恁多惊吓?

怎么办?还是找神鬼摆平。

有人就有鬼,有生就有死。圣人以神道设教,自古以来,生与死,人与鬼,阳间与幽冥,十指相扣,如影随形,如风激浪,纠缠不清。既然人间有被斩者,阴间就有断头鬼。不仅如此,巨大的恐惧和压力激发出古人更强的心理治疗术和想象力,他们干脆发明了一套精神疗法,让阴司编程,请恶鬼操刀,把所有惊悸和疼痛归结为宿命,种植起一道消极而倦怠放任的"精神防护林"。飘风将至也好,山雨欲来也罢,不管是"张且斩"将莅衡州府,还是大清兵包围扬州城,反正"天狗"注定要血食人间,鬼神已列好杀头名单,鬼头刀早操在黑白无常手中,你活着,但已死,是祸是福都躲不开。众生也就只好放松神经，放下忧喜，活回浑浑噩噩，任其腾腾自来。

而上自佛祖下至幽冥之神、地狱恶鬼，对人间的刑罚、杀头、屠城、战争一类活，也非常稔熟。佛祖在《楞严经》中对阿难说十习因六交报，就如数家珍般——开列人间诸种残杀与酷刑，不少名目颇具"中国特色"：

> 佛告阿难：……四者，嗔习相冲，发于相忤。忤结不息，心热发火，铸气为金。如是故有刀山、铁橛、剑树、剑轮、斧钺、枪锯，如人衔冤，杀气飞动。二习相击，故有宫割、斩斫、锉刺、槌击诸事。……二习相延，故有杻械、枷锁、鞭杖、过棒诸事。……七者，怨习交嫌，发于衔恨。如是故有飞石投砺、匣贮车槛、瓮盛囊扑，如阴毒人怀抱畜习。二习相吞，故有投掷、擒捉、击射、抛撮诸事……

注意，"匣贮"之物，即是首级。

当然，我佛慈悲，一面落实阎罗王提前安排的后事，一面也没忘提供方便法门。众所周知的法门，就是诵唱《金刚经》，或者呼唤观音娘："或遭王苦难，临刑欲寿终，念彼观音力，刀寻段段坏。"（《法华经》）

人间诵经苦，鬼神杀头精。对行刑斩首，鬼神好像也很专业，程序完善，组织严密，行动到位，对应准确，从不拖拉。

按中国古代大量鬼故事的说法，阴阳分明有两个对应而不同步的时间表，而且阴间的行动总是提前。在人世的实时间，有一颗头、一批头某时某日该断，则阴间不仅有专门负责写脚本分镜头的编剧、导演，还有专业"行刑队""文工团"什么的负责预演。恶鬼的大刀，必定先于阳间利刃，在某个虚时间，切过他们脖子。

唐人李复言传奇小说集《续玄怪录》中有一篇《辛公平》，

历来被认为涉及唐朝最为神秘而恐怖的政治阴谋,该文借阴间兵马提前迎驾上仙的故事,影射唐宪宗遇弑(另一说为宪宗的父亲唐顺宗)秘案。故事开篇便借阴吏王臻之口宣布:"夫人生一言一憩之会,无非前定。"迎驾之夜,"执金匕首"的阴间行刑使者,准时完成任务,宫人"收血捧舆",皇帝也在一片哭声中玉辇升天,而阳间的大唐长安,却还什么事都没发生,"更数月,方有攀髯(髯,龙髯,指皇帝之死)之泣"。从阴间行刑到阳间响应,时间竟然整整相差几个月!

牛僧孺笔下的前辈宰相岑曦之死,则更离奇惊悚。

岑曦,唐初名臣岑文本之孙,唐睿宗时位至宰相。而牛僧孺在唐穆宗、文宗朝拜相,两人生活的时代相距近百年。岑曦属太平公主阵营,在李隆基发动兵变当日被斩首朝堂。近一个世纪后,这一历史事件的另类纪念版《岑曦》,以志怪传奇的面目出现,岑宰相的脖子,在三更半夜突然大痛。

《岑曦》题材、手法与《辛公平》类似,但更紧凑、精练、奇谲。悬念设计、氛围烘托、细节刻画均臻唐人小说化境,场景感极强,可谓惊心动魄。

故事开头,照例请出一名"越界目击者":进士郑知古。

郑知古客居相国岑曦府中,一天夜半未眠,突然听到远处传来祈哀喧闹之声,喧声渐近相府墙外,听出来是一群老少男女在为岑曦祈哀泣告。突见一个手执长剑的蓬头朱衣大鬼逾墙而入,继进中门,不久,阍门大哭,"大鬼者执曦头而出"。

郑知古呆掉了,他"彷徨不知所为",僵立走廊待晓。

黑夜渐渐褪去,镜头回到阳间。衙鼓动,中门开,厩马备,侍从立,宰相起,故事的第二波高潮在3D视觉体验中到来:

> 有顷,朝天(指上朝)时至,执炬者告之。曦簪笏而出,抚马欲上,忽扪其颈曰:"吾夜半项痛,及此愈甚,如何!"

急命书吏为简,请展前假小憩之。遂复入,行数步,回曰:"今晨有事,须自对",强投简而登马。知古所见中夜之事小验,益忧。有顷,一骑奔归曰:"相国伏法矣,家当籍没!"知古逾垣而出,免为司法所诘。前拜泣而求恕者,盖岑氏之先也。

阴间的长剑是终极宣判,半夜跨界"大鬼杀",在清晨的人间应验!岑曦"夜半项痛",不是朱衣大鬼的麻药不行,就是岑相国先人最后的断桥之计或绝望警示。

类似的故事,不少。

《北梦琐谈》说,五代僧人彦修昔年在洛阳住锡时,曾受后唐明宗的儿子秦王李从荣厚遇。后来他南下江陵,住在西湖曾口寺。有一天,李从荣忽然带着二十几人骑马到来,彦修颇惊讶,问道:大王何以来此?李从荣还没回答,人马就倏然不见。后来彦修才知道,那次恍惚之遇后不出旬日,李从荣就遇害了。

还有另一种设计,是让生者对自己的死期甚至终结者、行刑人未卜先知,来说明兹事早由鬼簿前定。郭璞常说"杀我者山宗",后来果然因为一个姓崇的人构陷,招致杀身之祸。他还能预知行刑地点在一对柏树之下,上有大鹊巢。更奇的是他昔年行经越城,路上偶遇一人,即唤出那人名字,并将衣物送给他。那人感到奇怪,他说,你收下好了,以后自然知道。当日双柏树下,两人重逢,对方手操鬼头刀(《晋书·郭璞传》)。

徐州"榜样戏"

如果说以上数例均指涉一人之头,集体行刑乃至战争屠城,照样会由阴间人马到阳间街市提前演习、开刀。

唐末，宰相崔胤为与宦官争权，召魔驱鬼，引军阀朱温入朝清君侧。朱家军名正言顺开进长安，朱温随即挟唐昭宗下诏，尽诛天下宦官。这次诛阉为中国历史上最彻底的一次，吕思勉先生在《隋唐五代史》中做过统计，各地共杀宦官八百余人。

照例，阴间的犯由牌早已插好，各处鬼刽子手提前开工。在豫章（今江西南昌）地面执行任务的可能是新死鬼，或者是阴司刑曹刚招的刽子手，不熟练，反复搬演，弄出大响动，骇坏活人家：

> 天复（唐昭宗年号）甲子岁，豫章居人近市者，夜恒闻街中若数十人声语，向市而去，就视则无人，如是累夜。人家惴恐，夜不能寐。顷之，诏尽诛宦官，豫章所杀，凡五十余。驱之向市，骤语喧噪，如先所闻。（《稽神录》）

豫章闹市半夜有声无人的喧哗，让百姓惶惶不可终日，怕又有大灾将降。谜底揭开，原来是阴间提前开斩宦官！仅一个大唐"二线城市"豫章郡，就滚下半百无须头，可见那时真是中使四出，宦官扎堆，阉人横行，难怪要被算总账。现在阳间人头如数落地，作祟声音自然消失，大家也就可以放心睡觉。

不过，朱温的结局也好不到哪里。

曾几何时，他凯歌直进，杀宦官，沉大臣，倾唐室，立梁朝，开五代，何其风光。可距通杀宦官不过十年，912年，朱温第三子朱友珪与其妻合谋弑父，这位酷爱睡部下妻女并且公开扒灰的公爹，死在儿媳的剐肠刀下。

夺位之争上演，他的几个儿子开始自相残杀。先是朱友珪结果了老二朱友文，不旋踵，他本人又被老五朱友贞所杀。朱友珪旧党王殷，时守徐州，拒城不受代。

是年深冬，兵临城下。

而早在秋天一个皓月当空的夜晚，另一世界的屠城"榜样戏"已在徐州彩排：

> 八月二十日夜，（徐州）月夜如昼，居人咸闻通衢队伍之声。自门隙觇之，则皆青衣兵士而无甲胄。初谓州兵潜以捕盗耳。俄闻清啸相呼，或歌或叹，刀盾矛槊，嚣隘间巷。怪其形状，甚可畏惧，乃知非人也。……比至仲冬，殷乃拒诏……凡八月而败。合境悉罹其祸。（《太平广记·王商》）

这回不唯预演杀头，实乃结构一场战争及屠城，规模太大，鬼军团终于现形演习！你看中国文字过滤起战争杀戮来如何了得——"清啸相呼，或歌或叹，刀盾矛槊，嚣隘间巷"，呵呵，听起来一点也不血腥，甚至颇具音乐性——秋月明，居人静，而巷战的场面和音响效果被处理得如同网游，与当年朝歌废墟前周武王的黄钺轻剑有得一比，颇得太史公真传。

芜城赋·杭州辞

豫章郡与徐州城的"阴司行刑"与"鬼卒巷战"，虽说响动颇大，可当时阳间众生都还只做观众，受点虚惊罢了。

而福建申某则与抚城杨三五一样被无头人吓破胆，一个因此躲过一死，一个直接走进鬼域。

清人李庆辰《醉茶志怪》卷二"申某"条说，申某在福建做幕僚，一天与衙中好友玩牌，深夜回寓，见室内灯火煌煌，门却紧闭，探头往窗里看，只见一群妇女把头放在书案上，两手正在梳发理鬓。他吓得一口气跑回原地，把看到的告诉还在打牌的同伴，不料他们笑道："这事有何难，我们也能做到。"都把头摘下来。申某魂飞魄散，一口气跑出衙门，找个人家藏起来。天明之后才知道衙门一早遭袭，合衙男女全部遇难，只有他漏出鬼簿。

抚城理发师兼业余司仪杨五三可没那么幸运，人痛思哭，城疼闹鬼，他在一个厉风冻雨的深夜跟跄前行，却碰上了满城疼醒过来的无头鬼，吓破胆跌破头，直接走进鬼域中去。

讲故事的人叫詹庆，杨五三是他邻居。

詹庆说，他原来住的地方，是抚城一处偏僻小巷。邻居有个名叫杨五三的剃头师傅，经常在人家婚庆宴席上担任赞礼。一个寒冬之夜，城里有大户人家办喜宴，请杨五三帮忙，散席之时已是深夜。杨五三喝得大醉往家走，灯笼被风吹灭了，只好摸黑赶路，心里怛惕不安。走到兵马司门前，杨五三看见门外台阶上有一群士兵正围着烤火，急忙凑上前，把冻僵的双手伸到火堆上烤，一边伸头打了个呵欠，骤然发现这群士兵都没头，吓得撒腿就跑，连滚带爬跑出好远，手中的灯笼还在。雨忽然下起来，夜更黑得伸手不见五指，杨五三在漆黑湿冷中跌跌撞撞往前摸，咫尺仿佛千里。不知过了多久，前方幽幽转出一点橘黄，慢慢近了，原来是个卖灌肺担子的人刚收摊回家，担前灯盏还摇晃着微弱的亮光。杨五三的心一下子放下来，气喘吁吁地迎上去，一面大惊小怪告诉那人自己刚才在兵马司门前看见一群无头兵卒，一面取出笼中灯盏想续火，猛抬头，发现挑担的人也无头，这一下子整个吓晕倒地。不知过了多久，杨五三才慢慢醒转，爬起来一路狂奔，回到家，衣裳全都湿透破裂，脸也跌破了。

杨五三在床上瘫了三天，一命呜呼。

那一夜的抚城，分明是一座人间鬼城。

这是宋人洪迈《夷坚志》大量神鬼故事中不起眼的一个，但名字却起得怪异，叫《杨五三鬼》，活人名字直接粘到鬼上。

人鬼有情，抚城未远，我们不妨一道寻去。

循"抚"而往,第一指向,该是抚州(今江西临川)。

但是,詹庆口中的"抚城",分明更应该是一座屡经惨烈战乱和屠城之劫的沧桑之城,因为,那几乎是一个无头鬼的完整世界——

一群士兵俱无头,想必是在攻城之战或城破之后被成批斩首。

经营生计的老百姓也无头,大约是在胜利者屠城时,囫囵做了无头鬼。

看来,当时的一切都发生得突然,整座城还保留着阳间秩序,流淌着市井日常。士兵照样巡逻,到兵马司前值班、烤火;卖灌肺担子的,照样在深夜收摊回家。

这个味道,怎么嗅都不像"名儒巨公,彬彬辈出,不可胜数"的福地江西临川——那个先后养育出王安石、汤显祖等人杰的风水宝地。

我们不由想起长江边上的另一座乍败又繁的"芜城":广陵。

广陵亦即扬州,这是一座暴戾又风流、苦难而浮华的生死之城。魏晋南北朝时期,中国长期分裂,南北对峙,这座长江边上的城市,由于战略位置和经济地理等方面的特殊性,一次次遭受兵火焚劫,屠城灭顶,又一次次死而复生,昨日重现,繁华依然。

耳边响起《广陵散》,古琴抚指发音的部位,在岳头与一徽之间的琴身缩入处,如人之颈,因此也称"颈"。嵇康临死前索琴而弹,那在古琴的颈部发出的疼痛之声,是否对这座城施了魔咒,注定它将一再遭遇屠城宿命呢?

在杨五三遇鬼之前,广陵所遭受的最惨酷的毁灭性破坏,是南朝刘宋大明三年(459)的屠城。

在家族相残的腥风血雨中位登大宝的孝武帝刘骏,起兵讨伐曾为他夺取江山立下汗马功劳的同胞兄弟竟陵王刘诞。城破之日，他下令"城中无大小悉斩"，经车骑大将军沈庆之苦谏，改为"女口为军赏"，男丁自五尺以上，"杀为京观"（《南史·宋文帝诸子传》）。

不久，鲍照途经这座"井径灭兮丘陇残"的血锈废城，写下了千古名篇《芜城赋》。

九十一年后，广陵迎来又一次屠城。550年初，侯景部将侯子鉴围城三日而克，这次连女人和孩童都没放过："城中无少长皆埋之于地，驰马射而杀之。"（《资治通鉴》卷一六三）显然，广陵在不到一百年时间里已芜而复荣，生口繁衍，又能为屠城提供一大批首级。

转眼又过三百年，唐宣宗大和年间，广陵——扬州早已恢复成"二十四桥明白夜，玉人何处教吹箫"的东南名都，成为杜牧"十年一觉扬州梦"的旖旎地、脂粉乡。

1645年（清顺治二年四月，南明弘光元年），屠城的命运，再一次"芜"破扬州。"扬州十日"如来自地狱的鬼头刀，直接斩断一座城市的脖子。

扯远了。回到那一夜的抚城。

《杨五三鬼》中，有一个不能忽视的物象，或曰道具，是"灌肺担子"，它使"抚城"蒙上另外一重意味和色彩，甚至有了当时南宋都城临安的气息和影子。吴自牧《梦粱录》专叙临安风物，多处提及灌肺，如卷十六《酒肆》列举荤素点心包儿，其中有"灌肺羊"；卷十三《铺席》提到："钱塘门外宋五嫂鱼羹、涌金门灌肺……"《夜市》："又有担架子卖香辣灌肺……""中瓦子浮铺有西山神女卖卦，灌肺岭曹德明易课。"看看，灌肺竟成临安一景，可以想见此物当年在临安城的常见与受捧程度。

洪迈生于北宋亡前三年，死于1202年，高寿八十有一，卒年距蒙古铁骑灭掉南宋尚有一个多甲子。按理，他生活期间的都城临安，尚处于在一派偏安的繁华之中，仕女游人熙熙攘攘于山外青山楼外楼，黍离未兆。但对饱谙人世沧桑、经历北宋灭亡并参加过国史修撰的洪迈来说，他是能从西湖歌舞的靡靡之音中，听出大刀片子向临安脖颈迫近那种隐约的惊悸与疼痛的。明人叶子奇笔记《草木子》说，南宋将亡前，死去多年的丞相史弥远突然回家，交代家事并写好遗嘱后离去。事实上，因为留在临安的南宋皇室降元，宋元易世，对杭州破坏尚不大。倒是元明鼎革年头的杭州，城头变幻大王旗，人民肝脑常涂地。为此，元亡前夕，比死宰相回老宅严重得多的情况出现，杭州城有人白日见鬼。叶子奇《草木子》云：

> 杭州士人久已卒，忘其名。其友于市遇之语，戒以勿泄，且言"当今皆是我辈人。汝不信，请试看"。即以袖掩其面，潜见满市皆无头带刀伤血淋漉之徒，遂赠以钱而别。

斯时杭州，非抚城而何？

结语：请刃·订约

本章讨论的主题是在玉殒瓦解的落头时代，身体生命的本体价值与尊严如何被礼教之锤一次次残破粉碎，屠城灭族身首异处所带来的巨大疼痛如何郁结弥漫于人间世；在如此挥之不去的巨大梦魇之下的蝼蚁众生，又如何应激分化出不同类型的人格与行为模式，用什么办法疗治创痛，麻痹神经。

一出出送头夺首悲喜剧，为传首世代的英雄、奸枭、孬种等各路人物提供了绝好的秀场。

　　杨愔的哥哥杨侃为北魏孝庄帝心腹之臣,参与策划谋杀专权的军阀尔朱荣,其后庄帝为尔朱兆所杀,杨家遭通缉,他本人因故人出卖,在出逃途中被抓。他对负责押送的军官巩荣贵说:我们杨家是有名的忠臣,世代尽忠魏朝王室,现在落到国破家亡的地步,我虽为囚犯,也没有面目去见君父的仇人,求你给我一根绳子让我自缢,你"传首而去"好了。巩荣贵被感动,不仅没杀杨愔,还和他一起逃亡(《北史·杨愔传》)。杨愔后来成为高洋时代的北齐名相:历史上最能协调好伺候暴君与治理国家关系的"厕筹"宰相。

　　同样为颈请刃的唐朝宰相李训运气可没杨愔好,不过更让人佩服。

　　甘露之变失败后,李训单骑逃出长安,走入终南山,想藏匿山寺落发为僧,主持倒还念及旧日情分,众僧哪敢答应?只好转逃凤翔投靠郑注,但一出山即被捕。他自知必死,且一被押回长安即落入由宦官把持的禁军之手,仇士良辈皆欲噬其肉,不知死前还要遭受多少折辱酷刑,明智的办法,就是让人半路一刀先把自己脖子砍了,落个痛快。找谁呢?只好找敌人。于是他开导押送的兵将说:现在沿途都在搜捕我,我落到谁手里谁立马富贵,你们一路押着个活人,目标太大,易失手。不如将我杀了,带上人头去长安领赏。士兵们一听,立即接受这个拆装防抢计,"乃斩训,持首而行"(《旧唐书·李训传》)。无头宰相的身体,当然留在终南山下等野狼来天葬了。

　　身为"抢头民族"的宰相,李训高超的心力、洞彻的识见与"提头帝"级别的舍头大力,在生命的最后时刻集中迸发,断然向士兵请刃断颈,为自己挣个尊严与痛快,这是怎样豪迈无畏的坚强啊。中国古代有所谓不怕死的"强项令",李训无疑当得最明智、最抗痛的强项宰相。

说我们曾经是一个"抢头民族",并不过分。

首级真是大宝贝!五帝世代的大花狗盘瓠一头发迹,赐金封侯,娶妻创祖;《睡虎地秦墓竹简》爰书所记,秦军兵士为抢夺一个普通敌虏的首级,不惜以剑杀伤战友;历朝檄文上剧贼巨枭们颈上物的赏格,基本美爵、金银、庄田三件足齐,可以一揽子解决升官、发财、睡女人诸般人生大事。首级如此棒,叫人怎不抢?这囊中物来之不易,护之亦难,除要有斩首获级之勇,还必须具备两大能耐,一是认得大头小级,二是保头防抢。

如此一来,抢头夺首的大戏,也就屡屡上演。

王莽在汉军与长安市民联合进攻未央宫的混战中身死渐台密室,商人杜吴不知道他就是男一号,被他身上佩戴的金光灿灿的绶带电晕,把人砍倒后放着头不割,剥下绶带便走,一心想着这东西可以拿到老婆小卖部卖钱变现。出得密室,迎头碰上义军校尉公宾就,将杜吴喝住,叫他指认尸体,一刀把头砍断,蹲下来腰间一摸,又掏出来一颗传国玉玺。原来这公宾就曾当过王莽新朝的大行礼官,看见绶带即知死者为谁,而且了解臭美成癖的王莽总是随身携带传国玉玺。杜吴因为无文化错失王大头,顺带丢天下小商小贩们的脸面。

林言地下有知,见了李训,也须悔青肠子。

据说当日黄巢兵败泰山虎狼谷,他外甥林言见大势已去,下手叛杀黄巢、黄揆、黄秉等一干舅舅及他们家小,像独闯苗寨的宋延清一样挂满首级出谷来,想把首级献给唐朝感化军节度使时溥,保命求富贵。不料半路遇到沙陀博野军,他们一合计,连林言的头也砍了,做成个甥舅首级大拼盘上献,赏赐自然也都归了这一干兄弟。

另有一个版本说,黄巢自知身入绝境,若被生擒,等待他的肯定是车裂、凌迟之刑,于是学习李训,想出一条丢卒保车的双簧绝计，让外甥林言给各位舅舅痛快一刀，并以舅舅们人头作投诚官军的晋身之礼，为黄家续个间接香火。若真如此，黄巢与李训在九泉之下一定惺惺相惜，相见恨晚。若换了李训做黄巢外甥，他一定明白护级比斩首更难，只需掖上最值钱的黄巢首级上马飞奔，间道透围，目标小行动快，没准就能顺利到达时溥大营，实现华丽转身，日后比朱温生猛也未可知。

李训、黄巢的反面，当推南宋的苗傅。

统制官苗傅与威州刺史刘正彦本来就对宋高宗抗金无方、赏罚不均深怀怨望，南宋皇室一路溃退到杭州，一帮宦官还射鸭为乐，占道观潮，全无心肝。建炎三年，两人利用军士对宦官的痛恨，合谋发动兵变，袭斩得宠的签书枢密院事王渊，"以竿枭渊首"，并腰斩宦官头目康履，将两颗人头对枭于杭州双门外，逼宋高宗赵构退位。未及一月，事败奔窜，朝廷派兵穷剿，并高张赏格，有生擒或斩获两人首级者，"白身除观察使，不愿就者赏钱十万缗"（《续资治通鉴》卷一五〇）。苗傅由浙南一路败入福建崇安，半夜化装易名为商人，和爱将张政一起逃到建阳，建阳土豪詹标怀疑他们的身份，用计将两人缠住。张政眼看无法走脱，遂向詹标告密，苗傅成擒，但张政也随后被杀，死得比苗傅更早。为什么？时任福建提点刑狱公事的林杞怕张政分功，指使押护苗傅槛车到临安的士兵在半路先结果了这个叛徒证人！

苗傅起事时，他的一个部将就私下说他"忠有余而才不足"，他不仅没有斩草除根杀赵构，也拿不出狠招伺察禁止太后、宰相与废居的赵构潜通消息，联结张浚、韩世忠等外将起兵勤王，反正复位。连已扣在手中的韩世忠老婆梁红玉，都晕头到把她放出城去。最可怜、可笑的是临安将被勤王之师攻破时，苗傅可怜巴巴跑去找赵构"签约"求保护，"请设盟誓，两不相害"（《续资治通鉴》卷一五〇），又找宰相要免死铁券，宰相也蛮配合，装模作样跑去交代工匠起模铸范；兵败崇安身处绝境时，又不能像李训那样自行了断。赵构可不会念在他当日尚有一点君臣之义没下杀手的情分上给他一个痛快，照样在临安市上将他凌迟处死而后枭首示众。临死前，与他一同受刑的刘正彦，把这个无能的合作者狗血喷头大骂一通。

主动舍头的李训、黄巢们虽功败头断而不失为"提头帝"中顶级人物，"保首团"苗傅则在斩人之首与护己之头间进退失据，磔身枭首而为天下笑。

第七章　谁动了六祖的脖子：飞头后传与续颈前术

一　飞头后传

辘轳首·葫芦僧

本书首章，我们从《山海经》断头不死的刑天、夏耕和长出九张人面的九凤们，一路聊到春秋战国背景下头颅离开脖子仍神灵满满的眉间尺，汉代那上阵丢头仍能骑马驰回大营进行"问卷调查"的贾太守，系马摸面方知失头的朱功曹，一直到南方溪洞丛林飞头觅食的"落头民"，约略梳理了自天地鸿蒙人神不分而渐入信史时代这个过程中先民对生命，对头颅与肢体诸种关系的想象、揣测和探究。

探询的脚步稍作停顿，落在唐朝渝州地面。《新唐书·南蛮传》说，那儿是溪洞蛮獠聚居区，其中的一支，叫"飞头獠"。

"夜发清溪向三峡，思君不见下渝州。"古渝州在今重庆，然而今天就是三个重庆也找不出半个"其头能飞"的化外异人，唐以后"飞头獠"都上哪去了呢？不妨继续寻来。

出国，该是去向之一。

日本平安时代（794—1192）是妖怪文化鼎盛期，至江户时代（1603—1867）妖怪画更在绘卷这种艺术形式中开花结果，常有关于睡眠中人的脖子会抻长游走的记述与绘画。比如《百物评判语》有个故事,说绝岸和尚途中借宿,半夜看见女主人的人头从窗缝中飞出去,连着一条白色带状物。天亮前,女主人的头又飞了回来。细看她的脖子,脖颈处有一道像线一样的痕迹。《酉阳杂俎》《新唐书·南蛮传》都说"飞头獠"将飞前,"周项有痕如缕",两相比较,脉络宛然。大概因为日本人少地狭,头不需要也不可能一飞千万里,于是"热气球"减速为"风筝","飞头獠"改版成绝岸和尚眼中、石山鸟燕笔下脖子可以抻长的"飞头蛮—辘轳首"。辘轳首这样一个关于身首关系的设计,不断成为日本妖怪画家们的灵感迸发点,连19世纪画家月冈芳年笔下的老木柜妖怪也可以刹那伸长脖根吃人。而在12世纪画家京极夏彦的作品中,细长如线的优雅颈项简直成为"飞头蛮"特有的"女性美"(图89)。不论从文化传播的渊源还是时间发生的序列看,"飞头蛮""辘轳首"都应该是"落

图89 飞头蛮 京极夏彦 绘

头民"的"移民""变种"。

"落头民"——"飞头獠"不仅东渡日本,还流落变异到东南亚多个国度。元代诗人陈孚曾出使安南,他的《安南即事》诗写到当地有怪人"鼻饮如瓴甋,头飞似辘轳"。明代多部笔记如《七修类稿》《瀛涯胜览》《星槎胜览》等均记占城、安南等地有所谓"尸头蛮",与《明史·外国列传·占城传》的权威记述大同小异:

> 占城居南海中,自琼州航海顺风一昼夜可至……有尸头蛮者,一名尸致鱼,本妇人,唯无瞳神为异。夜中与人同寝,忽飞头食人秽物,来即复活。若人知而封其颈,或移之他所,其妇即死。国设厉禁,有而不告者,罪及一家。

下南洋的"飞头獠",显然比东渡日本的同伴混得差,染上鱼腥尸气,被限制为女性,甚至丑到有睛无瞳,形单影只潜伏人家,成为众人知之必除的妖孽。更为不堪的是觅食之物由《酉阳杂俎》中所说的螃蟹蚯蚓,秽化为排泄物。厉禁的原因,《明史》没说,笔记有讲,原来是这尸致鱼飞头妖婆要"食人家小儿粪尖,其儿被妖气侵腹必死"(马欢《瀛涯胜览》)。这不禁让人联想到鬼车的异形姑获鸟——那"无子,喜滴血取人小儿"的"天帝少女"。

飞头獠"在国内发展"的一支——姑且这样表达——反倒颇有起色。也许他们在唐以后整族成群集体向南迁徙,到了清代,偶尔又现踪迹,这回出现在广西。清人齐学裘在《见闻续笔》中如是说:"广西边界,猺人种类甚多,唯飞头猺最奇异,日间入市货财交易,夜间身卧在床,头飞上绝壁,口含风兰石斛等物,飞下溪涧,含鱼虾运至床下,天晓出外入市,货殖而回。"山峒变成壮猺,生活在与东南亚地区接壤的边界,而且

"专业技术"和"商业天赋"都显著提高,能上绝壁采异草奇药,可下溪涧捕鱼摸虾,日出而作,日落而寝,生活安足。

也许个别厉害的"落头民""飞头獠"在唐代就发展出神异的法术,甚至他们的"再传弟子"也曾以外籍人士的身份游行入川。《酉阳杂俎》"怪术"条说,有一个叫难陀的梵僧,能用筇竹杖变女尼,使之佐酒起舞。又曾在饮酒时把自己的头砍下来挂到柱上,没流一滴血,身体安坐桌边,酒至,直接倒入脖子,喝高了,挂在柱子上的人头面红耳赤唱起歌,而坐在桌前的身体则手舞足蹈打拍子。喝完酒,无头难陀站起来走到柱前,摘下脑袋安回脖子,摇摇晃晃走了,啥事没有。这个"唐版落头民",分明是"飞头獠子"与得道高僧的诡异结合,断头无血,又符合道家"示化"的"技术标准"。这样一来,飞头"屌丝"又一下子跃升为法术广大到能够提头作乐的"高富帅",非复昔日东吴大将掳来的可怜落头婢可比,只会飞到岸泥"寻蟹蚓之类食"的"草根天使",更难以望其项背。

道术一与人头结伴[1],奇葩就直接从唐末穿越到明朝。天外有天,这回轮到难陀的难兄难弟好事逞技,碰上强中手,终于落头不返。

尉迟偓《中朝故事》说,唐末咸通年间,有个表演幻术的道人用刀割下小儿人头,乞得钱后,喝令小儿续头复活。有次表演遇人使绊,幻术失效,道人不得已使出种秧切瓜的后招,救活小儿,观众中一僧倏然头落。类似的故事,千年后又在明人笔记《五杂俎》中出现,发生的时间也移到明朝,末了还加上一句:"夷獠之中,此术最多。《庚巳篇》载吴中焚尸,亦有

---

[1] 说到飞头妖变,帽子也曾来凑热闹,《宋史》卷三百一十《王曾传》云:"天禧(宋真宗年号)中,民间讹言有妖起若飞帽,夜搏人,自京师以南,人皆恐。"

此术。"除说明关于续头幻术的故事流传很广，又在无意中呼应了张华、干宝、段成式等人记述中"落头民"属于夷獠种落的说法，给我们留下若有若无的线索和想象结撰的丰富空间。不妨假设西南夷獠族落是这种飞头续颈术的发源地，包括难陀（请注意，他的活动空间是西蜀）之类的僧人都是从那儿学来的法术，因此斗起法来，"留学生"毕竟难敌"原住民"（表演幻术的卖艺者）！不管这事靠不靠谱，难陀与街头卖艺人接续人头的表演，都已从"其头能飞"的粗略之说，落地为惊世悦人的神术和具体而微的操作，施术与被施者都是晚近之世穿行于稠人广座中的大活人。

后世由道家创造出来的"尸解"大法，也包含了对身首异处的另一种喜剧解释。"尸解"被认为是道士得道成仙的重要法门。"尸解之法，有死而更生者；有头断已死，乃从旁出者……"[2]《云笈七签》卷八十五《王嘉兵解》说陇西安阳人王嘉及两个弟子为姚苌所杀，而同一天就有使者在千余里外遇到他们。这边听说，开棺一验，果然尸体已失。《南史·刘勔传》："时道士范材修练形术，是岁自言死期，如期而死。既殡，江夏王疑其仙也，使开棺视之，首如新刎，血流于背，上闻而恶焉。"隋炀帝时，嵩高道士潘诞炼丹不成被斩，临刑前对人说："我炼丹不成，是天子无福。今日杀头，是正好我也该兵解升仙。"《酉阳杂俎》也举过断头尸解的例子，如"季主服霜散以潜升，而头足异处"。《五杂俎》说得更具体："人有被杀而无血者，高僧示化。唐周朴为黄巢所杀，涌起白膏数尺；元董搏霄为贼所刺，唯见白气一道冲天，可谓异矣。"高僧也以断头示化，可谓佛门均沾道家特技，而忠臣义士当然可以无上限

---

［2］《洞真藏景灵形神经》，《道藏》第11册，文物出版社、上海书店、天津古籍出版社联合出版1988年版，第40页。

显灵。

青珍珠与越王头

人为万物之灵，能移情天地，神化万有。讲完"落头民"——"飞头獠"的故事，我们且把目光从自己身上移开，看看在绝地天通人神已判之后，人们如何把崇首观念投射到大地万物，让满地灵异"头迹"，替下断头不死的天神。

先说鸟兽虫鱼。

张华《博物志》说，捻断蜻蜓的头，埋在西向门户之下，三天后可以化为青珍珠。

段成式《酉阳杂俎》说，北邙山上有大蛇，头若丘陵，砍柴的樵子在夜里经常看见大蛇高昂着头承吸天精地露。

在深山绝谷一场蛇蛛大战中，长着两个头的巨蛇最终不敌满身毒液的蜘蛛。有意思的是蜘蛛杀蛇后，特意咬断蛇的两个头，吐丝将其重重缠起来，带回洞穴（裴铏《传奇·金刚仙》）。不知蜘蛛界也兴枭悬否？

蛇虽厉害，难比龙首虎头。据说龙有九首，释种娶龙女，发大愿力将龙女变为人身，但龙女"宿业未尽余报犹在，每至燕私首出九龙之头"，就是说亲热到情酣处就九头毕露。释种恶心得受不了，终于一刀把龙女杀了，给整个家族闹下个偏头痛的病根（《大唐西域记》卷第三）。当然，这是个发生在印度的佛教故事，只能供本土的小龙女参考。

关于虎头神妙威猛的记述更多，而且虎非幻想之兽，有真虎之首可供作法施术。段成式说：虎死头触地处，掘下去能找到琥珀。又说："俗好于门上画虎头，书'聻'字，谓阴刀鬼名，可息疫疠。"龙虎相生相克，虎头可以惊龙。唐人韦绚《刘宾客嘉话录》、李绰《尚书故实》都提到如下办法：如果出现干旱，用长绳系虎头骨投于有龙居住的深潭，虎头一入水，绳子就会强烈抖动，牵掣不定，龙被惊扰，便会风雨大作。宋人赵令畤《侯鲭录》说，人们喜欢将夜壶做成老虎形状，还有形如老虎的枕头，作用都是"厌辱之也"，最著名的典故是"李广射虎，断头为枕"。《本草纲目》讲老虎的药效，也没忘虎头，说用虎的"头骨作枕，辟恶梦魇；置户上，辟鬼"〔3〕。

次一级的禽兽乃至牛、羊、鸡、狗等，偶尔也会显灵"争份子"。东晋孙恩作乱前，"见一狗有两三头者，皆向前乱吠"（刘敬叔《异苑》）。《晋书》卷二十九《五行志》谓"武帝太康九年，幽州塞北有死牛头语"。这条报道，明人笔记仍不忘引述。

草木有情，同样要与人头攀亲。

《五杂俎》说："汉灵帝中平元年……树中有人面生须，伐之出血。"《酉阳杂俎》说，大食西南二千里外的地方长着人树，树枝上会"化生人首，如花，不解语。人借问，笑而已，频笑辄落"。日本鸟山石燕笔下的"人面树"，大概就是"笑首花"的转世吧。直至明代，人们偶尔还能够从花果豆菽中看出人头来，如《明史》卷二十九《五行志》："（崇祯）十三年，徐州田中白豆，多作人面，眉目宛然。"

椰子曾被称为越王头，民间还流传着一段惊悚的暗杀故事。嵇含《南方草木状》说："昔林邑王与越王有故怨，遣侠客刺得其首，悬之于树，俄化为椰子。林邑王愤之，命剖为饮器，南人至今效之。当刺时，越王大醉，故其浆犹如酒。"秦汉的林邑，便是明清时出现"尸头蛮"的占城。

不仅龙虎猪蛇、木怪花妖，画中人殿上佛乃至铁人石马之类，偶尔也来凑凑趣，落落头，如：

---

〔3〕 李时珍：《本草纲目》，北方文艺出版社2007年版，第1066页

石虎时，太武殿图贤人之像，头忽悉缩入肩中。（刘义庆《幽明录》）

　　神武皇帝七月即位，东都白马寺铁像头无故自落于殿门外。（张鷟《朝野佥载》）

　　永康有骑石山，山上有石人骑石马。侯以印指之，人马一时落首，今犹在山下。（刘敬叔《异苑》）

………………

这真叫山河有首，动植皆神。人头的泛神化，可以视为神话下行的一个中转站，即始自神头次及鬼首而终于把目光收回到凡

图90　敦煌壁画，佛在菩提树下修行，魔军来攻
　　画面右上为掉头怪，颈上无头，右手握剑，左手攥着自己的人头做打击状。折断的人头居然可以成为主人的独门武器，不得不佩服古人的想象力。

人自己颈上头颅的祛魅过程中一个过渡阶段。这个阶段大致对应于秦至隋唐，此一时期，这类故事大量产生。

与骷髅对话

在由神向人的祛魅过程中，骷髅成为一个重要的过渡意象和介质。

骷髅——人头有灵论由来久远，人头能为祟，骷髅更可怖。

与骷髅对话，是中国文学一个历久不衰的小小母题。庄子在老婆的葬礼上鼓盆而歌，复在楚国之野与骷髅对话，开讲一个生死哀乐的著名悖论。不仅如此，在《至乐篇》中，他还让列子与百岁骷髅邂逅。自战国至明清，从庄周到鲁迅，骷髅的题材由文、赋而入戏曲、小说甚至道教的经忏吟唱格范，佳什名篇间出。此一题材的代表作，庄周、曹植、鲁迅三家作品，有两个明显的共同点：其一，骷髅都是在荒僻郊野之处被单独发现的，这就意味着它早已与身体分离，八成是被斩之首；其二，诘问猜测骷髅因何而死时，大家都不约而同把诛戮刑死列在前面。庄篇举"亡国之事，斧钺之诛"，曹赋列"结缨首剑，殉国君乎？""被坚执锐，毙三军乎？"都直指"兵死""刑死"。鲁迅上来直接大白话：骷髅兄弟，你在哪儿失掉地盘，吃了板刀？

老庄是得道之人，曹植有王侯之身，鲁迅乃当代文圣，他们和骷髅说说话也还不打紧，普通人见此异物还是躲开好，不躲也罢，千万别把人家惹着辣着！明朝北京有个御用监官员来定，出城公干，中午歇在郊外一株大柳树下，"以椰瓢盛酒，捣蒜汁濡肉自啖。回顾一髑髅在旁，来夹肉濡蒜，戏纳髑髅口中，问之曰：'辣否？'髑髅即应之曰：'辣！'"。呼辣声就这样一路跟定他，直到北京城门前才停下来。数日后，来定病死

（冯梦龙《古今谭概》）。

普罗大众既没那么高的哲学层次和诘问功夫，也没多少吃不完的闲肉可与骷髅分肥，在他们的精神世界与话语系统中，骷髅——人头经常作为异宝秘药或恐怖片主角，直接登场。

唐玄宗晚景虽凄凉，好歹算是老病而终，属于"保全首领没于地下"的幸运帝王。五代温韬掘唐陵，取的是金宝文物，也没听说哪个唐朝皇帝像宋理宗一样被辱尸截首，可挂在唐玄宗名下的一个骷髅，北宋年间居然现身于长安一安姓人家家中，据说还是紫金色的，安家因此富贵发达。分家时，这前朝皇帝的发财骷髅大家都争着要，怎么办？"斧为数片"（冯梦龙《古今谭概》）。当时就有人开玩笑说：这唐玄宗生遭安禄山，死受安家斧，怎么着都不安啊！

骷髅入药，自古有之。《幽明录》：文欣之母病，医者说"须得骷髅屑，服之即差"。段成式也说过他的从兄曾在一个叫黄坑[4]的地方拾得颅骨数片，准备做药。证之《本草纲目》，该书专辟"人部"，如"人骨"等均入药。"天灵骨"一项，并引唐代本草学家陈藏器的说法，以为"用弥腐烂者乃佳"，可主治"鬼气伏连"。药用之法，有煮檀汤洗浴等，有"烧令黑，研细，白饮的服，亦合丸散用"等，可见"骷髅屑"医嘱其来有自，不为大谬。

"千岁髑髅生齿牙"（西晋民谣），骷髅作怪自古而然，手段高强，好看。

东晋有个何晨，白天在田野看见一个骷髅，竟恶作剧赏了

---

[4]"黄坑"当在太原，《新唐书》卷七八《李暠传》有述及，蔡鸿生先生《唐代黄坑辨》认为它是野葬坑，源于"弃林饲兽"的印度式野葬风俗。该文收于蔡鸿生：《中外交流史事考述》，大象出版社2007年版。

人家一泡尿,结果夜里从墙洞往外撒尿,叫老虎一口咬断阴茎,丧了小命(刘义庆《幽明录》)。

宋人程泳有一天正和老婆吃饭,半空忽然坠落一个骷髅,把全家吓坏了,不久老婆得病,怨鬼附体。原来她是个超级妒妇,造下冤孽,前夫死后寻仇来了(郭象《睽车志》)。

人头直接作怪,同样由来已久,见怪不怪。

《晋书·五行志》讲过一个发生在三国时的飞头食肉故事:"吴戍将邓喜杀猪祠神,治毕悬之,忽见一人头往食肉,喜引弓射中之,咋咋作声,绕屋三日……"若真有个带箭的人头发出怪叫绕屋三日,肯定把人吓死。不久,邓喜被控谋叛,全家人头断首飞。

有时平民百姓将罹灾祸,人头也会纡尊贵降提个醒。

《幽明录》说,新野人庾谨家忽有死人头作祟,埋之复出,数天后,他老母就归天了。

清朝有个苏孝廉,就被人头彻底收拾了。他白天好好儿躺床上休息,一个人头突然从地下蹦出来,像陀螺一样在床前旋转不已,直接把他吓病,再没好起来。病杀老苏还不够,不久他家又有人"就荡妇宿,罹杀身之祸",补上第二颗人头,才把账结了(《聊斋志异·头滚》)。

《三国演义》六十八回曾上演一出全武行人头大戏。左慈戏曹操,大言飞刀取首级,曹操派兵来抓,他跑进羊群变成羊,曹操索性把整群羊全砍了头。左慈回头将羊头一个个凑到腔子里让羊复活。曹操全境大索,抓到三四百个左慈,铁甲军围定,押赴教场斩首,"忽然狂风大作,飞石扬沙,所斩之尸皆跳起来,手提其头,奔上演武厅,来打曹操"。曹操被吓,据说就此一病不起。

魏有全武行,清有人头舞。

丁克柔《柳弧》讲过一个"折差遇鬼"的故事:有一个从

四川送奏折进京的信差，雨夜宿废寺，半夜有人入寺自刎，信差正想离开这是非之地，西廊下出来一个女鬼，"以双手捧其头，就口饮血，且饮且笑……遂以手提发辫大挥其头，如舞毯然。时月色更明，纤毫毕见。良久，方掷头入廊下"。差点没把隐在黑暗中的折差吓死。

林灵素变脸

　　新死为人头，年久成枯骨。人头滚，骷髅落，按理都是鬼话鬼事。宋人郭彖直接以《睽车志》自名其书，即取义于《易经》睽卦上九的卦辞"载鬼一车"——古人早就让九首鬼车直接拉人头啦——说神道鬼，自为题中之义。但书中一则林灵素"变脸"的故事，却直接让鲜活人面和骷髅枯骨青天白日在大活人那儿合二而一，共面分脸。

　　林灵素是北宋末期著名道士，据传曾为苏东坡书童，又说他少依佛门为童子，颇受和尚欺负，后弃佛入道，遂成大师。宋徽宗赐号通真达灵先生、元妙先生、金门羽客。《睽车志》说，林灵素出身寒素，早年很不得志，嗜酒不检，赊欠一屁股酒钱不还，有次被酒家追债，实在无路可逃，他举手自摸左颊，半脸立变枯骨骷髅，另半脸仍然薄皮红肉。变完脸，林灵素恶狠狠对债主吼道：你要是继续追我，我就摸右脸了！债主彻底惊呆，欠账一笔勾销，酒继续特供。末了，郭彖特别交代此事是从一个韩姓丞官那儿听来的。郭是南宋高宗、孝宗时人，去徽宗朝不远，说明林灵素"变脸"的故事，在当时流传颇广。

　　变脸的故事并非林灵素首创。在《幽明录》中，东晋贾弼之因在梦中答应人家换头，醒来变成丑汉，"后能半面啼，半面笑，两足、手、口，各执一笔，俱书，辞意皆美。此为异也，余并如先"。但贾之换面异容发生在梦中，而且两个半面都是人面，只能算林灵素的初级版。

枯骨与鲜肉在一个大活人脸上无缝对接，如此奇闻发生在南北宋之交，恰好标志了首级－人头之事由鬼神折向人事的阶段性嬗递。从此，飞头后传渐衰，续颈前术方兴。

二　阳陵的暮夜

由神鬼向人事：展品与设计

明天启元年，东北重镇辽阳被后金攻陷，辽东巡抚袁应泰自杀，多名总兵官战死，数万明军战殁。

大将之名上正史，士兵魂魄落鬼籍。而另类的回响或曰纪念，在小说志怪中悄然出现，于是乎有"鬼续头"：

> 沂水某，明季充辽阳军。会辽城陷，为乱兵所杀，头虽断而犹不甚死。至夜一人执簿来，按点诸鬼。至某，谓其不宜死，使左右续其头而送之。遂共取头按项上，群抚之，风声簌簌，行移时，置之而去，视其地则故里也。沂令闻之，疑其窥逃。拘讯而得其情，颇不信；又审其颈无少断痕，将刑之。……数日辽信至，时日一如所言，遂释之。（《聊斋志异·辽阳军》）

沂水在山东，这个兵士算蒲松龄乡亲。辽阳城下"鬼接颈"的故事，必是早已在山东地面流传，而后被收录入书。都说鬼斧神工，鬼们接出来的脖子就是好，连除疤膏都用不上。

五代末年在临安城外被越人打败的吴军裨将刘宣，可就没那么幸运了。他同样是在死人堆中被鬼吏按簿核出退货，大概因为伤不在颈，鬼卒只将他"引出十余步，置路左而去"。刘宣生还后，终生落下个大小屁股的残疾。原来宣哥长得肥白，当初伤重伏地，敌人来打扫战场，顺手从他屁股割走一块肉回去下酒。屁股是低级器官，少半个也死不了，鬼卒赖得补（徐铉《稽神录》）。

头与屁股的比较不属本书范围，我们且就着这神奇的辽阳城下"鬼接颈"，来接续身体与首级或者说颈之断续的"微国史"。

本属鬼域的骷髅与阳间的人脸在天师级活人林大酒徒这儿"碰面"，貌似"食过界"，其实水到渠成，由来有自。

如前所述，自刑天、夏耕以降至眉间尺、落头民、贾太守等一系列人头－首级故事，内里包含了从神话传说渐入信史，由原始社会向阶级社会演变进化过程中先民对生命现象、身首关系的想象、猜测、预期以及相应的种种设计。随着人神揖别，民智日开，礼制乐作，金光熠熠的人头从不死天神那儿一个个坠落鬼车，漂泊人间，甚至跌入幽暗地狱，连神奇的飞头族也沦落到一嘴溪泥被人欺负，关于人头的英雄神话，遂相应地逐渐蜕落为首级－骷髅辈的魅语鬼谈。只要比较《山海经》与后世那些以谈玄说怪为主的小说笔记，这种转变与其造成的悬异即判如白黑，尤其西汉至五代这一段，已基本"一派鬼话"。

文明发展是一个不断祛魅的过程，天神地祇无不基于人事，地狱仙界乃其人间变体，托鬼谈怪，虽可大言恣肆，奇思妙想则不免植根于人事实务，在人头—首级—骷髅这个题材上也不例外。神话退则鬼谈起，鬼怪之盛亦有其对应阶段。再其后，鬼神渐寝，人事继昌矣。《三国演义》中曹操打开盛着关公首级的木匣，见关公"口开目动，须发皆张"而惊倒的著名段子，乃是在无意中指向这种嬗变。在林灵素阴阳合脸之前，唐末尉迟偓《中朝故事》有宰相郑畋是其父与已死的"阴妻"生下的"鬼胎"的奇闻，已悄然上演人鬼情未了的大戏，由此而言，郑宰相也算是从鬼谈向人事过渡中留下的一个胎记。

这一时期，类似的死生纠缠人鬼错综的故事不少，如《夷坚志》中这类故事就多到数不过来。张师正《括异记》说，北宋开封府人杨贯梦遇道士，指证自己前世是女子，自缢而死，证之头顶，尚遗戴笲之迹，颈间亦留上吊绳痕，即是一例。

唐宋时期，人们惊怪的眼光已偶尔回向人间世，开始琢磨自己的脑袋，甚至涉及人头的结构、功能，虽然这种琢磨，今天读来基本是荒诞不经的奇闻异谈。

唐人韦绚《刘宾客嘉话录》说有人曾见"昭明大子胫骨微红"。同样的说法在唐末李绰《尚书故实》中再次出现，不过换成脑骨。宋人徐铉《稽神录》说契丹人"常于无定河见人脑骨一条，大如柱，长可七尺云"。

探究的目光偶或深入人脑内部，《酉阳杂俎》说，唐天宝中有术士王皎因偶言星异，被密诏处死，"刑者镢其头数十方死，因破脑视之，脑骨厚一寸八分"。侯君集谋反，梦中被神人破脑取出状如鱼尾的威骨，也可算梦幻开颅术。

各类规格超常的奇头异首，开始频频"展出"。

《后汉书·方术列传》说，有个叫高获的术士长得与众不同，"尼首方面"。

《酉阳杂俎》说，道士邢和璞曾接待过一个据称是上帝戏臣的客人，"长五尺，阔三尺，首居其半"。大概因为此公身首比例严重失调，上帝看了也开心。

明人王琦笔记《寓园杂记》中有个《俞养素遇异僧》的故事，说俞与友人游览八公山，在山顶佛寺见"一僧坐山门，头大如巨盎，面约二尺，齿可长寸半"。

如果说上举三头非神首即僧头，太平天国忠王李秀成手下的将军大头杨，可算"报告文学"类的真人实事。这位大头杨"咸丰三年兵败而死，乡兵四人抬其头，重至三十七斤。处死其地数年往往有旋风作祟"(《柳弧》)。斤两这么笃定，该是过秤称出来的。

脖子硬得出奇，也属拍案惊奇之一种。《新唐书》卷九十四《薛万均传》说，勇将薛万彻因卷入房遗爱谋反案被斩，"解衣顾监刑者曰：'亟斩我！'斩之不殊，叱曰：'胡不力！'三斩乃绝"。清人昭梿《啸亭杂录》说，清初满族骁将阿里玛多为不法，被顺治帝处死，行刑时"颈脉如铁，刀不能下"，听来也够骇人的。

身首关系的诸种猜测、诉求，在想象与传说中继续展开，而焦点已由鬼神转向人间世，以凡人为主角的"断头续颈设计展"，继续奇葩怒放。

唐开元中，蓟县县令崔广宗为张守珪枭首，无头的身体不但活了三四年，还能和老婆再生一个儿子。崔是文化人，平时想干啥要啥，就画地写字。

唐末天复年间，段成式的儿子段安节避乱出京，在商山深处投宿逆旅，进门惊见一位只剩半个头的老妇人坐在床上缉麻。掌柜说，别怕，那是他母亲，二十多年前黄巢破长安时，被乱兵劈了一刀，把鼻子以上半个头劈去。有人用药封裹伤口，活了回来，恢复成这个样子。

北宋宣和庚子年，淳安潘翁在方腊之乱中被乱兵斩首，无头不死，至南宋绍兴年间还活着，且能织草鞋如飞。潘翁与崔广宗都是从脖管直接进食，潘是村翁不识字，饿了肚子啾然发声，这本事可算贾雍真传。

这几宗异闻，唐人佚名所撰《广古今五行记》、五代尉迟偓《中朝故事》、明人冯梦龙《古今谭概》、谢肇淛《五杂俎》等多种笔记小说，均有记述。流风所及，明人计六奇《明季北略》也记述了数个据称发生在当时的无头人故事，其中一个类似商山老妇，头被流寇所斩；另一个是因患瘰疬之病，把头病落了。《五杂俎》《古今谭概》等笔记还曾专门收集、罗列自古以来比较出名的无头人故事,谢肇淛并对此提出自己的解释,认为"人有断头而不死者,神识未散耳,非关勇也"。

由此说来,倒是聂隐娘的老师老尼姑的开脑手术科技含量高。她在徒弟出师前,替她打开后脑,可以将匕首藏到里面,用时抽出来。老尼的"开脑藏刀术",今天再先进的外科或生物军工技术都还做不到,这就又引出"中国头事"由"鬼换头"到"人续颈"的实质嬗变,一个个"手术报告"相继发表。

缝颈记

1634年,清太宗皇太极率军大举进攻明朝边镇宣府,八月的一天,经过一场血溅头飞的恶战,清军终于登上宣府四卫中最前沿的万全左卫城墙。

一个妓女被紧急征召到红衣大炮硝烟未散的城楼上,干什么?配合手术实施急救,为第一个攻上城墙突破明军防线的勇士褚库做人工呼吸。

原来,褚勇士跃上城墙时,脖子被明兵砍了一刀,所幸未断,褚库没有马上倒下,还能挥刀砍倒几个敌人,后面清兵得以涌上。破城之后,大家没有忘记立下头功的褚库,一摸,这个僵在箭楼边的血人还有气,马上找来名医。名医说,褚库喉咙没被砍断,可救,"使妇女抚吸其气,犹可望生。时命妓如法治之,用巨绳缝其颈,公果得复生"。缝上人头捡回性命的褚库,因此役被封为"巴图鲁"(满语"勇将"之意,相当于蒙古的"拔都")。

这个神奇的缝颈手术发表在清人昭梿《啸亭杂录》中,为徐珂《清稗类钞》转录,并入《清史稿》。昭梿为清太祖努尔哈赤第二子代善之后,曾袭封礼亲王,生活于乾隆至道光年间,该书被公认具有较高史料价值。

褚库的事迹听起来很厉害，但隋朝的右屯卫大将军张定和则厉害得不可思议。《古今谭概》说：张定和脖子中枪，他"以草塞创而战，神气自若，虏遂败"。想来对手不是被他打败，而是直接被吓软。不过正史没认这笔账，《北史·张定和传》只说张定和死于流矢。《清史稿·褚库传》则说得很明白：清军攻克明朝万全左卫时，"褚库先登，颈被创，犹力战破其城"，可证攻城伤颈之事不虚，则缝项接头也自有实。至于人工呼吸的急救作用，至晚在明清之际应已为医家所识，《聊斋志异·娇娜》写狐女娇娜为抢救被雷击死的孔生，"接吻而呵之"，可为旁证。

关于手术效果与褚库之死，笔记与正史就对不上榫了。

《清史稿·褚库传》说，皇太极天聪四年（1630），褚库十七岁，万全左卫之役在1634年，可知他伤颈时年二十一。褚库后来从顺治帝入关，讨李自成，击张献忠，征鄂尔多斯部，直至与郑成功海上作战，累立战功，至康熙七年因老退休，十四年（1675）死于家。据此，则褚库巴图鲁颈伤愈后仍挥刀跃马南征北战，历四十一年方老死。当日伤势应不严重，医生和妓女，无疑也很尽力，营救非常成功。而按《啸亭杂录》的说法，则他远没那么长命幸福，颈伤恢复得也不是特别好，"至顺治中，从上幸南苑，弯弓逐兽，马蹶，其颈复断"。这回脖子再没接上来。

褚库这第二种死法，让人想起《聊斋志异》中那更为离奇的"千古第一大笑"：

诸城孙景夏学师言：其邑中某甲者，值流寇乱，被杀，首坠胸前。寇退，家人得尸，将舁瘗之，闻其气缕缕然，审视之，咽不断者盈指，遂扶其头荷之以归。经一昼夜能呻，以匕箸稍稍哺饮食，半年竟愈。又十余年，与二三人聚谈，或作一解颐语，众为哄堂，甲亦鼓掌。一俯仰间，刀痕暴裂，头堕血流，共视之已死。父讼笑者，众敛金赂之，乃葬甲。

异史氏曰："一笑头落，此千古第一大笑也。头连一线而不死，直待十年后成一笑狱，岂非二三邻人，负债前生者耶！"（《诸城某甲》）

蒲松龄（1640—1715）比褚库晚生三十来年，亲历明亡。讲述此事的孙瑚，字景夏，山东诸城人，举人，康熙四年任淄川县儒学教谕，后升任鳌山卫教授，泾县知县，事迹见《淄川县志》。《聊斋》虽为小说，但此事讲述者确有其人，且以诸城人讲诸城当时事，听来可信度颇高。褚库与某甲比较，一为官军，一为草民，区别也非常明显。某甲咽喉部仅一指左右未断，所谓"头连一线"，家人只是死马当活马抬回家，纯粹靠自己肉好命大，长合了刀口挺过来。褚库及时得到特殊护理和专业救治，美女人工呼吸，外加"缝以巨绳"。不过，某甲笑到最后，只此天下无敌。笑死别说比坠马死强，就是比在家床上哼哼安乐死，也来得幸福。

许烈妇抓去热鸡皮

说到巨绳，不免直接牵扯到中国古代外科技术，特别是缝颈接头术。

"战争是滋养外科的养分，西医因为世界大战而突飞猛进，而中医的外科实务也在战乱频仍的魏晋南北朝得到精进。一本成书于610年的《诸病源候论》记载了很多令人吃惊的外科技术，其中有治疗腹部外伤造成肠子断裂后的肠吻合术，断肢的连接术，还包含清创后各组织要精确对齐的概念。这可是领先西医有千年以上。"中国台湾外科大夫、科普作家苏上豪在《开膛史》中如是说。

根据相关资料，中医"外科"这个术语，最早起源于宋代，外科的疾病与治疗，则可以追溯到周朝。《周礼·天官》分疡医为肿疡、溃疡、金疡、折疡，金疡即"金创"，指被金属利器创伤而化脓溃烂的疮疡，这同样可以说明在中国古代，战争是刺激外科技术发生发展的主要因素。但由于"身体肤发，受之父母"一直被儒家的礼教文化奉为金科玉律，《千字文》更敷衍为"盖此身发，四大五常，恭惟鞠养，岂敢毁伤！"。除了官方组织的掘坟鞭尸、酷刑活剐或正常移葬，开棺盗尸、辱尸的行为，一向是仅次于杀人的严重罪行，更不可能公开允许尸体解剖。这个限制，加上其他因素尤其是外科偏重师徒传授和临床经验等特点，中国古代外科的发展，严重缺乏外部环境和应有条件。

宋代以后，理学发达，礼教文化下行，中医内科化现象更加严重，"外科医书除了大量加入内科方脉学的理论外，渐渐只能偏重于创伤骨折与脓疮处理为多，明清以后就没有创新的外科手术了"〔5〕。如清代名医除大椿虽本人兼精"疡科"，但他仍批评"世传外科正宗一书，轻用刀针及毒药，往往害人……"。另一个兼精"疡科"的名医王维德也认为治"痈疽""尤戒刀针毒药"（《清史稿·艺术传》）。直至西医大举传入中国之前，普通老百姓对外科的认知，基本还停留在对华佗麻沸散、关公刮骨疗毒的津津乐道中，即还停留在三国时期的认识和水平。《后汉书》《三国志》之《华佗传》中关于华佗让病人和酒服麻沸散后，"断截湔洗，除去疾秽，既而缝合，傅以神膏"一段话，几乎成为《二十五史》中除《史记·扁鹊仓

---

〔5〕 苏上豪：《开膛史》，中信出版社2014年版，第44、45页。

公列传》外正面描述外科手术过程的资料。

用现代医学的观点来看，大家可能难以置信：在血战不断的古代，挨刀吃箭者无数，创口不缝合如何了事？为何对此记录绝少？

以敷贴套束之类准内科的办法，代替切割缝接，大概是"了事"的不二法门。中国古代医书中所谓瘿瘤、疣痣、瘰疬、疽痈之类，十有五六怕就是现代西医所谓肿瘤。《本草纲目》辟有专节，所介绍药物、验方无虑百千，但基本是贴、敷、烧、洗之类。唐宋之前，正史也偶见以外科手术治疗肿瘤的案例，但效果大致都不理想。如贾逵为曹操主簿，"发愤生瘿……自启愿欲令医割之。太祖（曹操）惜逵忠，恐其不活，教'谢主簿，吾闻"十人割瘿九人死"。逵犹行其意，而瘿愈大"（《三国志·贾逵传》）。司马师目上生瘤，仍亲征丘毋俭，正在大营"使医割之。鸯之来攻也，惊而目出"（《晋书·景帝本纪》），不久就死了。东晋魏咏之千里寻医做补兔唇手术，术后须得"百日进粥，不得语笑"（《晋书·魏咏之传》）。《本草纲目》第三卷有专章讲金疮箭木诸外伤，也少见直接动刀缝线，如介绍苏方木药用："刀斧伤指，或断者，未傅，茧裹，数日如故。"介绍鸡白皮药用，谓"误割舌断，先以套之"。别说舌断，头断也这样处理。《明史·烈女传》说，松江有个许烈妇为守节自刎，尚未断气，她父亲请医生来急救，医生的办法就是"取热鸡皮封之"，但被烈女抓去，终告不治。一张鸡皮如何对付得了抹颈一刀，就是不抓也没救。

桑白皮制线缝合创口的技术早被了解掌握，但《本草纲目》介绍其药用效验，靠前的仍是煮水煎膏，或取汁"涂金刃所伤燥痛，须臾血止，仍以白皮裹之，甚良"。最极品的当推以鼠脑治金疮，包括颈伤，办法当然也是敷贴："……箭、镝、针、刀在咽喉、胸膈诸处,同肝捣涂之。"[6]

蒙古人的招数才叫绝,对在战场上身负重伤尤其是箭伤的猛将,最高级别的抢救,是活牛现宰,把伤员整个"内于"牛腹,"浸热血中,移时遂更"(《元史·智布儿传》)。智布儿、李庭、郭宝玉、谢仲温等人均享受过"牛腹全纳"一级救治,这种待遇似乎很不一般,基本都要由元太祖、太宗等亲自下令。谢仲温享受此救治后,"誓以死报,每遇敌,必身先之"(《元史·谢仲温传》),可见恩重遇殊。然此法用例唯见诸《元史》,想必是这个史上最剽悍的游牧民族在征服世界过程中发现的,后来《本草纲目》亦有载:"伤重者,破牛腹纳入,食久即苏也。"

外科手术记录绝少的另一个原因,与杀戮刑罚之事差近。中国古代巫医百工书画技艺,俱属下品,阎立本耻以画名,华佗"耻以医见业"(《后汉书·华佗传》)。其次,古代外科更依赖口授心识的师徒承传,多数医者文化程度偏低,著书立说对他们来说是难事。

大概因为人头的确生命交关,而对付将断未断的脖子,除非马上缝接,别无他法,所以还有像褚库缝头这样的记述零星留存下来,多少弥补这个空白。

人间将施换头术

医学史的资料显示,在古希腊罗马时代,以"整形"为概念的外科处置已风靡一时。而前6世纪的印度苏许鲁塔(Sushruta)医生所施行的"鼻整形手术",是公认的整形手术的开端,因为古印度对于"通奸"的刑罚就是削去鼻子。器

---

[6] 李时珍:《本草纲目》,北方文艺出版社2007年版,第119、811、120页。

官移植显然比普通整形难得多，人类历史上第一例人对人"换心手术"，直到1963年12月才由南非医生巴纳德（Christian Barnard）在美国医生湘威（Norman Shumway）的研究基础上成功完成。

换头手术，则至今无先例，但医学界已经有人准备"吃螃蟹"。2015年初，意大利神经外科专家塞尔吉奥·卡纳维罗（Sergio Canavero）宣布，两年内将进行全球首例人头移植。[7] 同年10月《中国之声》报道说，这一手术将和哈尔滨医科大学任晓平教授率领的医疗团队一起合作，初步计划2017年12月在哈尔滨医科大学附属医院举行。[8] 2016年1月21日，英国《每日邮报》报道说，塞尔吉奥·卡纳维罗声称中国研究人员成功地

---

[7] 英国《每日邮报》2015年2月25日报道称，意大利都灵高级神经调节小组的神经外科专家塞尔吉奥·卡纳维罗宣布两年内进行全球首例人头移植。这位意大利医生说，手术的关键是"同时切断供体和受体的颈部组织及脊椎，将他们的头部和身体干净利落地切离……下一步是迅速将患者的头部移植到供体的颈部，使用一种医学'胶水'将脊椎连接到一起。接下来则要将二者的肌肉和血管缝合起来……"（http://money.163.com/15/0227/14/AJFF5EEF002551F6.html？wps）。

[8] 换头手术项目负责人哈尔滨医科大学任晓平教授2015年9月14日接受《中国之声》采访时说，手术尚未确定时间表及是否在中国做，方案之一是先将人冷冻。这个项目已经吸引了国内外十多个大学的优秀科学家参与。他说："我任晓平的价值就想把它启动起来，这个天大的课题也许我这一代人都解决不了，但是我们启动了，引导了，为后来者搭建了一个平台，加速它往临床方面转化。而且同时在做的过程中能锻炼一批年轻人，甚至在国际上会很好地提高我们国家的声望。"关于合适的施术者，任晓平列举了几大类："比如像癌症晚期，没有任何办法，外科治疗做完了，化疗做了，放疗做了，但最后转移了，尽管他脑袋没有转移，健康，但是身体上就是死亡，目前科学没有办法。还有骨科的高位截瘫患者，常常最后都走向死亡，没有任何办法治疗。还有一些先天遗传疾病，到医院里看到最后喘气都喘不上来了，但是脑袋是非常健康的。"（引自 http://innovation.ifeng.com/frontier/detail_2015_09/16/4354109_0.shtml ）

为一只猴子"换头"。不久他又宣布,已经准备为一位自幼患有脊髓性肌肉萎缩症的俄罗斯人施行"换头术"。据悉,这台手术大约要持续三十六个小时,花费一千四百万英镑(约一亿三千万人民币),并且有包括外科医生、护士、动物脑移植手术医师以及虚拟现实技术工程师在内的一百五十人参与。[9]如今杀人不须动刀,像商山老妪或褚库这样的试验对象基本没得找,虽然偶尔还有恐怖组织将人质斩首,但医生不可能因为接头术临床实验的需要去找 ISIS 合作。然而对不少病得只剩下脑袋健康的患者,这个信息却透出一线生机。如果首例换头术能以意大利与中国科学家团队为主成功实施,数百年前《聊斋志异》作者蒲松龄在小说《陆判》中提出的"身死而头生"的设想能够实现,也不枉中国古人做了几千年的飞头续颈梦。

妙术的想象

如前所述,中国古代外科技术其实没有真正发展起来。尽管《史记·扁鹊仓公列传》记载上古医人已掌握"割皮解肌,诀脉结筋,搦髓脑,揲荒爪幕,湔浣肠胃,漱涤五藏,练精易形"的手术技艺,但"就现有史料来看,至少自南朝开始,医界就开始将华佗外科术排除在'正道'之外"[10]。战争中除斩首外,割耳劓鼻也经常发生,如唐初名将罗士信在战场上"每杀一人,劓其鼻怀之,还,以验杀贼之数"(《资治通鉴》卷一八二)。也有像古代印度那样只劓鼻不杀人的,《新唐书·南蛮传》:"蛮俘华民,必劓耳鼻已,纵之,既而居人刻木为耳鼻者什八。"与公元前6世纪的古印度比较,近二千年后中土大唐

---

[9] Http://news.qq.com/a/20160503/007047.htm#p=1.
[10] 于赓哲:《被怀疑的华佗——中国古代外科手术的历史轨迹》,《清华大学学报》2009 年第 1 期。

蛮夏杂处之区的劓鼻之刑，不过提高了木刻技艺，并没因此开创整形手术。上节所述东晋魏咏之补唇术可列入美容手术，不过能做这样的手术的医生，当时显然很稀罕，只听说"荆州刺史殷仲堪帐下有名医能疗之"。

人体解剖之事，中国古人也干过。王莽活剖王孙庆；北宋广西转运使杜杞用曼陀罗酒诱杀宜州叛蛮，"禽诛七十余人，取五藏画为图"（《续资治通鉴》卷四七），皆是。杜杞活剖叛蛮，大约就只是为了恐吓和宣传，达到彻底摧毁敌人意志的目的。王莽反而比宋人进步，他为此组织由"太医、尚方与巧屠"参加的"活体解剖研究团队"："度量五藏，以竹筵导其脉，知所终始，云可以治病。"（《汉书·王莽传》）除了虐杀政敌，已带明确的医学目的，可惜当日的临床解剖资料没有留下来。宋以降理学大行，外科手术的发展基本停滞，再不可能达到能够真正实施整形手术的水平，更别说器官移植。虽然如此，人头与身体的关系却自成源流，易容换脏乃至接头续颈的想象一路狂奔难抑，自顾自继续在传说、梦幻、吹牛皮、变戏法等语境中生猛前行，换胆包天，换技出神，奇迹间出。续项换头术也相应地在真假难辨的奇谈逸闻中一路叶茂花繁，"成果"累累。

先看器官移植方面的创意集锦。

《列子·汤问》说，扁鹊曾经给鲁国的公扈和赵国的齐婴换心，他先让两人喝下毒酒，迷死过去，然后剖胸探心，互为易置，再投以神药，两人平安醒来，同步回错对方的家，让两位妻子对调了老公。扁鹊换心应该是中国典籍记载的最早的器官移植事件，可惜是个传说，未可当真。

《拾遗记》亦记述有一则羽人梦中为周昭王换心的故事，这个故事可视为蒲松龄名作《陆判》的原型，后文再述。

扁鹊换心的故事虽说不可当真，换心术却代有所闻。宋人张师正《括异记》说，任章被阴吏错逮，盘桓一圈回阳时，心已被看守僵尸的索命鬼食掉一半。失去半个心的任章虽活转回来，人却傻掉，后来路遇牛心道人，作法让他吃下半只牛心，这才恢复正常。这个故事虽假托鬼神，用牛心换人心的跨界设计，却着实大胆。

相比之下，泉州晋江的巫者陈寨，就俨然是人对人换心手术的主刀大夫了。他受托为得狂病的苏氏子换心，先把病人劈为两片，取心挂起准备作法，一转身心却被狗叼去吃了。陈寨没办法，只得拿着刀跑到十里外驿道旁埋伏，把一个送信的驿卒杀了，剖取其心，回来放入苏氏子胸膛（《稽神录》）。

美容幻术也与器官移植搭伴而行，甚至直接换头易首。宋朝有个姓徐的士人曾夜宿武陵驿，梦神人手携竹篮，篮中满盛人鼻，对他说，你相貌不算差，只是鼻子曲而小。说完把他的旧鼻割下来，挑了个端正的好鼻给安上，完了满意地笑着说："这才是正郎官应该有的鼻子。"徐兄醒来，一摸一看，果然大鼻端直，后来顺风顺水，官至驾部郎中（《括异记》）。

并不是各处神仙都与人为善，乐意成人之美。倘若得罪他们，那可不得了，轻者割面毁容，甚者锯颈换头，连带把老婆一起吓死。《睽车志》说，蜀人孙思文美风姿，老婆也是美女，夫妻相得，甚是欢洽。一天同游神庙，孙思文指着神像问：老婆，他和我哪个更帅？老婆说，好像是你酷些啊！这一夸老公毁容，自己要命。当晚孙思文一入梦，神就上门算账，"叱令换其面"，鬼卒不由分说"割去其面"，换上一个又大又丑的假面。孙痛醒过来，点烛一看，老婆当场被吓死。

孙思文只是臭美一下，庙神就下此辣手，实在过分，可这个故事在《夷坚志》中"恶化"出一个更精彩的版本，叫"孙鬼脑"，男主角的名字由思文换成斯文。孙斯文更是色胆包天，居然看上灵显王的夫人！灵显王庙祭祀的乃是唐代开国功臣卫公李靖，想来李靖不生气，红拂也不会放过他。不妨全文照录：

> 眉山人孙斯文，文懿公抃曾孙也，生而美风姿。尝谒成都灵显王庙，视夫人塑像端丽，心慕之。私自言曰："得妻如是，乐哉！"是夕还舍，梦人持锯截其头，别以一头缀项上。觉而摸索其貌，大骇。取烛自照，呼妻视之，妻惊怖即死。绍兴二十八年，斯文至临安，予屡见之于景灵行香处，丑状骇人，面绝大，深目偞鼻，厚唇广舌，鬓发鬅鬙如虿。每啖物时，伸舌卷取，咀嚼如风雨声，赫然一土偶判官也。画工图其形，鬻于市廛以为笑。斯文深讳前事，人问者，辄曰："道与之貌也。"杨公全识其未换首时，曰："与今不类。"蜀人目之为孙鬼脑云。

除陈寨换心，上述"手术"个案中，虽然受术者都已是有名姓乡贯的世间凡人，但施术一方还都是牛鬼蛇神，而且"手术"不是趁人死去，就是在梦中施为。陈寨虽是人，不过他的第一身份是巫者，除劈人取心时用到刀，后来对心施术、叱心入腹，都是作法而成，巫术与外科被捏到一块。如此软搭硬配的背后，也正好暗寓了由鬼神向人事的过渡与转变。

很明显，假托神巫施行的"手术"，实质上尚未跨出幻想与设计的范围，就其实操意义来说，还不如唐末商山逆旅的半头老妇，因为《中朝故事》有这么一句话："有人以药封裹之。"这已经触碰到对创面的外科处理，只是还没缝线这一着。老妇人上半头没有找回来，只封药不缝接也说得过去，但若是颈伤欲断或已断复接呢？

此前还有一件奇闻发生在中唐。唐朝同华节度使周智光是藩镇割据时代最早的一批军阀，以残暴嗜杀著称。据说他任华州刺史时,曾下令处斩小吏邵进诣。行刑后,邵的妻子领回尸首,把头对接在尸体脖颈上,用针线四周缝好,不久邵竟活了回来。此例虽说缝线,但身首分离后再缝起来,显然不可信。再说了,缝线的人是邵的老婆,用的肯定是家里缝衣服的线,太不专业。

到了宋人笔记中,断颈缝头案例的真实感、专业性明显增强。

泗州人韩元卿在宋仁宗景祐五年(1038)成进士,皇祐(宋仁宗年号,1049—1054)年间任陕西推官,到武昌办案,回程"至荆州黄潭驿,忽持刀自刎,喉虽断而未死",韩的同年祖择之时任荆湖北提刑官,马上赶到驿馆,"命取桑根线缝其创……"(《括异记》)。

成忠郎傅霖,南宋淳熙庚子年(1180)任临安监。因建请

图91 刖足奴隶守门青铜鬲 西周晚期

图92 1794年《绅士》杂志里描述鼻整形手术的插图

第七章 谁动了六祖的脖子:飞头后传与续颈前术

创立新仓,大搞拆迁,民怨沸腾,家里人又做噩梦又闹鬼,女儿也病了。仓库建成后,因为地势卑湿怕被水淹,想自掏腰包加高以免日后被问责,可钱被老婆管着要不出来,"霖霁迫,以刀自裁,收之不死,医者以桑皮缝合其创傅药,虽愈而颔颈挛不复伸,俯首不能仰视,神识沮丧,遂成心疾,请祠禄以归"(《睽车志》)。

上述两个案例,可以肯定都有专业医生到场急救。缝创之物,前称"桑根线",后叫"桑皮",也肯定是那时专门用于缝合创口的线材。

至此,外科手术中必备的缝创线材,总算真正露出线头来。

寻找桑根线

桑皮全称桑白皮,因为不怕死的安金藏,早就上了《旧唐书》。

安金藏原为唐朝太常寺乐工,在太子李旦府中听用。武则天称制后,先是软禁太子,后因人诬告,派酷吏来俊臣兴狱穷治。太子身边其他人禁不起酷刑,诬服屈招,安金藏却当众引佩刀剖腹,以明太子不反。一刀下去,"五藏并出,流血被地,因气绝而仆"。武则天听闻,马上让人把安金藏抬入宫中,"遣医人却内五藏,以桑白皮为线缝合,傅之药。经宿,金藏始甦"(《旧唐书·忠义传》)。此举震惊也感动了武则天,由此解除对李旦的审查,李旦得以保存,后来即位为唐睿宗。唐人刘肃《大唐新语》也记述此事,谓安自残后,太医"以桑白皮缝合之,傅药,经宿乃苏"。

桑白皮是桑科植物桑树(Moru salba L.)的干燥根皮,别名桑根白皮、桑根皮、桑皮、白桑皮。主产于安徽、河南、浙江、江苏、湖南等地。秋末落叶至次春发芽前采挖桑树根部,刮去黄棕色粗皮，纵向剖开，剥取根皮，晒干，便成为桑白皮。根据现代药理学和临床研究，桑白皮除有镇静、镇痛和消炎抗菌作用外，降压与抑制血小板凝聚的功效更是突出。现在接受心脏机械瓣膜置换或者心律不齐的病人，都必须服用一种叫作"香豆素"（学名叫Warfarin）的抗凝血剂，桑白皮就含有香豆素的成分。中国古人认为桑是东方自然神木之名，箕星之精，扁鹊的老师名长桑君，他传完医术后"忽然不见，殆非人也"（《史记·扁鹊仓公列传》），想来必是这位神祇。《抱朴子》："一切仙药，不得桑煎不服。"李时珍《本草纲目》甚至将"桑柴火"也列为一味药，谓燃之作炙，能"去腐生肌"；又在"木部桑纲"之下，首列"桑根白皮"。不过，在"桑根白皮"的功效介绍中，内科式的内服外涂仍居主要地位，如治坠马拗损，以"桑根白皮五斤为末，水一升煎膏，敷之便止"；治金刃伤疮，则"桑白皮烧灰，和马粪涂疮上，数易之。也可煮汁服之"。尽管如此，桑白皮可作外科缝创用线的功能，在"主治"一项也有正面介绍："去寸白，可以缝金疮。""发明"一项，又采入北宋苏颂《图经本草》的记述："桑白皮作线缝金疮肠出，更以热鸡血涂之。唐安金藏剖腹，用此法而愈。"[11]安金藏缝腹，俨然已成一个经典的医案。李氏复国后，安金藏获封代国公，唐朝在东、西岳立碑旌表其功，"金藏竟以寿终"（《资治通鉴》卷二一三）。

综合正史、笔记和医籍的记述，我们可以确知，至晚从唐代开始，桑树根部的皮——桑白皮已经被医生用来作为外伤缝合创口用线，称为"桑根线"。与《大唐新语》比较，《旧唐书》《资治通鉴》的材料在三个方面意义更大：一是出自正史，可

---

[11] 李时珍：《本草纲目》，北方文艺出版社2007年版，第145、810、811页。

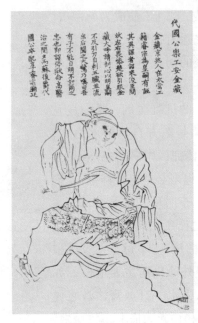 

图 93　唐代公国金安藏像　　　　图 94　陆判换心　《聊斋志异》插图

确证桑根线乃当时宫廷医官外科缝创首选线材。二是详细，"以桑白皮为线缝合"，说明桑白皮还须加工成线。或者当时此材料尚未大力推广，平时不一定有现成的线，临急要马上加工制作。至宋人《括异记》写韩元卿自刎，直称"命取桑根线缝创"，似乎意味着宋时桑根线已成为常备的外科缝线，且有了区别于桑白皮的专名。《本草纲目》所引苏颂的记述，补充了缝线后涂鸡血的步骤。诸条材料互证互补，可以基本复现当时缝创的手术用材与步骤。三是说明手术效果与预后不错，安氏后半辈子享尽荣光，寿终正寝。

细线与巨绳

　　虽说在中国"桑白皮……作为缝合伤口材料至少延续了千

年以上"[12]，可是这好不容易露出来的白皮细线，宋世之后不仅没像西方的"羊肠线"一样纵横人世，反而隐焉难寻。

不妨先读《夷坚志》中宋版"补颐传"：

> 晏肃，字安恭，娶河南邢氏。居京师，邢生疽于颐，久之，颐颔连下腭及齿，脱落如截，自料即死，访诸外医。医曰："此易耳，与我钱百千，当可治。"问其方，曰："得一生人颐与此等者，合之则可。"晏氏惧，谢去之。儿女婢仆辈相与密货医，使试其术。是夜，以帛包一物至，视之，乃妇人颐一具。肉色阔狭长短，勘之不少差，以药缀而封之。但令灌粥饮，半月发封，疮已愈。后避乱寓会稽，唐信道与之姻家，尝往拜之。邢氏口角间有赤缕如线，隐隐连颐。凡二十余年乃亡。（《夷坚甲志》卷第十九《邢氏补颐》）

疽痈、瘰疬之类，《本草纲目》基本作为内科病来处置的。但邢氏这疽生在脸颊上，"疽"势凶猛，竟把下巴牙齿全烂断，"脱落如截"，如被刀活生生切掉下半脸，仿佛唐末商山逆旅半脸老妇的再版。不同的是商山老妇丢的是上半头，邢氏掉的是下半脸。这样一来，内科彻底失灵，只好"访诸外医"。

比较救治的办法，会发现更有意味的异同。

商山老妇被砍一刀后，"有人以药封裹之"。虽然"封裹"已指涉外科创面的处理，但纯以药敷，未闻缝线。北宋邢氏则"以药缀而封之……半月发封，疮已愈"，初听好像一回事，细察用词搭配即见端倪：药是用来敷贴的，怎么个缀法？难道药

---

[12] 于赓哲：《被怀疑的华佗——中国古代外科手术的历史轨迹》，《清华大学学报》2009年第1期。

会自己变成线？或者这药直接就是超级胶水？再往后看，"邢氏口角间有赤缕如线，隐隐连颐"，线终于出现，尽管前头加上一个"如"字。

可到得明朝，这若有若无似实而虚的线反而更不好找。下面这则明版"续头记"，出自冯梦龙《古今谭概》：

> 正德时，济下一秀才遭流贼乱，奔避不及被贼砍，觉头落胸间而喉不断，亟以手捧头置之项上，热血凝结，痛极遂死。久之稍苏，卧野田间。寇退，家人求尸异归。旬日不死，颇能咽汤粥。百日痂脱，视其颈瘢痕如絙入腮下。（《头断复连》）

这位生活在正德年间的"吃刀秀才"堪称中国断头自救第一牛人，他那半断之项，是靠自己双手捧回去，又靠自身热血"粘"起来。家人将他抬回后，也不见采取任何缝创封药措施。秀才的身份，固然不能与高官骁将相比，可也并非不具备基本医疗条件的贫民，伤颈而任其万幸自愈，既无"药缀"，亦未封创，以致留下像绳索一样粗的接痕，似可间接说明包括桑根线应用在内的外科缝创技术，至明不但尚未普及，甚至更为迷茫。

话说回来，这个故事也有可能属于某一类自古流传的失头伤颈故事的明代版本，我们不必太当真。早在春秋时期，就已有人做过类似的梦。《左传·襄公十八年》说，晋国大夫荀偃曾"梦与厉公讼，弗胜。公以戈击之，首队（坠）于前，跪而戴之，奉之以走……"。荀偃昔年发动政变，杀了晋厉公，因此梦到在天神那儿与之争讼，头被砍掉，坠于胸前，他自己捧着头安回去，还能撒腿开溜。看看，很像吧？！

再回到清人笔记写医者为褚库缝创使用"巨绳"，这个表面吓人的说法，也就未免可疑。葛洪在介绍腹腔创口缝合术时曾说："（肠出）以桑皮细线缝合，鸡热血涂之，乃令入。"[13]也可推知桑根线早就被加工成细线，不该是"巨绳"。如果不是笔记的作者外行想当然，就是当时还在使用别的质量较差较粗的手术缝线。1991年考古工作者在新疆鄯善县苏贝希村发掘一座距今约两千五百年的墓葬时，发现一具男性干尸腹部有刀口，以粗毛线缝合。[14]"粗"与"巨"近矣，不过这个粗毛线可是两千五百年前的旧物了。不管实际情形如何，伤创缝线到明末反而"巨"字出头，中国的外科技术在明清期间（受西医影响之前）更趋停滞萎缩，信然。

《陆判》：阳陵的暮夜

缝线巨细且不详究，横亘于梦幻般的奇想妙术与缝颈接头实际情形之间的巨大反差，让鬼神与人事纠结出异样风景。

一方面，在身首关系这个母题和战乱杀戮的不断刺激之下，生活在惊悸与疼痛中的人们对接颈续头不免抱有强烈愿望，奇闻传说沓出，版本常新。从刑天、夏耕等天神到恍如隔世的飞头獠子、脐语太守，恐怖如地狱变相的商山半面妇人、建德无头老汉，到宋世以后那些个虽多涉鬼神报应而时、地、人及事件背景均凿凿有据的缝颈接头人，再到与正史基本接榫对位的切腹乐工、伤颈将军……虽多匪夷所思缭乱人眼，细读却也序列清晰，与时递变，谱系颇全。

另一方面，受限于作为外部条件的社会、医学发展大环境与生命规律、人体构造等内部限制，外科内科化趋势直到遭遇

---

[13] 丹波康赖：《医心方》卷一八《治金疮肠断方》引《葛氏方》，人民卫生出版社1993年版，第1137页。

[14] 徐永庆、何惠琴：《中国古尸》，上海科技教育出版社1996年版，第23—24页。

西医以前，一直是中国本土医学的基本走向。《史记》所载上古医人似曾掌握的"割皮解肌"手术技艺，与华佗的刮骨疗毒和"麻沸散"一样，反而世以式微近于断绝。别说缝颈接头，就是可资验证的其他大型手术案例，同样几近空白，既难以产生医学意义上真实可行的手术方案，也没有留下精确具体的记录，连一根缝线，都粗细不定，身份飘忽，乍现还隐。

于是，在现实困境中不断煎熬的失望怏悒，与想象、设计，素材和经验的不断积累、叠加，持续聚焦于续头接颈这个题材上，压迫、对抗，击荡抉摩不能自已，强大的张力终于银瓶乍破，一出穿越人鬼、高度仿真的换心易首连台大戏，在蒲松龄笔下酣畅开场。《聊斋志异》中出色的短篇小说之一《陆判》，也因此成为中国古代文学中一朵奇葩。

为方便分析，我们先将《陆判》主要部分抄录于下：

> 陵阳朱尔旦，字小明。性豪放，然素钝，学虽笃，尚未知名。一日，文社众饮。或戏之云："君有豪名，能深夜赴十王殿，负得左廊判官来，众当醵作筵。"盖陵阳有十王殿，神鬼皆以木雕，妆饰如生。东庑有立判，绿面赤须，貌尤狰恶。或夜闻两廊拷讯声，入者，毛皆森竖，故众以此难朱。朱笑起，径去。居无何，门外大呼曰："我请髯宗师至矣！"众皆起。俄负判入，置几上，奉觞，酹之三。众睹之，瑟缩不安于座，仍请负去。朱又把酒灌地，祝曰："门生狂率不文，大宗师谅不为怪。荒舍匪遥，合乘兴来觅饮，幸勿为畛畦。"乃负之去。
>
> 次日，众果招饮。抵暮，半醉而归，兴未阑，挑灯独酌。忽有人奉帘入，视之，则判官也。朱起曰："意吾殆将死矣！前夕冒渎，今来加斧耶？"判启浓髯，微笑曰："非也。昨蒙高义相订，夜偶暇，敬践达人之约。"朱大悦，

牵衣促坐,自起涤器火。判曰:"天道温和,可以冷饮。"朱如命,置瓶案上,奔告家人洽肴果。妻闻,大骇,戒勿出。朱不听,立俟治具以出。易盏交酬,始询姓氏,曰:"我陆姓,无名字。"与谈古典,应答如响。问:"知制艺否?"曰:"妍亦颇辨之。阴司诵读,与阳世略同。"陆豪饮,一举十觥。朱因竟日饮,遂不觉玉山倾颓,伏几醺睡。比醒,则残烛昏黄,鬼客已去。

自是三两日辄一来,情益洽,时抵足卧。朱献窗稿,陆辄红勒之,都言不佳。一夜,朱醉,先寝,陆犹自酌。忽醉梦中,觉脏腹微病,醒而视之,则陆危坐床前,破腔出肠胃,条条整理。愕曰:"夙无仇怨,何以见杀?"陆笑云:"勿惧,我为君易慧心耳。"从容纳肠已,复合之,末以裹足布束朱腰。作用毕,视榻上亦无血迹,腹间觉少麻木。见陆置肉块几上,问之,曰:"此君心也。作文不快,知君之毛窍塞耳。适在冥间,于千万心中,拣得佳者一枚,为君易之,留此以补阙数。"乃起,掩扉去。天明解视,则创缝已合,有线而赤者存焉。自是文思大进,过眼不忘。数日,又出文示陆。陆曰:"可矣。但君福薄,不能大显贵,乡、科而已。"问:"何时?"曰:"今岁必魁。"未几,科试冠军,秋闱果中经元。同社生素揶揄之,及见闱墨,相视而惊,细询始知其异。共求朱先容,愿纳交陆。陆诺之,众大设以待之。更初,陆至,赤髯生动,目炯炯如电。众茫乎无色,齿欲相击,渐引去。

朱乃携陆归饮,既醺,朱曰:"湔肠伐胃,受赐已多。尚有一事欲相烦,不知可否?"陆便请命。朱曰:"心肠可易,面目想亦可更。山荆,予结发人,下体颇亦不恶,但头面不甚佳丽。尚欲烦君刀斧,如何?"陆笑曰:"诺,容徐图之。"过数日,半夜来叩关。朱急起延入。烛之,见襟裹一物,诘之,曰:"君曩所嘱,向艰物色。适得一美人首,敬报君命。"朱拨视,颈血犹湿。陆立促急入,勿惊禽犬。朱虑门户夜扃,陆至,一手推扉,扉自辟。引至卧室,见夫人侧身眠,陆以头授朱抱之,自于靴中出白刃如匕首,按夫人项,着力如切腐状,迎刃而解,首落枕畔。急于生怀,取美人首合项上,详审端正,而后按捺。已而移枕塞肩际,命朱瘗首静所,乃去。朱妻醒,觉颈间微麻,面颊甲错,搓之,得血片,甚骇。呼婢汲盥,婢见面血狼藉,惊绝。濯之,盆水尽赤。举首则面目全非,又骇极。夫人引镜自照,错愕不能自解。朱入告之,因反覆细视,则长眉掩鬓,笑靥承颧,画中人也。解领验之,有红线一周,上下肉色,判然而异。先是,吴侍御有女甚美,未嫁而丧二夫,故十九犹未醮也。上元游十王殿,时游人甚杂,内有无赖贼窥而艳之,遂阴访居里,乘夜梯入,穴寝门,杀一婢于床下,逼女与淫。女力拒声喊,贼怒,亦杀之。吴夫人微闻闹声,呼婢往视,见尸骇绝。举家尽起,停尸堂上,置首项侧,一门啼号,纷腾终夜。诘旦启衾,则身在而失其首。遍挞侍女,谓所守不恪,致葬犬腹。侍御告郡,郡严限捕贼,三月而罪人弗得。渐有以朱家换头之异闻吴公者,吴疑之,遣媪探诸其家,入见夫人,骇走以告吴公。公视女尸故存,惊疑无以自决。猜朱以左道杀女,往诘朱,朱曰:"室人梦易其首,实不解其何故;谓仆杀之,则冤也。"吴不信,讼之。收家人鞫之,一如朱言,郡守不能决。朱归,求计于陆,陆曰:"不难,当使伊女自言之。"吴夜梦女曰:"儿为苏溪杨大年所贼,无与朱孝廉。彼不艳于其妻,陆判官取儿头与之易之,是儿身死而头生也。愿勿相仇。"醒告夫人,所梦同,乃言于官。问之,果有杨大年。执而械之,遂伏其罪。吴乃诣朱,请见夫人,由此为翁婿。乃以朱妻首合女尸而葬焉。……

任何不朽的作家，都必须且必然既表达传统，又代言当下。在反映明末清初战乱杀戮与对这部传奇小说重要母题身首关系的关注、阐释两方面，蒲松龄很好地体现了这种学养与禀赋，而这两个维度，又正好有极强的关联。

《聊斋志异》对明末流寇民变、明清易世的战乱以至清初发生在作者家乡附近的谢迁、于七之乱，都有直接或间接的描写，重点也往往放在杀戮之酷与人头之异上。如《白莲教》写明天启二年山东人徐鸿儒领导的白莲教起义；《辽阳军》背景是辽阳会战；《快刀》《潞令》则写当时盗贼蜂起与官府之滥杀。《公孙九娘》开篇说："于七一案，连坐被诛者，栖霞、莱阳两县最多。一日俘数百人，尽戮于演武场中，碧血满地，白骨撑天。上官慈悲，捐给棺木，济城工肆，材木一空。"《鬼哭》写清军镇压谢迁之乱，屠城时"血至充门而流"，其后每当风晨雨夕，一鬼叫苦，"满庭皆哭"。

蒲松龄对人头－首级及与之相关的剖肠剖腹、缝颈接头一类题材也非常熟悉，似乎还有些着迷。他笔下的地狱阴司，与《玄怪录》等前代志怪小说一样，仍然是断头无首之人充斥的恐怖世界，如《阎罗薨》写流落人间的活阎罗审案："见阶下囚人，断头折臂者纷杂无数。"《聊斋志异》中直接写人头灵异或骷髅作怪的篇什，一拎成串，《辽阳军》《快刀》《诸城某甲》《头滚》《负尸》《古瓶》《美人首》《死僧》等，均是。

学识渊博的蒲松龄也肯定熟悉扁鹊、华佗等医人医经以及历代志怪传奇中有限的关于外科技术真假难辨的描写或想象，并从中汲取营养，获得灵感。他身经乱世，长期生活在社会底层，非常接地气，有机会接触并了解、收集当时民间金疮、外伤等急救处理的实际操作方法等相关资料。剖腹理肠、割胸除肿之事，多次在他笔下出现，虽照例假手狐鬼僧道，托言异兆惊梦。《抽肠》写莱阳县民某昼卧，见一男偕粗腰妇人入室，用屠刀为其剖腹掏肠；《丐僧》中，坚卧不去的怪僧最终自己剖腹出肠；《娇娜》更杜撰狐女娇娜用金钏薄刃为孔子后裔孔生"伐皮削肉"，割除胸口肿块。挨刀的孔生因贪喜"娜医生"美色，不但不觉痛，还怕手术结束太早，偎红近翠不过瘾。如此"美女麻沸散"，让人忍俊不禁。

《陆判》虽也假借阴司判官设策操刀，但比较前此志怪小说之同类题材作品，则整体出脱，集大成，开新局。

第一，主题与内容均高度聚焦，先换心，后易头，一口气把前人一直"大胆假设，小心求证"的两宗最热门"白日梦"都圆了，无异于微缩一座"中国式梦幻器官移植博物馆"。蒲公不惜冒险涉"犯"，一换再换，虽说艺高胆大，却也苦心孤诣，在这个题材上憋足一口气，狮象搏兔，亦用全力，有深意焉。

第二，作为灵异小说，《陆判》通过时空与人物关系的颠覆性拓展，使依然笼罩在神秘与灵异之中的换心易首，获得前所未有的日常性和真实感，从而较好地解决了愿望、想象与现实可能、实际操作之间的矛盾，也为在作者所处时代认识水平与技术限制之下展开有效而自由的叙述，提供了更大空间。

《陆判》乃灵异小说。阴阳穿越，人神互动，是灵异小说的共同特点。此前诸书结撰同类故事的惯常手法，换心易首或发生在受术者遇梦成狂、假死出魂等异常状态，《幽明录》所记"周昭王换心"，即是在梦中由羽人完成。或将主角由于精神错乱或者压力崩溃而自到解释为冥报阴谴，神鬼虽隐身，却有看不见的手在制动。其共同的特点，是都自觉或不自觉地将阴阳穿越与人鬼关系，处理得困难而克制。这样做的好处非常明显：阴阳区隔严，则神秘诡异增；人鬼之分明，则鬼话可乱说。当然也有例外，如上举《邢氏补颐》，干脆让人间的"外医"直接捧来一个血淋淋的相同尺寸"生人颐",只是这样一来,灵异的味道被凶杀的疑惧冲去七七八八,既不含蓄,也不好玩。《金史》卷一百三十一《方伎传》一则梦中直接凿心纳书的故事则更粗糙:

> 元素,字洁古,易州人。八岁试童子举。二十七试经义进士,犯庙讳下第。乃去学医,无所知名,夜梦有人用大斧长凿凿心开窍,纳书数卷于其中,自是洞彻其术。

《陆判》将此种设置和关系成功颠覆。

自从阳陵十王殿绿面赤须的陆判官(这使人想起那个被强行锯换到孙斯文颈上的土偶判官头)在一个微醺的暮夜揭帘走进胆豪性爽的阳陵书生朱尔旦家开始,阴阳区隔与人鬼之分就撤屏除障,悄然冰消。陆与朱夜饮订交后,"两三日辄来",不久即成为抵足共卧的老朋友。无底线的老蒲意犹未足,完全反着放开来继续解构,干脆让鬼客与书生的跨界交往乃至换心秘术完全公开。当文社诸生得知原来心塞窍钝治艺不俊的朱同学因得陆判换心理肠,文思大进而秋闱摘魁后,纷纷要求结交这位阴司贵人,陆判官竟也毫不避忌,欣然应邀赴席!正是因了如此充分地撤防与铺垫,换心手术可以在朱尔旦"醒而视之"的情况下开展,而换头手术干脆由朱尔旦这个凡人全程协助。我们读来,非唯不觉唐突,亦犹未减神异。

另一个加强日常化的处置,则更为隐蔽,即作者有意屏蔽战争与恐怖的伤害,将事件发生的时空移到太平治世,易心换首的动机,也纯粹指向科名利禄与洗心美容。这样的陌生化处理,不仅平添生活情趣与"幸福指数",也为细致舒缓的叙述预置合适节奏,留下足够空间。

如此一来,小说就提供了一面折射古今、"悲欣交集"的照心看头之镜，天才的反光，透镜而出。

换心时"破腔出肠胃，条条整理"之"湔肠伐胃"，基本是《后汉书·华佗传》针对肠胃外科"断截湔洗"的复述，没有突破。而把胸腔、腹腔混为一谈，心肠通称，反有退步之嫌。《列子》写扁鹊为鲁公扈、赵齐婴做换心术，不仅"剖胸探心，互为易置"，心换而人异的设计，无疑更彻底、前卫。此虽小"悲"，也印证了中国古代外科技术历千年而整体停滞的情形。

"喜"，是现代医学关于器官移植的基本条件、程序，居然在陆判官换头接颈术那儿天机先泄。

陆与朱成为跨界挚交后，答应了朱美化妻子的要求，但需时日。为什么？因为这回的美容方案竟是全头移植（这又让人想起《孙鬼脑》的锯首换头）。好不容易等到强奸犯穴墙入室挥刀行凶，那边美人头一落，陆判官马上行动，"颈血犹湿"的人头在最短时间送到朱宅，又"力促急入"，马上切旧首安新头。换完头，梦未醒。现代活体器官移植需要的"特快专递"，大约不过如此。不妨与《邢氏补颐》的文本做个比较："是夜，（医者）以帛包一物至，视之，乃妇人颐一具。肉色阔狭长短，勘之不少差，以药缀而封之。"自宋至明清活体移植的假想可谓脉络宛然。再联系昔前陆判换心后留下朱氏胸中原生的劣质"肉块"预备顶缺，我们可以说蒲氏已进一步明确猜想到人体器官可以互相移植。

而涉及外科手术的描写，更是《陆判》比前此"周昭王换心""邢氏补颐""凿心纳书"之类文本进步所在，当然也是关注的重点。《周昭王换心》谓"羽人乃以指画王心，应手即裂。王乃惊悟，而血湿衿席，因患心疾，即却膳撤乐"。数天后羽人复来，"乃出方寸绿囊，中有续脉明丸、补血精散，以手摩王之臆，俄而即愈"。虽然有裂胸、流血的情节，但整个故事发生在梦境之中，手术必备工具——刀也未出现。

在蒲松龄笔下，虽然移颈术仍由阴司判官以灵异之力施行，只需对准、"按捺"即成，但一是受术者处于睡眠中，其实可以理解为深度麻醉；二是毕竟用到刀。更真切的是受术者醒来后有"微麻""甲错"的感觉，继而搓到血片，"面血狼藉"、洗面水赤、红线一周、肉色不一，如此诸种状况，分明是人间实实在在一台大手术。由于小说对空间与人物关系的特殊处理，刀钳不施一线未缝的神仙手段，与血片赤水的凡间真实，竟也如美人头与朱妻颈那样自然融合而不显唐突，只留下"红线一周"。稍为遗憾的是当那沉潜多时的桑根细线终于在朱尔旦胸腹（"则创缝已合，有线而赤者存焉"）与他夫人的脖子上重新露出线头时，竟仍似缝未缝，若有若无。箕星之精桑树如有知，得找陆判理论。

结语：谁动了六祖的脖子？

桑树之神、箕星之精与阴司的土偶判官，都是土神地仙，同属道家，都是想代表道家到"人头-首级"这个中国历史文化的热闹所在占个位子上上镜，我们大可不必太较真。你看人家佛门禅宗六祖惠能大和尚，可是连自己的人头都拿出来做道具。

六祖活着时，他的脖子就已经受考验，证明非人间刀剑所能伤害。《坛经》说，北宗神秀的门人曾派张行昌来曹溪刺杀惠能，"师（惠能）心通，预知其事，即置金十两于座间。时暮夜，行昌入祖室，将欲加害。师舒颈就之，行昌挥刃者三，悉无所损"。

唐先天二年（713）七月，六祖告诉门人自己即将入灭，并预言"吾灭后五六年，当有一人来取吾首"。门人记着这个预言，在六祖肉身入塔前，特别用铁叶漆布给他的脖颈箍上一重保护罩。十一年后，果然有新罗僧人出钱雇人假扮孝子来盗六祖首级，因之前采取措施，据说只是伤颈，不至失头。

新罗僧雇人盗六祖首级这段公案，交代得很是含混，甚至没唐人张读《宣室志》所记贞观年间新罗僧人盗走玉润山悟真寺殿基所藏念经骷髅的故事清楚，时间也与六祖自己的预言不符，而且对受雇取头者的处置也不了了之，很可能是寺僧等不到预言中的盗头者出现，为圆六祖之言，雇人友情出演。不过六祖的预言既记录在《坛经》中，至少说明六祖心中也有个"人头——佛首"情结。由此说来，儒、道、佛三教，其实都是"喜头一族"。

谁动了六祖的脖子？照我说，是六祖拈花微笑，自抚其颈。

结　章　千里送人头

水城垂钓

　　王琳，一只枯瘪在历史树梢上的"鸟"；一个已被遗忘的名字。

　　历史人物——在中国古代，暂且用正史有传为门槛——还能被现代人惦记的，百无一二。二十五史压满书架，其实死寂如青海湖，平常湖面难见帆影，浩渺明蓝直际空天，地理盲站在湖边，丝毫感觉不出水面之下无始无终、无年无月的咸，黑。

　　而在此前的叙述中，我已数次提到王琳，现在还要请他来为传首之旅的收官做个义工。

　　在这个由其名曰"人"的高等动物主宰的星球上，99.5%以上的人，在生命结束之后就被至亲骨肉以外的世界基本遗忘，亲人的记忆也常如温水一碗，将很快凉冷，渐而蒸发，空余水渍至于无痕。人死后，哪怕十几天、几天，能在千百人心中真正激起强大悲恸，并产生不寻常行动的，整个时代往往找不出几位。

　　局限于王琳所处的小时代——梁、陈之交的南北朝，他无疑算一个。

　　若说写作如终日垂钓，今儿这长竿不钓江湖河海，不垂溪沟苇岸，却向寿阳城（今安徽寿县）中抛——南朝陈宣帝太建五年（573）年底，寿阳城浸在淝水中，变成一座水城。由陈朝大都督吴明彻统率的北伐大军，从是年七月起围困寿阳，并引淝水灌城，"城内水气转侵，人皆患肿，死病相枕"（《南史·王琳传》）。十月十三日，城破，北齐寿阳守将王琳被俘，斩于城外。《南史》卷六十四《王琳传》写道：

> ……明彻昼夜攻击，从七月至十月，（寿阳）城陷（王琳）被执，百姓泣而从之。吴明彻恐其为变，杀之城东北二十里，时年四十八，哭者声如雷。有一叟以酒脯来至，号酹尽哀，收其血怀之而去。传首建康，悬之于市。

陈朝大军凯歌高奏继续北上，但大都督吴明彻经常梦见王琳索头，王琳的旧部朱瑒也潜入建康，上书陈朝大臣徐陵，恳求发还旧主首级。十二月朔日（按公元纪年已是574年1月8日），陈宣帝颁布了一道特殊的诏书，即本书第五章提到的《还陈琳等首诏》。

王琳的头颅离开建康武库，踏上回家之旅。

可以这样理解，首级回家，是与骸骨合体安葬，回归尘土。

王琳首级与尸身合体后，先临时埋葬于淝水岸边八公山侧。史称下葬之日，"义故会葬者数千人"。而后，"扬州人茅智胜等五人密送丧柩达于邺"，北齐葬以王侯之礼。

是什么原因，让王琳之死牵动当时交战中的南北两朝朝野呢？

一个身首分家的败军之将，为何能梦扰对头，魂牵旧部？

一个迟到的临时葬礼，凭什么让那么多人冒霜涉险从四面八方不期而至？

一副灵柩沉重如斯，何以有人自发冒险穿越前线，胼手胝足，不辞辛苦，千里护送？！

那时节王琳之死，几乎让四面八方的人都听到水中寿阳那条搁浅大鱼，尾鳍巨大的泼剌与拍击！

而更值得叩问的强烈反差是，既然王琳当日死出这么大响动，又为何很快被鲜活的历史记忆淡出、遗忘？而比他早七八百年的另一位"千里送人头"的齐王田横，却一直活在各个时代人们的记忆与话语之中？

要解答这些疑惑，得换上海钓巨杆，出海钓"鲸"。

长鲸九亩

对鲸说钓，是开玩笑。凡鱼可钓，巨而为鲸，当邀。

"人生不做安期生，醉入东海邀长鲸；犹当出作李西平，手枭逆贼清旧京。"陆游《长歌行》起首四句，无意间替我们开了个清单：大海、长鲸、枭、人头……不过真实永远比激情想象和浪漫混搭更富创意：看，长鲸自个儿出海上岸，鳍下长出马蹄，一路奔向魔界，再把自己的头颅砍下来，送给魔界之王……

这头巨鲸——像鲸一样的巨人，就是田横！

也许从未有人把田横直接比成巨鲸，但他的家世与名字已暗藏巨鲸密码。

传说春秋时的长狄是巨人部落，其首领被杀后，"身横九亩""断其首而载之，眉见于轼"（《谷梁传·文公十一年》）。何物而能"身横九亩"？陆上无异兽，海中出巨鲸。田氏祖宗是狄人，这"身横九亩"，不正应在"田横"头上么？田横最后穷途末路，入海上岛，或者竟是冥冥前定，名字成谶。

其实，九亩再大，也只是空间的实像，田横弥漫在历史时空中的气息，何止千年万亩！

地理志中，"巨鲸"的身影乍隐乍现——

唐人李贤注《后汉书·地理志》，在雒阳偃师尸乡条下，特标"前书田横自杀处"。

北齐宰相杨谙昔年避难时，曾变姓名为刘先生，躲到田横岛上教书授徒。

明、清两朝的《地理志》也提到田横岛："东南有劳山，在海滨。又有田横岛，在东北海中。"（《明史·地理志》）明代有个孝子，满天下去寻从未谋面的生父，居然渡海寻到田横岛，在岛上神祠假寐，做了个梦，根据梦中神启，终于在福建一个山寺邂逅生父。

....

"故事会"里，田横的气息余韵缭绕——

"《薤露》《蒿里》，并丧歌也。出田横门人。横自杀，门人伤之，为之悲歌。"崔豹《古今注》如是说。

在裴铏《传奇·崔炜》中，田横的女儿遭逢亡国，离乱播迁，成为南越王赵佗的侍妾："某国破家亡，为越王所掳，为嫔御。"她的自叙，如满树寒梅一枝逸出，越过五岭，鲸之气息直接南溟。

唐代张读《宣室志》，甚至把人们带回现场，让荥阳郑生捉贼于田横墓。

....

观念史上，典故阵里，田横更如块垒，浇之又生——

萧铣在隋唐鼎革之际割据荆南，后兵败被俘，李渊责其不自归顺，萧铣凭恃南梁皇室血统，自比田横，说："隋失其鹿，英雄竞逐。铣无天命，故为陛下禽，犹田横南面，岂负汉哉？"问题是人家并没亏欠过他，李渊不买账，斩于都市。

历来开国将相多是特级流氓一等无赖，大唐亦然。唐太宗已接受颉利可汗内附之请，并派大臣宣慰。李靖、李勣却随后进兵偷袭，还大言不惭地说，此举"乃韩信灭田横之策也"（《旧唐书·李勣传》）。

轻嘲的另一面,是从古至今不绝的感喟与题咏,其中当以韩愈祭文最出名。韩愈去往东都洛阳,"道出田横墓下",写下《祭田横墓文》。田横的虽死犹生和强大气场,千载之下让韩愈感慨不已:"自古死者非一,夫子至今有耿光。"

千里送人头

要解"横",先拆"帮"。

帮者,邦也。此邦非乌托邦,乃灭秦开汉的泗水亭长刘邦。

在中国历史上,田横与刘邦可谓两个对立谱系的首席代表。

且从刘邦之哭说起。

中国古代凡为英雄豪杰,十有八九任情敢哭,成大事者,几乎都有精彩泪点。相比之下,刘邦作为"开汉帮"总舵主,流氓本色,天生粗犷,排闷消闲的主要办法是边让美人洗脚边谩骂,骂起人来很难听,但鲜少见他哭。

他也不是不哭,若哭,还真叫大哭。

私相感泣,暗室弹泪,歧路沾巾,皆小哭也。

铮铮铁汉,公然洒泪,或为与自己并无直接利害之人之事,感动流泪,可称大哭、响哭。

在当了多年开国皇帝,陆续拔掉韩信、彭越等钉子后,因为亲征英布,刘邦路过故乡,置酒高会父老子弟,酒酣起舞,自唱《大风》,"慷慨伤怀,泣数行下"(《史记·高祖本纪》)。英布见识了韩信、彭越如何惨死,可不会再乖乖就范。为拔掉这颗大钉,刘邦打了他这一生最后一场恶战,而恶战也没有放过他,一支箭头涂毒的流矢射中他,回长安后不久,他辉煌的人生就走到了终点。大风歌泣,是唯一洒落在《史记·高祖本纪》中的高帝之泣。

其实,刚当上汉天子时,他已掉过一次泪。当从洛阳郊外尸乡厩置（养着马的驿舍）驰来的快马绝尘直入雒阳宫，献上齐王田横气息如生的人头时，他不禁发出嗟叹，"为之流涕"（《史记·田儋列传》）。

这是一个意外与震撼强烈到足以使汉高祖一看泪奔的人头，让人"阅读即记住"的首级。

此前发生了什么呢？

今天的田横岛，位于即墨市东部海域的横门湾中，距青岛码头六十八公里。田横当年弃舟上岸的地点，或许就在青岛附近。然后，他登上汉朝天子派来接他的乘传——四马下足传车，一路向西，去往洛阳。

和日后刘邦的儿子淮南厉王刘长一样，田横也是被传送的王，但他是一个失去国土的真正的敌国之王。刘邦发话：齐王田横必须离岛上岸到洛阳来。来，大则王，小则侯。不来，发兵剿灭。田横既应召上岸，就表示他臣服新朝，理当待之以王侯之礼。刘邦一则未动杀心，二则当初韩信背盟，有愧于田横。现在他要的是鲜活的田横，沿途官员肯定不敢怠慢，会好生保护接待，把一个活王爷传死的事情，不可能发生。

只是，历史往往会以迥异的方式重复悲剧。这回倒真是被传的国王自己决意要死，而且，他决意要天下——不只当时，包括后世，永远记住一个失败的国王——战士自主、高贵地赴死，包括与这个世界决绝的明确原因和特殊方式：千里送人头！

今天从青岛到洛阳，全程高速尚近八百公里，当年道路自更曲折难行，该不下一两千！历史没记录田横在路上一共走了几天，即以汉初车传均速一日七十里计，走完一两千公里也要花不少时日。这一路从今天的山东进入河南，正好首先穿越原来齐国国境。一位决意赴死的国王，经过美丽的故国，经过曾经转战的土地，不知当日传车中的田横作何感慨！不管怎说，这个想象空间与纠结程度，都要比日后他的另一位同宗汉宣帝的大司农田延年面临贪污指控，选择自杀以避下狱之辱，自刎前把自己禁闭在小阁中来回走上几天对角线，饱满千百倍。

当传车临近目的地，在洛阳郊外偃师尸乡的驿馆，田横停下来，沐浴更衣，平静地交代过两个随行的门客，横剑自刎。门客马上执行遗嘱，捧着他的头颅，随使者一起走完千里送人头的最后三十里路。

历史接受并铭刻了这位失败国王最后的陈述：

> 横始与汉王俱南面称孤，今汉王为天子，而横乃为亡虏而北面事之，其耻固已甚矣。且吾亨（烹）人之兄，与其弟并肩而事其主，纵彼畏天子之诏，不敢动我，我独不愧于心乎？且陛下所以欲见我者，不过欲一见吾面貌耳。今陛下在洛阳，今斩吾头，驰三十里间，形容尚未能败，犹可观也。（《史记·田儋列传》）

帮主对决

耻固已甚，愧可再乎？

田横身首已分，事件却远未结束，我亦更强烈感受到叙述之难。

若只补叙田横之耻与愧，固为易事：太史公的钎凿早已摩崖刻石，巨崖之下历史长河又流淌了两千多年。一个传了两千多年首级的古国，当"鬼车爱侣"终于停止漂泊，无数曾被传送的首级，连同京观上一堆堆骷髅，却都彻底归于尘土，不仅没有任何一个著名人物的首级被保存下来，安身于今天国家历史博物馆人头"函"中，成为"三代国宝""千年文物"，而且除了西藏个别地方天葬台的骷髅墙外，也没听说曾有哪个道观寺庙、公立或私人博物馆、医学院、藏骨堂之类机构致力于收藏前世骷髅、干缩人头。[1]搜索历史，我们只能说，还好，犹有田横。

江山丢给无赖，油锅枉烹特使，自己的头颅再不能让别人来砍来提！田横憋足生命最后也是全部的悲愤、诗情、恶意、歉疚、幽默，乃至谅解、彻悟，等等，跨万重波涛，越故国江山，千里送人头，把自己如生的容颜，送到中国第一个平民天子、"开汉帮"刘帮主手上，送到历史无法忽略或者推倒的纪念碑前。

一事先须一辨。千里送人头若发生在古代欧洲，作为一个世俗世界的失败之王，田横的气息也许要湮没在一大批基督教圣徒类似的故事传说中，而且不少圣徒的人头至今在教堂的圣骨匣中得到很好保存，有的时间已达七八百年，远比中国的武库国宝王莽首级有年份。时至今日，每年还有成千上万基督教徒对着这些人头祈祷。"在欧洲各地的教堂里都可以找到圣徒的人头，它们通常被保存在镶满宝石的圣骨匣里……有很多故事讲到圣徒们在斩首之后把他们自己的头颅带到他们的埋葬之地。圣丹尼捧着自己的头颅，从斩首的地方步行六英里，来到他的葬身之地，路上还发表了一篇布道……有超过一百五十个已知的实例，殉道者捡起自己被砍下的头颅，走到了他所选择的地点……圣茹斯特被罗马卫兵斩首的时候只有九岁。他父亲发现他捧着自己的头，带给自己的母亲费利西亚，以便她可以亲吻它……"[2]若认真比较，不难发现两者根本不是一码事。

---

[1] 在这方面，欧美的情形与中国截然不同。据《人类砍头小史》统计，至21世纪，英国各类文化机构共计有超过十万件人类遗骨，而在美国由联邦政府资助的机构里，仅美洲土著人的遗骨就超过二十万件。

[2] [英]弗朗西斯·拉尔森著，秦传安译：《人类砍头小史》，海南出版社2016年版，第136—139页。

田横的故事，完全以史实的方式呈现，整个过程符合人情物理，不掺杂或借助丝毫神异，而基督教世界的人头故事无一不是神迹，显然难以信实，真要对等，吾国也不空白。《搜神记》中那位自到后捧头付托给道士的复仇者眉间赤自可和圣徒们唠嗑，而刘宣明也可以与圣茹斯特一起散步。《洛阳伽蓝记·崇真寺》云："神龟（北魏年号，518—520）年间，（刘宣明）以直谏忤旨，斩于都市。讫目不瞑，尸行百步，时人谈以枉死。"看来基督的精神难以催生俗世的英雄田横，但人家能批量敷衍，而且有虔诚的教众相信。中国从来没有成为宗教国家，身横九亩的巨鲸却靠着洪荒之力亘古如新，田横身上那自发真如且纯粹如宗教的殉道精神，非圣徒传说所能比拟，更何况还有五百士！

中国历史上，上至帝王将相，下至升斗小民，常有人面临生死抉择，毅然赴死捍卫人格尊严，或维护、坚持他心目中更有价值的东西，斯人皆可为田横，先秦尤为此等人物高产期。春秋时齐国太史兄弟直书崔杼弑君而先后被杀，即为典型。楚国左司马沈尹戌在身负重伤不能再战的情况下，为使首级不落入吴人手中，要求部下割下自己人头带走，堪与田横一比。《史记》卷八十三《鲁仲连邹阳列传》也为历史定格了一个以自杀保持尊严的无名将军。

战国时，燕将攻占齐国的聊城，但燕王受齐人反间，燕将不敢归国，据城自保。齐将田单进攻聊城一年多，伤亡惨重而城不克。鲁仲连于是写了一封信射进城去，向燕将陈述利害，劝他投降。信的效果不错，燕将绝望。但绝望者的选择，却出人意外：

> 燕将见鲁连书，泣三日，犹豫不能自决。欲归燕，已有隙，恐诛；欲降齐，所杀虏于齐甚众，恐已降而后见辱。喟然叹曰："与人刃我，宁自刃。"乃自杀。

回到田横这儿来。

"绘事后素",我想先借钱穆《秦汉史》中一段议论,来给"千里送人头"紧好画布:"此等所谓布衣将相,亦实有为致堪惊奇之事……实则无论一民族,一国家,一团体,其文化之积累既深,往往不足以应付新兴之机运。故东方邹鲁齐梁诸邦,转败亡于文化落后之秦国。殷鉴不远,正与六国后裔及其故家世族,转失败于一群无赖白徒之手者,先后一理。正以彼有成迹,有先见,有夙习,此等均属暮气,转不如新兴阶级之一无束缚,活泼机警,专赴利便之更易于乘势得意耳。……此诚中国历史上一绝大变局也。"[3]刘邦无疑是新兴阶级所谓无赖白徒们的首席代表,而项羽要当六国贵族后裔的真命"帮主",却还差那么点儿,当之无愧者,该推田氏兄弟。

田儋及其从弟田荣、田横为齐王田氏疏宗。陈胜、吴广揭竿起义不久,三兄弟即聚族起兵,杀秦守,自立为齐王。不久田儋兵败身亡,田荣继立。用现代的说法,田氏兄弟是坚决抵制外国干涉势力的硬骨头政治家,田荣尤彻底,因此惹怒项羽,继遭攻杀。楚军蹂躏齐地,所过屠灭。又一次,田横绝地反击,收聚散卒,击走楚军,收复失地。这段前仆后继的历史,为田氏兄弟获得了敌人的尊重。而在硬骨头后面,也隐隐让人感受到认规矩抱死理的老贵族做派,用钱穆的话,正是典型的"成迹""先见""夙习",今天将其放在成败已然的大历史中显影,尽可谓之暮气。但正是这种"夙习",以其纯粹、一贯的内在品质,坚定地成为"开汉帮"的对立面与参照系,超越时代而定格,获得令人肃然起敬的核心品格和非凡力量。

楚汉缠斗白热化之际,刘邦派郦食其游说齐国,希望田横

---

[3] 钱穆:《秦汉史》,生活·读书·新知三联书店2004年版,第39页。

联汉击楚。田横同意和议，并撤下历下防线的驻军。

正向齐地挺进的汉军本该回师，但主帅韩信接受谋士蒯通的建议，破坏规则，继续进军，乘齐军撤防，一击破之。

认死理的人，哪里想到真流氓不顾自己人的死活？在真诚被撕裂，灭顶之灾无妄而降时，郦食其，这位并非设诈的老资格特使被齐王田横认定为阴险骗子，扔进油锅。

这就是田横之愧。

中国古代血亲复仇的传统，得到社会正统观念支持甚至司法宽纵，汉初更不用说，刘邦当然清楚。但刘邦团队奉行的宗旨是一切行动看实用，听指挥。项羽要拿刘邦老爸生剐活煮，他都能淡定求分一杯羹。关键时刻，油锅、血亲全靠边。不过，面对田横这种知耻且愧的主儿，刘邦也尽情配合，假戏真做。他针对郦食其之弟郦商下了一道最严厉的禁令："齐王田横至，人马从者敢动摇者致族夷！"——真让郦食其进油锅的，不是田横，而是蒯通和韩信，个中因果，昭然天下，很奇怪蒯、韩反倒一点不担心郦商哪天发难，袖刃剜心！因为大家白徒打天下，从谋士、武将到女人，都是那个时代血选出来的一等流氓，提头大圣，谁更无"夙习"、无节操，谁就更成功。刘邦其实不担心郦商真有动作或深感屈辱，这个"族诛"禁令不过是说给天下人听，顺便断了田横的借口罢。

而另类"族诛"，却不由刘邦控制，接二连三自行发生。只是，那是怎样高潮迭起的自杀式"族诛"呵！

田横自到后，刘邦泣叹之余，"拜其二客为都尉，发卒二千人，以王者礼葬田横"。

但马上，刘邦又一次骇出眼珠子：两位被封都尉的门客，在墓旁预先挖好小穴，田横下葬后，他们相继自刭，以死跟随旧主。

再次受惊的刘邦，认为两个门客既能弃封官赐爵，视死如归追随旧主,一斑窥豹,"以横之客皆贤者"(《汉书·魏豹田儋韩王信传》),再次下诏,征召留在海岛上的其余门客,答允全部封官赐爵。

可是,得知田横死讯,五百门客集体自杀。

士为知己者死,曾是先秦食客门人、游侠策士的集体卖相与夫子自道,并有多个典型个案,但在秦末汉初之世,三位数以上的门客全体拒绝有前途的新时代新生活,自到断头,以死追随旧主的,仅此一例。这个在今天听起来有点像邪教的故事是不是历史真相,有时甚至让人怀疑。但以当日情状,刘邦新得天下,方收人心,犯不着这样偷鸡摸狗对区区五百群龙失首的流亡人士搞集体屠杀,并嫁祸田横来成就他的名声。退一步说,即使另有真相,只要历史愿意这样确认,作为历史事件的意义就自足的存在。

这就是为历史时空所定格的"帮主对决"。

士:从赵氏孤儿到张耳旧客

田横五百士虽允称壮烈、伟大,却亦并非空前绝后。

"于是乃知田横兄弟能得士也。"被接二连三的意外彻底震惊了的刘邦,代表世人给田横兄弟,给五百颗头颅盖棺论定。

也就是从刘邦开始,千百年来,人们对田横五百士的评价,都偏狭地纠缠在主贤客忠的"得士"命题上。

但得士究竟有什么用呢?"当秦氏之败乱,得一士而可王,何五百人之扰扰,而不能脱夫子于剑铓?"千年之后韩愈就在田横墓前这样发问。这一问,前承刘邦,后接王安石[4],殊途同旨。身处传首枭悬高发时代的韩愈,落于窠臼俗套而不自知,

---

[4] 王安石在其名文《读〈孟尝君传〉》中,曾就世人所称道的"孟尝君能得士"的说法提出类似疑问。

也不自觉地用刘邦集团确立起来的实用原则评估人物事件。一方面，韩愈确定自己触碰到事件内里历古弥坚的内核，所谓"事有旷百世而相感者，余不自知其何心；非今世之所稀，孰为使余歔欷而不可禁？"。另一面，他更为把握不到最本质的意义而心生焦躁。站在田横墓前的韩愈，一定在意识深处鼓努全部想象与理解力，试图拼接、复原当日场景，希冀超越时空与田横目光交视，从中淬出更深的天光地火，但并未成功，仍旧堕落现世迷茫。

如果韩愈生活在战国初年，五百门客集体自刭的场景，将不难想象、复现。

姑举两宗类似的事件。

晋景公三年（前597），晋国司寇屠岸贾为晋灵公报仇，"擅与诸将攻赵氏于下宫，杀赵朔、赵同、赵括、赵婴齐，皆灭其族"，是谓"下宫之难"。《史记》卷四十三《赵世家》记录了一段对话：

> 赵朔客曰公孙杵臼，杵臼谓朔友人程婴曰："胡不死？"程婴曰："朔之妇有遗腹，若幸而男，吾奉之；即女也，吾徐死耳。"

于是二人分工，公孙杵臼抱着掉包的婴儿赴难，程婴潜逃山中养育赵氏遗孤赵武，十五年后终于复仇。赵武成人后，程婴坚决自杀，理由是"以前下宫之难发生时，大家都能赴难就死。我并非不能死义，是想保存赵氏后代。现在赵武已经成人并复位，我要到地下去把这个好消息告诉赵朔和公孙杵臼他们"。

前后两段话，指向一场未为史籍所正面记录的轰轰烈烈的大死难。前问"胡不死"，后曰"皆能死"，说明赵氏的门人食客全部赴义就死。赵氏为晋国执政世卿，门人食客的数量理当不少于三位数，公、程两人身份尚有区别，前为客，后为友，当较客为疏，这批人同样集体赴难，则死义之士更多，或与田横五百士有一比。二人的对话和行动，也说明赴死基本出于自觉选择。

另一次集体自杀发生在春秋末期吴越争霸的战场上。

周敬王二十四年（前496），吴王阖闾趁越王允常去世，起兵伐越。继位的新王勾践率军御敌，双方在槜李（今浙江嘉兴县西）决战。吴军战阵坚固严整，越军死士两番冲击，无法撼动。

突然，越阵中走出三行战士，齐刷刷把剑架上自己脖子，进声高呼，横剑自刭，颈血喷红了天空。猝不及防的吴军一下看傻眼，越王马上发起进攻，吴军大溃，败退七里。阖闾受伤，死在路上。

"使罪人三行，属剑于颈。"《左传·定公十四年》如是说。但太史公直接否定罪人的说法："越使死士挑战，三行造吴师，呼，自刭。"（《史记·吴太伯世家》）三行有多少人？可能多达数百，即每行不少于一百人。[5] 他们分明是愿意为国赴死的战士！司马迁在处理、改写《左传》文本时，眼前想必浮现田横五百士自刭的场面：显而易见，两者极具可比性。

田横为齐王，溃败至海岛，仅余五百士，反过来说可能更恰当：还有五百人生死相随。虽然这支队伍中的不少人应是他的核心团队包括亲随门客之属，非普通士兵，然皆百战仅存，

---

[5] 《国语·吴语》说，槜李之战后二年，吴王夫差终于打败越国，但没斩草除根。十来年后，卧薪尝胆恢复实力的越国趁吴王北上伐齐并参加黄池会盟之机，袭破吴国。吴王封锁消息，欲撤兵先进攻，在会盟前一天深夜突然出动三万精兵进迫晋营，以胁迫晋国让出盟主地位。是夜吴军列兵布阵，"陈王卒，百人以为彻行"，意即一行百人。吴楚同为南方邻国，军制当相仿。

既有门客性质,也是军事组织。至于"士"或"客",与其说是这五百人统一的身份,不如说是社会、历史由他们自到报主这样一个集体动作而给出的品格界定。

那么,何以类似的壮举发生在春秋之时,或未被正面言说,或差点被界说成"罪人之举",而到了秦汉之交,却让当日新天子掉泪,后世无数人景仰?

还是让刘邦来帮我们解答这个困惑。

不说没谁留意,说了吓人一跳:"高祖为布衣时,尝数从张耳游,客数月。"(《史记·张耳陈馀列传》)就是说,汉高祖刘邦原来当过门客,而张耳也曾在战国四公子之一魏国信陵君门下待过。战国末期,张耳为魏外黄令,千里致客,名闻诸侯,刘邦曾是他门下一客。

《说文》:客,寄也。寄,托也,原本有人身依附之义。先秦养客,可不是件轻易的事。《商君书·境内篇》以军功首级为爵位升迁的唯一标准,爵位至庶长、三更及大良造并有六百户的封邑,才可以养士。换句话说,这个资格是用人头换来的。当然,商鞅变法已是战国中期的事,但也足以说明养客门槛从来不低。相应的,客(士)对主者原则上有忠诚死事的义务,所谓"聚带剑之客,养必死之士"(《韩非子·八奸》)。同时,"客"也是有严格组织和等级的。四公子门下食客就有上下之分,待遇差别颇大,冯谖、毛遂原来都是下客。《淮南子·道应训》说,公孙龙曾收录一个自称善于高声呼叫的人为客,交代门人"与之弟子籍"。公孙龙本人曾为平原君之客,后成为"名家"代表人物,游于诸侯,他的门客团队属民间组织,尚有严格的"客籍"管理,更别说四公子、吕不韦乃至汉初魏其、武安、卫、霍等外戚大宦。

大概而言,自春秋至汉初,士(客)作为一个社会群体或角色,人身依附关系与忠诚程度不断减弱,来源、成分趋于多元,流动性越来越大,死士日少,策士日多,效命知己实质上让位于干仕求禄,从价值观到行为方式都发生了严重分化。还以刘邦为例,他短时间为客后即回乡闹革命,后来张耳被陈余攻破,在楚汉交兵的关键时刻带着项婴首级投奔他,得到厚待,被封为赵王。张耳去世后,其子张敖继王,并娶了刘邦女儿鲁元公主。即使有父辈之旧、半子之亲,刘邦还是很不放心这个异姓王,有次路过赵国时箕踞谩骂对丈人恭敬有加的女婿,激怒了还活着的张耳故客贯高、赵午,他们竟背着少主人策划谋杀,且在败露后忍受非人酷刑为张敖脱罪,后被族诛。在贯高辈眼中,刘邦如此诟辱昔年旧主之子,无异于门客中的大不敬者,迹近叛徒,而田横五百士才是他们的同志。

田横与刘邦的根本差异,在于文化传统、价值观念和由此决定的行为方式。

刘邦领导着一个无家世、无传统,因而也无羁绊、无禁忌的白徒(平民)阶层,用今天的话来说大约可谓流氓无产者,完全以实用、功利为旨归。他的团队,从韩信到蒯通,从吕后到陈平,都是怎么有利,怎么实用,就怎么来的狠角,即使张良这个韩国王族,也早已在博浪沙的锐响与黄石公的臭鞋里把自己改造好了。当然,改造不好的也有,如魏豹。[6]

而田横代表的是六国故家尤其是文化积淀深厚的齐鲁余烈,讲规矩,重气节,存成习。有其主,必有其客。

这是两种针尖对麦芒的普世价值体系,一家成功,一家成

---

[6] 田横义不受辱在当时也并非孤例,魏豹可谓同志。魏豹原为魏国诸公子,与其兄从陈胜反秦,其兄死后,他被项羽封为魏王,后附汉,不久复叛。他这样答复刘邦的说客郦食其:"人生一世间,如白驹过隙耳。今汉王慢而侮人,骂詈诸侯群臣如骂奴耳,非有上下礼节也,吾不忍复见也。"见《史记》卷九十《魏豹彭越列传》

名，双峰并峙，原因都在于纯粹，都把事情做绝了，绝得到位、彻底，就都成立了。

坚硬的雕塑

长鲸已去空沧海，且收钓线归江湖。品过田横五百士，续剖寿阳一尾鱼。

当日王琳之死，引出老翁收血、旧部求头、陈朝还首、八公会葬、千里送柩一串典实佳话，在南北朝时期绝对算得上一件有影响的事，而也未尝不是另一个版本的千里送人头，何以其身后遭际与田横的区别那么大：一阵折腾过后，这个名字就迅速淡出鲜活的历史记忆？

先了解王琳行藏。

王琳出身行伍，姐妹并为梁元帝宠幸，又算皇亲国戚；"麾下万人，多是江淮群盗"，则又俨然一大匪首。他带兵随梁将王僧辩平定侯景之乱，部下"恃宠纵暴于建邺，王僧辩禁之不可"。纵暴到什么程度？甚于侯景叛军！再推想，王琳一路收编江湖盗匪，若拘管过严，说不定早就被火并。江淮群盗既进帝都，饿狼见羊，其事可知。实在没办法，王僧辩只好密请梁元帝召杀王琳。但是王琳留了后手，或者说他那帮亦兵亦匪的部下自知罪大，留在半路不进。王琳只身到江陵朝见梁元帝，果然被抓。这边一抓，那边叛乱，囚禁朝廷派去宣喻的官员，并将太舟卿张载"抽其肠系马脚，使绕而走，肠尽气绝，又脔割备五刑而斩之"（《南史·王琳传》）。你说这事还能收场？

能！

比起汉初，南北朝更是一个无原则、无规矩和无操守的时代。梁元帝萧绎不顾所谓朝廷威仪扫地，大臣惨死，答应这帮盗匪的条件，临阵释放王琳，换取他们支持，来攻杀自己的兄弟。江陵城破萧绎被杀后，王琳先反梁，后作骑墙之计，既效忠于北齐，又献款于西魏，称臣于梁。再后来倚靠北齐支持对抗陈霸先，兵败入齐。

鱼、鲸之别，显影在时空暗房中。

王琳之所以在当时受到那么多人拥戴，恰恰因为他以出身兵家的贵公子准皇亲，而被一帮强盗流氓簇拥前行，不事约束，放任他们横行江湖，残贼建康。观其平生行径，也多依违观望，脚踩多船。落到实处，王琳不过一个大号浑蛋，或者说双面顽主，如果一定要说这个人物有什么存在意义和符号价值，那就是遍地流氓中走在前头的那一个。他的首级，当日再怎么被惦记，落头之血再怎么被收祭，现在看去，亦不过刘邦体系在后世胀起来的又一个大脓包。一定要说他像什么类型的人物，或许可以勉强比比《水浒传》中宋公明。

梁元帝萧绎比之昔日刘大帝，则豪雄殆丧，劣性尽传。

萧绎堪列南朝帝王中最无能、最无耻一档，且为历史罪人。所谓博学能诗，一点改善不了他的病态人格和褊狭酷楚。侯景乱起，萧绎坐拥重兵不救，等到父亲梁武帝与哥哥简文帝等均为侯景所害，才慢慢行动。王僧辩收复建康前，请示他如有未被侯景杀害的兄弟子侄怎么办，他做了一个抹脖子的动作，因为他们的存在对他继登大宝会有威胁；江陵为魏所破，他出降前放火烧毁十四多万册藏书（当时梁朝首都建康文德殿内的皇家藏书比这少得多），造成中国历史上继秦始皇之后第二次大规模焚书，对文化传承造成极大创破。

令人不安和沮丧的，不仅是几个历史人物个体间的比较，更是整个悲悯人间世。从田横到王琳，自汉高祖到梁元帝，历史的年轮虽霜皮溜雨粗长百围，树瘤却也越来越大，愈结愈丑！皇帝多孬种，时势造王琳！豺狼狗熊替下雄狮猛虎，"江淮群盗"大有清空"五百壮士"之势。刘邦的传人开枝散叶，志满意得，流氓遍地。

然而,"田横五百士"也并未绝后。姑举二例:

《晋书·载记第二十九》说,十六国时,大夏国王赫连勃勃击败后秦皇帝姚兴的进攻,姚兴将领王奚"聚羌胡三千余户于敕奇堡",为赫连勃勃所围。"奚骁悍有膂力,短兵接战,勃勃之众多为所伤。于是堰断其水,堡人窘迫,执奚出降。勃勃谓奚曰:'卿忠臣也!朕方与卿共平天下。'奚曰:'若蒙大恩,速死为惠。'乃与所亲数十人自刎而死。"

曹魏甘露三年(258),一场大战之后,类似"田横五百士"的悲壮场景又在淝水边上寿春城头惨烈重演。

《魏书·诸葛诞传》说,司马昭围魏征东大将军诸葛诞于寿春,城破之时,诸葛诞突围失败被杀,传首、族诛。"诞麾下数百人,坐不降见斩,皆曰:'为诸葛公死,不恨。'其得人心如此。"裴注引干宝《晋纪》更详细地描写了当日壮士赴死场面:"数百人拱手为列,每斩一人,辄降之,竟不变,至尽,时人比之田横。"原来,昔前诸葛诞见司马氏陆续夷灭忠于魏室的文臣武将,"惧不自安,倾帑藏振施以结众心,厚养亲附及扬州轻侠者数千人为死士"。

比起诸葛诞,王奚更田横,真田横。他因困渴无奈的堡人内应而被执,拒绝招降,决然自刎,数十名亲从选择与他一同赴死。赫连勃勃也不愧为开创之主,在些大帝风度,像赵襄子对待豫让一样,让值得尊敬的敌人选择保持尊严的死法。诸葛诞养士数千,赴死几百,且非战死、自杀而是"束手于敌",被列队斩首,毕竟窝囊。尽管十六国后期晚于魏末甘露年间大约一百五十年,北方民族的血性仍然比南方浓烈响亮。"时人比之田横",也正说明田横的影响深锲历史,深入人心。

我非历史乐观主义者,不认为"人类的血战前行的历史"就一定会不断进步,也不信奉道德优先。但历史需要参照系、醒酒石,两千多年过去了,千万个首级枭去传来,过去的事件得以放在更长时间尺度与现代观念下来考察，我们的史识总得因此丰厚多元。田横是一个抱死理的贵族，绝地反击的国王。不仅自己把头颅拿下来从容高贵地送给敌人，还能让一大帮人——不管他们来自何方，原来是什么人，跟他一样重义尚气，赴死不顾。"田横五百士"成为榜样，在后世不断擦出水花，荡开涟漪。历史可以杀错头，却不会记错头；历史记忆剔除王琳，而深锲田横五百士，让他们成为几千年来以刘邦为代表的功利实用体系的对照面，岿然屹立。田横五百士，以一个整齐的动作和断头赴死的集体图像，凝固了对传统价值观念的恪守，从而成为因应并对立于刘邦体系的无法绕过的历史事件和哲学层面的文化存在，仅此，即头断犹生，真如具足，为一高峰。其意义源于传统，指向未来。

既然如此，我们还有理由乐观。

那坚硬过去的雕塑，必柔软未来。

而脱蛊的鬼车，或复为九凤，振翮于高天？

致　谢

　　我的父亲是一名教师，喜欢文史，也结交了一帮这样的朋友，这使我从小深受熏陶。所以本书首先要献给我的父亲。

　　本书的写作——对"中国首级"历史和文化意义的研究，从一开始就让不少人感到奇怪，一些朋友善意地提醒我这样的题材可能不讨好，难出版。但是我认定求异出新是学术研究的基本原则和价值所在，在互联网时代，资料的丰富和搜索工具的方便快捷前所未有，"史识"或者说发现问题的直觉、能力就显得更为重要。少有人对"传首"这样一个在"二十五史"中频频出现的热词进行专门的梳理研究，而我从原典的阅读中发现这个"盲区"，如何可以放过？这个研究计划从萌生到初稿写作期间，得到李岳琴女士、李磊教授、李春淮先生、李惠龙先生等亲人、朋友的赞许和支持，谨此致谢！初稿写作和修改过程中，蒙业师黄挺教授、中山大学历史系教授兼宗教文化研究所所长蔡鸿生教授、陈伟武教授肯定并提出详细指导意见。本书原责任编辑三联书店卫纯先生在书稿前期写作中多次提出修改意见，后期承三联书店郑勇先生、徐国强先生和本书责任编辑崔萌女士持续关注审校。谨借此表示本人最诚挚深切的感谢！

　　本书自写作至出版，尔来匆匆近十年矣！真诚希望能有效弥补中国历史文化研究上这一处小小空白，并从题材、内容以及写作风格与手法等方面给读者以应有的愉悦和某些启发。感谢读者诸君对中国历史文化的关注和对本书的厚爱。

马陈兵
2017年7月于杭州良渚白鹭郡南